Opaschowski: Umwelt. Freizeit. Mobilität

Freizeit- und Tourismusstudien
Band 4

Die weiteren Bände:

Pädagogik der freien Lebenszeit (3. Aufl., 1996)
Einführung in die Freizeitwissenschaft (3. Aufl., 1997)
Freizeitökonomie (2. Aufl., 1995)
Tourismus (2. Aufl., 1996)
Futurologie (in Planung)
Ethik der Freizeit (in Planung)

Horst W. Opaschowski

Umwelt. Freizeit. Mobilität

Konflikte und Konzepte

2., völlig neu bearbeitete Auflage von „Ökologie von Freizeit und Tourismus“ (1991)

Leske + Budrich, Opladen 1999

ISBN: 3-8100-2307-8

Satz und Umbruch: Leske + Budrich
Druck und Verarbeitung: Druckpartner Rübelmann, Hemsbach
Printed in Germany

Inhalt

Vorwort

Verglichen mit globalen Problemen wie Vernichtung der Regenwälder, Treibhauseffekt und Zerstörung der Ozonschicht müssen Fragen und Probleme im Umfeld von Umwelt/Freizeit/Mobilität auf den ersten Blick nachrangig erscheinen. Doch das Wissen um die ökologischen Kreisläufe kann auch vor dem eigenen Verhalten nicht haltmachen. Bessere Luft, sauberes Wasser und intakte Landschaft bekommen wir nicht einfach geschenkt: Wir müssen schon selber etwas dafür tun.

Fast alle wollen heute ihre Freizeit im Freien verbringen – aber kaum einer zu Fuß. So entsteht eine paradoxe Situation: Freizeit nutzt die Umwelt und bedroht sie zugleich. Freizeit braucht und verbraucht Natur und Landschaft. Die Auseinandersetzung mit diesem Thema soll dazu beitragen, Zielkonflikte zwischen Freizeit- und Urlaubsbedürfnissen einerseits und Natur- und Umweltschutzinteressen andererseits zu reduzieren und auch in Zukunft eine naturnahe Freizeitgestaltung der Bevölkerung sicherzustellen.

Mit der Problematisierung dieses Themas soll also nicht der Naturgenuß in Mißkredit gebracht werden. Und die Ökologie soll auch nicht der „große Spielverderber“ (Horst Stern) sein. Ganz im Gegenteil: Dieses Recht ist dauerhaft zu sichern. Es muß frühzeitig auf die Folgen einer rücksichtslosen Ausbeutung der Natur aufmerksam gemacht werden, damit wir nicht eines Tages Natur nur noch in Reservaten, Tiere nur im Zoo und Pflanzen nur noch im Botanischen Garten erleben.

Das Titelbild von Georgi Takev symbolisiert den ökologischen Anspruch in Verbindung mit unserer subjektiven Wunschvorstellung von grünem Glück über heimischen Giebeln. Mit zunehmender Technologisierung des Lebens wächst unsere Sehnsucht nach Natur vor der Haustür oder um die Ecke. Das „Hinaus ins Grüne“ ist kaum noch zu steigern. Auch eine Ökologie des Freizeiterlebens und des Wohnens „wie im Urlaub“ stößt zunehmend an ihre Grenzen: Denn ökologisch leben und wohnen kann man eigentlich nur, wenn man nicht mehr baut.

Horst W. Opaschowski

Einleitung

„Auf den Bergen ist die Freiheit, auf den Bergen ist es schön". Im Zeitalter der Massenfreizeit bekommt das Lied eine neue Dimension: Wenn Menschen in Massen auf die Berge fahren und Wasser in Massen von den Bergen fließt, die Berge im Winter kreißen und im Sommer ins Rutschen geraten, dann kann die Freiheit der Berge nicht grenzenlos sein. Mit den Bergen geht es seit Jahren bergab: Bergrutsch in den französischen Alpen, Erdrutsch-Katastrophen im Veltlin (Tirol), Schlammlawinen im Ötztal und Stubaital Österreichs, in den Schweizer Kantonen Tessin, Uri, Wallis und Graubünden. Hinzu kommen noch Felsstürze im Allgäu. Und das alles *weitestgehend hausgemacht* (und weniger schicksalhafte Naturkatastrophe), wie die Internationale Alpenkommission CIPRA diagnostiziert.

Die Ansprüche und Gewohnheiten von Millionen von Tagesausflüglern und Freizeittouristen haben das *Ökosystem der Bergwelt empfindlich gestört.* Was aus meteorologischer Sicht früher ein völlig normaler Vorgang war, nimmt heute dramatische Formen an: Gewitter werden zu Katastrophen, Hochwasser zur Sintflut. Freizeittouristische Eingriffe in die Landschaft haben die Fähigkeit des Ökosystems ruiniert, das Regenwasser zu bändigen. Aus Rinnsalen werden „Schußkanäle". Mit der Sanftmut der Bergwelt ist es vorbei. Sind die Alpen noch zu retten, wenn jährlich 80 Millionen Touristen das Dach Europas stürmen?

Die Massenfreizeit findet vorwiegend im Freien und in frischer Luft, in Natur und Landschaft statt. Das Natur- und Landschaftserleben macht einen wesentlichen Teil der individuellen Lebensqualität von Freizeit aus. Doch die Expansion außerhäuslicher Freizeitaktivitäten kann auf Dauer nicht folgenlos bleiben. Aggressiver oder sanfter Umgang mit Natur und Umwelt wird von den Menschen durch „Abstimmung mit den Füßen" entschieden. Ein verändertes Freizeitverhalten kann der Schlüssel zur Problemlösung für die Zukunft sein und nicht etwa die Erschließung neuer Zielgebiete. Die innere Bereitschaft zum Umdenken und zur Änderung ‚eingefahrener' Freizeitgewohnheiten muß erschlossen werden: *Gesucht wird der sanfte Freizeittourist, der ökologisch gesehen keine Spuren hinterläßt* – der Freizeitmüll gar nicht erst entstehen läßt und den freundlichen Umgang mit der Natur bei sich selbst und nicht bei anderen sucht: „Es gibt nichts Gutes, es sei denn, man tut es" (Erich Kästner).

Umweltbewußt denken ist die eine Sache, umweltbewußt handeln die andere. Aus einem veränderten Problembewußtsein folgt nicht schon ein verändertes Handeln. Keine leichte Aufgabe. Bedeutet es doch auch, zum Überdenken und teilweise auch zur Aufgabe liebgewordener Freizeitgewohnheiten gezwungen zu sein. Das kann nicht nur, das muß persönliche Betroffenheit auslösen. Konkret heißt dies beispielsweise:

- Mehr Freizeit haben, aber die eigene Freizeitmobilität einschränken müssen.
- Mehr Sportinteressen haben, aber nicht alle Sportarten ausüben können.
- Mehr Urlaub haben, aber nicht mehr überall hinreisen dürfen.

Und das alles freiwillig, aus persönlicher Einsicht heraus: Wer kann das schon, wer will das schon?

Aufklärungsarbeit ist sicher erforderlich. Aber genauso wichtig sind überzeugende Beispiele aus der Praxis, die zum Mit-, Nach- und Selbermachen anregen. Verstand *und* Gefühl müssen angesprochen werden, damit aus der Sicht- eine Lebensweise wird. Das emotionale Erleben ist für das Freizeitverhalten von zentraler Bedeutung. Wer also die Freizeitgewohnheiten beeinflussen oder verändern will, muß das Bedürfnis nach persönlicher Spontaneität, das Verlangen nach Freiheit und Unabhängigkeit, den Wunsch nach Abwechslung oder die Suche nach Anregung immer im Blick haben.

> Nur mit, nicht gegen das emotionale Freizeiterleben kann ein umweltbewußtes Freizeitverhalten erreicht werden.

Auch in Zukunft soll eine „grüne Freizeit" sichergestellt werden. Dazu muß jeder einzelne von uns motiviert und in die Lage versetzt werden, sich in der Freizeit auch umweltbewußt zu verhalten und nicht nur umweltbewußt zu denken. Persönliche Opfer, Nachteile und Unbequemlichkeiten müssen in Kauf genommen werden. Die Zeiten völliger Freiheit im Umgang mit der Natur werden wohl bald vorbei sein, die gedankenlosen Wochenendfahrten ins Grüne nach dem Motto „Macht euch die Erde untertan" auch.

I. Natur, Umwelt und Gesellschaft

1. Naturerleben als Grundbedürfnis

Jahrhundertelang bedeutete Natur harte Arbeit für den Menschen. Und „wo die Natur nicht wollte, war die Arbeit umsonst" (Seneca). Über Jahrhunderte hat der Mensch lernen müssen, *mit* der und nicht *gegen* die Natur zu leben. Dieses Leben in natürlichen Grenzen glich keiner Idylle. Es war mitunter nicht einmal überlebenssicher. Alles in der Natur geschah aus Notwendigkeit. Die Natur verstand keinen Spaß. Der Mensch konnte gegen das natürliche Gleichgewicht verstoßen. Aber die Natur vergaß nichts und meist erfolgte die Bestrafung auf dem Fuße. Die Natur verlangte ihr Recht und ließ sich nicht zwingen, bis die modernen Naturwissenschaften (Descartes, Leibniz, Newton u.a.) sich ihrer bemächtigten und der Natur ihren magischen Charakter raubten. Damit begannen auch Geringschätzung und Ausbeutung der Natur. Die Natur stand plötzlich zur freien Disposition – und damit auch die Natur (Luft, Boden, Wasser, Vegetation, Wälder) als Grundlage menschlicher Existenz.

Naturverständnis und Naturbewußtsein haben sich grundlegend gewandelt. Unter Natur kann heute „Grün" oder „Gesundheit", „Ursprünglichkeit" oder „Einsamkeit", „Leben" oder „Frieden" verstanden werden. Und für Stadtbewohner hat Natur eine andere Bedeutung als für Landbewohner. Vier verschiedene Naturbedeutungen (vgl. Nohl 1983) zeichnen sich derzeit ab:

1. *Die vitale Naturbedeutung.* Natur ist die Grundlage unseres Lebens. Um leben zu können, sind wir auf Natur und Naturstoffe angewiesen.
2. *Die ästhetische Naturbedeutung.* Natur ist einfach „schön anzusehen" – von der freien Landschaft bis zum Usambaraveilchen auf der Fensterbank.
3. *Die utilitaristische Naturbedeutung.* Natur als nutzbare Grünfläche – vom Schrebergarten bis zur Sportanlage im Grünen – wird für Menschen in Großstädten und Ballungszentren immer wichtiger.
4. *Die ökologische Naturbedeutung.* Reine Luft, sauberes Wasser und unbelastete Böden sind wesentliche Merkmale für Umweltqualität.
5. *Die ethische Naturbedeutung.* Die Natur als erhaltenswertes Gut begreifen und sich im eigenen Verhalten und seinen Folgen dafür verantwortlich fühlen.

Je nach Lebens-, Freizeit- oder Urlaubssituation wird Natur ganz unterschiedlich erlebt. Viele begnügen sich bereits mit dem ästhetischen Erleben von Natur oder gar „Naturkulisse“.

Natur als Lebensgenuß wurde erst im 14. Jahrhundert von dem italienischen Dichter Francesco Petrarca entdeckt, als er mit seinem Bruder den 1900m hohen Mont Ventoux bestieg. Petrarca ist der erste uns bekannte Mensch des Mittelalters gewesen, der die Bergbesteigung aus bloßer Neugier und zum eigenen Vergnügen vorgenommen hat. Er überwand die jahrhundertelang empfundene *„Scheußlichkeit der Alpen“* und wurde zum geistigen Begründer des modernen Alpinismus. Und seine Beschreibung des neuen Natur- und Landschaftserlebens in der Bergwelt gilt bis heute als erstes Zeugnis der touristischen Literatur.

Den Spuren Petrarcas zogen viele nach als „Pilger seines Geistes“. Vier Jahrhunderte später hat sich schließlich die Alpenbegeisterung zum „Erholungs- und Pilgerfahrtziel der modernen europäischen Welt“ entwickelt, wie Horace Benedicte de Saussure (1740 bis 1799), der Erstbesteiger des Mont Blanc, die neue europäische Massenbewegung umschrieb. Ernst und Schrecken der

Natur wichen Vergnügen und Genuß. Reisen und Naturerleben wurden zum Privileg finanzkräftiger Müßiggänger, von „Sonntagstouristen, Naturvergnüglingen und Lebensgenußreisenden" (Milliet 1923). 1871 erschien das Werk des Engländers Leslie Stephen „The playground of Europe" (London 1871) mit einer Beschreibung der Situation in den Schweizer Alpen: Das Heer der Berg- und Sight-seeing-Touristen drohe die Alpenlandschaft zur *Spielwiese und Fußgängerzone*, zum touristischen *Tummelplatz Europas* zu machen.

Heute, fast einhundertdreißig Jahre später, ist der Alpenraum beinahe zum *Alptraum für Ökologen* geworden: Hoch droben, am ewigen Eis der Gletscher, „macht sich eine millimeterdicke Schicht aus Dreck und Sonnencreme breit" (Lukschanderl 1983). Das Wort von der Alpen-Apokalypse macht die Runde. Europas Dachgarten gerät in Bedrängnis.

2. Grenzen des Naturerlebens

Für das Naturerleben wichtige Gebiete sind die Waldflächen, die einen Anteil von rund dreißig Prozent des Bundesgebietes ausmachen. Waldflächen dienen in besonderer Weise den Freizeit- und Erholungsbedürfnissen der Bevölkerung. Allerdings werden seit Ende der siebziger Jahre *großflächige Waldschäden* beobachtet. Luftverunreinigungen sind eine wesentliche Ursache dieser Schäden. Dabei ist die Tanne die am stärksten geschädigte Baumart. Zugenommen haben die Schäden aber auch bei der Kiefer und vor allem bei der Eiche. Bei allen Baumarten sind die über 60jährigen Bestände besonders stark gefährdet. Neben Deutschland haben vor allem Dänemark, Großbritannien, Liechtenstein, die Niederlande, die Schweiz und die osteuropäischen Länder einen hohen Schädigungsanteil zu verzeichnen. Damit ist auch der Naturgenuß in der Freizeit bedroht.

Um Natur und Landschaft zu schützen hat das Bundesnaturschutzgesetz vier verschiedene *Schutzgebiete* geschaffen. Das massenhafte Naturerleben von Ausflüglern und Touristen soll dadurch in umweltverträglichen Grenzen gehalten werden:

- *Naturschutzgebiete*

Gebiete, in denen ein „besonderer Schutz von Natur und Landschaft in ihrer Ganzheit oder in einzelnen Teilen zur Erhaltung von Lebensgemeinschaften oder *Lebensstätten bestimmter wildwachsender Pflanzen oder wildlebender Tierarten* aus wissenschaftlichen, naturgeschichtlichen oder landeskundlichen Gründen oder wegen ihrer Seltenheit, besonderen Eigenart oder hervorragenden Schönheit erforderlich ist" (BNatSchG §13,1). Naturschutzgebiete dienen primär dem Arten- und Biotopschutz. In Deutschland gibt es etwa *5.000 Naturschutzgebiete* (= zwei Prozent der Bundesfläche).

- *Nationalparks*

Gebiete, die „großräumig und von besonderer Eigenart sind, im überwiegenden Teil ihres Gebietes die Voraussetzungen eines Naturschutzgebietes erfüllen, *sich in einem vom Menschen nicht oder wenig beeinflußten Zustand befinden* und vornehmlich der Erhaltung eines möglichst artenreichen heimischen Pflanzen- und Tierbestandes dienen“ (BNatSchG §14,1). In Deutschland gibt es derzeit *14 Nationalparks.*

- *Landschaftsschutzgebiete*

Gebiete, in denen „ein besonderer Schutz von Natur und Landschaft zur Erhaltung oder Wiederherstellung der Leistungsfähigkeit des Naturhaushaltes oder der Nutzungsfähigkeit der Naturgüter, wegen der *Vielfalt, Eigenart und Schönheit des Landschaftsbildes* oder wegen ihrer besonderen Bedeutung für die Erholung erforderlich ist“ (BNatSchG §15,1). In Landschaftsschutzgebieten soll die Natur für den Menschen geschützt werden (z.B. Schutz vor Bebauung). In Deutschland sind rund *6.200 Landschaftsschutzgebiete* ausgewiesen (= 25 Prozent der Bundesfläche).

- *Naturparks*

Gebiete, die „großräumig überwiegend Landschaftsschutzgebiete oder Naturschutzgebiete sind, sich wegen ihrer landschaftlichen Voraussetzungen für die Erholung besonders eignen und nach den Grundsätzen und Zielen der Raumordnung und Landschaftsplanung *für die Erholung oder den Fremdenverkehr vorgesehen* sind“ (BNatSchG §16,1). Es gibt derzeit rund *80 Naturparks*, die etwa 15 Prozent der Bundesfläche einnehmen. Naturparks stellen eine gelungene Synthese von Ökologie und Ökonomie, Naturschutz und Tourismus dar. 1957 wurde der erste Naturpark in Deutschland („Hoher Vogelspark“) gegründet, dem die Lüneburger Heide, der Harz und das Altmühltal folgten.

- *Biosphärenreservate*

Biosphärenreservate sind keine Schutzgebiete, sondern Regional-Entwicklungs-Regionen. In ihnen sollen die typischen (nicht unbedingt die seltenen) Kulturlandschaften erhalten und weiterentweickelt werden. In ihnen soll modellhaft dargestellt werden, wie der Mensch die Natur nutzen kann, ohne sie dadurch dauerhaft zu schädigen. In Deutschland gibt es *13 Biosphärenreservate.*

Etwa die Hälfte aller Naturschutzgebiete ist mit Freizeiteinrichtungen ausgestattet und durch Folgen ihrer Nutzung (Trittschäden, Eutrophierung u.a.) gekennzeichnet: *Die Konkurrenz zwischen Naturschutz und Freizeitnutzung verstärkt sich.* Dies hat vor allem zwei Gründe: Erstens nimmt die touristische Nachfrage ständig zu, aber das vorhandene Flächenpotential bleibt knapp. Zweitens steigt der gesellschaftspolitische Stellenwert des Naturschutzes, der immer mehr mit den Interessen der Freizeit kollidiert.

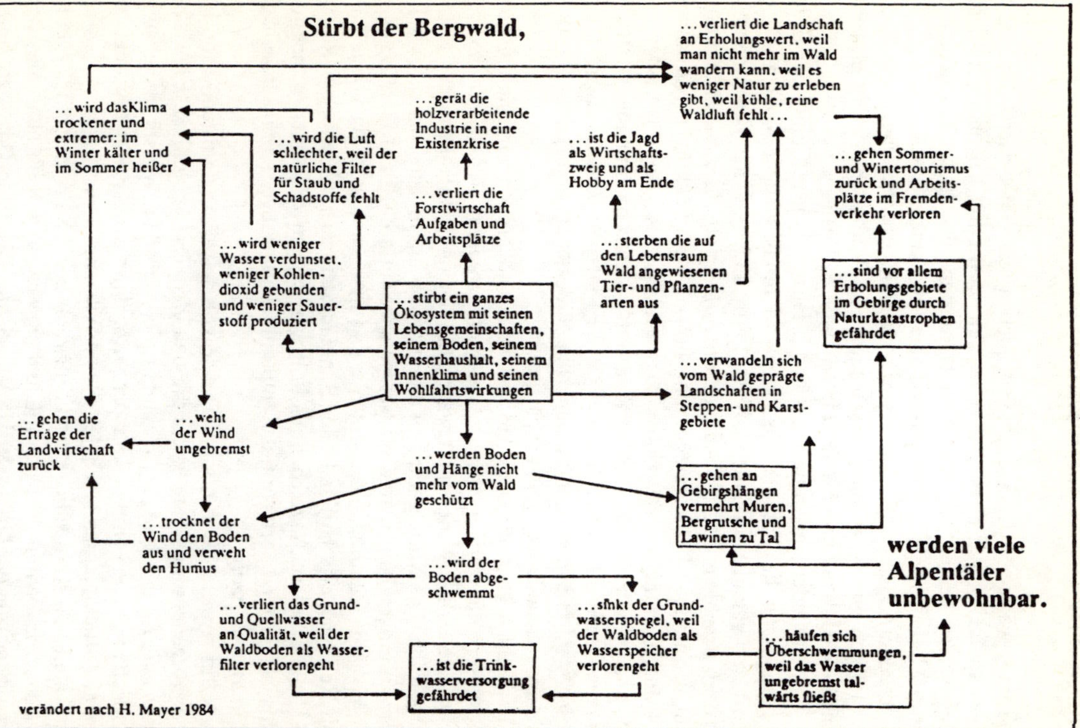

Quelle: Deutscher Alpenverein (DAV): Der Bergwald stirbt.

3. Die globale Umweltproblematik

Die Erde wird wärmer. Klimazonen verschieben sich. Gletscher schmelzen. Der Meeresspiegel steigt. Dies sind keine Science-fiction-Visionen, sondern Geschehnisse von heute. Steigende Konzentrationen der Spurengase Kohlendioxid und Methan in der Atmosphäre haben begonnen, das Klima auf der Erde zu verändern. Schuld ist eine *„ressourcengierige Menschheit"*, die katastrophale Folgen nur noch durch einen radikalen Verhaltenswandel abwenden kann (R.A. Houghton/G.M. Woodwell 1989, S. 106).

Die Tropenwälder stellen das tier- und pflanzenreichste Gebiet der Erde dar. Sie garantieren die Stabilität des globalen Klimas, weil sie Kohlendioxid (CO_2) aufnehmen und es in Sauerstoff (O_2) umwandeln. Ohne diesen chemischen Prozeß beschleunigt Kohlendioxid die *Aufheizung der Atmosphäre* und die damit verbundene Klimaveränderung („*Treibhauseffekt*"). Tropenwälder wirken – durch Aufnahme der Hälfte des weltweiten Regens – wie Wasserspeicher und schützen vor Trockenheit und Überschwemmungen. Nach Schätzungen des World Wildlife Fund (WWF) werden jährlich etwa 11 bis 15 Mio. ha Wald in Mittel- und Südamerika, Südostasien und Afrika gerodet, was etwa der Fläche Griechenlands entspricht.

Es ist nicht auszuschließen, daß bei anhaltend großen Emissionen von Treibhausgasen die *Alpengletscher innerhalb weniger Jahrzehnte dahinschmelzen.* Die Folge: Wintersport wäre dann nur noch in Höhen über 1.500 Metern möglich. Die Mittelgebirge würden davon am meisten betroffen sein und weltweit gingen langfristige Wasserspeicher verloren. Der Meeresspiegel könnte um einige Zentimeter ansteigen – und man kann sich gut vorstellen, „was mit Regionen wie Holland oder Bangladesch passieren würde" (Revaz 1998, S. 5). Statt diese Anzeichen als Frühwarnsystem zu verstehen, begnügen sich viele Wintersportorte mit Symptombekämpfungen: *Schneekanonen gegen Klimaerwärmung.*

Die Natur reguliert sich normalerweise von selbst. Doch irgendwann ist auch ihre Regenerationskraft erschöpft und *der Treibhauseffekt kann das Ökosystem zum Kippen bringen*: Wenn beispielsweise das Wasser in den südamerikanischen Tropen immer knapper wird, dann drohen Regenwälder zu versteppen. Zurück bleiben lebensfeindliche Wüsten.

Der Anteil von Kohlendioxid steigt jährlich um 0,5 Prozent. Gleichzeitig wird seit den 70er Jahren über dem Südpol ein *Ozonloch* beobachtet, das sich auf einer Fläche von der Größe der USA ausdehnt. Die Ozonschicht als starke Konzentration von Ozon (O_3) schützt in einer Höhe von 15 bis 50km die Erde vor der ultravioletten Strahlung. Die Folge des Ozonlochs ist eine *globale Erwärmung und Verschiebung der Klimazonen.* Die Niederschlags- und Vegetationszonen verlagern sich nordostwärts, was eine Ausweitung der Wüsten (z.B. Dürren in Südost-Afrika) nach sich zieht. Neben dem Anstieg von Kohlendioxid gilt als Hauptursache die Erhöhung des Anteils von Fluorchlorkohlenwasserstoffen (*FCKW*) in der Atmosphäre von jährlich etwa 5 Prozent. FCKW haben eine Lebensdauer von 75 bis 110 Jahren und wurden bisher bei der Produktion von Kühlschränken, Klimaanlagen und Kunststoffen verwendet.

In den letzten hundert Jahren stiegen die durchschnittlichen Lufttemperaturen um 0,7°C und der Meeresspiegel um 10 bis 20cm. Bis zur Mitte des nächsten Jahrhunderts kann sich die Erdoberfläche um 1,5 bis 3,5°C erwärmen. Einige Temperaturgrade haben in der Erdgeschichte schon oft genügt, um aus Wäldern Wüsten zu machen. Wie das Glas eines Treibhauses lassen die Spurengase Sonnenstrahlen fast ungeschwächt auf die Erdoberfläche gelangen, bilden dann aber eine Art Barriere für die von der Erdoberfläche reflektierten Strahlen.

Unter der Voraussetzung, daß die Maßnahmen gegen den Treibhauseffekt weiterhin relativ wirkungslos bleiben, rechnen die Klimatologen mit deutlichen Klimaveränderungen: In den polaren Regionen würden sie doppelt so hoch wie in den Tropen sein. Erstes Indiz wären *öfter auftretende Dürren* oder das *Verschwinden vieler kleiner Gletscher* (z.B. in den Ostalpen). Mit dem Hinweis auf die Vernichtung der Regenwälder durch Brandrodung ist es nicht getan. Deutschland produziert rund 4 Prozent des CO_2 und über 10 Prozent der FCKW.

So unbedeutend auf den ersten Blick beispielsweise eine Temperaturveränderung von 0,5 Celsiusgraden erscheinen mag, so folgenreich kann sie in einzelnen Gebieten sein. Im sogenannten „sommerlosen Jahr" 1816 lag die mittlere Temperatur nur knapp 1°C unter normal – was allerdings in Neuengland für Frost im Juni und damit zu Ernteausfällen gesorgt hat (vgl. H. u. E. Stommel 1983). Ein Unterschied von einem Grad entspricht einer *Verschiebung der Klimagrenze* von 100 bis 150 Kilometern, d.h. die Grenze *zwischen Prärie und Wald*, die jetzt südlich und westlich von Minneapolis (Minnesota) verläuft, würde sich um 100 bis 150 Kilometer pro Jahrzehnt nach Norden verlagern. Bis zum Jahre 2030 wären das 400 bis 600 Kilometer – wenn bis dahin keine wirksamen Gegenmaßnahmen entwickelt werden.

Verursacher (Landnutzer und Wirtschaftszweige) des Artenrückganges

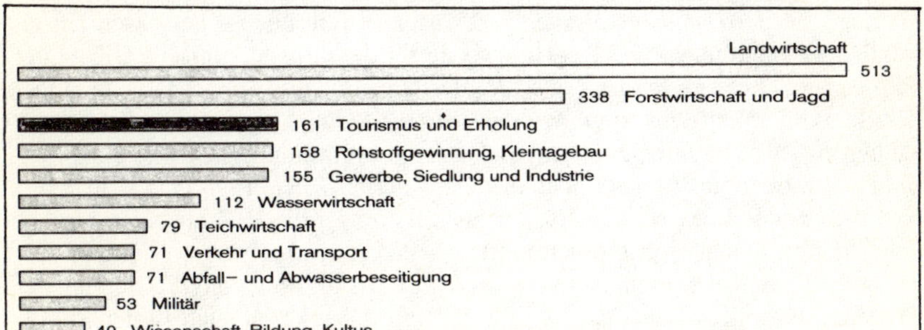

Quelle: Umweltbundesamt 1989 nach Daten der Bundesfsorschungsanstalt für Naturschutz und Landschaftsökologie

Das Verschwinden des Tropenwaldes bedeutet immer auch *Verlust für die Artenvielfalt von Pflanzen und Tieren.* Im Weltbevölkerungsbericht des Bevölkerungsfonds der Vereinten Nationen (UNFPA) wird realistischerweise auf die Hauptursache der Entwaldung, der Bodenzerstörung und Trinkwasserverknappung hingewiesen: „Je mehr Menschen – desto größer ihr Einfluß auf die Umwelt." Die jährlich hinzukommenden 90 bis 100 Millionen auf der Erde (90 Prozent dieses Zuwachses entfallen auf die Dritte Welt) kochen fast alle noch auf offenem Feuer. Immer mehr Wälder werden gerodet, weil die wachsende Bevölkerung Land braucht – *immer mehr Land für immer mehr Menschen*, die ernährt werden wollen. Offensichtlich läßt die Armut den Menschen in der Dritten Welt keine andere Wahl, als Raubbau an der Natur zu treiben, um zu überleben. Etwa 85 Prozent der abgeholzten Waldgebiete werden in *Ackerland für wachsende Bevölkerungen* verwandelt, der Rest als Weideland für Rinder (Fleischexport) genutzt. Der Export von Tropenholz in Industrieländer hat durch verschiedene Importverbote nur mehr marginale Bedeutung.

> Die globale Umweltproblematik läßt sich langfristig nur dann einer Lösung zuführen, wenn die reichen Länder die armen Länder zur Selbsthilfe fähig machen, so daß sie nicht nur um das Überleben kämpfen und den letzten Baum oder letzten Zweig verbrennen müssen.

4. Umweltschutz als gesellschaftspolitische Herausforderung

Der Umweltrat, der Rat von Sachverständigen für Umweltfragen (SRU), mußte in seinem Umweltgutachten von 1998 selbstkritisch eingestehen, daß die Umweltpolitik durch die zunehmende ökonomische Internationalisierung (Globalisierung) *„in die Defensive geraten"* ist. Insofern fällt auch – gemessen am eigentlichen Handlungs- und Regelungsbedarf – die umweltpolitische Bilanz der Regierung *„eher bescheiden"* aus. Bei der Novelle zum Bundesnaturschutzgesetz konnte *„nicht einmal ein Minimalkonsens erzielt"* werden. Auch die Novellierung des Baugesetzbuches und des Raumordnungsgesetzes entspricht *„nur teilweise"* den Vorstellungen des Umweltrates (SRU 1998, S. 18f.).

Was der Politik recht ist, ist der Bevölkerung billig. Wenn in der gesellschaftlichen Diskussion umweltpolitische Problem-und Fragestellungen keine besondere Rolle mehr spielen, weil die Diskussion von Problemen der Wirtschafts- und Arbeitsmarktpolitik dominiert, verlieren auch in der Bevölkerung Umweltbelange zunehmend an öffentlichem Interesse.

Bekämpfung der Arbeitslosigkeit (93%), Sicherung der Renten (75%), Schaffung von Ausbildungsplätzen (68%) und Kriminalitätsbekämpfung (67%) sind nach Meinung der Bevölkerung die vordringlich zu lösenden Gesellschaftsprobleme der Gegenwart. Die Bekämpfung der Umweltverschmutzung (49%) gehört nicht mehr dazu. Noch Ende der achtziger Jahre rangierte die Ökologie deutlich vor der Ökonomie. Dem Umweltschutz wurde damals eine außerordentlich hohe Bedeutung (79%) beigemessen. Diese Problembewältigung wurde in seiner Bedeutung höher eingestuft als etwa die Rentensicherung (70%) oder die Schaffung von Ausbildungsplätzen (56%).

AGENDA 2000: WAS GETAN WERDEN MUSS

Gesellschaftliche Probleme im Zeitvergleich der 80er und 90er Jahre

Welche Probleme nach Meinung der Bevölkerung "vordringlich zu lösen sind":

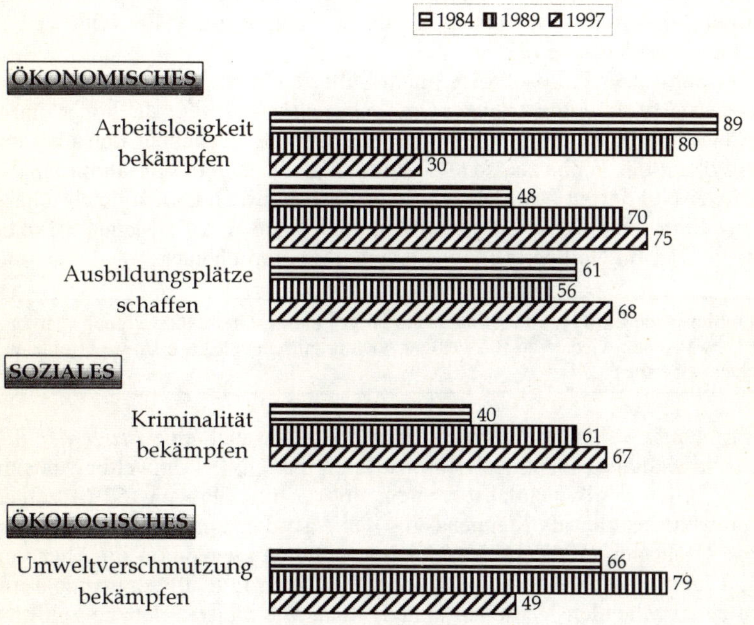

Repräsentativbefragungen von 2.000 Personen 1984 und 1989 in Westdeutschland und 3.000 Personen 1997 in Deutschland

B.A.T Freizeit-Forschungsinstitut

Geraten Tschernobyl, Waldsterben und Algenblühen in Vergessenheit? Die Umkehrung in der Rangordnung der Probleme ist weniger die Folge eines grundlegenden Bewußtseinswandels als vielmehr eine *verständliche Reaktion auf wirtschaftliche Probleme*, die im Einzelfall Existenzängste auslösen. Die ökologischen Probleme sind nach wie vor vorhanden, werden aber zunehmend durch ökonomische und soziale Probleme (z.B. Angst vor Kriminalität) verdrängt. Jetzt geht es nicht mehr wie in den siebziger und achtziger Jahren um die Vermehrung von Wohlstand, sondern um die *Erhaltung des Lebensstandards*. Mit der Abschwächung der Konjunktur und der Ausbreitung von Massenarbeitslosigkeit werden Arbeit haben und Geld verdienen wieder wichtiger als die Bekämpfung der Umweltverschmutzung.

Die Einschätzung der Ökologieproblematik aus der Sicht der Bevölkerung hat einen Tiefststand erreicht (1997: 49% – zum Vergleich 1989: 79%), während gleichzeitig die *Arbeitslosenzahl* in Deutschland *den höchsten Stand seit Kriegsende* aufweist. Vor diesem wirtschaftlichen Hintergrund ist auch erklärlich, daß sich Ostdeutsche deutlich weniger umweltbewußt zeigen (41%) als Westdeutsche (51%).

Der Schweizer Philosoph Hermann Lübbe sieht einen engen *Zusammenhang zwischen Wohlfahrtsniveau und Umweltbewußtsein:* Je höher unser Wohlstand ist, desto empfindlicher zeigen wir uns gegenüber den ökologischen Folgen der Wohlstandsentwicklung. Dies bedeutet: Von unmittelbarer materieller Not befreit „werden subtilere Wünsche wach und zugleich schärft sich der Sinn für prekäre Langfristfolgen der eigenen Art zu leben“ (Lübbe 12997, S. 31). Im Umkehrschluß bedeutet dies natürlich auch:

> Wenn Menschen Existenz- oder finanzielle Sorgen haben, nimmt die Neigung eher zu, den Umweltschutz-Gedanken für weniger wichtig zu halten: „Eure Umweltprobleme möchten wir haben ...“

Das Problembewußtsein für Umweltfragen ist aber auch eine *Frage der Bildung*: Universitätsabsolventen demonstrieren das größte Umweltbewußtsein (66% – Haupt-/Volksschulabsolventen: 46%). Auch Frauen (52%) zeigen sich umweltsensibler als Männer (46%), ebenso die jüngere Generation der 14- bis 25jährigen (57%) im Vergleich zur älteren Generation im Alter von über 50 Jahren (44%). Die subjektive Einschätzung muß allerdings nicht mit einem entsprechenden Verhalten einhergehen. Die meisten denken zunächst einmal – an sich selbst: Die 14- bis 17jährigen Jugendlichen favorisieren die Schaffung von Ausbildungsplätzen (85%), die Rentner die Sicherung der Renten (88%).

Klimaschutz, Schutz der biologischen Vielfalt sowie die Schonung der Ressourcen haben unbestritten in der umweltpolitischen Diskussion der letzten Jahre an Bedeutung gewonnen. Andererseits beruhen erhebliche umweltpolitische Erfolge zu einem großen Teil auf dem Einsatz moderner Technik in der Produktion. Die Effizienzsteigerung umweltfreundlicher Produktionstechniken in der Industrie ist nachweislich größer als die Steigerung des Umweltbewußtseins in der Bevölkerung. Allein die Schwefeldioxidemissionen sind in den alten Bundesländern zwischen 1980 und 1994 um 72 Prozent gesunken (Umweltbundesamt 1998, S. 12). Hingegen ist nach wie vor jeder zweite Bundesbürger der Meinung, *„der größte Teil der Bevölkerung verhalte sich wenig umweltbewußt“* (Umweltbundesamt 1998, S. 81). Und die ungelösten wirtschaftlichen Probleme verstärken noch die Diskrepanz zwischen Umweltbewußtsein und Umweltverhalten.

An der Schwelle zur Jahrtausendwende ergeben sich als *vordringlich zu lösende Gesellschaftsprobleme*:

1. Bekämpfung der Arbeitslosigkeit (93%)
2. Rentensicherung (75%)
3. Schaffung von Ausbildungsplätzen (68%)
4. Bekämpfung der Kriminalität (67%)
5. Bekämpfung des Drogenmißbrauchs (53%)
6. Erhaltung des Wirtschaftsstandorts Deutschland (51%)
7. Bekämpfung der Umweltverschmutzung (49%).

Vor vierzig Jahren: Das erste Umweltschutzgesetz
Am 17. August 1959 wurde das erste Umweltschutzgesetz in der Bundesrepublik vorgelegt. Alle drei im Bundestag vertretenen Parteien hatten es ausgearbeitet. Mit dem Gesetz wurde die Gewerbeordnung geändert. Sein Ziel war es, Beeinträchtigungen, Nachteile, Gefahren und Belästigungen der Bevölkerung durch Rauch, Staub, Ruß, Gerüche, Dämpfe und Geräusche zu verringern. Mit der Änderung der Gewerbeordnung wurde jedes Unternehmen verpflichtet, auf seinem Betriebsgelände amtliche Messungen zuzulassen. Ergibt sich dabei, daß gefährliche oder belästigende Verunreinigungen in der Luft gemessen werden, so müssen Vorkehrmaßnahmen – wie der Einbau von Filtern oder schallschluckenden Isolierungen – veranlaßt werden, soweit sie nach dem Stand der Technik erfüllbar und wirtschaftlich zumutbar sind. Sogenannte Reinerhaltungsbestimmungen können durch Rechtsverordnungen der Bundesregierung erlassen werden – und nicht mehr durch ein Gesetz – damit sie schneller der Entwicklung angepaßt werden können.

5. Entwicklung der Ökologiebewegung

Die folgende Auflistung „Stationen der Umweltpolitik“ zeigt: Eine breite Umweltdiskussion gibt es eigentlich erst in den letzten dreißig Jahren. In diesem kurzen Zeitraum wurde umweltpolitisch mehr bewegt als in den hundert Jahren zuvor. Und ein Ende der umweltpolitischen Diskussion ist weder absehbar noch wünschenswert. Noch unter dem Eindruck von Tschernobyl wurde 1986 das erste Bundesumweltministerium eingerichtet. Und auf Landesebene gibt es mittlerweile eigene Umweltressorts.

Entwicklung der Ökologiebewegung

125 Jahre im Zeitvergleich (1873 bis 1998)

Jahr	Programmatik	Bürgerproteste/ Initiativen/ Institutionalisierungen	Wichtige Umweltgesetze
1873		Erste Bürgervereine entstehen	Eigentumsschutz gegenüber nachweisbaren Umweltschädigungen im Bürgerlichen Gesetzbuch verankert
um 1890		Wandervogelbewegung	
um 1920		Lebensreformbewegung	
1935		Freikörperkultur	Reichsnaturschutzgesetz
1957		Lokale Bürgerinitiativen gründen sich	Wasserhaushaltsgesetz
1959		Erstes Umweltschutzgesetz vorgelegt	Atomgesetz
1968			Altölgesetz Pflanzenschutzgesetz
1969	Regierungserklärung der Regierung Brandt/Scheel		
1970	Umweltsofortprogramm		
1971	Umweltprogramm	Gründung des Rates von Sachverständigen für Umweltfragen (SRU); Gründung der Arbeitsgemeinschaft für Umweltfragen (AGU); Einrichtung eines ständigen Abteilungsleiterausschusses für Umweltfragen	Fluglärmgesetz Benzinbleigesetz
1972		Anti-Atomkraft-Bewegung; Gründung des Bundesverbands Bürgerinitiativen Umweltschutz e.V. (BBU)	Abfallbeseitigungsgesetz Grundgesetzänderung (Stärkung der Bundeskompetenz im Umweltschutz) DDT-Gesetz Tierschutz
1973		Erstes Umweltaktionsprogramm: Leitlinien einer integrierten EG-Umweltpolitik (Politische Absichtserklärung) Gründung des Umweltforums	
1974		Gründung des Umweltamtes 1. Gutachten der SRU	Umweltstatistikgesetz Bundesimmissionsschutzgesetz

1975	Abfallwirtschaftsprogramm Friedliche Nutzung der Kernenergie (Erklärung im Bundestag)	Ausweitung der AKW-Bewegung zur Ökologiebewegung	Waschmittelgesetz Bundeswaldgesetz
1976	Umweltbericht 1976		Änderung des Wasserhaushaltsgesetzes Abwasserabgabengesetz Bundesnaturschutzgesetz
1977	Entsorgungsbericht Rote Liste gefährdeter Pflanzen und Tiere	Entstehung von „grünen" politischen Gruppen	Düngemittelgesetz
1978	1. Immissionsschutzbericht Aktionsprogramm Lärmbekämpfung des BMI Fluglärmbericht	2. Umweltgutachten des SRU	
1979	Aktionsprogramm Lärmschutz	Gründung der „Grünen" als politische Partei	
1980	Umweltpolitik – Aufgabe der Gegenwart und Zukunft (Erklärung vor dem Bundestag)	Die „Grünen" in einigen Landtagsparlamenten	Gesetz zur Bekämpfung von Umweltkriminalität Änderung des Straßenverkehrsgesetzes (Lärm- und Abgasschutz)
1981			Umweltchemikaliengesetz
1982	2. Immissionsschutzbericht Beschlüsse des Bundeskabinetts		
1983	Regierungserklärung der Regierung Kohl/Genscher	Abschlußbericht der Projektgruppe „Aktionsprogramm Ökologie"	Novellierung Bundesimmissionsschutzgesetz/TA Luft/Großfeuerungsanlagen VO
1984	Erklärungen zum Waldster ben; Katalysatordiskussion	Die Grünen im Bundestag/Europaparlament	
1985	Beschluß des Bundeskabinetts über Senkung der Mineralölsteuer	1. Internationale Nordseeschutz-Konferenz der 8 Anrainerstaaten	Bodenschutzprogramm Neuordnung der Technischen Anleitung Luft (TA Luft) Novellierung des Wasserhaushaltsgesetzes Novellierung des Bundesnaturschutzgesetzes
1986		Weltweite Proteste Demonstrationen gegen Kernkraftwerke als Folge der Tschernobyl-Katastrophe; Proteste gegen Rheinverschmutzung (Sandoz, Ciba-Geigy, Bayer, BASF u.a.)	Einrichtung des Bundesministeriums für Umwelt

1990	Beschluß des Bundeskabinetts zur Gründung einer „Deutschen Bundesstiftung Umwelt“ mit Sitz in Osnabrück EU-Umweltminister verabschieden Europäische Charta Umwelt und Gesundheit		Gesetzesvorhaben: Umweltverträglichkeitsprüfung, Umwelthaftungsrecht, Umweltstrafrecht u.a. Entwurf zur Reform des Umwelthaftungsrechts
1991			Umwelthaftungsgesetz tritt in Kraft
1992	Worldwatch-Institut (Washington/USA) fordert eine Umstrukturierung der Weltwirtschaft unter Umweltgesichtspunkten	UNO-Umweltkonferenz in Rio de Janeiro/Brasilien: Verabschiedung der Rio-Deklaration („Agenda 21“), ein Aktionsprogramm für Umwelt und Entwicklungspolitik	
1993	Deutsche Politiker aus allen Parteien entwickeln einen „Ökologischen Marshallplan“, ein Programm zum Wiederaufbau der zerstörten Natur und zur Rettung der Lebensgrundlagen	EU richtet Europäische Umweltagentur in Kopenhagen/Dänemark ein	
1994		Umweltprobenbank analysiert und lagert seit 1994 ökologisch repräsentative Umwelt- und Human-Organproben	Deutscher Bundestag verabschiedet eine Novelle des Gesetzes zur Bekämpfung der Umweltkriminalität
1995		Klimakonferenz in Berlin geht ohne verbindliche Beschlüsse zur Reduzierung der Treibhausgas-Emissionen (CO_2) ab 2000 zu Ende	
1996		1 Prozent der berufstätigen Weltbevölkerung ist nach Schätzungen der OECD im Umweltschutz tätig (in Deutschland etwa 700.000 Beschäftigte)	
1997		Im Naturschutz liegt Deutschland im EU-Vergleich an letzter Stelle	Bundestag verabschiedet Neufassung des Bundesnaturschutzgesetzes
1998		„Bündnis 90/Die Grünen“ werden erstmals Regierungspartei in der Bundesregierung unter Bundeskanzler Gerhard Schröder	

6. Ursachen und Verursacher von Umweltproblemen

„Wer oder was trägt Ihrer Meinung nach denn alles zur Verschmutzung und Belastung der Umwelt bei? Sagen Sie mir bitte alles, was Ihnen dazu einfällt." Diese offene Frage wurde erstmals 1984 von 2.000 Personen ab 14 Jahren ohne Vorgaben frei und spontan beantwortet. Mehrfachnennungen waren möglich. Als Hauptverursacher von Umweltschäden wurden seinerzeit genannt:

1. Kraftfahrzeuge/Autoabgase (75%),
2. Industrie allgemein (44%),
3. Fabriken/Schornsteine (23%),
4. Kraftwerke (23%),
5. Müll/Abfälle (15%),
6. Der Mensch allgemein/Jede Person (14%),
7. Müll/Haushalte (13%),
8. Landwirtschaft (8%).

Natürlich bestehen Verursachungszusammenhänge zwischen einzelnen Bereichen wie z.B. Industrie allgemein/Fabriken/Kraftwerke oder Industriemüll/Haushaltsmüll. Überraschend hoch ist dennoch der eingeschätzte Autoabgas-Anteil: Drei Viertel der Bevölkerung sehen in den Autoabgasen einen der wichtigsten Verursacher von Umweltschäden.

Angesichts der offenen Fragestellung ist es schon bemerkenswert, daß immerhin jeder siebte Befragte spontan sich selbst als Verursacher nennt: „Der Mensch allgemein. Jede Person". Erkennbar ist aber auch dies: Freizeit, Tourismus und Umwelt werden spontan gar nicht genannt.

> Im privaten Denken wie in der öffentlichen Diskussion bleibt der Problemzusammenhang von Freizeitverhalten und Umweltbelastung weitgehend ausgeblendet. Daran denkt man zunächst nicht. Im Blickpunkt des privaten und öffentlichen Interesses stehen ganz andere Probleme. Freizeit ist im subjektiven Empfinden eine viel zu schöne Sache, als daß man sie durch Umweltprobleme „von außen" belastet sehen will.

Im Rahmen der europaweiten Umfrage *Eurobarometer*, in der regelmäßig die Bevölkerung zu aktuellen Themen befragt wird, werden seit Anfang der achtziger Jahre auch Fragen zur Umwelt und zum Umweltschutz gestellt. Bei den Antworten auf die Frage, ob Umweltschutz ein dringendes Problem ist, deutet sich an, daß die Problemsensibilisierung der Europäer für Umweltfragen offensichtlich ihren Höhepunkt erreicht, vielleicht sogar überschritten hat. Sorgen um den Schutz der Umwelt machten sich (vgl. Kramer 1998)

- 1986: 70 Prozent
- 1988: 73 Prozent
- 1992: 84 Prozent
- 1995: 82 Prozent

der befragten Europäer. Das größte Umwelt*bewußtsein* artikulieren über alle Jahre hinweg die Bürger in den Mittelmeerländern Italien (1995: 90%) und

Griechenland (97%). In allen übrigen Ländern gibt es mittlerweile andere Problembereiche des öffentlichen Lebens (z.B. Arbeitslosigkeit), die immer dringender erscheinen.

Die Umweltprobleme werden dabei je nach Land ganz unterschiedlich wahrgenommen:

- Italiener und Spanier machen sich besonders große Sorgen um die Sicherung und die Reinheit des *Trinkwassers.*
- *Lärmbelästigung* wird vor allem in Griechenland als großes Problem empfunden, aber auch die Luftverschmutzung in Verbindung mit dem Verkehrsaufkommen (vgl.z.B. Smogprobleme im Großraum Athen).
- *Landschaftszerstörung* wird in Griechenland, Spanien und Italien, aber auch in Luxemburg als großes Problem gesehen.

Die größten Sorgen machen sich die Europäer um die Schäden, die durch Umweltprobleme *Tieren, Pflanzen und Lebensräumen* zugefügt werden. Die Angst vor irreparablen Schäden ist hierbei besonders groß. Fast genauso problematisch wird das Problem des Industriemülls eingeschätzt. Vor dem Hintergrund des Themenumfelds „Umwelt. Freizeit. Mobilität" wird allerdings auch deutlich, daß die durch Sport und Tourismus ausgelösten Schäden in der Einschätzung der europäischen Bevölkerung an letzter Stelle rangieren (17% bzw. 15%). Um ein Vielfaches höher werden die durch Landwirtschaft und Industrie verursachten Schäden eingestuft.

Über das Problembewußtsein hinaus ist im europäischen Vergleich feststellbar, daß insbesondere das Umwelt*verhalten* vom jeweiligen Wohlstand des Landes abhängig ist: *Mit wachsendem Wohlstand nimmt auch das umweltbewußte Verhalten zu* (einschließlich der Bereitschaft zur finanziellen Unterstützung von Umweltreaktionen oder gar zur Mitgliedschaft in Umweltschutzinitiativen). Die größte Bereitschaft zu solchen Umweltaktivitäten zeigen z.B. die Luxemburger und Deutschen, die geringste die Griechen.

Wenn Umweltverhalten auch eine Frage des Wohlstands ist, dann erklärt sich ebenfalls die Tatsache, daß im „Wohlstandsland Deutschland" Umweltbewußtsein und -verhalten dann rückläufig sind, wenn es der Bevölkerung wirtschaftlich schlechter geht (z.B. in Zeiten hoher Arbeitslosigkeit). Auf den Punkt gebracht: *Umweltverhalten muß man sich auch ökonomisch leisten können*, weshalb sich z.B. Bewohner in Ländern der sogenannten Dritten Welt weniger umweltbewußt verhalten. Infolgedessen stimmen am meisten die Bewohner in westlichen Wohlstandsländern wie Dänemark, Schweden, Deutschland und die Benelux-Staaten der Aussage zu, die Umwelt sollte „Vorrang vor der wirtschaftlichen Entwicklung haben".

In Zukunft läuft alles auf einen tragfähigen Kompromiß zwischen Ökonomie und Ökologie hinaus. Die mehrheitsfähige Zielformulierung lautet dann: Die wirtschaftliche Entwicklung muß sichergestellt und gleichzeitig die Umwelt geschützt werden. Von der Alternative zur Symbiose: Ökonomie und Ökologie müssen im Gleichgewicht sein.

INDUSTRIE UND GESELLSCHAFT ALS HAUPTVERURSACHER

Freizeit/Sport/Tourismus nur Nebenschauplätze?

Von je 100 befragten Europäern in der EU machen sich Sorgen um ...

Fragentext: "Wenn Sie nun einmal an ... (z.B. Deutschland) denken, wie besorgt sind Sie über die folgenden Probleme? Sind Sie sehr besorgt, ziemlich besorgt, nicht sehr besorgt oder überhaupt nicht besorgt über ..."

Eurobarometer 1995

„Umweltbewußtsein": Was ist das eigentlich?

Verantwortungsgefühl für die belebte und unbelebte Umwelt. Das Umweltbewußtsein setzt die Erkenntnis voraus, daß Eingriffe in die Umwelt zu schweren Schäden führen können, deren Auswirkungen unabsehbare Folgen für die belebte Umwelt haben können. Ohne ausreichendes Umweltbewußtsein in weiten Kreisen der Bevölkerung können die notwendigen Maßnahmen des Umweltschutzes nicht durchgeführt werden.

Es ist deshalb Aufgabe einer lebenslangen Umwelterziehung, das Umweltbewußtsein breiter Kreise der Bevölkerung zu entwickeln und zu erhalten. Zwar weisen Umfrageergebnisse der letzten Jahre auf ein gestiegenes Umweltbewußtsein in der Bevölkerung der Bundesrepublik Deutschland hin. Das vorhandene Umweltbewußtsein setzt sich aber oft nicht unmittelbar in umweltbewußtes Verhalten und Handeln um.

Beispiele für diese Diskrepanz zwischen Umweltbewußtsein und umweltbewußtem Handeln sind z.B. der nach der Ölkrise 1973/74 einsetzende Autoboom (vorübergehend konnte sogar die Nachfrage nach großen „kraftstofffressenden" Kraftfahrzeugen nicht befriedigt werden), die nach wie vor zu geringe Nutzung öffentlicher Verkehrsmittel trotz des erheblich gestiegenen Wissens über die Umweltbelastungen durch den Individualverkehr und die Erschließung auch der letzten naturnahen Räume durch eine expandierende Freizeitindustrie: Mit Maßnahmen der Umweltaufklärung muß daher ständig versucht werden, das vorhandene Umweltbewußtsein in umweltbewußtes Verhalten umzusetzen.

Quelle: Umweltbundesamt (Hrsg.):„Was Sie schon immer über Auto und Umwelt wissen wollten", 5. Auflage Stuttgart-Berlin-Köln-Mainz 1996

7. Verkehrsentwicklung und Umweltbelastung

Für den Kfz-Verkehr stehen in Deutschland – nach Angaben des Umweltbundesamtes – zur Verfügung:

- 11.013 km Bundesautobahnen
- 42.200 km Bundesstraßen
- 193.000 km Landes- und Kreisstraßen
- 413.000 km Gemeindestraßen.

Dem steht ein

- Schienennetz von 40.800 km und ein
- Wasserstraßennetz von 6.609 km

gegenüber.

Fast alle *Prognosen* über den künftigen Pkw-Bestand wurden bisher von der Wirklichkeit übertroffen. Die Prognosen gingen in der Regel von der Existenz einer Sättigungsgrenze aus. Dies trifft insbesondere für die Vielzahl der vorliegenden Shell-Prognosen zu. Das Umweltbundesamt geht mittlerweile davon aus, daß der Pkw-Bestand bis zum Jahre 2010 auf 43 Millionen ansteigen wird, während Shell nur mit 38 Millionen rechnet. Wieder andere Prognosen (Opaschowski 1997, S. 30) erwarten gar eine Verdoppelung des Pkw-Bestandes in Deutschland von 25 Millionen (1983) auf 50 Millionen (2010).

Schadstoffquellen im Vergleich – Mobilität als Hauptverursacher

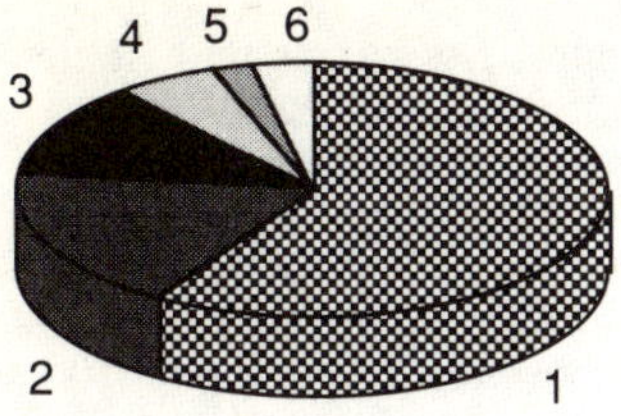

Stickoxide NO_x	%
1 Auto, Bahn, Schiff	58,8
2 Kraft und Fernheizwerke	18,5
3 Industrie	11,8
4 Haushalte und Kleinverbraucher	5,4
5 Sonstige Emittenten	2,3
*6 Luftverkehr**	*3,2*

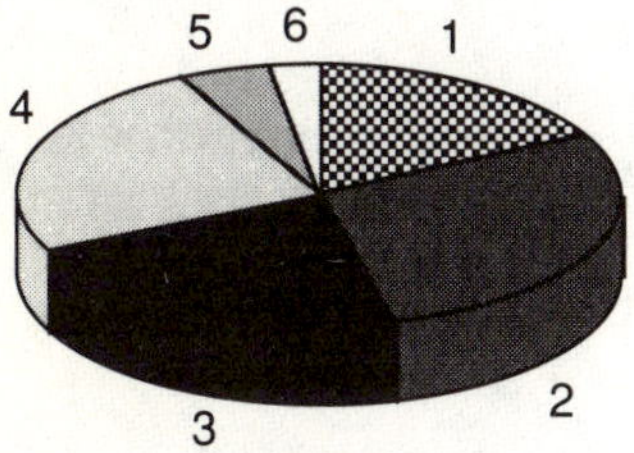

Kohlendioxid CO_2	%
1 Auto, Bahn, Schiff	17,1
2 Kraft und Fernheizwerke	28,8
3 Industrie	21,9
4 Haushalte und Kleinverbraucher	24,7
5 Sonstige Emittenten	4,9
*6 Luftverkehr**	*1,3*

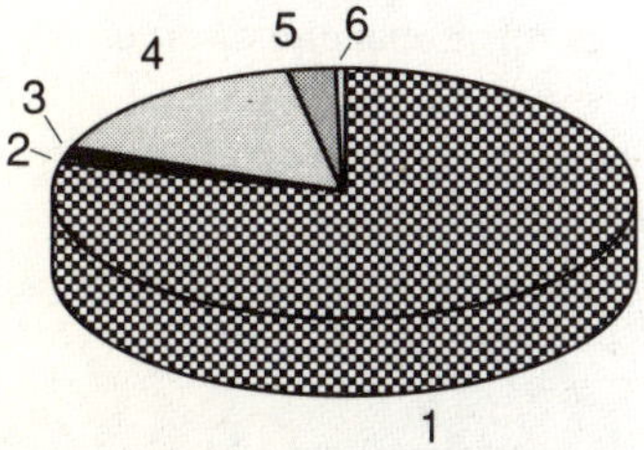

Kohlemonoxid CO	%
1 Auto, Bahn, Schiff	79,0
2 Kraft und Fernheizwerke	0,6
3 Industrie	1,3
4 Haushalte und Kleinverbraucher	16,1
5 Sonstige Emittenten	2,6
*6 Luftverkehr**	*0,4*

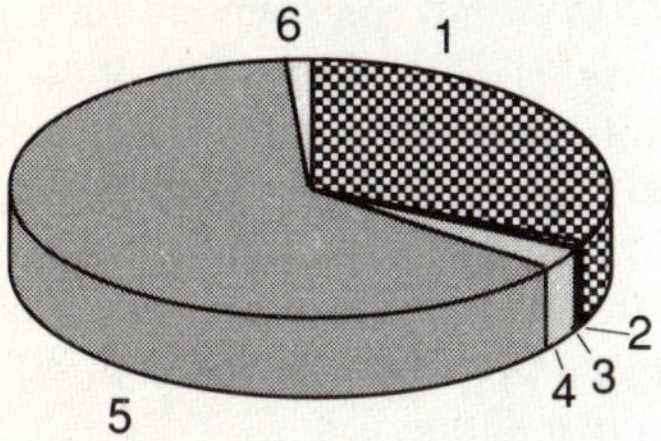

Kohlenwasserstoffe UHC	%
1 Auto, Bahn, Schiff	32,2
2 Kraft und Fernheizwerke	0,3
3 Industrie	0,4
4 Haushalte und Kleinverbraucher	2,9
5 Sonstige Emittenten	62,9
*6 Luftverkehr**	*1,3*

*Zivile und militärische Flüge, inkl. Verbrauch auf abgehenden Auslandsstrecken. Quelle: Enquete-Kommission des Deutschen Bundestages „Vorsorge zum Schutz der Erdatmosphäre"

Grafik aus: Utz-Stillhard/P.P. Talkenberger 1994, S. 79

Die durch den Autoverkehr *mitverursachten Umweltbelastungen* sind hinreichend bekannt wie z.B.

- Klimaveränderungen
- Treibhauseffekt

- Gesundheitsschäden durch Verkehrslärm und zu hohe Luftbelastungen (z.B. bei Sommersmog)
- Schädigungen der Tier- und Pflanzenwelt (durch Stickoxide und Kohlenwasserstoffe).

Wird Verkehrsreduzierung „das“ Schlüsselwort der Verkehrsplanung werden? Müssen die *Nähe* und die *Stadt der kurzen Wege* wiederentdeckt werden, um das Verkehrschaos auf den Straßen zu verhindern? Als Lösungsansatz bietet sich für die Zukunft die *4 V-Regel* an: *Vermeiden/Vermindern/Verlagern/Verbessern* (vgl. Heinze/Kill 1997, S. 142f.):

1. *Vermeiden*
   - Nähe als Lebensqualität
   - Alternativen in Herkunftsräumen
   - Deregulierung (Ladenschluß, Öffnungszeiten)
2. *Vermindern*
   - Verkehrsreduzierung durch ökologische Steuerpolitik
   - Preiserhöhungen durchsetzen
   - Langsamkeit als Qualitätsmerkmal
3. *Verlagern*
   - Räumliche Verlagerung auf Verkehrswege mit Kapazitätsreserven
   - Räumliche Verlagerung auf Randzonen
   - Replika und virtuelle Ziele in der Nähe
4. *Verbessern*
   - Zeitliche Entzerrung
   - Förderung des Verkehrs auf Fuß- und Radwegen
   - Attraktivierung des ÖPNV.

Hauptziel muß es sein, den ÖPNV durch Freizeitattraktivierung aufzuwerten (und nicht das Auto abzuwerten). Ein *Neuer ÖPNV* muß zum Symbol für ein Neues Lebensgefühl werden: *Auch ohne Auto viel erleben!* Dies schließt auch das Zu-Fuß-Gehen ein. Denn jede zweite Autofahrt ist kürzer als 5 km, jede dritte kürzer als 3 km (Umweltbundesamt 1996). Ein Großteil der Autofahrten zwischen Wohnung, Bäcker und Friseur, Kino und Kirche ist entbehrlich.

Deutschlands Auto-Zukunft kennt keine Grenzen: Im Jahre 2010 werden sich 50 Millionen Autos auf den Straßen drängen (Opaschowski 1997, S. 30). Das Gedränge ist vorprogrammiert. Die Entwicklung des Pkw-Bestands spricht eine deutliche Sprache:

- 1955: 1,9 Mio
- 1960: 4,8 Mio
- 1965: 9,9 Mio
- 1970: 15,1 Mio
- 1975: 19,8 Mio
- 1980: 25,9 Mio
- 1985: 29,2 Mio
- 1990: 35 Mio

- 1994: 40 Mio
- 1998: 42 Mio
- 2000: 43 Mio (Prognose)
- 2010: 50 Mio (Prognose).

AUTO-MOBILITÄT OHNE GRENZEN

Pkw-Bestand in Deutschland

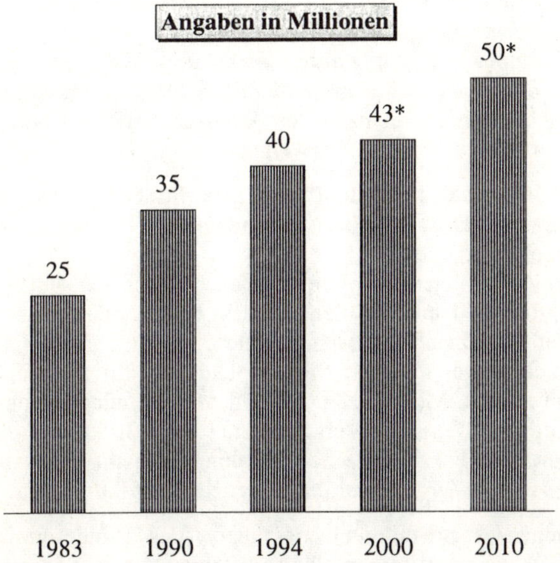

* Prognosen für 2000 und 2010

Basis : Eigene Zusammenstellung nach Daten der Enquete-Kommission „Schutz der Erdatmosphäre" des Deutschen Bundestages, des Bundesministeriums für Verkehr, des Statistischen Bundesamtes und der Shell-Prognosen

B·A·T Freizeit-Forschungsinstitut

Wieviele Autos verkraftet die Umwelt? Jede Sekunde wird weltweit ein neues Auto produziert. 500 Millionen Autos fahren auf den Straßen. In 25 Jahren werden es eine Milliarde sein, so eine Schätzung des von der UNO geförderten Washingtoner World-Watch-Instituts. Danach gilt mittlerweile das *Radfahre*n in den urbanen Wirtschaftszentren Ostasiens sogar schon als *Ausdruck der Unterentwicklung* (Pötzl 1998, S. 8). Andererseits: Ist es fair und redlich, den Asiaten das automobile Fahrvergnügen zu verwehren, wenn auch wir nicht bereit sind, darauf zu verzichten?

Von den Öl- und Energiekrisen 1973/74 und 1980/81 einmal abgesehen hat das Verkehrsaufkommen in Deutschland stetig zugenommen. Seit Anfang der sechziger Jahre hat sich der Personenverkehr in den alten Bundesländern von 253,5 Mrd. Pkm auf 742,8 Mrd. Pkm nahezu verdreifacht. Gleichzeitig hat sich der Motorisierungsgrad weiter erhöht. *Drei Viertel der Haushalte in Deutschland verfügen über zumindest einen Pkw* (West: 76% – Ost: 71%). Noch in den fünfziger Jahren ging man davon aus, daß bei etwa 200 Pkw je 1.000 Einwohner eine Sättigung der Motorisierung erreicht werde. Bereits im Jahr 2000 wird europaweit eine Motorisierungsrate von *400 Pkw pro 1.000 Einwohner* erreicht sein.

Die Flächenbeanspruchung durch Verkehrswege nimmt stetig zu und damit auch die *Zerschneidung von funktional zusammenhängenden Lebensräumen.* Ein wachsendes Problem für den Arten- und Biotopschutz, weil immer mehr ungestörte Areale für die Tierwelt verlorengehen.

- Seit 1960 wurden über 120.000 km neue Straßen gebaut. Allein in den 70er Jahren sind fast 50 Prozent unseres Auto
- bahnnetzes entstanden.
- Auf den Autobahnen und Kreisstraßen hat sich der Verkehr seit 1960 etwa verdreifacht und auf den Bundes- und Landesstraßen sind inzwischen doppelt so viele Autos anzutreffen.
- Die Bundesbürger legen jährlich im Durchschnitt mehr als 10.000 km pro Kopf zurück. Mehr als 8.000 km davon entfallen auf das Auto, etwa 1.500 km auf öffentliche Verkehrsmittel und 230 km auf das Flugzeug. Wege mit dem Fahrrad machen 280 km aus – am Ende verbleiben für *Fußwege 310 km pro Bürger und Jahr*: Keine 850 m am Tag.

Kontinuierliche Geschwindigkeitsmessungen des Bundesministeriums für Verkehr auf Autobahnen zeigen, daß seit Beginn der achtziger Jahre *die Autos jedes Jahr im Durchschnitt einen Kilometer in der Stunde schneller* fahren. Seit der Energiekrise hat sich der Anteil der Fahrzeuge mit einer Höchstgeschwindigkeit von über 150 km/h nicht verringert, sondern ganz im Gegenteil mehr als verdoppelt.

Mit der Motorisierung nahm auch die Fahrleistung zu. 1960 wurden auf den Straßen in Deutschland 110 Mrd. km zurückgelegt. Drei Jahrzehnte später hat sich der Anteil mehr als vervierfacht (458 Mrd. km). Das Umweltbundesamt prognostiziert bis zum Jahr 2005 einen jährlichen Anstieg der Pkw-Fahrleistungen von 1,6 Prozent.

Der Straßenverkehr ist bei den Luftschadstoffen Kohlenmonoxid (CO), Kohlenwasserstoffen (CH) und Stickstoffoxiden (NO) für mehr als die Hälfte aller Schadstoffbelastungen der Luft verantwortlich. Prognosen (Umweltbundesamt 1996, S. 11) errechnen für die Entwicklung der Schadstoffbelastung aus dem Verkehr in Deutschland zwischen den Jahren 1988 und 2005 eine Zunahme der CO_2-Belastungen um 36 Prozent.

Belastungen durch Verkehrsmittel vor Ort

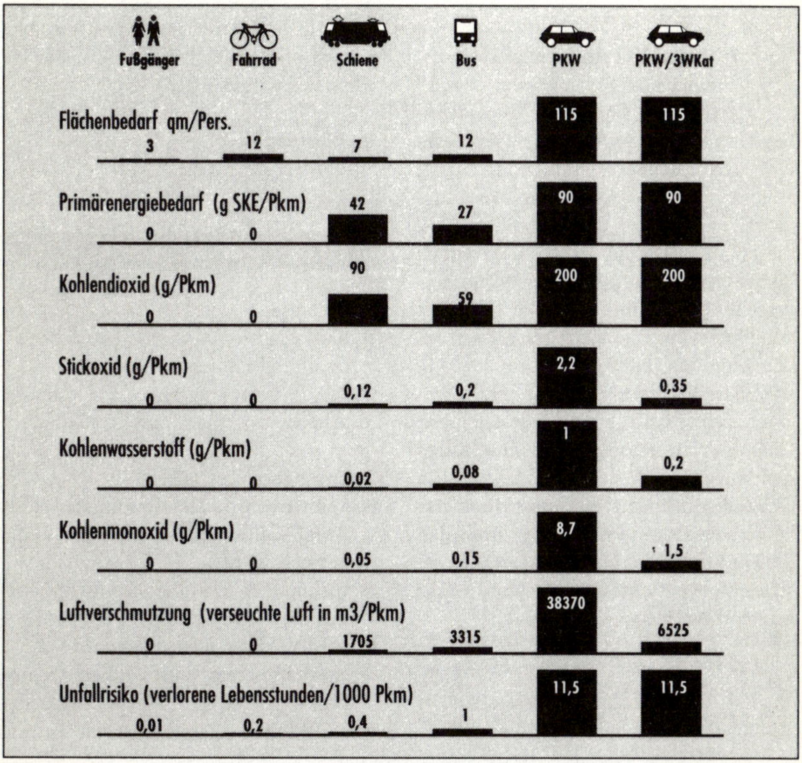

ökom-Grafik - Quelle: UPI-Umweltprognose Institut Heidelberg, entn. aus: fairkehr 4/89, S 20

Untersuchungen aus der Schweiz weisen beispielsweise nach, daß ein Sportler für die Ausübung nur einer Sportart im Jahr durchschnittlich 850 km zurücklegt. Hinzu kommt der Zuschauerverkehr. Jeder achte Kilometer (ca. 12%) des gesamten Personenverkehrs erfolgt im Zusammenhang mit Sport – ob als Sporttreibender oder Sportzuschauer.

Der Sportverkehr macht etwa ein Viertel des Freizeitverkehrs aus. Problematisch am Sportverkehr ist die große Abhängigkeit vom Auto.

Die vorliegenden Erfahrungswerte (Stettler 1997, S. 16) sprechen für sich:

- Nur 4 Prozent der Distanzen werden im Sportverkehr zu Fuß oder mit dem Fahrrad zurückgelegt.

- Der Anteil der öffentlichen Verkehrsmittel im Sportverkehr liegt bei 18 Prozent.
- Über drei Viertel des gesamten Sportverkehrsaufkommens (78%) entfallen auf den Autoverkehr.

SPORTVERKEHR: WEGDISTANZEN FÜR DIE SPORTAUSÜBUNG

Hinweg in Kilometern

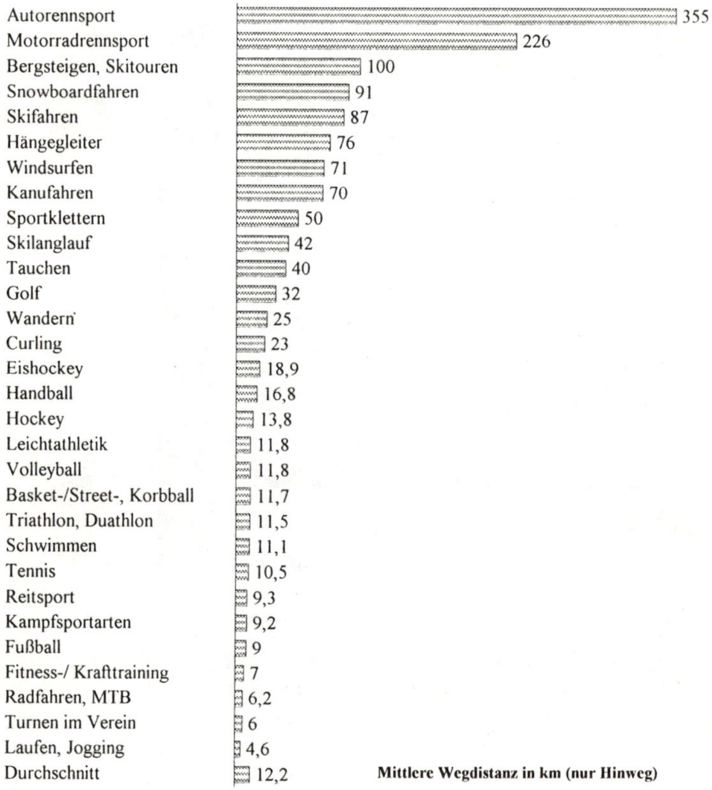

Quelle: Stettler 1997, S.15

CS

Die größten Wegdistanzen für Training und Wettkampf legen die Motorsportler zurück: Wer z.B. am Autorennsport teilnehmen will, muß allein für den Hinweg mit einer durchschnittlichen Wegstrecke von 355 km rechnen. Die umweltfreundlichsten Mobilitätswerte weisen hingegen Laufen und Joggen auf (ca. 4,6 km). Joggen ist sozusagen „fast von der Haustür aus" möglich, während Motorsportler, Skisportler oder Windsurfer *lange Anfahrtswege* auf sich nehmen müssen. Skitourenfahrer z.B. etwa 100 km, Sportkletterer etwa 50 km und Wanderer etwa 25 km (Stettler 1997, S. 91).

Für die Entwicklung bis zum Jahre 2010 ist vor allem bei den *Individualsportarten* wie Snowboarden, Sportklettern, Mountainbiking, Golf und Inline-*Skating* mit einem erhöhten Sportverkehrsaufkommen zu rechnen. Eine wachsende Zahl von Sportarten erfordert eine spezielle Sportinfrastruktur, die kaum oder gar nicht im Wohnumfeld vorhanden ist. Hinzu kommen mitunter beschwerliche Sportausrüstungen, deren Transport mit dem Auto am bequemsten ist.

Um die erforderlichen Umweltentlastungen zu erreichen, soll eine „umweltgerechte Verkehrspolitik" darauf hinwirken, daß *„unnötiger motorisierter Verkehr generell vermieden wird*" und „weniger entfernte Freizeit- und Urlaubsziele" gewählt werden (Umweltbundesamt 1996, S. 22f.). Eine Forderung, die nicht durch technologische Innovationen, sondern nur durch psychologische Anreize realisiert werden kann.

8. Freizeitmüll

Hans Reimer, einer der ersten Warner vor Umweltproblemen in der Bundesrepublik, sagte uns 1971 in seinem Buch „Müllplanet Erde" eine ernsthafte Müllmisere voraus: *„Die verkürzte Arbeitszeit hat ganz neue Abfallkategorien geschaffen: den Freizeitmüll.* Bekanntlich gibt es ganze Industriezweige, die den Konsumenten für seine Freizeitgestaltung zu Wasser, zu Lande und in der Luft auszustatten auf der Lauer liegen" (Reimer 1971). Reimer kritisierte seinerzeit die Kurzlebigkeit von Freizeitmoden und Freizeitprodukten, die ständigen Modellveränderungen unterworfen seien und dann als Konsumschutt auf der Müllkippe landeten.

Das Berner Forschungsinstitut für Freizeit und Tourismus (FIF-13/1994) hat nachgewiesen, daß allein in der Schweiz jedes Jahr

- 4.300 Tonnen Skisportartikel,
- 4.000 Tonnen Sportbekleidung und
- 2.800 Tonnen Sportschuhe

im Abfall landen: Freizeitmüll ist das, was von der Freizeit übrig bleibt. *Zwei Drittel des Freizeitmülls besteht aus Kunststoffen.* Der allein durch Ski- und Sportschuhe anfallende Freizeitmüll entspricht dem Abfall einer Stadt mit 10.000 Einwohnern während eines ganzen Jahres.

Für fast jede Sportart gibt es einen speziellen Sportschuh. Zum jährlichen Abfallberg der verschiedenen Sportschuharten gehören: Ski alpin (1.620 t), Wandern (1.069 t), Training (605 t), Jogging (370 t), Tennis (300 t), Fußball (283 t), Bergsteigen (147 t) und Ski nordisch (75 t). Zur Müllvermeidung gäbe es eigentlich nur eine alte Alternative: Laufen in Ledersandalen – für jede Sportart. Aber wer will das schon? Zum Sportmüll gesellt sich noch der Elektronikschrott von TV, Video, CD und Cassetten. In deutschen Haushalten haben sich mittlerweile 750 Millionen selbstbespielte Videocassetten angesammelt: 180.000 Tonnen Kunststoff-Freizeitmüll, was dem Gewicht von 600 Jumbo-Jets entspricht.

Der Freizeitmüll, die Verschmutzung von Natur und Landschaft durch Abfälle von Tagesausflüglern und Urlaubsreisenden, ist eine Folge unserer Wegwerf-Mentalität, die auch und gerade durch die Konsumindustrie („ex und hopp") produziert wird. Noch ist die Gedankenlosigkeit der meisten Menschen größer als das Problembewußtsein. Wäre es anders, würde es nicht jedes Jahr mehr Abfälle in den Freizeit- und Feriengebieten geben. Noch gilt die Formel: *„Mehr Freizeit = mehr Mobilität = mehr Müll"*. Werden sich unsere Freizeitgewohnheiten erst grundlegend ändern, wenn die Müllberge ‚bis zum Himmel stinken'?

Die Beseitigung des sogenannten Freizeitmülls bereitet zunehmend größere Schwierigkeiten, weil überdurchschnittlich viele Kunststoffe verwendet werden (vgl. z.B. Schlauchboote, Zelte, Wasserski, Angelruten). Hinzu kommt der Einweg-Charakter vieler Verpackungen (Plastikbehälter, Blechdosen u.a.) in Verbindung mit der Bequemlichkeit und dem gering entwikkelten Umweltbewußtsein von Spaziergängern, Wanderern und Autofahrern.

Allein für den sogenannten Freizeit- und Unterwegsbedarf wird derzeit auf dem deutschen Markt eine Blechdosenlawine von 2,5 Milliarden Stück pro Jahr produziert. Die Gesamtzahl der Getränke-Wegwerfpackungen hat sich in den letzten drei Jahrzehnten vervielfacht. Mittlerweile wird bereits jedes fünfte Bier in der Dose verkauft – mehr als jemals zuvor in Deutschland.

Zukunftsweisende Wege beschreitet derzeit die kanarische Ferieninsel Fuerteventura. 1967 gab es auf dieser Insel gerade einmal 38 Gästebetten; inzwischen hat es eine millionenfache Expansion gegeben. Um nicht zu den „verlorenen Paradiesen" gezählt zu werden, wurden alternative Umweltschutzlösungen realisiert – *von der Windenergie über die Solarenergie bis zur Biomassevergasung*. Ausgehend von der Erkenntnis, daß 60 Prozent des in einem Hotel anfallenden Mülls organische Stoffe sind, wurde 1998 die erste Hotel-Biogas-Anlage RISCO DEL GATO entwickelt: Biogas wird aus Küchenabfällen gewonnen und trägt dazu bei, fossile Brennstoffe zu sparen.

> Die aus Abfällen gewonnene Energie wird der Warmwasserbereitung und Poolbeheizung im Hotel zugeführt.

Bei der Abfallvergärung kann zudem – im Vergleich zur Kompostierung – eine deutliche Verringerung von Geruchsemissionen erzielt werden. Was passiert, wenn nichts passiert, läßt sich hingegen auf der Ferieninsel Mallorca beobachten: Jedes Jahr fallen durch Touristen 90.000 Tonnen Müll an. Die Insel droht fast in Müllbergen zu versinken.

Müssen Urlauber in Zukunft ihre Abfälle in der Plastiktüte wieder mit nach Hause nehmen? Die *Malediven-Lösung* gibt es bereits: Die Fluggesellschaft LTU händigt Urlaubern bei der Landung in Male einen Plastiksack aus. 70 Prozent der Feriengäste beweisen Vernunft, sammeln ihren Abfall und bringen ihm am Abflugtag mit zum Flughafen. So kann verhindert werden, daß die Inseln im Indischen Ozean ihren Müll auf andere Art „entsorgen" ...

> In vielen Freizeit- und Urlaubsgebieten sind die Grenzen der ökologischen Belastbarkeit bereits erreicht und zum Teil überschritten. Wird es in Zukunft – sozusagen von Amts wegen – zur systematischen Überprüfung der Umweltverträglichkeit von Freizeit und Tourismus kommen, weil beide zwar ökonomisch effektiv sind, aber ökologisch unerträglich werden?

Bezogen auf die gesamte außerstädtische Fläche in Deutschland werden etwa fünfzig Prozent als Freizeitgebiete genutzt, d.h. diese Flächen sind für alle Bundesbürger zugänglich und für Freizeitzwecke (z.B. für Wandern, Spiel und Sport) nutzbar. In Schleswig-Holstein sind es knapp 30 Prozent der vorhandenen Fläche, in Bayern dagegen liegt der Anteil der Freizeitnutzung mit 61 Prozent doppelt so hoch.

Jedes zweite Naturschutzbiet ist kleiner als 20 ha (100 ha = 1 qkm). *Von allen Naturschutzgebieten werden fast 50 Prozent durch Freizeitaktivitäten in Anspruch genommen.* Die Umweltbelastungen sind erheblich. Das Beispiel des Naturparks Bayerischer Wald etwa zeigt: Zweihundert Kilometer gut ausgestatteter Wanderwege werden von über 90 Prozent der Besucher benutzt. Dafür müssen pro Jahr über DM 100.000 für die Abfallbeseitigung aufgebracht werden.

Auch in Fällen eines „geordneten Freizeitbetriebs" steigen die Kosten für die Abfallbeseitigung. *Wo sich Freizeiter niederlassen, hinterlassen sie Spuren von Freizeitmüll.* Wächst mit der Zahl der Freizeitmöglichkeiten in der freien Natur auch die Menge des Freizeitmülls? Eine Untersuchung der Camping- und Wochenendplätze im Regierungsbezirk Köln (vgl. BUND 1988, S. 25) belegt beispielsweise:

- Auf mehr als 80 Prozent der Camping-Plätze werden Abwässer direkt in den Boden geleitet.
- Bei 41 Prozent fehlen Kanalanschlüsse zur Ableitung von Schmutzwasser in eine zentrale Kläranlage.

Allein im Regierungsbezirk Darmstadt soll es etwa 10.000 *illegale Ferienhäuser* geben, die ohne entsprechende Ver- und Entsorgungsinfrastruktur (z.B. Anschluß an Abwasserkanäle) gebaut wurden und zur Verseuchung des Bodens und der angrenzenden Gewässer beitragen. Heimlich und schleichend werden Freizeitwohnsitze in die Landschaft gesetzt – vom Jagdschuppen bis zur Ferienvilla mit Tarnverschalung und versenkbarem Kamin...

Die bisherigen Erfahrungen lassen für die Zukunft spürbare Restriktionsmaßnahmen befürchten: Die Forstabteilung der Landwirtschaftskammer in Bonn ließ beispielsweise in den rheinischen Staatswäldern einen großen Teil der einst hochgelobten Freizeiteinrichtungen wieder demontieren. Und in Nordrhein-Westfalen wurden schon Anfang der 80er Jahre Forderungen laut, einen Teil der Wälder für Wanderer und Spaziergänger zu „schließen" und die interessierten Waldbesucher in bestimmte Gebiete (Reservate) zu verweisen (DGF 1983).

Der freizeitintensive Umgang mit Natur und Landschaft birgt Probleme. Jedoch läuft die derzeitige Spontan-Strategie von Naturschützern und Landschaftspflegern Gefahr, nun gleich „allen Anfängen zu wehren", d.h. *Naturschutz gegen den Menschen* zu betreiben und die Umwelt möglichst ganz vor der Freizeit zu schützen.

> Statt zwischen dem öffentlichen Interesse an Freizeitmöglichkeiten für alle und dem öffentlichen Interesse aller am Schutz der Umwelt abzuwägen, wächst die Neigung für eine restriktive Umweltpolitik, nach der die Landschaftsnutzung für Freizeitzwecke zurückgedrängt oder gar unterbunden werden soll.

Die mögliche Reaktion auf eine solche Vorgehensweise beschreibt das Bundesministerium für Ernährung, Landwirtschaft und Forsten treffend: „Wenn die Landschaftsschützer von 100 Hektar erfolgreich geschütztem Landschaftsareal nicht bereitwillig 20 oder 30 Hektar für angemessene Erholungsnutzung freigeben, wird die Freizeitbevölkerung sich die ganzen 100 Hektar nehmen" (Rönneper 1981). Dem *Verbot der Freizeitnutzung von oben* würde dann die *Landschaftsbesetzung von unten* auf dem Fuße folgen. Das kann nicht die Lösung des Problems sein.

II. Umwelt, Freizeit und Mobilität

1. Mobilität als Lebensprinzip

Die Menschen waren mobil, noch ehe sie seßhaft wurden. Die Geschichte der Menschheit ist eine Geschichte der Mobilität, des Ortswechsels und der großen Wanderungen. Mobilität gilt als menschliches Urbedürfnis.

„Travel“ und „Travail“, Reisen und Arbeiten, haben die gleiche Wortwurzel und deuten auf das gleiche Phänomen hin: Der Mensch kann auf Dauer nicht untätig in seinen eigenen vier Wänden verweilen.

Noch nie in der Geschichte des modernen Tourismus reisten so viele so viel. *Reisen gilt heute als die populärste Form von Glück.* Reisen ermöglicht Orts-, Szenen- und Rollenwechsel. Reisen bietet die Chance, zeitweilig die Seele vom Alltagsballast zu befreien. Für viele Menschen sind Mobilität und Unterwegssein zur Passion geworden – in dem Doppelsinn des Wortes Leidenschaft, in dem Leiden und Lust nahe beieinander liegen, wie Abschied und Heimkehr auch.

Auch Traum und Alptraum liegen manchmal nahe beieinander: Nervenaufreibende und energieaufwendige Mobilität: Verkehrsströme quälen sich in dichten Kolonnen aus der Stadt. Streß und Staus, Massenmotorisierung als Horrortrip, ein gewohntes Bild an Wochenenden und zur Ferienzeit. Zurück bleiben entleerte Innenstädte und verödete Wohngebiete. Der rastlose Drang, ins Blaue oder Grüne zu fahren, hat viele Ursachen. Es gehört zum Wesen der menschlichen Natur, so sagte schon Plinius, reiselustig und nach Neuem begierig zu sein. Innere Unruhe und Bewegungsdrang, Angst vor Monotonie und Langeweile, das Bedürfnis, vorübergehend dem Alltag zu entfliehen, und der Wunsch nach Wechsel und Abwechslung sind *die heimlichen Triebfedern für die unheimliche Lust* am Reisen und Unterwegssein.

In dem Verlangen, der eigenen Zeit und eigenen Umwelt zu entfliehen, in der Abwendung vom Alltag und der Sehnsucht nach Neuem liegt die Faszination der Mobilität. Es ist ein geradezu kindliches Vergnügen, so äußerte sich schon Ortega y Gasset vor über 60 Jahren in seinem Essay „Der Aufstand der Massen“, die leere Geschwindigkeit spielen zu lassen. Wir können an mehreren Orten sein als früher, Ankunft und Abfahrt öfter genießen und *„in kürzere kosmische Zeit mehr gelebte Zeit zusammendrängen“.*

Zeit und Raum werden scheinbar aufgehoben – durch Mobilität. Mobilität ist zur Chiffre für die menschlichen Träume und Wunschbilder vom schöneren Leben geworden. Sie steigert die Freude am Leben und hält auch innerlich mobil. Mobilität sagt etwas darüber aus, was uns bewegt und wie wir uns bewegen.

Als *räumliche Mobilität* werden heute alle „außerhäusigen Bewegungsvorgänge außerhalb des unmittelbaren Wohnumfeldes" bezeichnet (Enquête-Kommission 1994, S. 126), die entweder aus individuellem Bedürfnis (= *der Weg zum Ziel*) und/oder aus sachlicher Notwendigkeit (= *der Weg ist das Ziel*) erfolgen.

Die hohe Mobilität ist auch ein Symbol für den Wiederaufbau der Wirtschaft und die Wohlstandsentwicklung in Deutschland geworden. Die Konzentration von Produktionsstätten und Dienstleistungsbetrieben in Industriegebieten sowie die Entwicklung von reinen Wohngebieten hat zur Folge, daß immer mehr Arbeitnehmer auf dem Weg zur Arbeit auf Verkehrsmittel angewiesen sind. Ähnliche Tendenzen sind bei den Einkaufsfahrten feststellbar: Im gleichen Maße wie die Zahl der Einzelhandelsgeschäfte in den Wohngebieten zurückgeht, breiten sich Verbrauchermärkte auf der „grünen Wiese" aus. Die Schaffung von Monostrukturen, die immer größer werdenden Entfernungen zwischen Wohnungen, Arbeits- und Einkaufsstätten sowie die gleichzeitige Zunahme des Freizeit- und Urlaubsverkehrs (z.B. Verdreifachung der Urlaubsdauer seit den 50er Jahren von zwei auf sechs Wochen) haben die Mobilität zu einem Massenphänomen werden lassen. *„Vom Zweirad zum Zweitwagen – eine Gesellschaft wird mobil"*: So umschreibt das Statistische Bundesamt den Wandel seit den 50er Jahren (Statistisches Bundesamt 1989, S. 115ff.). An der Massenmobilität partizipieren mittlerweile alle sozialen Schichten.

Mobilität kann heute als *Ausdruck für Dynamik in der modernen Industriegesellschaft* verstanden werden. Das Mehr an Zeit, Geld und Bildung in den letzten vierzig Jahren hat dem Individuum in seiner privaten Lebensgestaltung *neue Bewegungsspielräume* eröffnet (z.B. Tagesausflüge, Wochenendfahrten und Urlaubsreisen), aber gleichzeitig auch neue berufliche Pflichten auferlegt: Vom Arbeitnehmer wird geradezu *permanente Mobilitätsbereitschaft gefordert*, also berufliche Mobilität, die meist auch private und familiäre Mobilität nach sich zieht. Damit die Wirtschaft „auf vollen Touren" laufen kann, muß der Arbeitnehmer jederzeit offen für Mobilität sein – selbst dann, wenn Partnerschaft, Ehe, Elternschaft und Familie darunter zu leiden haben.

Der Soziologe Ulrich Beck spricht infolgedessen davon, daß das Arbeitsmarktmodell in letzter Konsequenz eine „vollmobile Single-Gesellschaft" (Beck 1986, S. 199) fördert oder schafft. Wenn also die moderne Arbeitsmarktgesellschaft die berufliche Mobilität ständig fordert und forciert, dann nimmt zwangsläufig auch die individuelle Mobilität zu. Mobilität ist gleichermaßen ein *Lebensprinzip und Leitbild für das Berufs- und Privatleben* geworden. Von der Mobilität lebt das Wirtschaftswachstum der Gesellschaft genauso wie die Individualisierungsdynamik jedes einzelnen Bürgers. Wer unter diesen Voraussetzungen Mobilitätsverzicht erwartet, würde geradezu an den Grundfesten unserer Gesellschaft rütteln.

Die Mobilitätsqualität (und nicht die Mobilität generell) ist heute fragwürdig geworden. Das Nachdenken über eine neue Mobilitätsqualität ist der sicherste Weg, um die Mobilität in Beruf und Freizeit zu erhalten.

2. Freizeitmobilität als Lebensgefühl

Freizeit und Mobilität gehören seit jeher zusammen. Mobilität stellt einen der zentralen Spannungspole der Freizeit dar, die zwischen Bewegung und Ruhe, Aktivität und Passivität, Anspannung und Entspannung pendelt. Mit dem Stichwort „Mobilität" sind im subjektiven Empfinden und Erleben der Menschen drei Bedeutungsgehalte verbunden: 1. Freiheit, 2. Flexibilität und 3. Funktionalität.

Mobilität ist zunächst ein Ausdruck von *Freiheit*. Mobil sein heißt unabhängig, nicht an einen Ort gebunden, nicht auf andere angewiesen oder durch Sachzwänge eingeschränkt und eingeengt sein. Also: Frei wählen und frei entscheiden, frei ein- und ausreisen und sich aufhalten können, wann und wo man will. Das ist Mobilität als Synonym für individuelle Freiheit („Das Auto ist so individuell wie die eigenen Füße – nur schneller").

Mobilität bedeutet aber auch *Flexibilität*. Wer mobil sein will, will beweglich sein, überall hingehen, -fahren oder -fliegen können. Flexibilität schafft die Möglichkeit, immer dorthin zu kommen, „wo ich auch hin will". Flexibilität gilt im Zeitalter der Individualisierung als subjektiv hoher Lebenswert, als Garant für Spontaneität: „Schnell mal" was tun können und das aus dem Augenblick oder einer Stimmung heraus – ohne langfristige Planung oder zeitliche Bindung an einen Fahrplan.

Mit Mobilität ist immer auch *Funktionalität* verbunden: Verläßlichkeit, Wirksamkeit und Sicherheit. Wer vorwärts kommen, wegkommen oder entkommen und ein Ziel in einem angemessenen Zeitraum erreichen will, ist auf ein verläßliches Bewegungs- und Verkehrsmittel angewiesen.

So kann es nicht weiter verwundern, daß in Einzel- und Gruppengesprächen bei der Assoziationskette *Freizeit-Mobilität* fast zwangsläufig das *Auto* als drittes Glied der Kette genannt wird. Das Auto-Mobil verkörpert in fast idealer Weise den Bedeutungsgehalt von Mobilität in der Freizeit: „Mein" Auto macht „mich" frei und beweglich, auf dieses Vehikel kann „ich" mich verlassen. Das Auto hat einen außerordentlich hohen emotionalen Stellenwert.

- „Das Auto ist der Inbegriff von Freizeit und Mobilität"
- „Auf diesem Kaff geht in der Freizeit ohne Auto nichts"
- „Das Auto ist ein Muß für die Freizeit".

Mobilität ohne Auto scheint hingegen auf den ersten Blick fast ein Widerspruch zu sein: In eingeschränkter Form durchaus vorstellbar („Für die Arbeit o.k., aber für die Freizeit zu umständlich"). In der Freizeit stellt das Auto mehr als ein Fortbewegungsmittel dar – denn: *Freizeitmobilität ist Freizeitaktivität.*

„Raus aus dem Alltag!" **Freizeitmobilität als Freizeitaktivität**
• Ausgehen • Essen gehen • Bummeln gehen • Spazierengehen • Schwimmen, Baden gehen • Joggen gehen • In die Sauna gehen • In den Stadtpark gehen • Mit Freunden treffen • Ins Café, in die Kneipe gehen • In die Disco gehen • Kino, Theater, Konzert besuchen • Kurse besuchen • Sport treiben (Verein, Fitnesscenter u.a.) • Zum Stadtfest gehen • Zoo, Freizeitpark besuchen • Sportveranstaltung besuchen • Besuche machen • Ausflüge machen • Verreisen u.a.

Für die meisten Autofahrer ist das Autofahren selbst schon eine Freizeitbeschäftigung, während öffentliche Verkehrsmittel die Menschen mehr nur zur Freizeit „transportieren". Hingegen beginnt für viele mit der Fahrt im eigenen Auto das Freizeitvergnügen oder setzt die Urlaubsstimmung ein. Vorteile von öffentlichen Verkehrsmitteln stellen sich bei näherem Hinsehen meist nur als Schwachstellen des Autos dar. *Bisher leben öffentliche Verkehrsmittel fast nur von den Defiziten des Autos* (z.B. Parkplatzsuche, Staus, Umweltprobleme). Öffentliche Verkehrsmittel liefern mehr Argumentationshilfen *für* als Alternativen *gegen* den Autoverkehr.

Zugleich entsteht der Eindruck: Weder in den subjektiven Vorstellungen der Bevölkerung noch in den öffentlichen Konzepten von Wirtschaft und Politik wird ein Verzicht auf das Auto ernsthaft in Erwägung gezogen. Da wird beispielsweise über das 3-Liter-Auto diskutiert, die Reduktion von CO_2-Emissionen gefordert oder es werden neue Nutzungsformen (z.B. Car Sharing, Sammeltaxis) in Erwägung gezogen. Die Autonutzung soll aber weiterhin „immer" und „überall" möglich sein – lediglich unter „vernünftigeren"

Bedingungen. Die offizielle Verkehrspolitik geht ganz selbstverständlich von Verkehrszuwächsen der nächsten Jahre aus. Dies erklärt die verständliche Begeisterung der Politik für neue Telematiksysteme, die den Verkehr *entzerren* und überfüllte und staugefährdete Strecken *entlasten* sollen: „Nur wenn wir in der Zukunft Telematiksysteme anwenden, können wir ... die Mobilität der Menschen sichern“ (Wissmann 1995, S. 38).

Moderne Kommunikations- und Informationstechnologien sollen den Datenaustausch zwischen Fahrzeug und Infrastruktur verbessern helfen (z.B. beim „Parkplatzsuchverkehr“ in der Stadt). Die *Lust an der Mobilität* wird dadurch eher gesteigert, weil der Verkehrsablauf optimiert wird. Telematik wird zum Verkehrsmanagement: Reibungs-, Störungs- und Konfliktanlässe werden so minimiert bzw. entschärft, daß eine *Verdreifachung des Personenverkehrs bis zum Jahre 2010* (Wissmann 1995) trotzdem möglich ist.

Der qualitative Sprung im Denken der Autofahrer und Verkehrspolitiker findet noch nicht statt. Zu stark und elementar ist das freizeitmobile Bedürfnis der Menschen bzw. der *Symbolcharakter des Automobils als Freizeitmobil*. Das Autofahren in der Freizeit hält mobil („Alt ist man erst, wenn man nicht mehr autofahren kann“) und garantiert – psychisch und räumlich – Horizont- und Radiuserweiterung. Freizeit – Auto – Mobilität: Diese Gedankenkette hat eine besondere Erlebnisqualität. Im subjektiven Empfinden hat das Auto die Funktion und Wirkung einer schützenden Hülle – ermöglicht Abgrenzung zu anderen, kann aber auch eine Brücke zur Welt und zu neuen Kontakten sein.

> Eine Freizeitwelt ohne Auto wäre eine freudlose Welt: „Ganz schön traurig“. Über hundert Jahre Automobilität haben ganze Generationen geprägt und in der Sozialisation, im Aktivitäts- und Interessenspektrum sowie in den Lebensgewohnheiten der Menschen ihre nachhaltigen Spuren hinterlassen.

Freizeitmobilität ohne Auto würde bei vielen Menschen zu schmerzhaften „Entzugserscheinungen“ führen (genauso wie beim Freizeitalltag ohne Fernsehen) und wäre nur auf dem Umwege über eine langwierige Entwöhnung realisierbar. Die aber müßte als Autoverzicht oder Fahrverbot von der Politik als *Ultima Ratio* (sozusagen in letzter Not) „verordnet“ werden.

Die *starke (= tradierte) Fixierung an das Auto* erklärt auch, warum Menschen selbst in Phantasien und Gedankenspielen über die „ideale“ Freizeitmobilität am Auto „kleben“ bleiben, also das Auto in die Freizeitzukunft „retten“ wollen, indem sie es weitgehend entproblematisieren:

- „Ideale Freizeitmobilität macht Straßen zu Schienen für Autos“.
- „Ideale Freizeitmobilität heißt, nicht auf das Auto verzichten zu müssen, aber auch mal anders mobil sein zu können“.
- „Ideale Freizeitmobilität macht eine neue Weltanschauung nötig. Die Zeit ist aber noch nicht reif dafür“.

Es fehlt an Mut und Perspektiven, sich eine solche neue autolose Weltanschauung real vorstellen zu könnnen. Und auch ein Plädoyer wie „Mobilsein ohne Auto macht den Beinen wieder Beine" oder „back to the roots: Nimm die Füße in die Hand" haben mehr Appell- als Konzeptcharakter.

Freizeitmobilität als Gefahrenszenario **– Freie Assoziationen –**
Das Fahrrad • wird gestohlen • wird kaputt gefahren • ist „Wettermobil" *Der Radfahrer* • wird umgefahren • wird naß
Die U-Bahn • ist ein Abenteuer • ist gefährlich • wird zur Falle *Der U-Bahn-Fahrer* • wird überfallen • ist Freiwild
Das Auto • wird durch Unfälle deformiert • steht im Stau • ist umweltbelastend *Der Autofahrer* • wird verletzt, aber nicht getötet • wird zum Rollstuhlfahrer
Das Schiff • geht unter

Wirkliche Alternativen zum Auto sind nicht in Sicht – selbst bei den Personen nicht, die heute schon ihre Freizeit mobil, aber öfter ohne Auto verbringen. Die Vorstellung einer ganz anderen Freizeitmobilität erweist sich als unlösbare Aufgabe. Und das Nachdenken über Alternativen gleicht mehr einem Gefahren-Szenario: Fahrradfahren ist keine Lösung. Der U-Bahn-Fahrer lebt gefährlicher als der Autofahrer. Und der Autofahrer hat zwar Probleme – aber er überlebt. In den Geschichten und Vorstellungen über andere mögliche Formen von Freizeitmobilität erleiden die Nutzer allesamt „Schiffbruch".

Die subjektiven Vorstellungen und Vorschläge zu einer auto-alternativen Zukunft jedenfalls haben mehr resignativen Ausflucht- als praktikablen Lösungscharakter:

- „Ein Pferd, ein Mofa und ein Boot"
- „Mit Hubschrauber überall hin"
- „Beamen: Mit wenig Energie große Distanzen überwinden".

Vielen ist bewußt: Frühe Feierabende, lange Wochenenden und mehrwöchige Urlaubszeiten lassen sich auf Dauer nur durch Aktivität und Unternehmungslust ertragen. Und das Auto gilt als wirksamstes Vehikel, um Freizeitaktivitäten in die Tat umzusetzen. Auch in Zukunft ist der Traum von der „idealen Freizeit" fast immer mit Mobilität verbunden.

Der Traum von der idealen Freizeit **Aktivitäts- und Mobilitätsbedürfnisse gehören zusammen**
• Aktiver leben • Mehr unternehmen • Hingehen, wo und wann ich will • Viel unterwegs sein • An den See fahren • Viele Ausflüge machen • Neue Städte kennenlernen • In andere Länder fahren • Nur noch die Welt bereisen u.a.
„Weg von Fernsehen, Flaschenbier und Filzpantoffeln": *Im Traum von der idealen Freizeit hat Passivität keinen Platz.*

Damit die Zukunft der Freizeitmobilität nicht in „Verkehrschaos", „Megastau" oder „Dauersmog" endet, bietet sich als Problemlösung nur das *Wohl- oder Übel-Mobilitätskonzept* an: *Weiter Autoverkehr – aber weniger und anders.* Weniger Freizeitmobilität mit dem Auto wäre in Zukunft möglich, wenn es gelänge,

- attraktive wohnungsnahe Freizeitangebote („vor der Haustür" oder „um die Ecke") zu schaffen und
- mehr andere Verkehrsmittel in Anspruch zu nehmen (Bahn, ÖNVP, Fahrrad, zu Fuß).

Ansonsten richten sich alle Hoffnungen auf umweltverträglichere Techniken und Treibstoffe sowie auf neue Organisations- und Techniksysteme vom Car Sharing bis zum Auto auf Schienen oder Fließbändern. Der Abnabelungsprozeß ist viel zu schwer und schmerzhaft, als daß die enge Bindung an das Auto aufgegeben wird. Die Bedeutung des Autos für die Freizeitmobilität der Menschen läßt sich in Zukunft allenfalls relativieren. Das Auto aber ist vorerst nicht zu ersetzen – und *Mobilitätspioniere sind noch lange nicht in Sicht.*

3. Freizeitmobilität als Wohlstandsphänomen

Freizeitmobilität ist mehr als Ortsveränderung. Freizeitmobilität ist auch mehr als Alltagsflucht. Und das Gegenteil von Flüchten ist sicher nicht Stillstand, eher Aufstand gegen Passivität und Immobilität, gegen den Zwang zur Seßhaftigkeit. *Der Mensch ist nicht zur Seßhaftigkeit geboren.* Und mit mehr Freizeit und Freiheit werden zunehmend nomadische Kräfte frei, geistige und körperliche Beweglichkeit genauso wie räumliche Bewegung. So gesehen kann Freizeitmobilität geradezu als „Lebenselixier" (Müller 1993, S. 53ff.) verstanden werden.

Im Gegensatz zu diesem positiven Verständnis von Freizeitmobilität finden sich in der Fachdiskussion vielfach Erklärungsansätze, die Defizite des heimischen Alltags als Hauptmotiv für die Freizeitmobilität sehen wollen. Zu dieser wohnungspsychologischen Sichtweise (vgl. Fuhrer u.a. 1993, S. 82ff.) gehören beispielsweise

- *die Geborgenheitsthese*

Wer sich zu Hause nicht geborgen fühlt, ist nach Feierabend und am Wochenende mehr mobil.

- *die Gartenthese*

Wer keinen Garten, Rasen oder Balkon besitzt, fährt öfter mit dem Auto fort.

- *die Stockwerkthese*

Wer im Hochhaus lebt, ist freizeitmobiler als derjenige, der „erdnäher" wohnt.

- *die Kontaktthese*

Wer von zu Hause weggeht, tut das in erster Linie, um andere Menschen zu treffen.

- *die Wohnmobilthese*

Wer sein Auto als mobiles Wohnzimmer betrachtet (und auch so ausstattet), neigt dazu, in der Freizeit größere Distanzen zurückzulegen.

Es ist sicher unbestritten, daß *zwischen Wohnqualität und Freizeitmobilität ein Zusammenhang* besteht. Viel zu verkürzt muß jedoch die These erscheinen, die da besagt: „In der Freizeitmobilität spiegelt sich also ein Wohnproblem" (Fuhrer u.a. 1993, S. 78). Wie wäre es sonst zu erklären, daß unter den *Tagesausflüglern* Arbeiter, Arbeitslose und Rentner *unterrepräsentiert* sind (vgl. Deutsches Wirtschaftswissenschaftliches Institut für Fremdenverkehr 1995, S. 23). Da diese Bevölkerungsgruppen noch am ehesten ein „Wohnproblem" haben, müßten sie eigentlich am mobilsten sein. Das Gegenteil ist der Fall. Und bei den *Urlaubsreisenden* dominieren seit jeher die Besserverdienenden und höheren Berufsgruppen wie Freiberufler und Selbständige, leitende Angestellte und höhere Beamte (B.A.T Freizeit-Forschungsinstitut 1995).

Freizeitmobilität ist eher ein Wohlstandsphänomen: Massenhafte Freizeitmobilität setzt Massenwohlstand geradezu voraus.

Je mehr Freizeitaktivitäten für breite Bevölkerungskreise zugänglich werden (z.B. Tennis oder Golf, Musical oder Open-air-Konzert, Städte- oder Fernreise), desto mehr nimmt auch die Mobilität auf breiter Ebene zu.

Freizeit- und Wohlstandsentwicklung, Angebotsvielfalt und Massenmotorisierung haben einen *Mobilitätsschub wie noch nie zuvor in der Menschheitsgeschichte* ausgelöst. Und ein Ende der expansiven Freizeitmobilität ist noch nicht absehbar. Ganz im Gegenteil: Freizeitmobilität kann „noch in keiner Weise als gesättigt angesehen werden" (Eisner u.a. 1993, S. 43). Alle sozialwissenschaftlichen Analysen über die Freizeitwünsche der Bevölkerung deuten darauf hin, daß gerade außerhäusliche Freizeitaktivitäten (z.B. Ausflüge, Reisen, Besuch von Veranstaltungen) immer mehr gefragt sind und damit in Zukunft einen weiteren Anstieg der Freizeitmobilität bewirken können.

4. Freizeitmobilität als Automobilität

Vor über hundert Jahren haben die eigenen vier Wände Räder bekommen. Das Auto als individuelles Verkehrsmittel wurde 1886 geboren. Die motorische Unruhe im Menschen fand nun in der Motorisierung des Reiseverkehrs eine neue Form der Fortbewegung. Das Lebensgefühl des modernen Menschen veränderte sich: Das Auto wurde zu einem Vehikel der Seele, Mobilität zum Massenbedürfnis, Unterwegssein zum Bewegtwerden.

1950 wurde jeder dritte Kilometer (35,0%) im Personenverkehr mit dem Auto zurückgelegt, 1960 waren es fast zwei Drittel (63,8%). Derzeit liegt der Pkw-Anteil im Personenverkehr bei 85 Prozent. Zwischen dem *Akzeptanzproblem Auto* in der gesellschaftlichen Diskussion und dem *Erlebnismobil Auto* in der individuellen Bedeutung liegen Welten.

Mobilitäts-Glossar	
IV:	Individualverkehr
MIV:	Motorisierter Individualverkehr
ÖPNV:	Öffentlicher Personennahverkehr
Pkm:	Personenkilometer, das Produkt aus der Anzahl der von einem Vekehrsmittel beförderten Personen und der Kilometeranzahl, über die die Personen befördert wurden.
Pkw:	Personen- und Kombinationskraftwagen.
Pkw-Dichte:	Anzahl Pkw pro 1.000 Erwachsene.
Pkw-Bestand:	Alle zugelassenen und nur vorübergehend abgemeldeten Pkw.
Pkw-Neuzulassungen:	Jährliche Neuzulassungen fabrikneuer Pkw in-und ausländischer Produktion.
Sommersmog:	Starke Luftverschmutzung, die bei austauscharmer Witterung (z.B. bei Inversionen) über Ballungsgebieten auftritt. Beim Sommersmog entstehen unter Einwirkung von Sonnenstrahlung giftige Stickstoffverbindungen, aber auch Ozon. Dies führt bei Menschen insbesondere zu Reizungen der Atemwege und der Augen.

Treibhauseffekt:	Der Treibhauseffekt wird von Gasen in der Atmosphäre hervorgerufen, die die kurzwellige Sonnenstrahlung nahezu ungehindert durch die Atmosphäre zur Erdoberfläche passieren lassen, die langwellige Wärmestrahlung der Erdoberfläche und der Atmosphäre hingegen stark absorbieren. Aufgrund der wärmeisolierenden Wirkung dieser Spurengase ist die Temperatur in Bodennähe um etwa 30°C höher als die Strahlungstemperatur des Systems Erde-Atmosphäre ohne diese Gase (natürlicher Treibhauseffekt). Wegen des Anstiegs menschlich bedingter Spurengase wird mit einer Verstärkung des Treibhauseffektes, die als „zusätzlicher Treibhauseffekt" bezeichnet wird, und einer Temperaturerhöhung gerechnet.
Umweltverbund:	Verbund von umweltfreundlichem Fuß-, Rad- und Öffentlichem Verkehr.
Verkehrsleistung:	Die in Tonnenkilometer gemessene Verkehrsleistung ist das Produkt von Verkehrsaufkommen (t) und zurückgelegter Transportentfernung (km).

Seit 1990 hat sich der Pkw-Bestand jährlich um etwa eine Million erhöht. Diese boomartige Entwicklung kann sich auch in den nächsten Jahren fortsetzen. Das Phänomen Massenmobilität bleibt uns auch in Zukunft erhalten: *Im Jahr 2000 wird es in Deutschland über 7 Millionen Autos mehr als 1990 (35,3 Mio) geben.* Ein Pkw-Bestand von 43 Millionen im Jahr 2000 erscheint realistisch, was einem Zuwachs von über zwanzig Prozent in zehn Jahren entspricht. Selbst wenn die Neuzulassungen auf hohem Niveau stagnieren, so sorgen doch die Qualitätsverbesserungen der Fahrzeuge (z.B. durch den Korrosionsschutz) und die gleichzeitige Verringerung der durchschnittlichen Fahrleistung (z.B. durch den Besitz von Zweit- und Drittwagen) für eine längere Lebensdauer und damit für einen höheren Pkw-Bestand.

Mehr Autos führen zu immer mehr Verkehr – und meist auch zu immer mehr Straßen. So plant der Bundesverkehrsminister die vorhandenen 53.000 Kilometer Autobahnen und Fernstraßen in den nächsten Jahren um weitere 11.000 Kilometer auszubauen, vor allem im Ost-West-Bereich. Die Verkehrspolitik wird in den nächsten Jahren zur großen gesellschaftlichen Herausforderung.

Erst die Freizeitentwicklung der letzten vierzig Jahre machte das Massenbedürfnis zur Massenbewegung. Und das Auto entwickelte sich zur „Brücke zwischen Arbeits- und Freizeitleben" (ADAC), zum Symbol persönlicher Freiheit und Unabhängigkeit – wie Freizeit und Urlaub auch. Etwa 60 Prozent des gesamten Verkehrs können heute als freizeitorientiert gelten, wozu neben den Feierabend- und Wochenendfahrten auch die Urlaubsreisen und ein Teil der Einkaufs-/Shoppingfahrten gehört.

Für drei Viertel der Bevölkerung ist das Auto ein Freizeit- und Urlaubsmobil: 75 Prozent nutzen es für Ausflüge und Spazierfahrten am Wochenende und 70 Prozent für Urlaubsreisen. Auto-Mobilität bedeutet immer auch Freizeit-Mobilität.

Der Siegeszug des Autos, der die „private Mobilität für fast jedermann“ (Krippendorf 1982, S. 9) brachte, gilt als Hauptursache für die lawinenartig angewachsene Freizeitmobilität, wozu neben Urlaubsreisen Tagesausflüge, Wochenendfahrten und Kurzreisen gehören. Es ist eine Illusion zu glauben, man könnte die Freizeitmobilität der Menschen dadurch einschränken, daß man nur noch „Einheitsautos“ herstellt, keine „Extrawünsche“ und Individualisierungen mehr zuläßt und dem Auto jede Wohnlichkeit und Behaglichkeit nimmt (Fuhrer u.a. 1993, S. 91). Kein Wirtschaftsunternehmen würde sich auf solche moralisierenden Forderungen einlassen, die dem Auto seinen Flair und damit auch seinen „Geist“ nehmen. Das Mobilitätsbedürfnis der Menschen würde dadurch eher noch zunehmen.

Fast alle Prognosen für die Zukunft gehen von einer weiteren Steigerung der (auto-)mobilen Freizeit aus. Das vorausgesagte Multimedia-Zeitalter zwischen Bildtelefon und Videokonferenz, Telearbeit und Teleunterricht wird den Anteil des Berufsverkehrs sinken und den Freizeit- und Urlaubsverkehr weiter steigen lassen.

Was vielleicht im Berufsverkehr an Fahrten eingespart wird, wird dann durch verstärkte Freizeitmobilität mehr als kompensiert. Telearbeitsplätze können zur Verminderung des Berufsverkehrs führen und Teleshopping kann den Einkaufsverkehr stagnieren lassen. Aber die Freizeitmobilität bleibt unverändert attraktiv und expansiv. Denn der freizeitmobile Mensch sucht auch in Zukunft: „Null Kilometer Langeweile ...“

5. Freizeitmobilität als Erlebnismobilität

Aus der Sicht der Psychoanalyse lassen sich erhebliche psychische Widerstände gegen eine Verkehrspolitik feststellen, die den Freizeiterlebniswert des Autofahrens unterschätzt. Freizeitmobilität gehört für viele Bürger zur persönlichen Lebensqualität. Jede Einschränkung der Freizeitmobilität wird als Einbuße an Lebensqualität empfunden. Denn das Freizeitmobil Auto hat für die Bürger eine psychologische Symbolfunktion, symbolisiert *Freiheit, Freizeit, Unabhängigkeit.* Diese subjektive Lebensqualität des Autofahrens beinhaltet nach Auffassung des Psychoanalytikers Micha Hilgers (1993) u.a.:

- *Selbstwertgefühl*

Das Autofahren hilft, das Selbstwertgefühl zu stärken und dient auch seiner Regulation (z.B. durch das Gefühl der persönlichen Unabhängigkeit).

- *Thrill*

Das Autofahren bedeutet Nervenkitzel: Man kann sich Gefahren aussetzen, sie meistern und das Gefühl eigener Macht (teilweise auch Grenzenlosigkeit) erleben.

- *Kompensation*

Wer beruflich oder privat sozial unterliegt und von anderen zurückgedrängt wird, kann die Machtverhältnisse – wenigstens kurzfristig – umkehren und sozioökonomische und psychosoziale Unterlegenheitsgefühle kompensieren.

- *Identität*

Mit der Automarke ist ein bestimmtes Image verbunden. Es hilft dem Autofahrer, sich selbst zu definieren. So kann das Auto im Einzelfall Mittelpunkt des Lebens werden und Identität (auch Pseudo-Identität) verleihen.

Daraus folgt: Verkehrspolitische Maßnahmen sind immer dann besonders erfolgreich, wenn sie spürbar zur *Steigerung der persönlichen Lebens- und Freizeitqualität* beitragen: Je mehr dies konkret und unmittelbar vor der eigenen Haustür (und nicht bloß im Innenstadt- und Einkaufsbereich) erlebbar ist, desto größer ist die Akzeptanz.

Über die *Ausweitung lebenswerter Alternativen zum Auto* muß ernsthafter nachgedacht werden. Werden beispielsweise autofreie Stadtbereiche positiv erlebt, dann kann es zu einer Verschiebung der Identifikation kommen – zu einer Identifikation mehr mit dem eigenen Lebensraum und weniger mit dem eigenen Auto. Autofreie Inseln in der Stadt bedeuten so unmittelbar erfahrbare Lebensqualität. Dies könnte die beste *Werbung für ein neues Lebensgefühl* (statt gegen das Auto) sein. Die Lustkomponente des Lebens bliebe erhalten. Die Verteufelung der Freizeitmobilität wäre entbehrlich. Bis zur Verwirklichung der Forderung von Hilgers „*Andere Verkehrsmittel* als das Auto müssen sich als *freizeitkompetent* erweisen, um das Auto zurückdrängen zu können“ (Hilgers 1993, S. 11), ist allerdings noch ein weiter Weg.

Vom aggressiven zum sanften Freizeitverhalten
Hauptmerkmale nach Robert Jungk

Aggressiver Freizeitverhalten		*Sanftes Freizeitverhalten*
Wenig Zeit	→	Viel Zeit
Schnelle Verkehrsmittel	→	Angemessene (auch langsame) Verkehrsmittel
Mechanischer Massentransport	→	Bewegung aus eigener Kraft
Bequem und passiv	→	Anstrengend und aktive
Festes Programm	→	Spontane Entscheidungen
Überlegenheitsgefühl	→	Lernfreude
Sehenswürdigkeiten	→	Erlebnisse
Souvenirs	→	Erinnerungen, neue Erkenntnisse
Laut	→	Leise

Quelle: Eigene Zusammenstellung auf der Grundlage der Überlegungen von R. Jungk: „Wieviel Touristen pro Hektar Strand“ (In Geo Nr. 10/1980, S. 154-156)

Sanftes Freizeitverhalten ist auf weniger Hektik, Technik und Motorisierung ausgerichtet und verhält sich gegenüber Natur und Umwelt verträglich.

Psychoanalytisch bedeutet nämlich der Autoverzicht bzw. das Umsteigen auf Öffentliche Verkehrsmittel fast eine „narzißtische Amputation" (Bliersbach 1992, S. 7): Gemeint ist eine *Amputation des Selbstwertgefühls*. Der/die einzelne muß sich dann einreihen in die Schlange der Wartenden und verschwindet als eine/r von vielen. Das „Umsteigen" in Öffentliche Verkehrsmittel wird zu einer mentalen Leistung und setzt eine innere Umstellung voraus. Abfahrt vor der eigenen und Ankunft vor der fremden Haustür ist kaum mehr möglich. Und die Öffentlichen Verkehrsmittel müssen gewaltige Anstrengungen unternehmen, um die Verheißungen einer automobilen Gesellschaft zu relativieren.

Es muß also grundsätzlich umgedacht werden. Denn Befragungen von Familien, die bereit waren, das Auto freiwillig einen Monat lang stehen zu lassen und ihre positiven und negativen Erfahrungen in Tagebüchern ausführlich festzuhalten, ergaben einen fast unlösbaren Konflikt: An Wochenenden ist der Öffentliche Verkehr so „ausgedünnt", daß es unmöglich ist, Verwandte und Bekannte im städtischen Umland zu besuchen. Ohne Auto ist ein bequemes und „gutes Leben" heute kaum noch möglich (vgl. Krämer-Badoni 1993). Daraus folgt:

Ein Leben ohne Automobil darf in Zukunft im privaten Leben nicht mehr als Verzicht oder Askese empfunden werden, sondern muß Ausdruck eines besseren, ja reicheren Lebens sein, wozu dann auch der neue Reichtum an Zeit gehört.

Die Hälfte aller Autofahrten sind kürzer als 5 km, fast ein Drittel aller Fahrten mit dem Pkw sogar kürzer als 3 km. Dies bedeutet:

- Hoher Energieverbrauch
- Hohe Schadgasmengen
- Großer Verschleiß bei kaltem Motor
- Hohe Unfallraten in Innenstädten.

Wer „so" fährt, fährt ebenso umweltschädlich wie unwirtschaftlich. Die Empfehlung des Bundesumweltministeriums „Ein Großteil dieser Wege könnte zu Fuß oder mit dem Fahrrad zurückgelegt werden" (BMU 1987, S. 31) ist sicher vernünftig, aber folgenlos. Denn ohne *Attraktivitätsverbesserungen (= Erlebnissteigerungen)* des Öffentlichen Personenverkehrs, der Radverkehrswege und der Fußgängerzonen kann es keine wirkliche Alternative zum Auto geben.

Eine empirische Studie des Deutschen Jugendinstituts weist nach, daß Autofahren (nach „mit Freunden zusammensein", „Musik hören" und „TV, Video und Computer") den vierten Platz in der Hitliste der Freizeitaktivitäten bei den Jugendlichen einnimmt. Das Auto hat bei den jungen Leuten einen außerordentlich hohen Freizeit- und Erlebniswert – insbesondere bei den männlichen Jugendlichen. Während bei den jungen Autofahrerinnen mehr die Zweckmäßigkeit der Autonutzung im Vordergrund zu stehen scheint, betrachten die männlichen Jugendlichen das Auto eher als „Statussymbol, technisches Vehikel und Hobby, es geht ihnen um ‚Power‘ und um ein beherrschtes Stück Technik“ (Tully 1998, S. 3). Umweltfreundliche Eigenschaften spielen bei ihnen nur eine geringe Rolle. Wichtiger sind ihnen Musikanlage, Farbe, Linie und technische Charakteristika („Breitreifen“ – „scharfe Nokkenwelle“ – „das Auto soll was unter der Haube haben“).

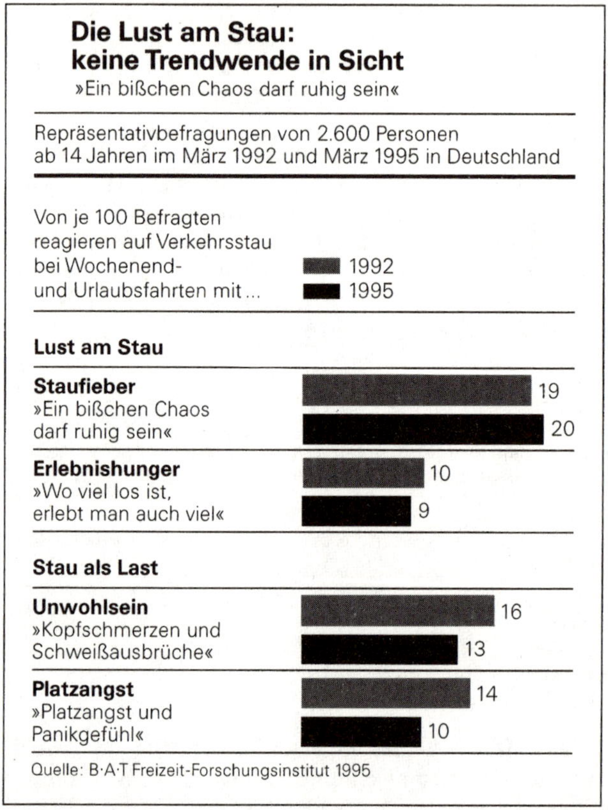

Es wächst eine *neue Generation* heran, die sich ganz selbstverständlich *mit der massenhaften Automobilität arrangiert*. Für sie gehört der Wochenend- und Urlaubsstau mitunter ganz einfach zum motorisierten Freizeiterleben dazu. Wenn das Fahrzeug in der Freizeit zum Stehzeug wird, sind die deutschen Autofahrer hin- und hergerissen: Die Älteren fiebern meist vor Wut, die Jüngeren eher vor Erregung. Die Fahrt ins Grüne oder Blaue spaltet die deutsche Autofahrerschaft in zwei Lager: Die einen leiden regelrecht unter der Beeinträchtigung ihres Freizeitvergnügens und werden aggressiv: „Am liebsten hätte ich in solchen Situationen eine Kanone auf dem Dach, um die Lkw's und Stauverursacher abzuschießen“ (vgl. Hilgers, 1992, S. 7). Die anderen aber machen sich fast einen Spaß daraus und werden vom *Staufieber* gepackt: „Es ist etwas los und ich bin mittendrin“.

Wie die B.A.T-Umfragen ergeben, *ist die (un-)heimliche „Lust am Stau" keine Legende* – es gibt sie wirklich: Jeder fünfte Bundesbürger (1992: 19% – 1995: 20%) sieht dem Verkehrsstau bei Wochenend- und Urlaubsfahrten ebenso gelassen wie genußvoll entgegen: *„Ein bißchen Chaos darf ruhig sein"* sagen über 12 Millionen Bundesbürger. Im Verkehrsstau am Wochenende spiegeln sich zugleich Geschlechterkämpfe wider: Während jede siebte Autofahrerin beim Stau über Kopfschmerzen und Schweißausbrüche klagt (16% – Männer: 9%), fiebert jeder vierte Mann dem Stau geradezu entgegen und genießt „das bißchen Chaos" (26% – Frauen: 15%).

Auffallende Unterschiede sind auch zwischen den Generationen feststellbar. Der Anteil der jungen Leute, die geradezu erlebnishungrig dem Stau und Schlangestehen entgegensehen („Wo viel los ist, erlebt man auch viel"), ist mehr als viermal so hoch (26%) wie bei der älteren Generation im Alter von über 55 Jahren (7%). Eine Trendwende ist vorerst nicht in Sicht. Zwischen 1992 und 1995 hat sich der Staufieber-Anteil der deutschen Autofahrer, die an dem bißchen Chaos Gefallen finden, weiter stabilisiert – vor allem bei den Westdeutschen (1992: 16% – 1995: 20%).

Offensichtlich arrangieren sich viele Bundesbürger mit dem Stau und empfinden ihn immer weniger als Last. Nur mehr jeder zehnte Autofahrer leidet dabei unter *Platzangst und Panikgefühlen* (1992: 14% – 1995: 10%). Und auch Gefühle von Unwohlsein zwischen Kopfschmerzen und Schweißausbrüchen stellen sich immer weniger ein (1992: 16% – 1995: 13%). Wird das Stauproblem in der Freizeit zum Stauphänomen? Sind manche Autofahrer beinahe froh, daß sie den Stau erleben dürfen?

> Anders als im Berufsverkehr spielt im Freizeitverkehr der Erlebniswert eine größere Rolle. Mit dem Transportmittel Pkw steckt man – objektiv gesehen – im Stau, mit dem Freizeitmobil Auto – psychologisch gesehen – aber keineswegs. Für das „Freizeiterlebnis Stau" kann die innere Bewegung wichtiger als die äußere Fortbewegung sein. Das Auto gilt als Freizeitvehikel schlechthin: Man fühlt sich mobil, obwohl man im Stau steckt.

Das B.A.T Institut hat auch repräsentativ danach gefragt, wie eigentlich Urlauber auf Enge, Gedränge und Schlangestehen in Massensituationen (z.B. am Strand) reagieren. Das Ergebnis überrascht: Jeder siebte Urlauber (14%) sucht mehr das Bad in der Menge als das Bad im Meer – mit der Begründung: „Das Sehen und Gesehenwerden hat auch seine Reize". Das *Mallorca-Syndrom* ist ein Stück Wirklichkeit; vor allem Jugendliche und junge Leute sind von Massenveranstaltungen fasziniert.

Jugendliche und junge Leute stellen die Gruppe dar, die vor allem eins erwarten: Viel! Viele Menschen. Viel Gedränge. Und viel zu sehen. Dafür opfern sie auch viel: Zeit und Geld. Jeder fünfte Jugendliche im Alter von 14 bis 17 Jahren (20%) fühlt sich von „Menschenmassen manchmal geradezu angezogen". So liegen die Jugendlichen, Handtuch an Handtuch, hören Gespräche mit, steigen in Gespräche ein und steigen wieder aus. Sie genießen die ganz persönliche Atmosphäre. Es ist nie langweilig. „Für den einsamen Sandstrand bin ich noch zu jung", so die Begründung einer 20jährigen. „Was soll ich am leeren Strand? Dann könnte ich mich ja gleich in den eigenen Garten legen". Am überfüllten Strand hingegen ist immer etwas los: Stimmung und Action. „Wo man auch hinschaut – es gibt immer etwas Interessantes zu sehen".

> In der freizeitmobilen Gesellschaft bekommen Massenerlebnisse eine neue Bedeutung. Von den Fesseln des Alltags befreit, streben viele Urlauber nur einem Ziel zu: Sie wollen sich selbst als Akteure erleben, wozu sie Zuschauer brauchen. Die Masse wird zur Bühne, die Urlaubslandschaft zur Kulisse. Urlaub ist wie Theater und hat viel mit Inszenierung zu tun. Jeder will dann „seine" Rolle spielen. Die übrigen Urlauber benötigt man als Mitspieler und Publikum, um persönlich bestätigt zu werden, was manchem zu Hause versagt bleibt.

Es bleibt festzuhalten: Insbesondere die jüngere Generation, die in und mit dem Zeitalter der Massenfreizeit aufwächst, entdeckt die *Lust an der Masse Mensch:* Das neue Freizeitfieber sorgt für *Massenbewegungen an Wochenenden und im Urlaub.* Immer auf Achse und auf der Suche nach neuen Freizeitzielen. „Wo ist am meisten los?" – ein völlig neues Freizeitgefühl. Millionen Menschen strömen zu Massenspektakeln, die Spaß versprechen und „Wir-Gefühle" vermitteln.

Bisher galt in der Massenpsychologie die Masse als eine sogenannte „Ballung erregter Menschen", die z.B. bei Panik, Aufruhr oder Demonstrationen auftreten. In der freizeitmobilen Gesellschaft hingegen wird aus dem aggressiven Mob eine relativ friedliche Menge. Freizeitmobilität hat immer zwei Gesichter:

- Als *Massenbewegung* steht sie zunehmend in der öffentlichen Kritik.
- Als *Massenerlebnis* übt sie eine wachsende Faszination auf die Menschen aus.

Was die Markt- und Rummelplätze in früheren Jahrhunderten waren, sind die Urlaubszentren in aller Welt geworden: Eine Mischung aus Happening, Rummel und Show-Time zugleich. Viele Urlauber sind *glücklich in der großen Masse.* Auf engstem Raum finden sie hier alles, was sie brauchen: Sonne und Strand, Kneipen und Kontakte.

Es bewahrheitet sich eine Entwicklung, die der spanische Philosoph José Ortega y Gasset schon vor über sechzig Jahren in seinem Essay „Der Aufstand der Massen" vorausgesagt hat: Das öffentliche Leben Europas werde durch die *Tatsache der Menschenansammlungen* entscheidend geprägt und ein historisch neues Phänomen der Überfüllung heraufbeschwören: „Die Städte sind überfüllt mit Menschen, die Hotels mit Gästen, die Züge mit Reisenden, die Cafés mit Besuchern; es gibt zu viele Passanten auf der Straße... *Was früher kein Problem war, ist jetzt unausgesetzt: einen Platz zu finden"* (Ortega y Gasset 1930/1984, S. 7). In Zukunft brauchen wir geradezu ein neues „Management von Mobilität und Menge" (Romeiss-Stracke 1991), damit wir das große Gedränge bewältigen können. Der Erlebniskonsument der Zukunft wird sich mit neuen Situationen arrangieren müssen: Massenkonsum und Massenveranstaltungen, Verkehrschaos und Totalstau. Kurz: Heillose Überfüllung oder Warten auf Bewegung in der Schlange.

Früher gab es die „Menge" eigentlich nur im Rahmen sozialer Bewegungen; heute und in Zukunft wird die „Masse" zum sichtbaren Ausdruck expansiver Freizeitentwicklungen. Sie rückt in den Vordergrund: Vor über zweihundert Jahren hat die Volksmenge *für die Freiheit die Bastille* gestürmt; in Zukunft „besetzt" die Masse *für die Freizeit die Lokale*, Theater und Vergnügungen, die früher nur wenigen zustanden. Der Stil der Massen triumphiert. Das 21. Jahrhundert kann in den westlichen Industrieländern zum Symbol für Massenmobilität und Massentourismus werden.

Dieses Leben werden dann vielleicht nur noch *Warte-Profis* problemlos überstehen können. In Zukunft ist größeres Warte-Stehvermögen gefordert für Menschen, die beispielsweise in gut drei Stunden mit der Concorde über den Atlantik hüpfen können, um dann fast ebensolange für die Zoll- und Paßkontrolle zu brauchen. Die Forschung wird sich demnächst nicht nur mit dem „Phänomen Streß" (F. Vester), sondern auch mit der *Psychologie des Wartens* beschäftigen müssen.

6. Freizeitmobilität ohne Grenzen?

Jeder zweite Bundesbürger hat ein Auto. Das deutsche Schienennetz reicht einmal um die Erde, das deutsche Straßennetz fünfzehnmal. Täglich werden in Deutschland drei Milliarden Personenkilometer bewältigt – dafür könnte man 80.000mal um die Erde fahren. Andererseits: Wird Mobilität nicht sinnlos, wenn sie im chronischen Stau endet?

AUTO-MOBILITÄT IN DEUTSCHLAND

Die meisten Pkw-Kilometer für die Freizeit

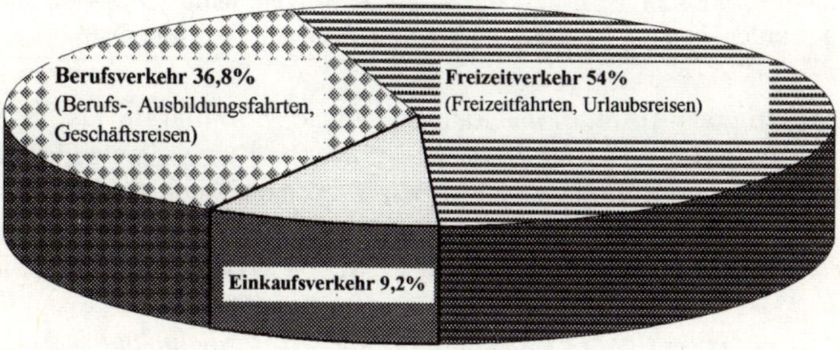

Eigene Zusammenstellung nach Daten des Bundesministers für Verkehr (1999)

Mobilität in Deutschland heißt immer mehr Freizeitmobilität und immer weniger Berufsverkehr. Auf einen Kilometer Arbeitsweg kommen heute schon zwei Kilometer Wegstrecke für Freizeitfahrten. Und auch in Zukunft sind beim Freizeitverkehr die meisten Zuwächse zu erwarten. Wachsende Freizeitmobilität ist zunächst einmal ein psychologisches Phänomen. So will beispielsweise die deutsche Automobilindustrie die CO_2- Emissionen in den nächsten zehn Jahren um mindestens ein Viertel senken – vor allem durch geringeren Kraftstoffverbrauch. Diese Rechnung geht aber nur auf, wenn die Deutschen im gleichen Zeitraum nicht mehr autofahren als heute. Alle Anzeichen sprechen jedoch dafür, daß die freizeitmobile Lust am Autofahren in den nächsten Jahren weiter zunimmt.

Neue Verkehrsleitsysteme werden das Gedränge auf den Straßen nicht beseitigen, allenfalls in erträglichen Grenzen halten. Die Enquête-Kommission „Schutz der Erdatmosphäre" prognostiziert daher realistisch eine Zunahme des motorisierten Individualverkehrs bis zum Jahre 2010 um 37 Prozent. Solange die Freizeitmobilität als Teil der persönlichen Lebensqualität gilt oder so empfunden wird, ist eine Mobilitätswende nicht in Sicht.

In der wachsenden Umweltbelastung durch mehr Autoverkehr „sieht" die Bevölkerung zwar das größte Zukunftsrisiko der Freizeitentwicklung – „handelt" selbst aber ganz anders. Im Interessenkonflikt zwischen Sommersmog und Sommerfreuden entscheiden sich die meisten Bundesbürger nach wie vor für das eigene Freizeitvergnügen. Insofern stellt die Analyse der Beziehungen zwischen Umwelt, Freizeit und Mobilität nicht irgendein, sondern „das" Thema der Verkehrs- und Umweltpolitik an der Schwelle zum 21. Jahrhundert dar.

Das Auto hat sich zur „Brücke zwischen Arbeits- und Freizeitleben" (ADAC) entwickelt. Es ist zum Symbol persönlicher Freiheit und Unabhängigkeit geworden – wie Freizeit und Urlaub auch.

Jeder zweite Autokilometer für Freizeit und Urlaub: Für eine knappe Mehrheit der Bevölkerung ist das Auto ein „Freizeit- und Urlaubsmobil" für Ausflüge, Spazierfahrten am Wochenende und Urlaubsreisen. Jährlich finden etwa 1 Milliarde Tagesausflüge in der Bundesrepublik statt. Ausflugsverkehr, Freizeitverkehr und Autoverkehr sind Synonyme geworden. Freizeit-Mobilität bedeutet immer auch Auto-Mobilität.

Der „Siegeszug des Automobils", der die private Mobilität für fast jedermann brachte (Krippendorf 1982), gilt als Hauptursache für die lawinenartig angewachsene Freizeitmobilität, wozu neben Tagesausflügen und Wochenendfahrten auch Kurzreisen bis zu vier Tagen gehören. Schließlich finden auch die zweistelligen Zuwachsraten der zugelassenen Wohnwagen hierin ihre Erklärung.

Der Erlebniswert von Freizeitaktivitäten wird zunehmend wichtiger. Es werden immer höhere Ansprüche an den Ereignis- und Erlebnischarakter von Freizeitbeschäftigungen gestellt. Dabei wird auch die eigene Spontaneität und Beweglichkeit gefordert – psychisch, geistig und sozial. In gleicher Weise verändern sich die Bedürfnisse nach zeitlicher Flexibilität und räumlicher Mobilität. Sie bekommen Eigenwert.

Anders als der Berufsverkehr, der mit hohem Zeitdruck und geringem Erlebniswert auf das schnelle Erreichen der Arbeitsstätte ausgerichtet ist, entspricht die Freude am Unterwegssein in der Freizeit mehr einem emotionalen Bedürfnis. Das Unterwegssein ist oft wichtiger als das Ankommen. In einer Mischung aus Lust und Flucht, Freiheit und Einsamkeit, Streß und Langeweile befriedigt die Freizeitmobilität unterschiedliche Erlebnisbedürfnisse. *Freizeitmobilität ist immer auch Erlebnismobilität.*

Freizeitmobilität ist vielfach motiviert. Der freizeitmobile Mensch reist

- um wegzukommen (*Fluchtorientierung*),
- um unterwegs zu sein (*Erlebnisorientierung*),
- um anzukommen (*Zielorientierung*).

Die Erlebnisorientierung wird dabei immer wichtiger. Freizeitmobilität kann als Erlebnismobilität fast Selbstzweckcharakter haben.

Freizeitmobilität als Erlebnismobilität
Wenn Unterwegssein Selbstzweck wird

Zweckmobilität	**Erlebnismobilität**
Definition • von einem Hauptzweck abgeleitetes Nebenbedürfnis • zielorientiert	*Definition* • originäres, eigenständiges Bedürfnis • auch streckenorientiert
Motive • ... ankommen! • Erfüllung alltäglicher Grunddaseinsfunktionen: Arbeiten, Lernen, Wohnen, Versorgen usw.	*Motive* • ... unterwegs sein! • Befriedigung von Neugier, Lust, Sehnsucht • Gestaltung von Freizeit und Langeweile • Kompensation (Flucht)
Merkmale • bekannte Ziele, gewohnte Wege • wenig Auswahl und Entscheidungsfreiheit • knapp kalkuliertes Zeitbudget • Zeitdruck • geringer Erlebniswert • notwendiges Übel • geringe Entfernungen • kurze Fahrtezeiten bzw. hohe Geschwindigkeiten	*Merkmale* • neue Wege und Ziele • viel Auswahl und Entscheidungsfreiheit • in der Freizeit ohne Zeitdruck • Zeitbudget zweitrangig • Spontaneität • hoher Erlebniswert • Freude am Unterwegs sein ist wichtiger als kurze Reisezeiten

Quelle: ADAC (Hrsg.): Mobilität, München 1987

Deshalb verweist der ADAC darauf, daß alle Versuche, die Spontaneität des freizeitmobilen Menschen mit rationalen und verkehrsrechtlichen Mitteln einzuschränken, bisher nicht gelungen sind, weil sie den *Gefühls- und Erlebniswert des Unterwegsseins* außer acht gelassen haben. Während die Reiselust dem Menschen geradezu „am Herzen liegt“, spricht die staatliche Verkehrspolitik von „unnützem Hin- und Herfahren“ (ADAC 1988, S. 8). Hier laufen Gefühls- und Verstandesebenen aneinander vorbei. Nur mit dem erlebnispsychologischen Wert des Unterwegsseins (nicht gegen ihn) kann man maßlose Mobilität einzuschränken versuchen. Ob nun „Erlebnismobilität zu den Grundlagen der menschlichen Existenz und persönlichen Entwicklung in einer Industriegesellschaft“ (ADAC) gehört oder nicht – der Freizeitwert Erlebnismobilität läßt sich in Zukunft allenfalls noch *umlenken und kanalisieren*. Eine deutliche Reduzierung wäre nur dann vorstellbar, wenn es gelänge, für das Unterwegssein einen gleichwertigen Erlebniswert zu Hause zu schaffen.

Hingegen steht die Verkehrspolitik der wachsenden Freizeitmobilität noch immer relativ fassungs- und verständnislos gegenüber: „Jeder zweite Kilometer wird heute in der Freizeit zurückgelegt, meist *‚just for fun‘*. Eine dem *Prinzip der ‚Nachhaltigkeit‘* verpflichtete Umwelt- und Verkehrspolitik muß ... künftig auch direkt und gezielt beim *Mobilitätskonsum* der Verkehrsteilnehmer ansetzen“ (Schaufler 1997, S. 10). Wer Freizeitmobilität nur rational (und nicht auch emotional) zu begreifen versucht, wird eingefahrene Gewohnheiten kaum verändern können.

In einer freizeitmobilen Gesellschaft will niemand mehr zu Hause bleiben. *„Auf und davon – ganz weit weg“* ist fast zum Grundrecht geworden. Die modernen Freizeitnomaden („Kommt Urlaub – kommt Stau“) haben gelernt, sich mit ihrer notorischen Unruhe zu arrangieren. Die heimliche Lust am Stau kann fast unheimliche Züge annehmen („400km Stau zwischen Nürnberg und Salzburg“...).

Nicht nur Tagesausflüge und Wochenendfahrten werden in Zukunft zunehmen. Die Neigung zur Aufteilung des immer längeren Urlaubs (derzeit sechs Wochen im Jahr) in Haupturlaub und Kurzurlaube hat zur Folge: Die Freizeitmobilität der Deutschen erstreckt sich auf immer weitere Zeiträume. *Zum beruflichen Normalverkehr gesellt sich ein ständiger Freizeit- und Urlaubsreiseverkehr* von Tagesausflüglern, Kurzreisenden und Urlaubsreisenden. Infolgedessen kommt es zu Überlastungen (z.B. an der Nord- und Ostseeküste, in den Voralpen- und Alpengebieten). Aus der Gleichzeitigkeit von Freizeit- und Urlaubsbenutzung entwickeln sich *Probleme der sogenannten „Übernutzung“ der Landschaft*. Engpaß- und Überfüllungssituationen entstehen, die Natur und Landschaft zunehmend belasten.

> Der durch Arbeitszeitverkürzung erzielte Freizeitgewinn hat vor allem einen Zuwachs an Mobilität gebracht – allerdings auf Kosten von Freizeit- und Urlaubsgebieten im Einzugsbereich der Städte und Ballungszentren, die unter der starken räumlichen Massierung von Tagesausflüglern, Wochenendreisenden und Urlaubstouristen zu leiden haben. Die Belastungsgrenzen der Landschaft sind schnell erreicht und die Umarmung der Natur kann nicht folgenlos bleiben.

7. Motive der Freizeitmobilität

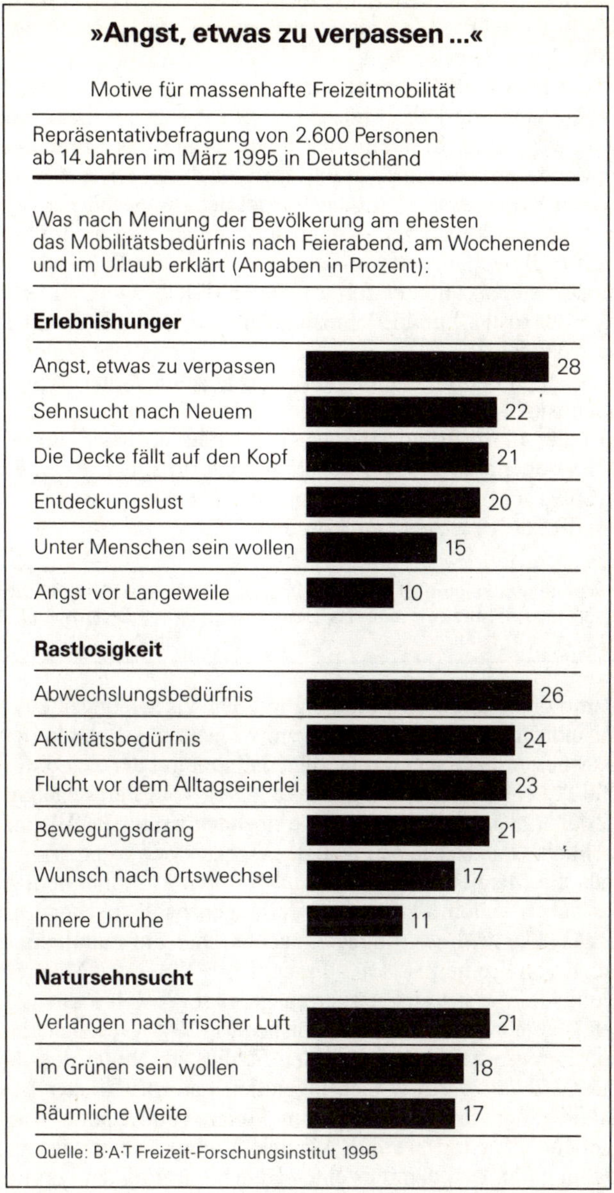

Für die massenhafte Ausbreitung der Freizeitmobilität ist ein *Bündel von Mobilitätsmotiven* verantwortlich zu machen. Zeit- und Raumgewinn stellen eher vorgeschobene Gründe dar. Vielmehr ist anzunehmen, daß die Zeit heute subjektiv so wertvoll geworden ist, daß sie einfach „genutzt“ werden muß – um möglichst viel zu erleben.

Weder der Drang ins Grüne oder Freie noch der Wunsch nach Orts- oder Tapetenwechsel motiviert die Menschen am meisten zu massenhafter Freizeitmobilität. Was nach Meinung der Bevölkerung das Mobilitätsbedürfnis nach Feierabend, am Wochenende und im Urlaub am ehesten erklärt, ist die *„Angst, etwas zu verpassen“*. Gut ein Viertel der Bundesbürger (28%) haben die Befürchtung, am Leben vorbeizuleben, wenn sie sich nicht regelmäßig in ihrer Freizeit in Bewegung setzen – mit dem Auto, der Bahn oder dem Fahrrad. Das neue Erlebniszeitalter fordert seinen Tribut zwischen Rastlosigkeit („Wer rastet, der rostet“) und Erlebnishunger („Bleiben Sie dran – abschalten können Sie woanders“).

Die massenhafte Freizeitmobilität in Deutschland hat viele Ursachen. Mit Natursehnsucht allein läßt sich diese Massenbewegung nicht erklären. Nur knapp jeder fünfte Bundesbürger (18%) fährt los, um „im Grünen“ zu sein. Wichtiger aber sind das Abwechslungsbedürfnis, der *Wunsch nach Veränderung* (26%), das Aktivitätsbedürfnis, die *Unternehmungslust* (24%) sowie die Neugier, die *Sehnsucht nach Neuem* (22%).

> Haus und Wohnung können noch so gemütlich, das Wohnumfeld noch so lebenswert und die Stadt noch so attraktiv sein, das „Raus“- und „Weg“-Bedürfnis bleibt unverändert stark.

Die Massenmotorisierung in Verbindung mit den Verheißungen einer vielfältigen Erlebnisindustrie läßt die Menschen nicht mehr zur Ruhe kommen. Jeder fünfte Bundesbürger hat daher das Gefühl, daß ihm mit der Zeit die „Decke auf den Kopf fällt“ (21%). Der Fluchtgedanke – weg vom Fernsehalltag und dem „Alltagsallerlei“ (23%) – wird dabei zur treibenden Kraft: Das Wohin ist beinahe nebensächlich, Hauptsache weg von den eigenen vier Wänden.

Mehr als die Männer wollen die *Frauen* durch Mobilität dem Alltag entfliehen. Sie haben zudem ein starkes Verlangen nach frischer Luft (24% – Männer: 18%). Die *Männer* hingegen suchen eher die räumliche Weite mit einem „Hauch von Freiheit“ (21% – Frauen: 14%). Bei den Männern ist auch der Bewegungsdrang sehr viel stärker ausgeprägt (26% – Frauen: 16%). Zudem melden sie einen größeren Aktivitätsbedarf (28% – Frauen: 21%) an.

Die Befragungsergebnisse lassen den Schluß zu: Hinter dem Mobilitätsbedürfnis der *Männer* verbirgt sich eigentlich ein körperlicher Bewegungs- und Aktivitätsdrang, der genausogut im Freien beim Sport, Wandern und Spazierengehen befriedigt werden könnte. Vorausgesetzt, das Gefühl der Weite ist dabei garantiert, damit es einen Hauch von Freiheit vermittelt – z.B. beim Spaziergang in einem weitläufigen Stadtpark mit weiter Sicht, beim Spiel auf dem Golfplatz oder bei der Fahrt mit dem Segelboot auf einem großen See oder Meer. Wo dies nicht in umittelbarer Umgebung möglich ist, entwickelt sich motorisierte Mobilität bei Männern nicht selten zum körperlichen Bewegungsersatz. Vielleicht sind manche Männer im Grunde ihres Herzens immer noch Jäger oder Cowboys, die auf ihren Pferden durch die weite Prärie reiten und das Wild oder die Rinder vor sich hertreiben. Wenn kein Pferd oder Rind in der Nähe ist, dann kann es auch ein Auto sein ...

Frauen hingegen suchen durch Mobilität mehr den Kontrast zum Alltag, die ganz andere Kulisse und die Luftveränderung. Hier geht es weniger um körperliche Herausforderungen als vielmehr um Auftanken und Durchatmen, um Rollen- und Sinneswechsel, um nichtalltägliches Erleben. Die bloße Ortsveränderung durch Mobilität kann mitunter diesen subjektiven Eindruck schon vermitteln.

Die Motive für Freizeitmobilität sind im übrigen bei einzelnen Bevölkerungsgruppen unterschiedlich ausgeprägt. Wie bei keiner anderen Gruppe stellt die *„Angst vor Langeweile"* bei Singles eine besondere Antriebskraft für Mobilität dar. Junge Leute im Alter von 18 bis 24 Jahren werden besonders stark von *„innerer Unruhe"* getrieben. Und Westdeutsche betonen deutlich mehr (18%) als Ostdeutsche (2%), daß Mobilität ihnen dazu verhilft, *„unter Menschen zu sein"*.

Die Ergebnisse der B.A.T Umfrage zwingen zum *Umdenken in der Verkehrspolitik*: Bisher galt die Schaffung eines attraktiven Nahbereichs bzw. Wohnumfeldes als „die" entscheidende Bestimmungsgröße für eine Option „Vermeidung von Verkehrsaufwand" (Enquête-Kommission 1994, S. 133). Wie wirksam ist es jedoch, mit großem Aufwand den Nahbereich schön und lebenswert zu gestalten, wenn die Erlebnisindustrien mit noch größerem (Werbe-)Aufwand den Bewohnern den Eindruck vermitteln, daß erst im Fernbereich ‚die Post abgeht'? Verzicht auf Mobilität geht auf diese Weise eher mit eingeredetem schlechtem Gewissen einher.

> Alle Anzeichen sprechen dafür, daß das künftige Erlebniszeitalter die Mobilität von Menschen mehr ‚anheizt' als bremst. Und Freizeitmobilität würde dann zum Symbol für eine attraktive Erlebniswelt zwischen Flucht- und Fortbewegung.

8. Formen der Freizeitmobilität

8.1. Tagesausflug

Aus der Fremdenverkehrsforschung ist bekannt: Über 2 Milliarden Tagesausflüge werden in Deutschland pro Jahr unternommen. Jeder zweite Ausflug dauert länger als sechs Stunden, jeder siebte Ausflug länger als 12 Stunden. Die durchschnittliche Ausflugsdauer liegt bei *8 Stunden* und *70 km* Ausflugsentfernung (für die einfache Strecke), wobei die Ostdeutschen bei Ausflügen etwas größere Entfernungen zurücklegen (DWIF 1995).

REISEVERKEHRSMITTEL VON TAGESAUSFLÜGLERN

In Zeitvergleich der Jahre 1994 und 1997

Von je 100 befragten Personen haben das Ziel des Tagesausfluges erreicht...

	1994	1997	Veränderung (in Prozentpunkten)
Mit dem **Auto**	63	65	+2
Mit dem **Bus**	10	11	+1
Zu Fuß	5	6	+1
Mit dem **Motorrad**	1	1	0
Mit dem **Flugzeug**	0	0	0
Mit dem **Fahrrad**	8	7	-1
Mit der **Bahn**	5	4	-1
Mit dem **Öffentlichen Nahverkehr**	5	4	-1

Repräsentativbefragungen von jeweils 3.000 Personen ab 14 Jahren 1994 und 1997 in Deutschland

B•A•T Freizeit-Forschungsinstitut

Nach der B.A.T Repräsentativbefragung von 3.000 Personen ab 14 Jahren haben *zwei Drittel der Bevölkerung (65%) bei ihrem letzten Tagesausflug das Auto als Verkehrsmittel benutzt.* Jeder neunte (11%) unternahm eine Bus-

fahrt, 7 Prozent fuhren mit dem Fahrrad los und 6 Prozent waren zu Fuß unterwegs. Im Zeitvergleich zu 1994 haben die Unternehmungen mit dem Auto (+2 Prozentpunkte) sowie mit dem Bus (+1) erneut zugelegt, während Bahn (-1) und Öffentlicher Nahverkehr (-1) weiter rückläufig sind.

Für die Mobilität der Deutschen haben Bahn (4%) und Öffentlicher Personennahverkehr (4%) fast keine Bedeutung. Beide Verkehrsmittel üben eine so geringe Freizeitattraktivität aus, daß sie von den Tagesausflüglern als Alternative zum Auto gar nicht ernstgenommen werden.

Auf einen ÖPNV-Verkehrsteilnehmer kommen über sechzehn Autofahrer.

Dabei ist insbesondere die Landbevölkerung auf den Pkw angewiesen (71%). Auf den Tagesausflugsverkehr der Landbewohner üben die Bahn (2% – Großstädter: 6%) und der ÖPNV (1% – Großstädter: 8%) *fast eine Null-Attraktivität* aus. *Auf einen ÖPNV-Teilnehmer kommen auf dem Lande fünf Radfahrer.*

Wer sich bei Ausflügen automobil fortbewegt, macht dies nicht nur aus Gedankenlosigkeit oder zum puren Vergnügen. Wie sonst wäre es zu erklären, daß Familien mit Kindern unter den Autofahrern am stärksten vertreten sind (75%) – im Unterschied etwa zu den 1-Personen-Haushalten (46%). Mehr-Personen-Haushalte sind aus finanziellen und organisatorischen Gründen bisher weitgehend auf das Auto angewiesen.

Ansonsten ergeben sich je nach Lebenssituation und Freizeitinteresse ganz unterschiedliche Prioritäten:

- Wie keine andere Bevölkerungsgruppe bevorzugen die 14- bis 17jährigen *Jugendlichen* bei ihren Tagesausflügen das Fahrrad als Verkehrsmittel (21%).
- Bei Ausflugsfahrten nehmen *Frauen* (insbesondere Verwitwete) den Bus am meisten in Anspruch (14%).
- Und unter den Nutzern des Öffentlichen Personennahverkehrs sind die Geringer-Verdienenden unter 1.500 DM Haushaltsnettoeinkommen am stärksten vertreten (11%). Hat der ÖPNV mehr eine sozialpolitische Funktion?

8.2 Kurzreise

Reisen, die zwei bis vier Tage dauern und nicht beruflichen Zwecken dienen, gelten als „Kurzreisen“. Sie stellen neben den Tagesausflügen einen wesentlichen Teil der Freizeitmobilität dar. 5,7 Millionen Bundesbürger im Alter ab 14 Jahren (= 9% der Bevölkerung) haben 1997 eine Kurzreise von 2 bis 4 Tagen Dauer unternommen.

Im Rahmen der Tourismusanalyse wurden repräsentativ 3.000 Personen nach dem „bei der letzten Kurzreise“ benutzten Verkehrsmittel gefragt. Das Umfrageergebnis fällt auf den ersten Blick wie bei den Tagesausflüglern re-

lativ ernüchternd aus: Zwei Drittel der Kurzreisenden (64%) sind wiederum mit dem Auto unterwegs gewesen. Dabei haben Landbewohner (68%) mehr vom Pkw Gebrauch gemacht als Großstädter (58%).

REISEVERKEHRSMITTEL VON KURZREISENDEN

In Zeitvergleich der Jahre 1994 und 1997

Von je 100 befragten Personen haben das Ziel der **Kurzreise (= 2 bis 4 Tage)** erreicht...

	1994	1997	Veränderung (in Prozentpunkten)
Mit dem **Auto**	59	64	+5
Mit dem **Öffentlichen Nahverkehr**	2	2	0
Mit dem **Motorrad**	1	1	0
Mit dem **Fahrrad**	1	1	0
Zu **Fuß**	0	0	0
Mit dem **Flugzeug**	3	2	-1
Mit dem **Bus**	16	15	-1
Mit der **Bahn**	12	9	-3

Repräsentativbefragungen von jeweils 3.000 Personen ab 14 Jahren 1994 und 1997 in Deutschland

B•A•T Freizeit-Forschungsinstitut

Doch anders als bei den Tagesausflüglern stellen *Bus und Bahn* bei den Kurzreisenden durchaus *eine realistische Alternative* zum Auto dar. Jeder sechste bis siebte Bundesbürger (15%) hat bei der letzten Kurzreise den Bus als Verkehrsmittel gewählt – die Landbewohner genauso wie die Großstädter. Insbesondere bei den Großstädtern erfreut sich auch die Bahn größerer Beliebtheit (15% – Landbewohner: 4%). *Die zentrale Lage und die gute Erreichbarkeit der Bahnhöfe* regen offensichtlich doch dazu an, im Kurzurlaub den gelegentlichen Umstieg vom Auto auf die Bahn zu wagen.

Andererseits ist auch feststellbar: Wer gut verdient, „leistet" sich eine Kurzreise mit dem eigenen Auto – wer hingegen knapp bei Kasse ist, „muß" auf die Bahn umsteigen.

- Der Anteil der Bezieher von Einkommen über 3.500 DM Haushaltseinkommen ist bei den Pkw-Kurzreisenden mehr als doppelt so hoch (73%) wie bei den Geringerverdienenden unter 1.500 DM (33%).
- Unter den Bahnreisenden sind dafür die Geringerverdienenden fast dreimal so viel vertreten (22%) wie die Besserverdienenden mit einem Einkommen von über 3.500 DM (7%).

Nicht nur ökonomische, auch soziale Gesichtspunkte spielen bei der Wahl des Verkehrsmittels eine Rolle. Frauen, Alleinstehende und ältere Menschen sind unter den Kurzreisenden bei der Inanspruchnahme von Bahn oder Bus deutlich überrepräsentiert. Kontakt-, Geselligkeits- und Sicherheitsbedürfnisse werden hier in besonderer Weise angesprochen.

Im Zeitvergleich der letzten Jahre ist feststellbar, daß sich bei den Kurzurlaubern das *Auto wachsender Beliebtheit erfreut* (+5 Prozentpunkte), während die *Bahn weiter Attraktivität einbüßt* (-3).

> Beim Kurzurlaub kommen heute auf einen Bahnfahrer über sieben Pkw-Reisende. Hier liegen offensichtlich große verkehrs- und umweltpolitische Versäumnisse vor. Es mangelt an ebenso bequemen wie komfortablen infrastrukturellen Bedingungen, die eine Bahnreise für Kurzurlauber attraktiv erscheinen lassen.

Vor über einem Jahrzehnt wurden anläßlich der Internationalen Verkehrsausstellung (IVA ,88) in Hamburg der Bahn und dem Öffentlichen Nahverkehr Zukunftschancen bescheinigt, „wenn sie sich als attraktive *Freizeit-Carrier* entwickelten und dabei ein auf die Freizeitbedürfnisse ausgerichtetes Transfersystem anbieten" (Opaschowski 1988). „Freizeit-Carrier" ist bis heute im ÖNPV-Bereich ein Fremdwort geblieben und die Folgen sind nicht ausgeblieben.

8.3 Urlaubsreise

Jeder zehnte Autokilometer wird heute nach Ermittlungen des Bundesministers für Verkehr nur *für Urlaubszwecke* zurückgelegt. Urlaubsmobilität bedeutet auch Automobilität. 1954 verreiste nur knapp jeder fünfte Urlauber

(19%) mit dem eigenen Pkw; 1997 hatte fast jeder zweite Urlauber (46%) das Auto als Verkehrsmittel bei der letzten Urlaubsreise benutzt.

Zugleich wird das *Flugzeug* als Reiseverkehrsmittel im Urlaub immer wichtiger. Gut ein Viertel aller Urlauber (26%) hat auf seiner letzten Urlaubsreise einen Charterflug oder einen Linienflug unternommen. Unter den Flugreisenden sind vor allem Großstädter und Höhergebildete mit Abitur und Hochschulabschluß überrepräsentiert.

Mit der wachsenden Bedeutung der Flugreise droht die Bahnreise auf das Abstellgleis zu geraten. Nur mehr jeder zehnte Urlauber nennt die Bahn als Reiseverkehrsmittel.

Hingegen hält fast jeder fünfte Rentner (19%) an der Bahn als Hauptverkehrsmittel fest. Wenn die Bahnreisenden immer älter werden, hat die Bahn, das „Unternehmen Zukunft", als Urlaubscarrier vielleicht wieder eine touristische Zukunft...

Dies trifft auch für den *Bustourismus* zu. Jeder neunte Bundesbürger (11%) ist im letzten Urlaub mit dem Bus verreist. Mit dem zunehmenden Trend zur Single-Gesellschaft wird auch der Bustourismus weiter an Attraktivität gewinnen. 1-Personen-Haushalte machen vom Bus als Reiseverkehrsmittel am meisten Gebrauch. Alleinreisende setzen sich zum überwiegenden Teil aus Älteren, insbesondere Verwitweten und Geschiedenen zusammen. Die Busreise gewährt ihnen Sicherheit und Geselligkeit zugleich. Die Busunternehmen, zudem meist im lokalen Bereich angesiedelt, werben im Nahbereich, so daß manche Hemmnisse und Reiseängste entfallen.

Die Haushaltsgröße erweist sich dabei als bestimmendes Differenzierungsmerkmal:

- Vier-und-mehr-Personen-Haushalte machen im Urlaub von dem Auto am meisten Gebrauch
- Unter den Bus- und Bahnfahrern sind Paare bzw. Zwei-Personen-Haushalte am stärksten vertreten.
- Lediglich das Flugzeug stellt ein Verkehrsmittel dar, das mittlerweile von etwa jedem vierten Urlauber – quer durch alle Haushaltsgrößen – gleich oft genutzt wird.

Das Auto galt in den vergangenen Jahrzehnten als „das" Vehikel für den Urlaub. Das Auto ist in den letzten Jahren aber auch in den Mittelpunkt öffentlicher Tourismuskritik geraten: Massentourismus und Massenmobilität haben Massenverkehr zur Folge. Und wenn immer mehr Menschen zur gleichen Zeit mit dem Auto aufbrechen, sind die Straßen schlagartig überlastet, werden die Kapazitätsgrenzen wegen Überfüllung überschritten und ist das Pkw-Privileg der schnellen und bequemen Erreichbarkeit von Urlaubszielen infragegestellt.

Auf längere Sicht ist auch die Attraktivität von Reisezielen im Inland und in nahen Ferienländern (insbesondere Österreich, Italien, Spanien, Frankreich) bedroht, wenn die Autofahrten immer länger dauern und immer unbequemer und beschwerlicher werden.

REISEVERKEHRSMITTEL VON URLAUBSREISENDEN

Die Haushaltsgröße als Differenzierungsmerkmal

Von je 100 befragten Urlaubsreisenden haben das Ziel ihrer **Urlaubsreise (= 5 Tage und mehr)** erreicht...

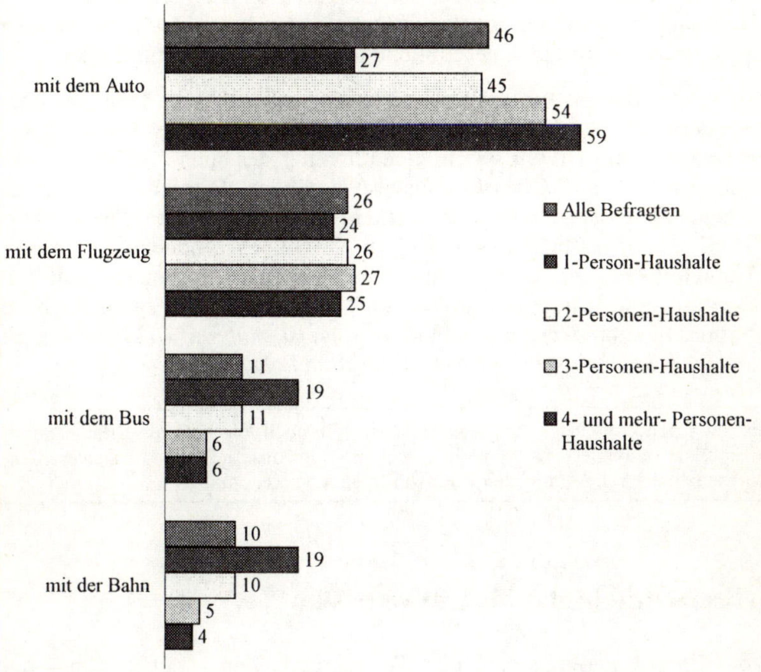

Repräsentativbefragung von 3.000 Personen ab 14 Jahren 1997 in Deutschland

B•A•T Freizeit-Forschungsinstitut

Mit der Zunahme von verstopften Zufahrtsstraßen und der drangvollen Enge in den Feriengebieten wird die *Frage nach der Qualität des Pkw-Reisens* immer dringlicher.

Schnell, bequem und preiswert, sicher, komfortabel und gemütlich: Was Autofahrer als besondere Qualität der Pkw-Reise preisen, erweist sich als Legende. Bereits 1992 ließen erste Umfrageergebnisse des B.A.T Instituts den „Mythos Auto" in einem anderen Licht erscheinen. Denn:

- Bequemer sind Flugzeug, Bahn, Schiff und selbst der Reisebus.
- Schneller sind Flugzeug und mittlerweile die Bahn.
- Nur jeder fünfte Urlauber hält das Auto für sicher, jeder zweite hingegen Flugzeug und Bahn.
- Bei den Kriterien streßfrei, pünktlich und erholsam steht das Auto mittlerweile an letzter Stelle aller direkt konkurrierenden Verkehrsmittel.
- Und eine Urlaubsreise mit dem Auto wird heute nur noch von den wenigsten als komfortabel, gesellig und umweltfreundlich empfunden.

In diesen repräsentativ ermittelten Ergebnissen spiegeln sich keine Meinungen, sondern Reiseerfahrungen wider. Für die Benutzung des Autos als Reiseverkehrsmittel im Urlaub spricht eigentlich nur der hohe *Freiheits-, Spontaneitäts- und Flexibilitätsgrad.* Ansonsten würden Autofahrer vermutlich lieber heute als morgen auf andere Verkehrsmittel „umsteigen", wenn sie es sich geldlich und zeitlich leisten könnten. Die hohen Einbußen an Komfort und Geräumigkeit, an Sicherheit und Pünktlichkeit in Verbindung mit dem großen Verlust an Erholung, Entspannung und Streßfreiheit zwingen zu der Erkenntnis: *Wer mit dem Auto im Urlaub verreist, muß auf viel Lebensqualität verzichten und belastet zudem die Umwelt in hohem Maße.*

> Es ist die Spontaneität des mobilen Menschen, die noch am Auto als Urlaubsmobil festhält. Eine rationale Gewinn-Verlust-Rechnung der materiellen und immateriellen Urlaubsqualitäten wird von vielen Autofahrern nicht vorgenommen.

9. Freizeitmobilität als Umweltrisiko

Freizeit (Sport, Erholung u.a.) und Tourismus zählen – neben Land- und Forstwirtschaft – zu den drei Hauptverursachern des Artenrückgangs. In Deutschland gelten 727 der rund 2.700 einheimischen Arten der Farn- und Blütenpflanzen als ausgestorben oder gefährdet. Von diesen konnten für 711 Arten bestimmte Gefährdungsursachen festgestellt werden. Nach Untersuchungen des Umweltbundesamtes sind die meisten Tier- und Pflanzenarten *durch mehrere Faktoren gefährdet*, wobei die Kombination mehrerer Ursachen zu einer Verstärkung des Gefährdungsgrades führt.

> Freizeit und Tourismus tragen wesentlich zur Artengefährdung und zum Artenrückgang bei.

161 Arten, das sind *22 Prozent aller Arten der Roten Liste* (727), deren Gefährdungsursachen ermittelt wurden, sind davon betroffen (Umweltbundesamt 1989). Die Gefährdungsursachen für die Vogelwelt reichen beispielsweise von dem direkten Verlust durch Kollision mit Autos bis hin zu Störungen durch Freizeitaktivitäten und Verlust durch Nachstellungen (Jagd, Gelegezerstörung u.a.).

Tourismus (einschließlich Tages- und Wochenendausflüge) ist neben der Landwirtschaft der größte Arten- und Biotopgefährder: »Moderner Massentourismus erfordert naturzerstörerische Infrastrukturen. Die touristischen Aktivitäten führen zu erheblichen und nachhaltigen Beeinträchtigungen von Natur und Landschaft« (Bundesminister des Innern: Aktionsprogramm Ökologie, Bonn 1983, S. 16).

Im folgenden werden 200 Einzelgespräche (vgl. Opaschowski 1985, S. 10f.) ausgewertet. Befragt wurden 100 Freizeitnutzer, 40 Freizeitanbieter, 40 Freizeitbetroffene und 20 Meinungsbildner:

- Die *100 Nutzer von Freizeitangeboten* wohnten im Ballungsgebiet des Frankfurter Raumes. Altersmäßig verteilten sie sich wie folgt: 16 bis 24 Jahre (20), 25 bis 34 Jahre (25), 35 bis 44 Jahre (27) und 45 bis 58 Jahre (28). Die Stichprobe bestand je zur Häfte aus Frauen und Männern.
- Die *40 Anbieter von Freizeitangeboten* setzten sich aus Besitzern, Leitern und Verwaltern von Freizeiteinrichtungen zusammen (Tennisplätze, Minigolfanlagen, Schwimmbäder, Reiterhöfe, Bootsverleih, Freizeitparks, Skilifte, Angelgebiete, Zoos) sowie aus 10 Besitzern von Pensionen, Cafés und Ausflugslokalen und 10 Bewohnern von Freizeitgebieten.
- Zu den *40 Betroffenen von Freizeitangeboten* gehörten 30 Landwirte und Jäger, 5 Förster und 5 Bewohner in der Nähe von Schnellstraßen und Sportanlagen. Betroffene und Anbieter stammten aus den Freizeitgebieten Bergstraße und Taunus.
- Die *20 Meinungsbildner* verteilten sich auf 12 Kommunalpolitiker, 6 Journalisten und 2 Freizeitexperten.

Die qualitative Analyse soll Unterschiede bezüglich Problembewußtsein und Verhaltensweisen aufzeigen und auch – je nach dem Grad der persönlichen Betroffenheit – unterschiedliche Sichtweisen verständlich machen.

9.1 Aus der Sicht der Nutzer

Für die Nutzer, also die Millionen von Ausflüglern und Urlaubern, hat zunächst einmal „die Industrie" die vorhandenen Umweltprobleme zu verantworten. Die Nutzer neigen spontan zu ich-fernen Schuldzuweisungen. „Ich selber" sagt kaum jemand. Freizeitnutzer sehen sich nicht als Umweltsünder. Für sie ist die *Industrie der Goliath*, sich selbst erleben sie allenfalls in der Rolle des David. Für alle zentralen und existentiellen Umweltbelastungen trägt die Industrie die Schuld:

- „Die Industrie macht natürlich den meisten Dreck."
- „Die Industrie macht die Umwelt kaputt, die Chemiekonzerne als allererste."
- „Die Industrie trifft wohl die meiste Schuld."

In der Relation dazu erscheint den Nutzern der eigene Schuldanteil als geringfügig und problemlos:

- „Otto Normalverbraucher ist der reinste Engel dagegen."
- „Das bißchen Abgas aus dem Auto ist doch nichts dagegen."
- „Ich fahre Segelboot, und das ist absolut umweltfreundlich."

Für die Nutzer ist es selbstverständlich, daß Freizeit idealiter draußen im Freien und in der Natur verbracht wird. Damit ist zwar eine Basis für potentielle Umweltschäden gegeben, die – wenn sie überhaupt gesehen werden – von den Nutzern als „Kavaliersdelikte" abgetan werden. Massivere Beeinträchtigungen von Natur und Umwelt können sich die Freizeitnutzer zunächst gar nicht vorstellen.

Konkret auf die Bedeutung der heterogenen Erlebniswelten „Umwelt" und „Freizeit" angesprochen, dominiert eindeutig der Umweltaspekt. Er gilt als das Problem schlechthin. Freizeit stellt sich im Vergleich zu dieser Existenzfrage eher als eine schöne Nebensache dar, als subjektiver Luxus. Inhaltlich ist die Thematik Umwelt negativ besetzt: „Umwelt ist ein trauriges Kapitel" – voller unangenehmer Gefühle der Angst, der Hilflosigkeit und des Ärgers. Inhaltlich und emotional in totalem Kontrast dazu steht die Freizeitwelt mit ihrem Mythos von Freiheit, Glück und Selbstentfaltung:

> In der Freizeit entfaltet man Aktivitäten und Eigeninitiative – der wachsenden Umweltbelastung aber steht man passiv gegenüber. Die Hiobsbotschaften ereilen einen; man fühlt sich den Umweltproblemen rat- und hilflos ausgesetzt.

Vor diesem objektiven Problemhintergrund spielt „Freizeit als Umweltrisiko" im subjektiven Empfinden nur eine Nebenrolle. Erkennbar ist auch eine *starke Abwehrtendenz*, sich persönlich zu Umweltsündern zu bekennen. Dies ist verständlich, da die Befragten ungern eigenes Fehlverhalten zugeben – schon gar nicht, wenn es sich um eine so „schöne Sache" wie die Freizeit handelt. Erst dann, wenn die Befragten konkret auf umweltbelastende Folgen (z.B. „Landschaftsverschmutzung") aufmerksam gemacht werden, stellt sich Problem- und Schuldbewußtsein ein. Zwar wird die Industrie nach wie vor als Hauptverursacher gebrandmarkt – aber bei einer Reihe von Umweltbelastungen wird plötzlich auch der Freizeit (Tages-, Wochenendausflüge, Naherholung) die Rolle des Mitverursachers zugeschrieben. Die Verursacher-Kurven der beiden Umweltbelaster Industrie und Freizeit (vgl. S. 76) sind geradezu gegenläufig. Wo die Industrie als Hauptverursacher gilt (z.B. beim „Sauren Regen"), spielt die Freizeit eine untergeordnete Rolle. Und wo die Freizeit als Hauptverursacher (z.B. bei Landschaftszersiedelung, Wildschäden) „erkannt" wird, hört auch die Industrie auf, Sündenbock zu sein.

Konkret angesprochene Umweltprobleme werden von den Nutzern schnell wieder relativiert („Die sauerstoffarmen Gewässer werden doch erst durch Segeln richtig angereichert") und als *Bagatell-Schäden* deklariert.

- „Ich nehme jetzt keine Bierdosen mehr in den Wald, sondern lieber Flaschen. Und die bringe ich wieder mit nach Hause. Dabei fühle ich mich richtig umweltbewußt."
- „Ich mache mir jetzt mehr Gedanken als früher, was alles geändert werden müßte. Und das ist doch auch schon was wert."

Indirekt durch Freizeitaktivitäten ausgelöste Umweltprobleme (z.B. Bau von Straßen, Freizeitanlagen) werden fast gar nicht gesehen.

Die meisten Gespräche kreisen um die drei Problembereiche Freizeitmüll, Flur- und Waldschäden sowie Autoabgase. Bei dem Thema „Freizeitmüll" ist die Neigung zum Bagatellisieren besonders groß:

- „Ich kann nicht sagen, daß ich die Umwelt verschmutze. Unbewußt vielleicht, indem ich mal eine Kippe in den Wald werfe."
- „Unabsichtlich werfe ich schon mal was in die Wiese – aber das halte ich nicht für so eine enorme Umweltbelastung."
- „Also so furchtbar finde ich es nicht, wenn mal ein Papiertaschentuch am Wegrand liegt – das verrottet ja."

> Das Umweltverhalten vieler Freizeitnutzer ist mehr durch Gedankenlosigkeit („unabsichtlich", „unbewußt") als durch Problembewußtsein gekennzeichnet. Beim Problemkreis Flur- und Waldschäden deutet sich ein persönlicher Konflikt an zwischen der Einsicht, sich in der Natur disziplinierter zu verhalten, und dem Wunsch nach individueller freier Gestaltung der Freizeit.

Verursacher von Umweltschäden

»Freizeit« und »Industrie« im Vergleich

Befragungsbasis der qualitativen Studie: Nutzer von Freizeitangeboten (N = 100) Vorgaben- und Rangordnungsversuch
1 = Geringster Verursacher 4 = Hauptverursacher

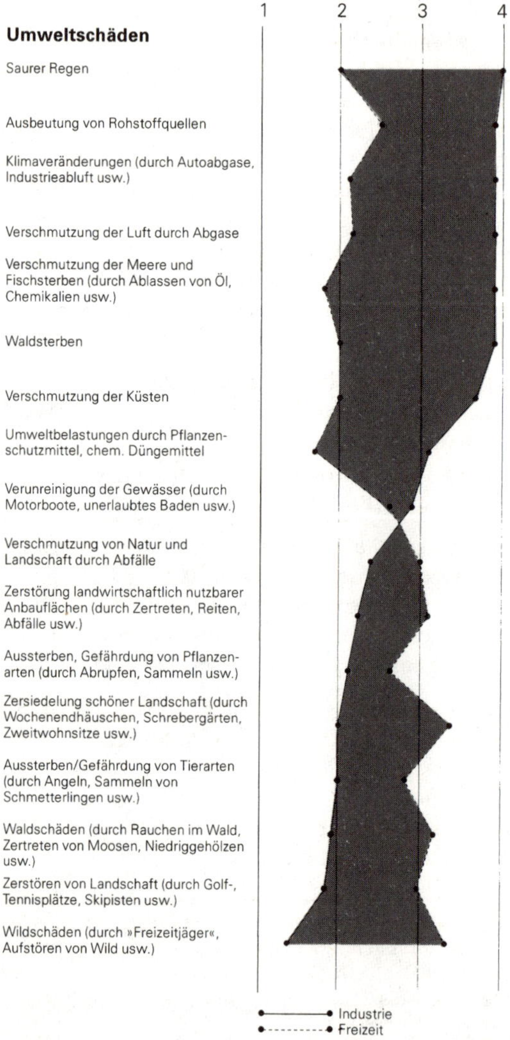

Zwei gegenläufige Kurven: Wo die Industrie als Hauptverursacher gilt, spielt die Freizeit eine Nebenrolle. Wo die Freizeit als Hauptverursacher erkannt wird, muß auch die Industrie nicht mehr als Sündenbock herhalten.

Als folgenschwere Umweltbelastung in der Freizeit werden die Autoabgase gesehen. Die derzeitigen Alternativen – öffentlicher Nahverkehr oder Radfahren und Zu-Fuß-Gehen – werden dabei gerne zitiert, wenn auch im eigenen Freizeitverhalten selten praktiziert. Als „die" Lösung erscheint fast allen die Einführung von bleifreiem Benzin („Dann geht das Waldsterben auch wieder zurück"). Kein anderer Teilaspekt wird so engagiert behandelt und so einhellig akzeptiert – allerdings nicht im Alleingang, sondern gemeinsam mit allen („Da muß jeder mitmachen").

Unter den Freizeitnutzern gibt es ein breites Potential von umweltbewußten Mitmachern, aber wenig aktive Umweltpioniere. Das Mitmachen ist an Vorbilder und Gesetze gebunden: Viele Nutzer warten auf den Anstoß von außen oder von oben.

Aus der Sicht der Umweltpsychologie läßt sich geradezu eine *Typologie der Rechtfertigungen und Ausreden* entwickeln. Dazu gehören beispielsweise (vgl. Duderstadt 1985; Hoff 1990):

- der *Typus der Gedankenlosigkeit*, der die ökologischen Probleme nicht wirklich wahrnimmt und die Verantwortung dafür ablehnt („Mein bißchen Dreck aus den Auspuff ist doch nichts im Vergleich zur Schweinerei der Großindustrie");
- der *pseudoromantische Typus* mit einem naiven Naturbegriff. Er ist davon überzeugt, daß wir die Belastbarkeit der Natur unterschätzen, da die Natur in der Lage ist, alles selbst zu regeln;
- der *„Und-wenn-schon!"-Typus*, für den fast alle Umweltprobleme unvermeidlich sind nach dem Grundsatz „Der Tourismus zerstört zwar die Landschaft – aber schafft auch Arbeitsplätze";
- der *„Eriwan"-Typus*, ein bloß verbaler Umweltschützer: „Man" (= die Politik) müßte eigentlich etwas tun, aber ich als einzelner muß in erster Linie an mich und meine Familie denken".

9.2 Aus der Sicht der Betroffenen

Die Bewohner von Freizeitgebieten fühlen sich von den Auswirkungen des Freizeitverhaltens auf die Umwelt unmittelbar betroffen. Am meisten klagen sie über Müll und Abfälle, Flur- und Waldschäden. Sie bedauern die Verarmung der Umwelt (und damit der eigenen Lebensqualität), wenn der Artenreichtum der Tiere und Pflanzen verloren zu gehen droht. Die Betroffenen sind besonders sensibel für Gleichgewichtsstörungen des Ökosystems – *sensibel bis zur ohnmächtigen Wut:*

- „Diese Jogger und Möchte-gern-Sportler *führen sich hier auf wie die Wilden*: Laufen querfeldein, zerstören die ganzen Anpflanzungen und scheuchen die Tiere auf – also da werde ich radikal, wenn ich das sehe".

- „Die Wochenendausflügler sind rücksichtslos. Die zertrampeln alles, werfen ihren Müll in die Wiese – und denken sich noch nicht mal was dabei. Da hab ich mal einem Bescheid gesagt, der soll die leere Bierdose wieder mitnehmen – da ist der doch noch frech geworden!"
- „Die Spaziergänger machen sich ja gar keine Gedanken, was sie da alles anrichten. Die laufen quer durch den Wald, schrecken das Wild auf und schmeißen die brennenden Kippen weg. Da ist man als einzelner machtlos dagegen. Die lachen einem doch ins Gesicht, wenn man was sagt" (Förster).

Umweltbelastungen durch Freizeitbeschäftigungen
Subjektive Einschätzung aus der Sicht von Betroffenen

Die Reihenfolge ergibt die Rangfolge (nach Anzahl der Nennungen)

Freizeitbeschäftigungen	Umweltbelastungen
I. Spazierengehen/ Wandern	1. Abfälle, Müll 2. Wildschäden 3. Flurschäden 4. Lärmbelästigung
II. Sport treiben	1. Natur- und Landschaftszerstörung (durch Zertreten, Abreißen von Pflanzen u. a.) 2. Verschmutzung der Natur (Sonnenöl im Wasser, Abfälle u. a.) 3. Luftverschmutzung durch Autoabgase 4. Landschaftszerstörung durch Sport- und Freizeitanlagen (einschließlich Skipisten, Reitwege u. a.) 5. Lärmbelästigung (Fußballstadien, Motorboote u. a.)
III. Autoausflüge ins Grüne	1. Luftverschmutzung durch Autoabgase 2. Abfälle und Picknickreste
IV. Fahrrad fahren	1. Zerstörung von Landschaft und Vegetation durch Anlage von Radwegen 2. Abfälle, Picknickreste
V. Camping, Zelten	1. Luftverschmutzung durch Autoabgase 2. Zerstörung von Landschaft und Vegetation durch Campingplätze 3. Lärmbelästigung 4. Waldbrandgefahr

In der subjektiven Sicht von Betroffenen bleiben die am meisten ausgeübten Freizeitbeschäftigungen im Freien – ökologisch gesehen – keineswegs folgenlos. Selbst das umweltfreundliche Fahrrad hinterläßt Spuren.

Die Äußerungen spiegeln die eigene Macht- und Hilflosigkeit wider. Die Ausflügler, die sie riefen, werden sie so schnell nicht wieder los. Sie müssen ohnmächtig mitansehen, wie ihre eigene Lebenswelt von anderen „mit Füßen getreten" und „verschandelt" wird. Da kann bei den Betroffenen nur noch Zorn und *law-and-order-Denken* aufkommen:

- „Da sollte man schon streng durchgreifen. Geldstrafen wären da angebracht, wenn die Leute so wild campen. Jedenfalls sollten die verdonnert werden, mal ein paar Tage in den Wald zu gehen und dort Abfall und das ganze Gelumpe, was die Spaziergänger hinterlassen, aufzusammeln."
- „Da müssen Gesetze gemacht werden. Mehr Personal muß eingestellt werden, damit das auch kontrolliert werden kann."
- „Harte Geldstrafen natürlich. In schlimmen Fällen bin ich auch für Gefängnis."

Die „Betroffenen" tragen ihre Bezeichnung zu Recht. Fast alle klagen über erhebliche Beeinträchtigungen ihrer persönlichen Lebenssphäre durch die Freizeitaktivitäten anderer. Selbst können sie sich kaum mehr helfen; sie warten auf die „Hilfe von oben".

Ein wenig Hoffnung auf Abhilfe setzen die Betroffenen auf verstärkte Aufklärung, auf Aufrufe zu mehr Disziplin in der Natur, auf Appelle an das Verantwortungsgefühl aller. Drei Viertel der befragten Betroffenen hoffen auf einen verstärkten Ausbau des Öffentlichen Nahverkehrs und auf Fahrverbote für Autos in Freizeitgebieten.

9.3 Aus der Sicht der Anbieter

Die Anbieter winden sich sichtbar bei der Beantwortung der Frage. Es ist ihnen offenbar unangenehm, ihre Kunden und Gäste „schlecht zu machen". Sie versuchen, die Probleme herunterzuspielen und die Umweltsünden der Besucher als kleine menschliche Schwächen in Schutz zu nehmen:

- „Es gibt natürlich schwarze Schafe unter den Besuchern und Gästen hier. Aber die meisten sind ordentliche Leute. Sie achten schon ein bißchen darauf, daß nicht der ganze Müll und Abfall liegenbleibt." (Pensionsbesitzerin)
- „Mal'n paar Kippen in die Wiese werfen, das ist doch harmlos. Das verrottet im Lauf der Zeit, ja das ist sogar noch 'ne Art Dünger für den Boden."
- „Für uns und unsere Kinder steht die ganze Zukunft auf dem Spiel. Wenn da nicht bald strikt durchgegriffen wird, ich meine vom Staat, dann ist die Umwelt kaputt, der Wald kaputt und keiner kommt mehr hier 'raus zum Wandern und Kaffeetrinken." (Cafébesitzer)

Die Worte der Pensionsbesitzerin sind verräterisch: Die meisten Gäste sind ordentlich, weil sie „ein bißchen" darauf achten, daß „nicht der ganze Müll" liegenbleibt. Anbieter sind Dienstleister und Kunden Könige. Und einige Anbieter haben es sich wohl abgewöhnt, hohe Ansprüche zu stellen.

> Im Zweifelsfall siegt die Ökonomie über die Ökologie. Dies erklärt auch, warum sich jeder zweite Anbieter durch die im Zusammenhang mit Freizeit entstehenden Umweltprobleme persönlich nicht betroffen fühlt.

In den Äußerungen des Cafébesitzers deuten sich hingegen massive Zukunftsängste an: *Wenn die Umwelt zerstört ist, kann man auch keine Geschäfte mehr machen.* Kurzfristiges Geschäftsdenken zahlt sich langfristig nicht aus. So gesehen machen die durch Ausflügler verursachten Umweltprobleme (Landschaftsverschmutzung durch Abfälle, Luftverschmutzung durch Autoabgase, Wasserverschmutzung durch Öl, Lärmbelästigung u.a.) auch Anbieter zu „Betroffenen". Ihre Bereitschaft, persönlich aktiv zu werden, um die Umwelt zu verbessern, kommt u.a. darin zum Ausdruck, daß sie gerne „neue Bäume anpflanzen" und freie Flächen „aufforsten" würden. Wenn die grüne Landschaft nicht erhalten bleibt, wird auch der Fremdenverkehr schnell in die roten Zahlen kommen.

Als Meinungsbildner wurden Kommunalpolitiker, Journalisten und Reiseexperten befragt. Dabei zeigte sich, daß die Meinungsbildner – wie alle anderen Bürger auch – als persönlich betroffene Zeitgenossen (und nicht als Funktionsträger) auf das Thema reagierten. Unterschiede in den Sichtweisen zwischen Nutzer und Meinungsbildner zeigten sich dabei mehr an der Peripherie – primär im beruflich bedingten Informations- und Erfahrungshintergrund – und nicht im Zentrum. Bürger, Betroffene und Meinungsbildner ähneln sich durchaus in den Gefühlen und Ängsten, in der Bewertung des Zerstörungsgrades, der Verteilung der Schuldanteile, den Vorstellungen über Gegenmaßnahmen und nicht zuletzt in dem Eindruck der eigenen Ohnmacht und der *Delegation der Probleme an „Die-da-oben"*.

> Die Meinungsbildner nehmen die Verantwortung, die viele Bürger ihnen gerne zuschieben möchten, nicht an. Auch sie rufen nach (oben) Mächtigeren, Einflußreicheren und zum Teil auch Kompetenteren.

Es drängt sich fast der Verdacht auf, daß die nächsthöhere Instanz ähnlich reagiert und man sich bei der Suche nach Problemlösern – wie im Märchen vom Fischer und seiner Frau – bis zum lieben Gott hinaufbegeben muß („Man müßte an die Wissenschaftler appellieren, daß sie umweltbewußter denken und dann entsprechend forschen"). Der emotionale und rationale Stellenwert der Umweltproblematik ist bei den Meinungsbildnern genauso hoch wie beim Durchschnittsbürger:

- „Das Umweltproblem ist das Problem unserer Zeit."
- „Es ist 5 vor 12."
- „Es ist schon fast zu spät."

Diese Äußerungen veranschaulichen die Bedeutung des Problems für diese Gruppe, deuten aber auch eine verbreitete Grundhaltung an: *Problem erkannt – aber kaum Anzeichen einer aktiven Reaktion.* Spontane Vorschläge zur Bekämpfung oder auch bloße Zeichen einer persönlichen „Kampfbereitschaft" (nach dem Motto: „Ich fang schon einmal an") fehlen. Dies ist umso erstaunlicher, als über die Hälfte der befragten Meinungsbildner beruflich direkt mit Umweltfragen zu tun haben (Stadtplanung, Lärmschutz, Müll-Lagerung bzw. -Verbrennung usw.) und auch die Journalisten zumindest indirekt als Kommunikatoren mit dem Thema befaßt sind.

Da es der Mehrzahl der befragten Meinungsbildner weder an Selbstbewußtsein noch an Aktivität zu fehlen scheint, muß eine andere Barriere vorliegen. Bei näherem Hinsehen stellt sich heraus: Die Meinungsbildner erleben den Begriff Umweltbelastung zunächst als *eine Art Moloch: Gigantisch, allgegenwärtig, wuchernd und natürlich höchst bedrohlich.* Erst im weiteren Gespräch lösen sie sich von der Vorstellung einer Umweltbelastung schlechthin, die die Kraft und Möglichkeiten des einzelnen überschreitet und der gegenüber sie sich verständlicherweise machtlos fühlen. Relativ spät und erst auf direktes Nachfragen hin verweisen sie auf eigene Aktivitäten zur Lösung der Umweltproblematik (z.B. Abstimmungen, Entscheidungen, Beschaffung von finanziellen Mitteln).

Doch auch bei ihnen herrscht das Gefühl vor: „Das ist doch nur ein Tropfen auf den heißen Stein". Die Journalisten reagieren gespalten: Stolz verbuchen sie für sich (und ihre Berufskollegen), daß sie das Umweltbewußtsein der Bevölkerung maßgeblich verändert haben: „Da kommt der Presse ein hoher Verdienst zu". Gleichzeitig aber zweifeln sie daran, daß diese Sensibilisierung auch die erhofften Veränderungen im Verhalten der Bevölkerung bringt.

Und in der Schuldfrage reagieren sie analog zum Durchschnittsbürger: Als Hauptsünder gilt „die Industrie". Freizeit ist in diesem Zusammenhang spontan kein Thema. In der weiteren Diskussion wird allerdings schnell klar, daß auch die Freizeit wesentlich zur Umweltbelastung beiträgt.

Für die Meinungsbildner ist die Freizeit „der Verschlimmerer", nicht der Verursacher der Umweltprobleme.

Eine Ausnahme bildet allerdings die Autoabgasproblematik, der sie insgesamt einen hohen negativen Stellenwert beimessen – häufig verbunden mit einem ausführlichen Plädoyer für bleifreies Benzin und Katalysatoren. Beide scheinen für alle Befragten die Funktion einer Wünschelrute zu haben, die einen Weg aus der bedrohlichen Situation weisen soll.

Der Eigeninitiative des einzelnen trauen die Meinungsbildner relativ wenig zu. Sie halten eine Doppel-Strategie für sinnvoller: Informationen und Anleitungen und – zur Sicherheit – Gesetze und Kontrollen.

Wortreich und mit viel emotionalem Engagement wird von den Meinungsbildnern die strikte Überwachung und drastische Bestrafung von Verstößen gefordert. Die Wichtigkeit ihres Anliegens wird durch die Schilderung dramatischer Ereignisse plastisch unterstrichen. So gerechtfertigt die Aufregung über die „großen Sauereien" in der Industrie auch ist, so leicht überdeckt sie die „kleinen Sauereien" vor der eigenen Haustür.

In ihrer Orientierung an den großen Katastrophen sehen sie die Lösung der Probleme auch „ganz oben" angesiedelt: „Auf Regierungsebene" – „Das Umweltministerium muß ernst machen mit neuen Gesetzen und harten Auflagen" – „Da muß gnadenlos durchgegriffen werden". Auch bei den Meinungsbildnern ist *law-and-order die Devise.* An positives Reinforcement etwa durch Steuerbonus oder andere Anreize denken sie kaum.

> Die Meinungsbildner erleben den Informationsstand und das Problembewußtsein in Umweltfragen als „lawinenartig" angestiegen in den letzten Jahren: „Vor ein paar Jahren wußte kaum einer, was saurer Regen ist, jetzt spricht jeder darüber". Die praktischen Konsequenzen aus diesem gesteigerten Problembewußtsein schätzen sie eher vorsichtig ein, was die breite Bevölkerung angeht: Im besten Fall sind „Disziplinierungszeichen" (z.B. im Umgang mit Abfall) und erste Auswirkungen auf die Autofahrpraxis zu erkennen. Deutliche Grenzen sehen sie aber in der Bequemlichkeit des einzelnen.

Auf der ganz persönlichen Ebene glauben die Meinungsbildner von diesen menschlichen Schwächen frei zu sein. Aufgrund ihres geschärften Umweltgefühls begehen sie persönlich keine Umweltsünden (mehr):

- „Also von Berufs wegen beschäftige ich mich ausführlich mit Umweltfragen. Und das hat auch auf meinen privaten Bereich Auswirkungen. Ich fühle mich so ein bißchen als Vorbild."
- „Da wird man schon mal eher nachdenklich und dreht die Zigarette, die man gerade in den Wald werfen wollte, ein paar Mal um und nimmt sie wieder mit nach Hause."

Die konkreten Beispiele ihres umweltfreundlichen Freizeitverhaltens sind – im Vergleich zu den eher vagen Angaben der Nutzer – lebensnäher und überzeugender. Dazu gehört auch der Verzicht auf das Auto am Wochenende zugunsten des Fahrrades und die damit verbundene Orientierungsänderung der Ausflüge von Fernzielen zu Nahzielen: „Da kann man auf dem privaten Sektor einiges tun. Natürlich nehme ich ganz bewußt einige Nachteile in Kauf."

9.4 Diffuse Angst vor der Zukunft

Bei den subjektiven Äußerungen über die Zukunft von Umwelt, Freizeit und Mobilität dominieren die negativen Vorstellungen: „Nur noch passive Berieselung durch TV und Video" bis hin zur Schreckensvision, den Feierabend bei Smog-Alarm „mit Gasmaske verbringen zu müssen“. Äußerst skeptisch schauen die jüngere und mittlere Generation in die Zukunft. Zum Teil können sie sich intakte Freizeitlandschaften in der Zukunft gar nicht mehr vorstellen. Sie entwerfen ein *Horrorbild der Freizeit in Natur-Reservaten*, in die die Menschen „gesperrt“ werden:

- „Freizeit 2001 – das ist Null Natur.“
- „Da kann ich gleich in den Zoo gehen. Tiere und Natur wird's dann nicht mehr geben – außer in Reservaten.“
- „Entscheidend wird sein, was die Politiker heute tun, damit es gar nicht erst so weit kommt, daß man seine Freizeit nur noch in Reservaten verbringen muß.“

Die diffusen Zukunftsängste spitzen sich zu, wenn es darum geht, die heutige Situation mit der Freizeit von morgen zu vergleichen: „Genieß die Freizeit jetzt; es kann nur noch schlimmer werden“ – noch gibt es Natur, Wälder und Wiesen und noch ist man frei in der Wahl seiner Freizeitaktivitäten. Das Votum für das Hier-und-Jetzt ist wiederum bei den Jüngeren am stärksten. Es fällt auf:

Die meisten Befragten fühlen sich mehr als Betroffene und Leidende und nicht so sehr als Verantwortliche und Handelnde.

Und wer den Alpträumen nicht folgen will, klammert sich wenigstens an den status quo: Es wird (hoffentlich) alles so bleiben wie bisher oder versucht, das Problem zu verdrängen: „Also Freizeit in zwanzig Jahren. Das muß man einfach verdrängen. Sonst wird man zu beunruhigt und das bißchen Lebensfreude, das man jetzt noch hat, ist dann auch noch weg“. Und nur eine Minderheit zählt sich zur Gruppe der Optimisten, die von der Zukunft nicht nur „mehr Freizeit“, sondern auch „mehr Grün“ erwarten, weil dann die Menschen zur Vernunft gekommen sind und „ihnen ein Licht aufgeht“, daß sie „sorgfältiger mit Gottes Gaben umgehen müssen“, damit sich die Natur wieder erholen kann.

Das *Zukunftsbild der Meinungsbildner* hingegen ist weniger von der Hoffnung an die menschliche Vernunft als vielmehr von dem *Glauben an die „Sachzwänge“* geprägt. Die Meinungsbildner haben den Eindruck gewonnen, „daß praktisch die Zeit reif ist“, „keine Regierung mehr an den Problemen vorbeisehen kann“ und „der Druck so groß ist, daß die Gesetzgebung nachziehen muß, ob sie will oder nicht“. Die Meinungsbildner haben das Gefühl, das Problem hat sich verselbständigt, ist so groß und bedeutend geworden, daß die Politiker in Zugzwang geraten: „Was will denn ein Politiker heute machen? Ihm sitzt doch das Messer an der Kehle“. In diesem Bild symbolisiert sich noch einmal anschaulich die *verbreitete Abwehrtendenz: Nicht mir sitzt das Messer an der Kehle, sondern dem Politiker*, der dann auch – bitte schnell und konsequent – seiner Verantwortung gemäß entscheiden soll.

Daß auch die Meinungsbildner diese Delegationsstrategie benutzen, scheint ein weiterer Indikator dafür zu sein, daß die aktuelle Umweltproblematik nicht nur aus Bequemlichkeit oder Unwilligkeit, sondern aus Ohnmacht und Verzweiflung „nach oben“ verschoben wird. Vorstellungsgemäß ist das Umweltproblem zu gigantisch und emotional zu bedrohlich geworden, als daß man sich selbst noch einen ernstzunehmenden Beitrag zur Lösung zutraut.

Freizeit heute und morgen im Vergleich

Nutzer, Anbieter und Betroffene sind gleichermaßen pessimistisch

Nutzer, Anbieter und Betroffene insgesamt (N = 180) Angaben über 100 Prozent durch Mehrfachnennungen	In Prozent
Negative Perspektiven	**68**
Es gibt kaum noch/kein Grün, keine Natur mehr	32
Es wird alles vorgeschrieben, kein Raum für Individualität mehr	16
Der Erholungswert der Freizeit wird geringer sein	11
Es wird weniger Freizeitmöglichkeiten geben, da man viele Dinge nicht mehr machen kann (im See schwimmen, spazierengehen usw.)	9
Positive Perspektiven	**17**
In Zukunft werde ich mehr Freizeit haben	8
Die Leute werden umweltbewußter sein	4
Es wird neue, vielfältigere Angebote geben	3
Es wird mehr Grün geben, die Natur hat sich erholt	2
Kein Unterschied zur heutigen Freizeit	**17**

Die meisten Befragten sind sich einig: Die Zukunftsentwicklung der Freizeit bietet wenig Anlaß zum Optimismus. Düstere Zukunftsahnungen herrschen vor.

> Die meisten Befragten sind sich einig: Die Zukunftsentwicklung der Freizeit bietet wenig Anlaß zum Optimismus. Düstere Zukunftsahnungen herrschen vor: „Die Mülltouristen kommen“.

Fällt die Prognose der Meinungsbildner für die grundsätzliche Entwicklung im Umweltbereich noch relativ positiv aus, so kehren sich die Vorzeichen um, wenn es speziell um die Freizeit geht. Hier prognostizieren die Meinungsbildner als Folge der notwendig erachteten „strengen Gesetze“ einen *Zuwachs an Reglementierungen* und Verboten sowie an Einschränkungen bezüglich des individuellen Bewegungsspielraums. Die Horror-Vision einiger Freizeitnutzer, zukünftig in Freizeit-Reservaten ein genormtes Programm absolvieren zu müssen, erscheint den Meinungsbildnern übertrieben, aber nicht falsch. Die Meinungsbildner antizipieren stärker und konkreter die Folgen der herbeibeschworenen law-and-order-Philosophie: Die Industrie und jeder einzelne werden sich mehr kontrollieren und anpassen müssen. In den Augen der Meinungsbildner werden wir uns Freizeitverhalten in der Natur nur mehr durch den *Verzicht auf individuelle Freiheiten* erkaufen können. Ihr Fazit: Die Freizeit wird ein Stück ärmer werden, aber es wird im Jahre 2001 noch Freizeit geben – auch in der Natur.

In einem stimmen alle – Nutzer, Anbieter, Betroffene und Meinungsbildner – überein: in dem Bewußtsein um die restriktiven Folgen für das persönliche Leben der Zukunft. Das individuelle „Freizeitglück" wird in Zukunft getrübt werden, weil ein Verlust an Freiheit und Spontaneität in Kauf genommen werden muß, um die Natur zu retten. Reservate voll Technik und organisierter Lustbarkeit (aber ohne Natur) will niemand haben. Bleibt uns nur eine künftige Freizeitwelt mit Natur – aber auch mit einer Vielzahl von Gesetzen und Verboten? Es gilt, das kleinere Übel zu wählen, um das größere Gut „Natur" zu retten.

III. Umwelt, Auto und Mobilität

1. 500 Autofahrer im Test. Eine Panel-Untersuchung

Umfragen belegen es: In seiner Freizeit nutzt der Mensch das Erlebnismobil Auto ganz besonders intensiv. Es verschafft ihm Glücksgefühl, stiftet Identität und schützt vor Sinnkrisen. Die *Lust an der Automobilität* ist ohne einen Blick in die Psychologie des Autofahrers weder verständlich noch erklärbar.

Zwölf Monate lang (Juli 1992 bis Juni 1993) begleitete der Autor im Rahmen eines Forschungsprojekts des B.A.T Freizeit-Forschungsinstituts wissenschaftlich einen ungewöhnlichen Autotest: 500 Autofahrer führten ein *Bordbuch* und standen für *regelmäßige Interviews* zur Verfügung. Dabei handelte es sich nicht um eine übliche Repräsentativumfrage, sondern um eine Datenerhebung, die in der empirischen Sozialforschung *„Panel"* genannt wird. Damit ist es möglich, von denselben Personen zu verschiedenen Zeitpunkten Antworten zu den gleichen Fragen zu bekommen. Auf diese Weise lassen sich *Verhaltensänderungen im Zeitablauf* präzise erfassen.

> Durch die Panelerhebung erhält man sehr viel genauere und auch subtilere Informationen über Personen als bei Repräsentativumfragen. Zwischen Interviewer und Befragten wird ein Vertrauensverhältnis aufgebaut, so daß es zu Antwortverweigerungen oder Interviewabbrüchen nicht kommt.

Als methodischer Mangel von Panel-Untersuchungen gilt in der empirischen Sozialforschung die Tatsache, daß im Laufe der Zeit die an der Befragung beteiligten Personen langsam die Lust oder Geduld verlieren. Dieses Phänomen wird in der Forschung respektlos *„Panel-Mortalität"* (Lankenau 1992, S. 193) genannt. Dieses Motivationsproblem trat hier nicht auf. Ganz im Gegenteil: Die Befragten waren hochmotiviert; schließlich hatten sie zwölf Monate lang das Auto kostenlos zur Verfügung gestellt bekommen. Die Kooperation mit einem Automobilhersteller (SAAB) machte es möglich. Durch die regelmäßige Teilnahme an der Fragebogen-Aktion wollten die Befragten ihre persönliche Gegenleistung geradezu dokumentieren bzw. „abverdienen". Welche wesentlichen Erkenntnisse ergeben sich aus dieser neuen Form qualitativer Verkehrsforschung?

Die Befragung der 500 Autofahrer erstreckte sich über einen Zeitraum von zwölf Monaten. Dadurch war es möglich, Erkenntnisse über die zeitliche Veränderung von Verhaltensweisen bzw. Fahrgewohnheiten zu bekommen.

Über das ganze Jahr verteilt gaben die Autofahrer Auskunft über ihre persönliche Art der Fortbewegung. Dazu wurde ihnen ein *Tagesablauf-Protokollbogen* zur Verfügung gestellt, der Viertelstunden-Eintragungen innerhalb des 24-Stunden-Zeitschemas ermöglichte. Einer bestimmten Uhrzeit ordneten die Befragten den jeweiligen Fortbewegungszweck zu. Die einzelnen Zwecke kennzeichneten sie im Tagesablauf-Protokoll mit den Buchstaben

„**E**" = Einkaufen/Besorgungen
„**B**" = Berufs-/Arbeitsweg
„**F**" = Freizeitfahrt/Urlaubsreise.

Die in der Gesamtauswertung zum Freizeitverkehr gerechneten Verwandten- und Bekanntenbesuche konnten zusätzlich als „*V*" vermerkt werden. Ebenso war für übrige Fahrtenzwecke der Vermerk „*S*" (=Sonstiges) möglich.

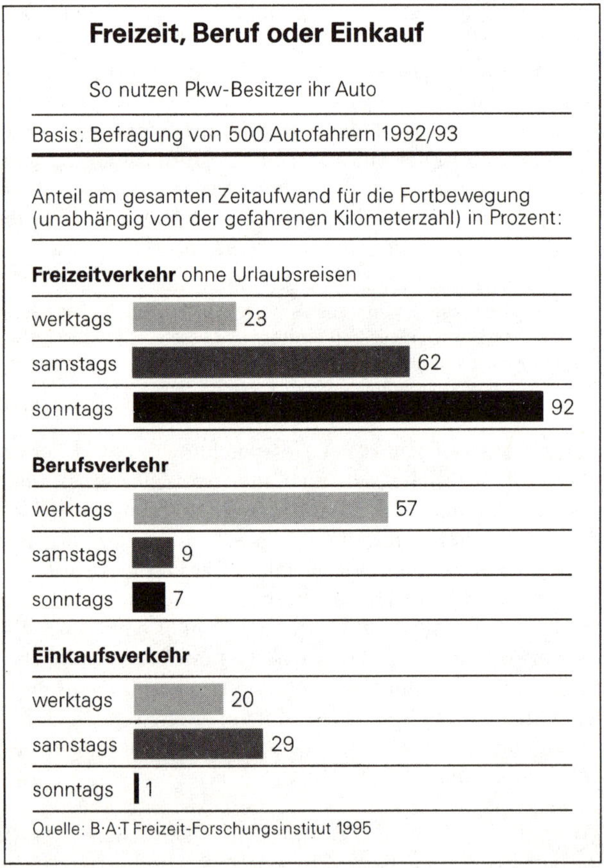

Der Zweck der Fahrt erlaubte Zuordnungen zu

- *Uhrzeiten* (von 4.00 bis 4.00 Uhr)
- *Tagen* (Werktag, Samstag, Sonntag)
- *Monaten* (von Juli 1991 bis Juni 1992, maßgebend war der Tag der Ausfüllung)
- *Verkehrsmittel* (Bus, U-/S-Bahn/Bundesbahn/Fahrrad/Auto/Zu Fuß/Sonstiges).

In sechs Befragungswellen wurden die Tagesablauf-Protokolle über das ganze Jahr verteilt an die Befragten versandt. Auf diese Weise konnten 3.000 Tagebücher ausgewertet werden.

2. Austoben im Egomobil

2.1 Die emotionale Beziehung zum Auto

> Das Auto ist Transport-, Genuß- und Kommunikationsmittel zugleich. Es garantiert räumliche, zeitliche und soziale Unabhängigkeit, bereitet Vergnügen und wirkt als Kommunikationsmedium, durch das man anderen etwas mitteilen kann.

Viele Autofahrer haben zu ihrem Mobil eine *besondere Beziehung*. Schließlich werden nicht selten beim Erwerb einer bestimmten Automarke auch besondere Persönlichkeitseigenschaften „mitgekauft". Das Auto symbolisiert ein Stück Privatheit („Ich bin das Auto" – „My car is my castle"). Eine Beschädigung des Autos kann schnell als Bedrohung der Person empfunden werden.

Fast zwei Drittel der befragten Autofahrer (61%) geben ihrem Auto einen persönlichen Namen. Das Auto ist für sie nicht nur Gebrauchsgegenstand. *‚Mein Auto' ist für viele gleichbedeutend mit ‚Mein Freund'*: Sympathisch, zuverlässig, sicher. Bevorzugte Namen sind Max und Gustav, Oskar und Victor, Hermann und Henrick, Björn und Benny. Mitunter bekommt das Fahrzeug auch die Bedeutung einer Beziehungskiste: Mal „Lady" und „Comtesse", mal „Gentleman" und „Graue Eminenz", mal „Goldie" oder „Pascha", mal „Rennmaus" oder „Schluckspecht". Und nicht selten werden Vergleiche mit der Tierwelt angestellt, um Eigenschaften zu beschreiben, die über menschliche Fähigkeiten hinausreichen: „Sanfter Panther", „Stolzer Hirsch" und „Flotter Käfer", „Bär", „Rentier" oder „Wolf im Schafspelz". Bewundert wird die Vielseitigkeit des Autos, ein technisches Wunderwerk zwischen Power und Panzer, das ebenso kraftvoll wie formschön erscheint. „Im Auto werden wir zum eigenen Kind" sagt die Psychoanalyse (vgl. Hilgers 1992, S. 8):

> Das Auto dient als Krücke der Seele, bestätigt die eigene Persönlichkeit, unterstützt das Imponiergehabe oder fungiert als geheime Liebschaft.

Das Autoradio ist heute zu einem unentbehrlichen Begleiter für Autofahrer geworden – als Kommunikationspartner und Langeweiletherapeut genauso wie als Informations- und Entspannungsmedium. Aktuelle Informationen aus dem Radio werden von 86 Prozent der Autofahrer intensiv aufgenommen. Und Musik im Autoradio beeinflußt gar das Fahrverhalten. *Jeder dritte Autofahrer fährt anders, wenn Musik im Auto erklingt*:

- Pop- und Discomusik werden am meisten im Stadtverkehr gehört.
- Volksmusik und Schlager finden die größte Resonanz bei der Fahrt auf Landstraßen.
- Und bei Autobahnfahrten sind Entspannungsmusik und Klassikkonzerte besonders beliebt.

Wird es in Zukunft spezielle ‚Autowellen' für Autobahnen, Landstraßen und für den Stadtverkehr geben? Oder die Autofahrer versorgen sich selbst: Schon heute greift jeder fünfte Autofahrer am liebsten auf eigene Musikcassetten zurück.

2.2 Was Autofahrer tun, wenn sie allein im Auto sind

Autofahrer fahren Auto – und tun doch eine ganze Menge mehr: Beobachten, Flirten, Pläne schmieden. Wenn sie allein im Auto sind, müssen sie sich mit sich selbst beschäftigen. Fast alle hören manchmal, oft oder sehr oft Radio (98%), lassen sich unterhalten oder genießen die Landschaft (93%). Doch mit zunehmender Fahrtdauer schleicht sich Langeweile ein und die Autofahrer denken über *Nebenbei-Beschäftigungen* nach. Viele Autofahrer nutzen das Alleinsein während der Fahrt dazu, den eigenen Gedanken nachzugehen (73%) oder ganz konkrete Pläne zu schmieden (65%). Da werden gedanklich berufliche Probleme gelöst oder Freizeit- und Urlaubsunternehmungen geplant. Die Autofahrer führen laut Gespräche mit sich selbst oder sprechen direkt ins Diktiergerät. Und fast zwei Drittel (61%) geben zu, beim Autofahren gelegentlich vor sich hinzuträumen ...

Die Stille und Leere im Auto geht vielen auf die Nerven. Manche *summen, singen, pfeifen oder fluchen laut*, andere wollen irgendetwas tun und suchen Bewegung: Sie essen (58%) oder trinken (55%) gelegentlich, ziehen auch ihre Schuhe aus oder zählen Geld. Selbst für Fingernagelpflege bleibt während mancher Autostops noch genügend Zeit. Wenn der Fahrverkehr zum Stehverkehr wird, fängt jeder fünfte Autofahrer an, in Zeitungen und Zeitschriften zu blättern.

Und weil sie nur im Auto, nicht aber auf der Straße allein sind, beobachten sie gerne andere Autofahrer. Fast zwei Drittel der befragten Autofahrer (62%) geben zu, schon einmal mit anderen Autofahrern bzw. Autofahrerinnen geflirtet zu haben. Das hebt offensichtlich die Stimmung, macht gute Laune und regt zum Singen im Auto an.

Viele Autofahrer müssen sich selbst motivieren und in Hochstimmung versetzen, um nicht ins Grübeln und Zweifeln zu kommen oder die Lust am Autofahren zu verlieren. Immerhin sind mittlerweile zwei von fünf Autofahrern (42%) zu der Erkenntnis gelangt: „Autofahren macht immer weniger Spaß". Zu viele Autos auf den Straßen, dichter Verkehr, rush hour, Staus und Streß – das vergällt mitunter den Spaß am Autofahren. *So träumen viele davon, eine leere Autobahn einmal ganz für sich zu haben* oder bei Sonnenschein und schönem Wetter genußvoll und ganz entspannt auf unbelebten Landstraßen fahren zu können. Doch der Autoverkehr der anderen, nicht das eigene Automobil steht ihnen dabei im Wege.

2.3 Das Verhältnis zu anderen Verkehrsteilnehmern

Autofahrer haben offensichtlich eine gespaltene Beziehung zum Autoverkehr: Mit ihrem eigenen Auto sind sie schon zufrieden und glücklich – wenn nur die anderen Verkehrsteilnehmer nicht wären. Der Autoverkehr entwickelt sich zunehmend zu einer Quelle von Ärgernissen, Aggressionen und Streitigkeiten. Oft wird mehr der *Zweikampf auf der Straße* als das problemlose Erreichen eines Ziels gesucht: „Dann greife ich zu Erziehungsmaßnahmen" oder „Wenn so ein Raser von hinten kommt, bekomme ich totalen Haß. Ich werde dann zum Tier ..." (vgl. Becker/Herberg 1990; Hilgers 1992). Wenn andere an einem vorbeirasen, wird man(n) selbst rasend vor Wut. Ein fast kindliches „Badewannengefühl" (TÜV Rheinland) breitet sich aus: Hier bin ich der Kapitän! Also darf ich auch „verrückt spielen ..." Die Straße kann so zum scheinbar rechtsfreien Raum werden.

Wem gehört die Straße?
„Nie in meinem Leben bin ich so viel verflucht worden wie während meiner Automobilreise im Jahre 1902. Alle deutschen Dialekte waren daran beteiligt ..."
Otto J. Bierbaum: Eine empfindsame Reise im Automobil, München 1903, S. 285

- Die „anderen" *Pkw-Fahrer* geben am meisten Anlaß zur Verärgerung. Nur 14 Prozent der befragten Autofahrer können sich überhaupt daran erinnern, sich noch nie oder selten über andere geärgert zu haben. 86 Prozent der Autofahrer aber weisen auf notorische „Linksfahrer", „Drängler" und „Schlafmützen" hin.
- Und den *Lkw-Fahrern* wird vor allem Rücksichtslosigkeit bescheinigt: Vom plötzlichen Ausscheren über nervige „Elefantenrennen" bis hin zur Abgasbelästigung.
- Weitere Ärgernisse stellen die Fahrrad- und Motorradfahrer dar: Die *Radfahrer*, die einfach „kreuz und quer fahren", und die *Motorradfahrer*, die rechts überholen, sich bei Staus „durchschlängeln" und ansonsten durch Rasen oder „Rottenbildung" (Motorrad-Gruppen) unangenehm auffallen.

- Das beste Straßenverkehrszeugnis wird hingegen den *Bus- und Taxifahrern* ausgestellt, wenn auch Busfahrer mitunter dazu neigen, sich wie „Kings" zu fühlen, während Taxifahrer ihren „Heimvorteil" geschickt zu nutzen wissen.

„RASER": HAUPTÄRGERNIS IM FREIZEITVERKEHR

Worüber sich Autofahrer am meisten ärgern

Von je 100 Autofahrern ärgern sich am meisten über ...

	im Berufsverkehr	im Freizeitverkehr
„Raser"	38	64
„Riskante Überholer"	20	25
„Schlafmützen"	30	34
„Dauer-Linksfahrer"	12	15
„Kurvenschneider"	15	17
„Rechthaber"	14	15
„Spurwechsler"	23	22
„Drängler"	40	29

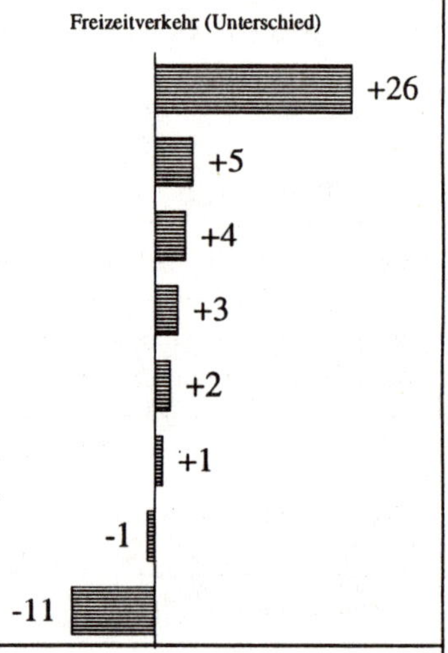

Repräsentativbefragung von 1.646 Autofahrern im März 1995 in Deutschland

B·A·T Freizeit-Forschungsinstitut 1995

Nicht selten fühlen sich die Autofahrer auch *als Opfer unsinnig erscheinender Verkehrsregelungen.* Während sie für Gurtpflicht, Alkoholgrenze und TÜV-Bestimmungen größtes Verständnis zeigen und auch Park- und Halteverbote weitgehend akzeptieren wollen, geben Baustellen (77%), Ampelschaltungen (72%) und Geschwindigkeitsbegrenzungen (71%) häufig Anlaß zur Kritik. Der Baustellenverkehr wird zum „Stauverkehr", manche Ampelschaltungen werden als „Schikanen“ empfunden und Geschwindigkeitskontrollen an ungefährlichen Stellen sollen nur die Autofahrer zur „Melkkuh der Nation“ machen.

Realistisch schätzen die Autofahrer die Möglichkeiten ein, wie die aggressiv aufgeladene Stimmung auf den Straßen entschärft werden kann. Weder Verbote noch härtere Strafen, weder Kontrollen noch bessere Polizeiüberwachung helfen hier weiter. Sanfteres, aggressionsfreies Verkehrsverhalten läßt sich weder planen noch verordnen. Jeder Verkehrsteilnehmer muß schon selbst die Initiative ergreifen und darf nicht in Obrigkeitsdenken verharren. Als wirksamste Maßnahme zum Abbau von Aggressivität im Straßenverkehr empfehlen die Autofahrer, bei sich selbst anzufangen. Konkret: Die eigene Zeitplanung für die Autofahrt entspannter organisieren und vor allem *die eigene Fahrweise rücksichtsvoller gestalten.*

2.4 Wie Autofahrer auf Streß reagieren

Mehr oder weniger fühlt sich fast jeder gestreßte Autofahrer *unter Zeitdruck.* Durch die Autofahrt will man Zeit gewinnen und hat doch das Gefühl, ständig Zeit zu verlieren. Mal liegt es an der Hitze, mal am Schneetreiben, mal an unnötigen Behinderungen durch „Träumer“ und „Sonntagsfahrer“, mal am dichten Verkehr. Und weil Autofahrer gerne „zügig“ vorankommen wollen, fahren sie ständig ihren selbstgesetzten Terminen und Zielen hinterher. So haben sie immer öfter das Gefühl, „zu spät“ zu kommen.

Für jede zweite Streßursache beim Autofahren werden *andere Verkehrsteilnehmer verantwortlich* gemacht. Äußere Einflüsse wie z.B. schlechte Wetter- und Straßenverhältnisse oder lange Staus stellen nur für jeden vierten Autofahrer die häufigste Ursache für Streß beim Autofahren dar. Und sich selbst als Streßverursacher nennen lediglich zehn Prozent der Befragten – sei es, daß sie die Fahrzeit falsch eingeschätzt, sich im Stadtverkehr verfahren haben oder sonstwie müde und schlecht gelaunt sind.

Autofahren im Dauerstreß kann nicht ohne Folgen bleiben. Die meisten Autofahrer geben auch unumwunden zu: *„Dann werde ich aggressiv“* (57%). Und fast jeder fünfte Autofahrer bekennt: *„Ich fahre rücksichtsloser“* (18%). Jeder vierte wird nervös und leidet unter Konzentrationsschwierigkeiten (25%). Andere fangen zu schwitzen an (23%) oder verkrampfen sich (17%). Der innere Zwang zur Überkonzentration führt zu früher Übermüdung, Unwohlsein und Kopfschmerzen (8%). Mitfahrende Kinder werden schnell zu Blitzableitern. Die Stimmung ist gereizt. Jeder vierte Autofahrer „trommelt“ auf dem Lenkrad herum (25%), andere fressen den Streß in sich hinein, bekommen „nasse Hände“ oder schimpfen leise vor sich hin. So kann Streß im Auto zur Unfallursache werden.

Viele Autofahrer machen sich Gedanken darüber, wie sie den Streß beim Autofahren abbauen können. Das wirksamste Streß-Therapeutikum scheint immer noch die Musik zu sein: 54 Prozent der Autofahrer greifen dann auf

„ihre“ Cassetten zurück und hören ihre *Lieblingsmusik*. Oder sie betreiben eine Art autogenes Training: Sie *konzentrieren sich auf andere Dinge*, um sich dabei von Streß und Ärger abzulenken (41%). Und auch die Vernunft siegt bisweilen: Jeder dritte Autofahrer *fährt langsamer* (34%) oder hält an und macht eine *Pause* (35%). Andere wiederum fühlen sich von der Streß-Situation so gefangen, daß sie „nichts unternehmen“ (8%), einfach abwarten und zu sich sagen: „Bleib ruhig, Junge!“

Zumindest ein Trost bleibt allen gestreßten Autofahrern: Im Vergleich zur Benutzung der Öffentlichen Verkehrsmittel wirkt Autofahren geradezu entspannend. Nur knapp ein Drittel der Autofahrer (30%) stuft das Auto als Streß-Vehikel ein, über zwei Drittel (68%) aber sind davon überzeugt, daß die Fortbewegung mit Öffentlichen Verkehrsmitteln in jedem Fall mehr Streß als Erholung bedeutet. Die Entdeckung eines geeigneten Transportmittels, das Passagiere fortbewegt und gleichzeitig zur Ruhe kommen läßt, steht offensichtlich noch aus.

3. Die mobile Freizeit findet fast nur im Auto statt

Für die Differenzierung des Verkehrs nach Fahrt- und Wegezwecken werden in der offiziellen Verkehrsstatistik des Bundesverkehrsministeriums sechs Zwecke unterschieden:

- Beruf
- Ausbildung
- Geschäfts- und Dienstreise
- Einkauf
- Freizeit
- Urlaub.

Kriterium für die Zuordnung einer Fahrt oder eines Weges zu einem Zweck ist die *Aktivität am Zielort*. Fahrten oder Wege, bei denen mehrere Verkehrsmittel benutzt werden (z.B. „Park and Ride“) werden jeder Verkehrsart zugeordnet, also mehrfach gezählt.

In den folgenden Auswertungen werden die sechs Fahrtzwecke zu *drei Hauptverkehrsformen* zusammengefaßt: Einkaufsverkehr, Berufsverkehr und Freizeitverkehr.

> Als *Einkaufsverkehr (EV)* gelten alle Fahrten oder Wege, deren Zweck der Einkauf von Gütern oder der Besuch von Ärzten, Behörden, Dienstleistungsbetrieben u.ä. ist.
>
> Der *Berufsverkehr (BV)* umfaßt alle Fahrten bzw. Wege zwischen Wohnung und Arbeitsstätte/Schule/Universität sowie alle beruflich bedingten Geschäfts- und Dienstreisen.
>
> Im *Freizeitverkehr (FV)* sind alle Fahrten oder Wege zu Freizeit- und Urlaubszwecken zusammengefaßt, also z.B. Besuche kultureller Veranstaltungen, Fahrten oder Wege in Ausübung eines Hobbys, Wochenendfahrten, Verwandten- und Bekanntenbesuche, Urlaubsreisen.

Die vom Deutschen Institut für Wirtschaftsforschung (DIW) im Auftrag des Bundesministers für Verkehr ermittelten Verkehrsdaten weisen beispielsweise nach, daß der Freizeit- (und Urlaubs)verkehr mittlerweile die Bedeutung des Geschäftsreiseverkehrs im *Luftverkehr* übertrifft und eine Expansion des Freizeitverkehrs auch in Zukunft zu erwarten ist (vgl. Grafik). Auch im *Autoverkehr* nimmt der Freizeitverkehr inzwischen eine ähnlich bedeutsame Stellung ein: *Jeder zweite Kilometer für Freizeit und Urlaub.* Diese Tendenz verstärkt sich.

Aus den aktuellen Tagesablauf-Protokollen von 500 Autofahrern geht konkret hervor:

- *Täglich mehr als zwei Stunden für die Fortbewegung außer Haus:* Unabhängig von Verkehrsmitteln und Fortbewegungszecken sind Autofahrer 136 Minuten an Werktagen, 133 Minuten an Samstagen und 118 Minuten an Sonntagen unterwegs. Diese *Zwei-Stunden-Mobilität* pro Tag schließt alle Fortbewegungsarten vom Zu-Fuß-Gehen über das Radfahren bis zur Auto- oder Bahnfahrt ein.
- Autofahrer legen durchschnittlich pro Tag *keine zwanzig Minuten* (19,3) *zu Fuß* zurück. Werktags begnügen sie sich mit 16,3 Minuten, samstags sind sie in Verbindung mit dem Einkaufsbummel 26,3 Minuten unterwegs. Und der traditionelle Sonntagsspaziergang dauert auch keine halbe Stunde mehr (27,6 Minuten). Natürlich sind dies Durchschnittswerte: Wenn beispielsweise ein Autofahrer sonntags eine Fußwanderung von fast zwei Stunden Dauer zurücklegt, drei andere Autofahrer aber derweil im Garten liegen oder vor dem Fernseher sitzen, so bleiben als durchschnittlicher Zeitaufwand für die Fortbewegung zu Fuß eben nur knapp dreißig Minuten.
- Auch das *Fahrradfahren* muß in seiner öffentlichen Bedeutung relativiert werden. Das Fahrrad wird nicht selten als „das" Verkehrsmittel der Zukunft gefeiert. Jährlich werden in Deutschland etwa 6 Millionen Fahrräder verkauft, was einem Drittel des EU-Marktes entspricht. Es gibt mittlerweile deutlich mehr Fahrräder als Autos in Deutschland. Doch das Fahrrad-Fahren hinkt dieser Entwicklung hinterher. Bekanntlich führen die Hälfte aller Radfahrten nicht über eine *Distanz von 3 km* hinaus. Die meisten Autofahrer legen offensichtlich großen Wert auf den Besitz eines Fahrrads, machen aber kaum davon Gebrauch: Keine vier Minuten während der Woche (3,9), samstags 6,7 Minuten auf dem Weg zum Bäcker oder Friseur. Und sonntags kommen ‚satte' acht Minuten zusammen.
- *Der Öffentliche Nahverkehr (Bus/U-Bahn/S-Bahn) übt auf Autofahrer fast eine Null-Attraktivität aus.* Vor allem an Wochenenden findet der Öffentliche Nahverkehr für Pkw-Besitzer eigentlich nicht statt; sie machen praktisch keinen Gebrauch davon. Die Freitag-/Samstag-/Sonntag-Staus auf den Straßen sind die unausweichliche Folge. Der Öffentliche Nahverkehr ist wesentlich auf die Bedürfnisse des Berufsverkehrs ausgerichtet, weshalb er auch bis heute für den Freizeitverkehr belang- und bedeutungslos geblieben ist.

- Absoluter Spitzenreiter unter den Fortbewegungsmitteln ist das *Auto*. Mehr als eineinhalb Stunden (104 Minuten) Zeit investiert jeder Autofahrer täglich in die automobile Fortbewegung: 111 Minuten am Werktag, 95 Minuten am Samstag und 79 Minuten am Sonntag.

MEHR MIT DEM AUTO ALS ZU FUSS

Menschliche Fortbewegung findet fast nur noch motorisiert statt

Zeitaufwand in Minuten für die Fortbewegung an verschiedenen Wochentagen

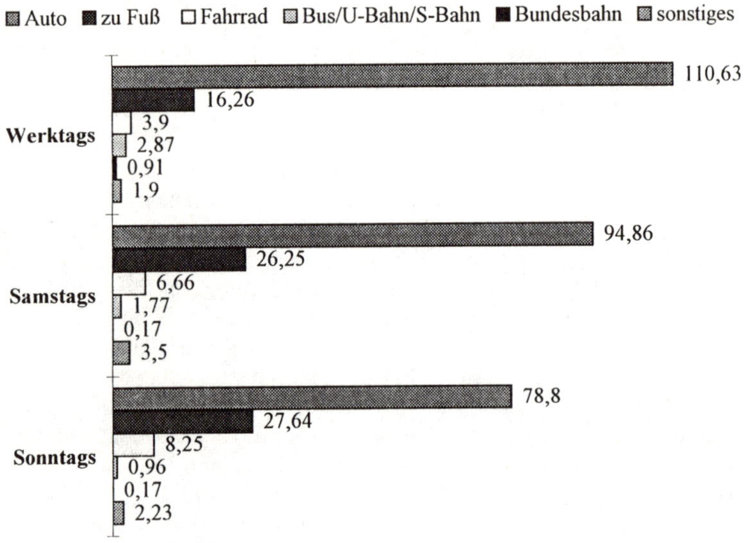

Basis: Befragung von 500 Autofahrern 1992/93

B·A·T Freizeit-Forschungsinstitut

Wenn diese Entwicklung so anhält, dann werden die Autofahrer in naher Zukunft genausoviel Zeit im Auto zubringen wie vor dem Fernseher (jeweils etwa zwei Stunden). Das Auto wird dann neben dem stationären Wohnzimmer zum mobilen Zuhause.

4. Die Zeit-Falle beim Autofahren

„Nichts geht mehr“ – alles fährt! Dieser Eindruck entsteht, wenn man sich die Pkw-Nutzung im Wochenverlauf ansieht. Hierbei gibt es unterschiedliche Spitzenzeiten:

- Die meisten Autofahrer sind werktags um *7.00 Uhr* und *16.00 Uhr* unterwegs *(=Rush-hour)*. Nennenswerte Automobilität setzt bereits um 5.00 Uhr früh ein und erreicht um 7.00 Uhr einen ersten Spitzenwert: Zu dieser frühen Morgenstunde sind werktags 16 Prozent aller Autos unterwegs. Hochgerechnet in absoluten Zahlen bedeutet dies: Morgens um 7 Uhr sind an einem normalen Werktag über 6 Millionen Pkw auf den Straßen Deutschlands. Alle Autos aneinandergereiht würden eine Blechschlange von rund 18.000 Kilometer Länge ergeben ...
- Auch Autofahrer halten an ihren Gewohnheiten fest: Samstags länger schlafen, ausgiebig frühstücken und dann mit dem Auto zum Einkaufen oder Einkaufsbummel fahren. Die Folge: *Samstags ist jeder fünfte Autofahrer um 10.00 Uhr mit dem Auto unterwegs.* Danach entspannt sich die Verkehrslage etwas. Um *12.00 Uhr* fahren viele wieder nach Hause. Jedes sechste Auto ist dann in Bewegung. Weitere samstägliche Höhepunkte des Autoverkehrs finden nach Ladenschluß um *14.00 Uhr* sowie um *18.00 Uhr* statt, wenn viele vom Verwandtenbesuch oder Tagesausflug zurückkehren.
- Der Sonntag gehört der Familie, die sich füreinander und auch für alles andere mehr Zeit nimmt. Das Zeitkorsett des Samstagsrituals liefert auch für den Sonntag die Struktur. *Die erste sonntägliche rush-hour findet um 11.00 Uhr auf den Straßen statt:* Jeder achte Autofahrer fährt dann die Familie oder das Auto aus. Wie am Samstag findet der zweite Verkehrshöhepunkt um *14.00 Uhr* statt: Die ersten Ausflügler kommen von der kleinen Tour ins Grüne schon wieder zurück, andere starten zur Kaffeefahrt oder zum Halbtagsausflug; jedes siebte Auto (15%) wird dann aus der Garage gefahren. Es bleiben vier Stunden Zeit für Freizeiterlebnisse, bevor um *18.00 Uhr* Stau angesagt ist. Dann wollen die Autofahrer wieder schnell nach Hause. Da sie sich zur gleichen Zeit zum gleichen Ziel bewegen, sind Autobahnen und Hauptverkehrsstraßen im Einzugsbereich der Großstädte und Ballungszentren überfüllt, obwohl „nur“ 14 Prozent aller Autofahrer um 18.00 Uhr unterwegs sind.

„Rush-hour“-Zeiten im Überblick:

werktags:	7.00 und 16.00 Uhr
samstags:	10.00, 12.00, 14.00 und 18.00 Uhr
sonntags:	11.00, 14.00 und 18.00 Uhr

FREIZEITMOBILITÄT IM TAGESVERLAUF

Werktags, samstags und sonntags im Vergleich

Fortbewegung zu Freizeitzwecken an verschiedenen Wochentagen (Angaben in Prozent)

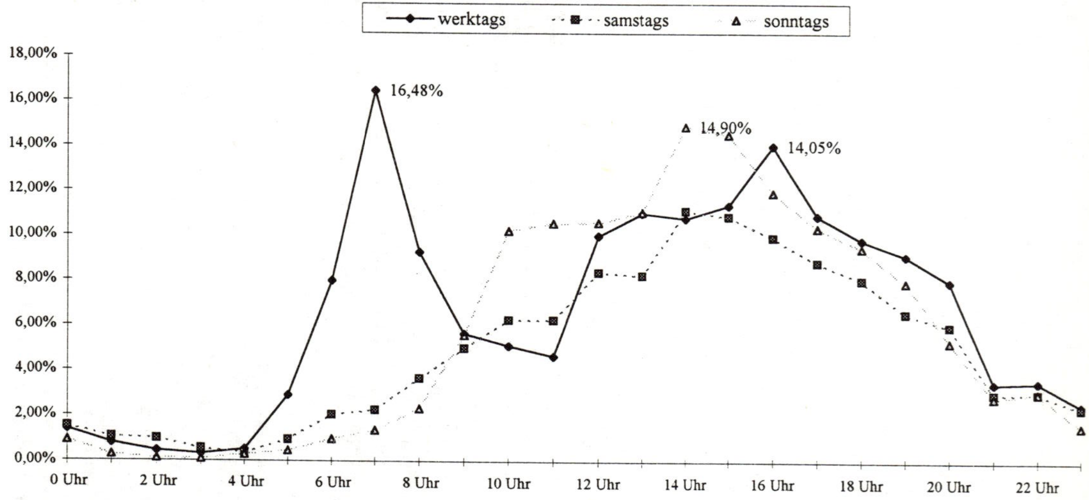

Basis: Befragung von 500 Autofahrern 1992/93

B·A·T Freizeit-Forschungsinstitut

Autofahrer sind offenbar Gefangene ihrer eigenen eingefahrenen Gewohnheiten. Sie halten an ihrem persönlichen Zeitschema fest – auch wenn andere zur gleichen Zeit das Gleiche tun wollen. So geraten sie in die selbstgeschaffene *Zeit-Falle*, bei der sie *zur gleichen Zeit aus dem gleichen Grund am gleichen Ort* sind.

Antizyklisches Autofahren würde idealiter bedeuten:

- *Werktags* um 9.00 Uhr zur Arbeit und um 18.00/19.00 Uhr wieder nach Hause fahren.
- *Samstags* um 9.00 Uhr Shopping gehen und die Rückfahrt für 11.00 Uhr oder 13.00 Uhr einplanen.
- *Sonntags* um 13.00 Uhr losfahren und um 16.00 oder 20.00 Uhr zurückfahren.

Nicht die Anzahl der Autos ist das Problem, sondern die Gleichzeitigkeit des Autofahrens, die Konzentrationen und Überlastungen des Straßenverkehrs heraufbeschwört.

Der Deutsche fährt mit seinem Auto im Durchschnitt etwa 18.500 Kilometer pro Jahr (SAMPLE-Institut 1993), davon rund *10.000 Kilometer jährlich für die Freizeit* (= ca. 54 Prozent der gesamten Fahrleistung). Seit über dreißig Jahren hat sich der Anteil des Freizeitverkehrs laufend erhöht. Das Statistische Bundesamt ging in den sechziger Jahren von einem 30-Prozent-Anteil des Autos für Freizeitzwecke aus. Dieser Wert wird noch heute (!) in der offiziellen Statistik der „Freizeitgüter“ zugrundegelegt. In Wirklichkeit wurde schon vor über zehn Jahren jeder zweite Autokilometer (50,7%) für Freizeit und Urlaub gefahren. Und im Jahr 2010 können es vielleicht 60 Prozent sein. Verkehrsstatistik und Verkehrsplanung hinken der tatsächlichen Entwicklung erheblich hinterher. Autoverkehr bedeutet heute und in Zukunft mehr Freizeit- als Berufsverkehr.

Im Rahmen des einjährigen Dauertests wurde – unabhängig von der gefahrenen Kilometerzahl – der *Pkw-Anteil des Freizeitverkehrs am gesamten Zeitaufwand für die Fortbewegung* ermittelt. Das Ergebnis:

Das Auto wird

- werktags zu 23 Prozent,
- samstags zu 62 Prozent und
- sonntags zu 92 Prozent

für Freizeitzwecke genutzt.

Dabei ist der Anteil für Urlaubsreisen noch gar nicht berücksichtigt. Wenn alles beruflich Notwendige getan ist, leben Pkw-Besitzer ihre Mobilitätsbedürfnisse aus: Arbeitnehmer werden freizeitmobil. Sie leben nach der *Gleichung „Freizeit gleich Auto gleich Mobilität“*. Die mobile Freizeit findet fast nur im Auto statt.

5. Pkw-Nutzung im Jahresverlauf

Die Motivation und Lust am Autofahren wird durch tageszeitliche und saisonale Bedingungen wesentlich beeinflußt. Die Befragung der 500 Autofahrer erstreckte sich über einen Zeitraum von zwölf Monaten, so daß Aussagen über den Zeitaufwand für Autofahrten im Jahresablauf möglich sind:

- *Autofahrten an Werktagen*

Die Werktage stehen ganz im Zeichen des Berufsverkehrs. Autofahrten zu Berufszwecken dominieren. Aus der zwölfmonatigen Langzeitbefragung geht hervor: Autofahrer sind in den Schönwetter-Zeiten zwischen März und September durchschnittlich 48 bis 54 Minuten pro Werktag für Berufszwecke unterwegs. *Sie benötigen im Durchschnitt keine halbe Stunde für die Autofahrt von der Wohnung zur Arbeitsstelle.* Kritische Zeiten für Autofahrer stellen lediglich die Monate Februar (62 Minuten Fahrzeit pro Tag) und November (63 Minuten) dar.

Freizeitfahrten zum eigenen Vergnügen weisen zwei jahreszeitliche Höhepunkte auf: An Werktagen sind die Autofahrer im Frühjahr (z.B. im April 33 Minuten) und im Herbst (z.B. im Oktober 26 Minuten) am längsten unterwegs. Im April setzt die Vorfreude auf die größere Sommer-Mobilität ein und im Oktober steigert sich noch einmal das individuelle Fahrvergnügen, bevor die tristen Novembertage beginnen. Generell wird im Winter, aber auch im Hochsommer das Auto weniger für Freizeitzwecke genutzt.

- *Autofahrten an Samstagen*

Der Samstag gehört der Freizeit und dem Einkaufsverkehr. Samstag wird das Auto im Vergleich zu allen anderen Wochentagen am meisten zu Einkaufsfahrten genutzt: Für Hin- und Rückfahrt durchschnittlich 25 Minuten. Das Einkaufsziel muß in der Regel in 10 bis 15 Minuten mit dem Auto erreichbar sein. Auf längere Fahrtzeiten (z.B. zu Einkaufszentren ‚auf der grünen Wiese') reagieren Autofahrer samstags distanzempfindlich, d.h. sie kosten ihnen mitunter zu viel Zeit und gehen der übrigen Freizeit am Wochenende verloren.

Im Frühjahr und Sommer wird das Auto samstags zum Freizeitmobil: Der Zeitaufwand für Freizeitfahrten ist dabei in den Monaten März (61 Minuten) sowie Juli und August (jeweils 67 Minuten) am größten. Im Jahresverlauf ist das Auto samstags durchschnittlich 53 Minuten unterwegs.

- *Autofahrten an Sonntagen*

Der Zeitaufwand für sonntägliche Freizeitfahrten beträgt im Jahresdurchschnitt 61 Minuten. Die sonntäglichen Tagesausflüge werden am liebsten in den Monaten April (70 Minuten pro Sonntag), Mai (69), Juni (69) und September (69) unternommen. Im Winter (insbesondere im Februar) erreicht die mobile Freizeitfreude ihren absoluten Tiefpunkt: 51 Minuten für Hin- und Rückreise zusammen. Aber auch in den Sommermonaten Juli und August findet vermehrt Freizeit ohne Auto statt. Die offenbar unvermeidlichen Staus an manchen Sonntagabenden vermitteln einen falschen Eindruck von der Intensität automobiler Freizeit.

Freizeitverkehr im Jahresverlauf

Zeitaufwand für Autofahrten zu Freizeitzwecken

Basis: Befragung von 500 Autofahrern 1992/93
Angaben in Minuten pro Tag

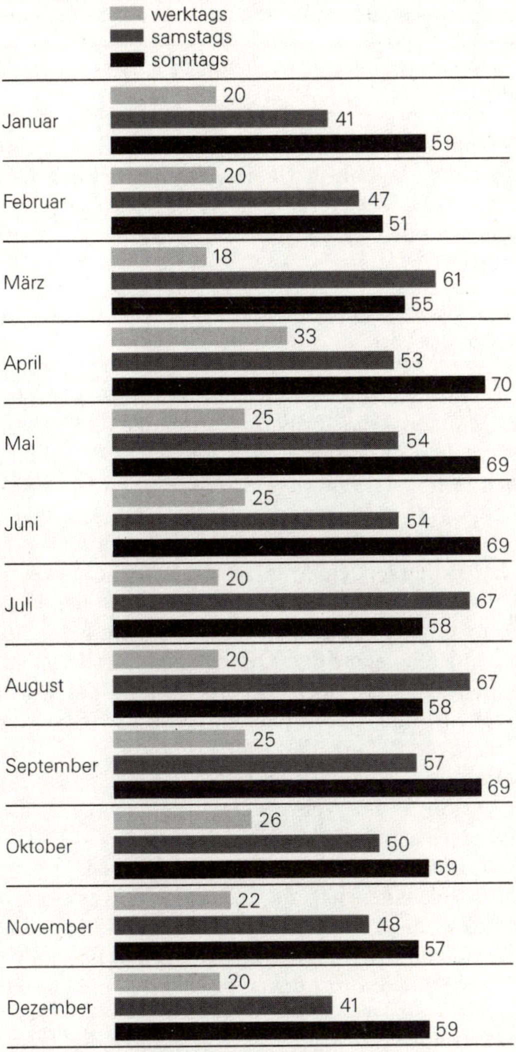

Quelle: B·A·T Freizeit-Forschungsinstitut 1995

Von den etwa 12 Stunden sonntäglicher Tageszeit ist das Auto im Durchschnitt nur 1 Stunde in Bewegung – und 11 Stunden in der Garage oder auf dem Parkplatz.

Das eigentliche Verkehrsproblem an Wochenenden wird weniger durch die Zahl und Dauer der Autofahrten verursacht als vielmehr durch das *Prinzip der Gleichzeitigkeit*: Aus Gewohnheit oder Gedankenlosigkeit steuern viele Autofahrer zur gleichen Zeit das gleiche Ziel an. Die Befragung der Autofahrer läßt erstmals genauere Aussagen über die *zeitliche Auslastung des Autos* zu:

Werktags wird das Auto durchschnittlich 98 Minuten, samstags 85 und sonntags 66 Minuten bewegt.

Auf diese Weise läßt sich das Verhältnis von Standzeit zu Fahrtzeit ermitteln. Die Verkehrsforschung legte bisher einen durchschnittlichen Erfahrungswert von 18:1 zugrunde (vgl. Vester 1990, S. 312). Dieser angenommene Durchschnittswert kann nach den Ergebnissen der zwölfmonatigen Befragung noch weiter präzisiert werden:

Das Verhältnis von Standzeit zu Fahrtzeit liegt an Werktagen bei 15:1, an Samstagen bei 17:1 und an Sonntagen bei 22:1.

Im Durchschnitt einer ganzen Woche fährt das Auto also insgesamt nur 10 Stunden und 41 Minuten – die übrigen 157 Stunden und 19 Minuten steht es.

Aufbruchstimmung im *europäischen Binnenmarkt*? Rund 346 Millionen Europäer können sich seit 1993 im weltweit größten Binnenmarkt freier bewegen als je zuvor. Die Folgen des freien Verkehrs von Personen und Dienstleistungen sind derzeit kaum absehbar. Immerhin hat sich der Straßenverkehr in der EU in den letzten zwanzig Jahren mehr als verdoppelt. Die Ergebnisse der 1. Europäischen Tourismusanalyse nach den Reiseverkehrsmitteln der Europäer stellt allerdings die Frage nach dem befürchteten Verkehrsinfarkt in einem anderen Lichte dar: Offensichtlich findet nicht nur die Überfüllung der Straßen, sondern auch die Überlastung der Lufträume statt. In Österreich, Dänemark und Großbritannien kann es bald mehr Flugreisende als Pkw-Reisende geben. *Eine Verkehrsverlagerung von der Straße in die Luft (und nicht auf die Schiene) deutet sich an.*

Noch 1985 wählten mehr als zwei Drittel der europäischen Urlauber (68%) das Auto als Hauptverkehrsmittel (EUROSTAT 1991, S. 127). Inzwischen ist der Pkw-Anteil um etwa ein Drittel gesunken. Da im gleichen Zeitraum sowohl die Reiseintensität als auch die Massenmotorisierung (Pkw-Neuzulassungen, Zweit- und Drittwagen, längere Lebensdauer u.a.) zugenommen haben, bleiben die Straßen in Ferienzeiten überfüllt – und das Gedränge findet *gleichzeitig und zusätzlich* auf den Flughäfen statt.

Werden die europäischen Flugreisenden in Zukunft mehr Zeit beim Ein- und Aus-Checken verlieren als beim eigentlichen Flug in den Urlaub gewinnen?

Der *Verdrängungswettbewerb der Verkehrssysteme* findet in Zukunft mehr zwischen Straße und Luft als zwischen Straße und Schiene statt. Die Bahn wird ihren Anteil behaupten, aber nicht wesentlich steigern können. Und die europäischen Urlaubsreisenden profitieren vor allem vom Preiskampf der Charter- und Liniengesellschaften. Während die EU noch über Verkehrslenkungen auf der Straße nachdenkt und europaweite Verkehrskonzepte für und gegen das Auto entwickeln will, lösen die Europäer das Problem auf ihre Weise: Sie steigen vielfach vom Auto auf das Flugzeug um...

6. Die Rund-um-die-Uhr-Mobilität als Normalität

6.1 Automobil bis ins hohe Alter

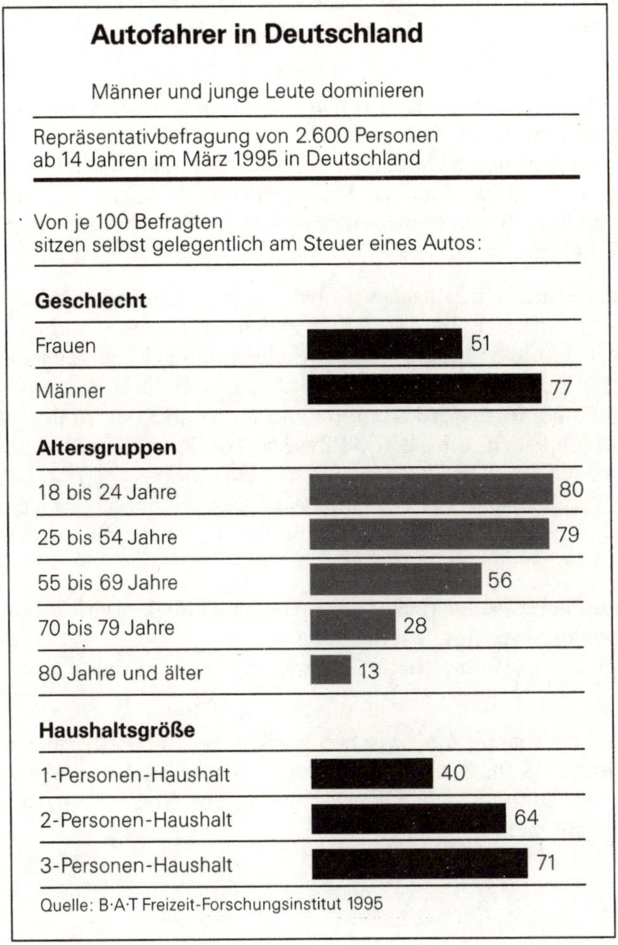

Zwei Drittel der erwachsenen Bevölkerung sitzen selbst regelmäßig am Steuer eines Autos (64%) – die Männer deutlich mehr (77%) als die Frauen (51%) und Alleinlebende deutlich weniger (40%) als etwa die Angehörigen von 3-Personen-Haushalten (71%). Zwischen den alten und neuen Bundesländern sind kaum Unterschiede feststellbar (West: 65% – Ost: 68%). Bemerkenswert ist zudem, daß auf dem Lande (63%) und in Kleinstädten unter 20.000 Einwohnern (72%) der Anteil der Autofahrer erheblich höher ist als etwa bei den Großstädtern (58%), die mehr auf alternative Verkehrsmittel – zu Fuß, mit dem Fahrrad oder den Öffentlichen Personennahverkehr – ausweichen können. Großstädter haben in der Regel zwischen Wohnung und Arbeitsstätte kürzere Wege zurückzulegen, was auch erklärt, warum nur jeder sechste Großstädter (17%) das Auto überwiegend für Berufsfahrten nutzt.

Den höchsten Bevölkerungsanteil unter den Autofahrern weist derzeit Bayern (70%) auf, den geringsten die Hauptstadt Berlin (50%). Ein wesentliches Bestimmungsmerkmal für einen hohen Autofahrer-Anteil stellt auch das Alter dar.

- Im Alter von 55 bis 69 Jahren fährt gerade noch etwa jeder zweite (56%) selbst mit dem Auto.
- Mit Erreichen des Ruhestands verabschieden sich die meisten Bundesbürger vom Autofahren: 70 Prozent der über 65jährigen sitzen heute selbst nicht mehr am Steuer eines Autos, bei den über 80jährigen sind es gar 87 Prozent.

Angesichts der demographischen Entwicklung in Deutschland ist allerdings davon auszugehen, daß die Autofahrer immer älter werden und im Jahr 2000 etwa doppelt so viele über 60 Jahre alte Menschen ein Fahrzeug steuern, wie dies etwa 1985 der Fall war (vgl. Hartenstein u.a. 1990, S. 7).

Der Automobilbau wird dann vielleicht verstärkt den Einbau *drehbarer Vordersitze* einplanen, um älteren Pkw-Fahrern das Ein- und Aussteigen zu erleichtern oder gar *spezielle Gepräckhebeeinrichtungen* im Bereich des Kofferraums vorsehen, um das Ein- und Ausladen wesentlich zu vereinfachen (vgl. Heinig/Rennert 1995, S. 15). Auch die Fahrweise wird sich langfristig verändern. Mit zunehmendem Alter

- geht das Interesse an risikoreichen Geschwindigkeitserlebnissen („thrill and adventure seeking“) zurück und
- nehmen auch unkontrollierte Unternehmungen („disinhibition“) deutlich ab.

Im Alter lassen Fahrweisen zwischen Risikofreude und Übermut nach (vgl. Zuckerman u.a. 1978, S. 147) und nehmen Sicherheitsbedürfnisse zu. Vielleicht wird in Zukunft eine Alltagserfahrung zur Norm: „Alt ist man erst, wenn man nicht mehr autofahren kann ...“

6.2 Auf einen Berufsfahrer kommen zwei Freizeitfahrer

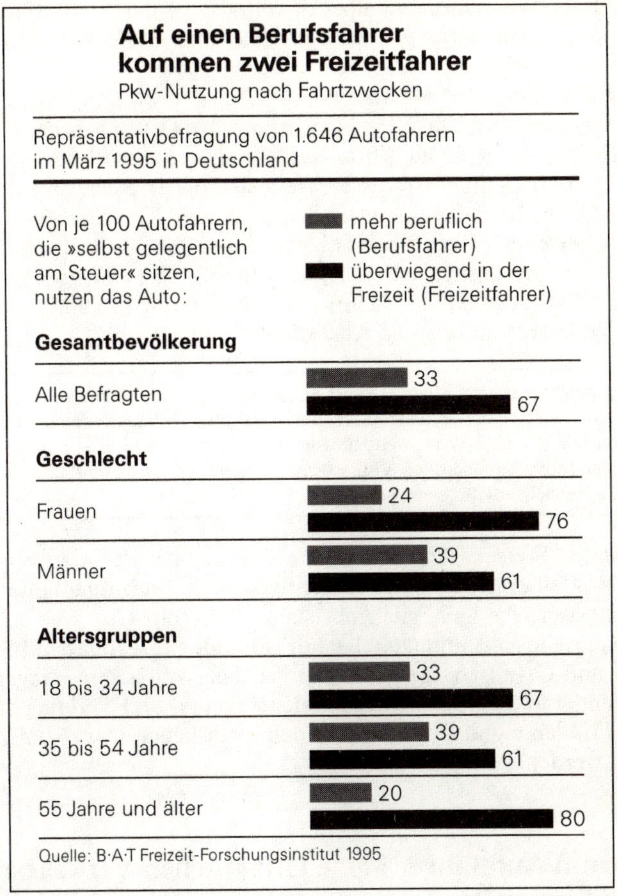

Mehr als jeder zweite Kilometer für die Freizeit: Was in der offiziellen Verkehrsstatistik nachweisbar ist, spiegelt sich auch in der subjektiven Einschätzung der Autofahrer wider. Jeder fünfte Bundesbürger stuft sich selbst als *Berufsfahrer* ein, der sein Auto *mehr beruflich* nutzt (21%). Doppelt so hoch aber ist der Anteil der *Freizeitfahrer* (42%), die *„überwiegend in der Freizeit"* selbst am Steuer eines Autos sitzen. Auch wenn sich Berufs- und Freizeitanteil beim Autofahren im Laufe des Lebens (parallel zur beruflichen Laufbahn) verschieben und verändern – aus den Ergebnissen der Repräsentativbefragung ist keine Bevölkerungsgruppe nachweisbar, die ihr Auto mehr für Berufs- als für Freizeitzwecke nutzt. Relativ hoch ist der Berufsanteil lediglich bei den Männern (39% – Frauen: 24%) sowie bei den 35- bis 54jährigen (39%), die mitten im Berufsleben stehen.

Generell gilt: Auf einen Berufsfahrer (33%) kommen zwei Freizeitfahrer (67%). Bei der Generation der über 55jährigen ist der Freizeitfahrer-Anteil gar viermal so hoch (80%) wie bei den Autofahrern, die das Auto mehr beruflich nutzen (20%).

Die Entdeckung des Marktes für die Freizeitmobilität steht in unserer Gesellschaft noch aus. Die Lebenserwartung der Deutschen hat sich in den letzten 125 Jahren von 37 auf 76 Jahre mehr als verdoppelt. Mit dem rapiden Anstieg des Lebensalters ist zugleich ein deutlicher Rückgang des Anteils des Berufslebens an der gesamten Lebenszeit von 70 auf knapp 45 Prozent verbunden gewesen. Wenn Berufsarbeit nicht einmal mehr das halbe Leben ausmacht, gewinnt das *Leben nach der Arbeit eine immer größere Bedeutung.* Mehr Zeit für sich heißt dann auch mehr Zeit für Mobilität – für Tagesausflüge, Wochenendreisen und Kurzurlaube.

> Wir gehen einer freizeitmobilen Zukunft entgegen, in der die Grenzen zwischen Freizeitmobilität (Ausflüge, Wochenend-, Kurzreisen) und Urlaubstourismus immer fließender werden. Gemessen an den künftigen Massenbewegungen mobiler Freizeitkonsumenten müssen die antiken Völkerwanderungen und mittelalterlichen Kreuzzüge wie bessere Betriebsausflüge erscheinen.

Der Markt für Freizeitfahrzeuge – vom Cabrio über den Caravan bis zum Reisemobil – hat eine expansive Zukunft vor sich. Freizeitmobilität wird ein immer höherwertiges Gut, vielleicht sogar *Kult-Tour-Gut.* Für die entsprechende materielle und immaterielle Infrastruktur (vgl. Bajak 1995) müssen Verkehrs- und Gesellschaftspolitiker in gleicher Weise Sorge tragen wie Industrie, Handel und Kommunen, Fremdenverkehrs- und Verbraucherverbände, wenn Probleme und Konflikte mit dem natürlichen und sozialen Umfeld verhindert werden sollen.

7. Warum Autofahrer keine Öffentlichen Verkehrsmittel benutzen wollen

Die Automobilwerbung bringt es an den Tag: *Dabeihaben ist alles.* Wer in seiner Freizeit gern aktiv und sportlich sein will, muß viel Platz für die Ausrüstung haben. Serienmäßig werden Dachträgersysteme angeboten – wahlweise als Ski-, Surfbrett- oder Fahrradträger. Rückbänke lassen sich umklappen. Und zusätzlich gibt es „Spaßbeilagen" wie z.B. herausnehmbare Sonnendächer.

> In einer Freizeitwelt, in der outdoor ‚in' ist, wird das Auto mal Cabrio und mal Kombi, mal Pickup und mal Geländewagen. Ein vielseitiges Gefährt für Surfer, Hobbygärtner oder Mountainbiker.

Gegen diese attraktive Freizeitkonkurrenz haben Öffentliche Verkehrsmittel fast keine Chance. Und ein *Freizeitimage* („spontan – flexibel – individuell“) haben sie bisher schon gar nicht. Mit dem Bus zum Baggersee? Ohne Auto ins Grüne? Für die meisten Bundesbürger einfach unvorstellbar.

„Einfach zu unbequem“ geben zwei von fünf Bundesbürgern (39%) als Hauptursache dafür an, warum Autofahrer Öffentliche Verkehrsmittel in ihrer Freizeit kaum oder gar nicht benutzen. Jedem dritten Bundesbürger erscheint zudem die Fahrt mit Bahn oder Bus „zu langsam“ (34%). Und gut ein Viertel der Befragten klagt über Komfortmängel während der Fahrt (27%). Mit dem Surfbrett in die S-Bahn? Mit dem Snowboard in den Bus? Und mit der Taucherausrüstung umsteigen? Der private Freizeitzug ist bisher ohne die Öffentlichen Verkehrsmittel abgefahren. Die Zeichen der Zeit wurden nicht rechtzeitig erkannt, obwohl die Forschung frühzeitig auf diese Entwicklung hinwies.

Anläßlich der Internationalen Verkehrsausstellung 1988 in Hamburg wurden der Bahn und dem Öffentlichen Nahverkehr Zukunftschancen bescheinigt, „wenn sie sich als attraktive *Freizeit-Carrier* entwickelten und dabei ein auf die Freizeitbedürfnisse ausgerichtetes Transfersystem anbieten" (Opaschowski 1988). „Freizeit-Carrier" ist bis heute im ÖNPV-Bereich ein Fremdwort geblieben. Die Folgen sind daher nicht ausgeblieben: Vor allem den Westdeutschen geht alles viel zu langsam (38% – Ost: 19%). Berufstätigen geht die Überfüllung auf die Nerven, sie wollen sich nicht auch noch in der Freizeit drängeln lassen (27% – Nichtberufstätige 19%). Und bemerkenswerterweise regen sich mehr Jugendliche (17%) als Rentner (10%) über Schmutz, Schmierereien und ungepflegte Züge auf.

8. Die 60-Minuten-Distanz

Aus der Freizeitforschung ist seit langem bekannt: Das alltägliche Freizeitverhalten ist sehr distanzempfindlich (Lüdtke 1972, S. 295). Angestrebte Freizeitziele müssen entweder wohnungsnah oder besonders attraktiv sein. Je attraktiver das Freizeitziel, desto größer ist auch die Bereitschaft, dafür längere Wegstrecken zurückzulegen.

Die Dauer einer Autofahrt ist das Ergebnis einer ganz individuellen Güterabwägung, bei der der *Zeitaufwand im richtigen Verhältnis zum Erlebniswert des Freizeitziels* stehen muß. Je nach der Freizeitattraktivität des Ziels und je nach Wetter, Lust oder Laune kann eine solche Entscheidung aber auch gegen alle Vernunft ausfallen. Für einen Kino- oder Kneipenbesuch sind die Bundesbürger durchaus bereit, eine halbe Stunde mit dem Auto zu fahren.

Die größte Anziehungskraft für automobile Unternehmungen in der Freizeit stellen *Freunde und Verwandte* dar. Um sie zu treffen und mit ihnen zusammenzusein, sind die Bundesbürger bereit, im Durchschnitt 1,6 Stunden mit dem Auto bis zum Erreichen des Ziels zurückzulegen. Erst danach folgen die *fünf attraktivsten Freizeitziele* der Deutschen:

- *Freizeitpark* (durchschnittlich akzeptierte Fahrzeit bis zum Erreichen des Ziels: 1,4 Stunden)
- *Open-air-Konzert* (1,2 Std.)
- *Musical* (1,1 Std.)
- *Naherholungsgebiet* (1,1 Std.)
- *Zoo, Tierpark* (1,1 Std.).

Da in einer Stunde durchschnittlich 70 km zurückgelegt werden, stellen Entfernungen von 100 km bis zum Erreichen attraktiver Freizeitziele kein Hindernis dar.

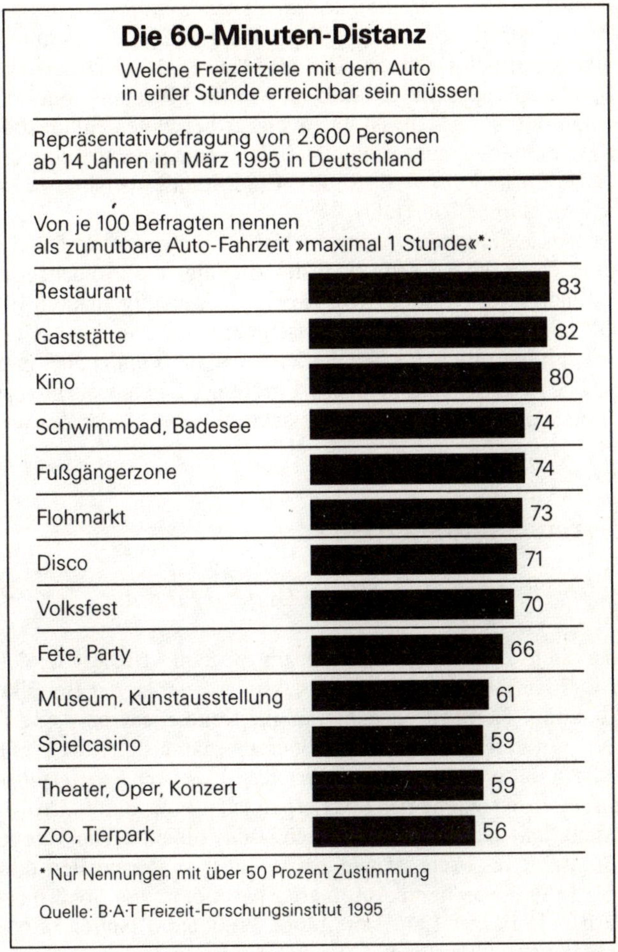

Groß sind allerdings die Akzeptanz-Unterschiede bei einzelnen Bevölkerungsgruppen. Open-air-Konzerte üben auf 14- bis 19jährige Jugendliche die größte Faszination aus. Dafür sind sie auch bereit, eine Autofahrt von durchschnittlich 2,4 Stunden in Kauf zu nehmen. Männer neigen generell dazu, längere Fahrzeiten zu akzeptieren – mit einer Ausnahme: Für den Musical-Besuch wollen Frauen etwas mehr Zeit investieren (1,2 Std. Fahrzeit – Männer: 1,1 Std.). Und ein Freizeitpark-Besuch übt auf Arbeiter die größte Anziehungskraft aus. Dafür akzeptieren sie es auch, im Durchschnitt pro Strecke 1,7 Stunden mit dem Auto unterwegs zu sein (Angestellte 1,5 Std. – Beamte 1,3 Std.).

Als Erfahrungswert gilt für die Freizeitmobilität der Bundesbürger: *Ein Freizeitziel muß in der Regel in 60 Minuten erreichbar sein.* Für die überwiegende Mehrheit der Bevölkerung gibt es diese subjektiv zumutbare Auto-Fahrzeit, also maximal 1 Stunde. Die 60-Minuten-Distanz trifft für Volksfest- und Spielcasinobesuche genauso zu wie für Museums- oder Theaterbesuche. Die innere Freizeit-Uhr ist nachweisbar bei vielen Bundesbürgern auf 2-Stunden-Zeiteinheiten ausgerichtet. Viele leben geradezu im 2-Stunden-Takt (vgl. B.A.T-Band 10/1990, S. 48): Eine Stunde Anfahrt, zwei Stunden bleiben und eine Stunde Rückfahrt.

Beim Tagesausflug zum nächsten Naherholungsziel darf hingegen die Fahrzeit ruhig etwas länger sein, weil die Ausflügler dort auch etwas länger verweilen. Knapp zwei Drittel (61,6%) aller Tagesausflüge dauern länger als 6 Stunden (DWIF 1995, S. 55). Infolgedessen liegt auch die durchschnittlich akzeptierte Fahrzeit bis zum Erreichen des Ziels bei 1,1 Stunden, bei Familien mit Kindern gar bei 1,3 Stunden. Ein „Nah"-Erholungsziel kann also bis zu 100 km „weit" entfernt sein. Der Erholungswert wiegt schwerer als der Zeitverlust.

9. Fahrfreude und Fahrstil

9.1 „Cruising": Einfach durch die Gegend fahren.

Was aus der Sicht der Verkehrspolitik am meisten kritisiert wird („das unnütze Hin- und Herfahren"), hat im subjektiven Erleben der Bevölkerung die größte Bedeutung. Komfort, Geschwindigkeit und Sicherheit sind beim Autofahren ganz gut und schön – viel schöner aber ist das Gefühl, einfach durch die Gegend zu fahren, *das Fahren an sich, eine Art Spazierfahrt („Cruising") mit dem Auto* anstelle des Spaziergangs zu Fuß. Beim „Cruising" kann jeder – gedanklich oder auch tatsächlich – ein bißchen vom Wege abkommen. Die Ausfahrt ins Freie ist wie ein Ventil zum Abschalten und Auftanken. Auf die Frage, was beim Autofahren besonders viel Spaß macht, nennt jeder dritte Bundesbürger (34%) die bloße Freude am Fahren ohne Ziel und ohne Zweck, die sprichwörtliche Fahrt ins Blaue.

Sich ziel-, zweckfrei und ohne Zeitdruck durch die Gegend bewegen können, das ist offenbar Mobilität in ihrer schönsten Form – ein außergewöhnliches Freiheitsgefühl. Dies erklärt auch, warum das „Gefühl der Freiheit" genauso hoch eingeschätzt wird (33%). Beide, das Freifühlen und das Fahrvergnügen, sind Synonyme für das, was Freizeit in der Idealvorstellung der Bevölkerung eigentlich bedeutet: *Tun und lassen können, was Spaß und Freude macht.*

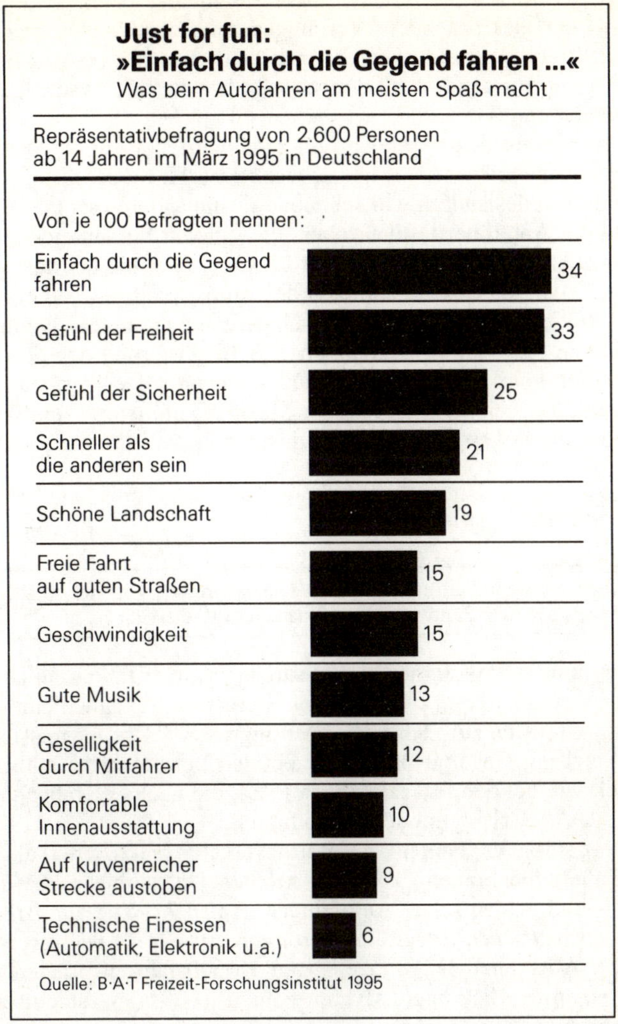

Das automobile Freizeitvergnügen läßt sich noch steigern durch gute Musik (13%), gesellige Mitfahrer (12%) und eine schöne Landschaft (13%). Alle Sinne fahren mit. So gesehen kann Autofahren auch zum *Risikofaktor* werden, wenn Sinneseindrücke, Geschwindigkeitsrausch oder Risikoerleben die Konzentration und Aufmerksamkeit beim Autofahren zu beeinträchtigen drohen. Dies trifft insbesondere für die jungen Autofahrer zu. Im Vergleich zur übrigen Bevölkerung legen die 18- bis 34jährigen deutlich mehr Wert auf höhere Geschwindigkeit (+ 6 Prozentpunkte) in Verbindung mit guter Musik

(+7). Hinzu kommt der persönliche Ehrgeiz, schneller als die anderen sein zu wollen (+4) und das besondere Vergnügen, sich beim Autofahren auf kurvenreichen Strecken austoben zu können (+4). Bei dieser Art von Fahrstil bieten sich dann für den Genuß der schönen Landschaft zwangsläufig weniger Gelegenheiten (-4).

Im gesamtdeutschen Vergleich fällt zudem auf, daß für die Ostdeutschen *das Automobil in erster Linie ein Tempomobil* ist. Fast jeder dritte Autofahrer in den neuen Bundesländern will schneller als die anderen sein (31% – West: 18%). Und der Anteil der Ostdeutschen, die sich auf kurvenreichen Strecken austoben wollen, ist mehr als doppelt so hoch (19%) wie bei den Westdeutschen (7%). Auch die Geschwindigkeit des Autos spielt generell eine größere Rolle (+ 5 Prozentpunkte). So stehen sich derzeit zwei unterschiedliche Auffassungen vom Autofahren gegenüber: Die Begeisterung der *Ostdeutschen* für das Tempomobil und das wachsende Interesse der *Westdeutschen* am Freizeitmobil, die sich mehr an fetziger Musik als am tempo- und kurvenreichen Fahren berauschen können. Mehr ‚just for fun' als ‚letzter Kick'.

9.2 Freizeitfahrer fahren anders

> Wer beruflich mit dem Auto unterwegs ist fährt aggressiver als der sprichwörtliche Sonntagsfahrer. Mit dem Zeitdruck nimmt auch die Aggressivität zu.

Je schneller man vorankommen will, desto aggressiver fährt man auch. Etwa jeder achte Pkw-Fahrer (12%), der von Berufs wegen mit dem Auto unterwegs ist, gibt offen zu: „Ich fahre eher aggressiv". Das Aggressionspotential beim Spiel mit Gas und Bremse ist bei den Berufsfahrern mehr als doppelt so hoch wie bei den Freizeitfahrern (5%), die nach Feierabend, am Wochenende oder im Urlaub mit dem Auto fahren.

Einen aggressiven Fahrstil im Berufsverkehr praktizieren die Männer (13%) mehr als die Frauen (9%). Die größten Unterschiede bestehen zwischen west- und ostdeutschen Autofahrern. Auf dem Weg zur Arbeitsstätte fahren *die Ostdeutschen fast dreimal so aggressiv* (24%) wie die Westdeutschen (9%). Aber auch bei Freizeit- und Urlaubsfahrten pflegen die Ostdeutschen einen deutlich aggressiveren Fahrstil (10% – Westdeutsche: 4%). Mehr als jeder vierte Autofahrer (28%) in Mecklenburg-Vorpommern, Brandenburg und Sachsen-Anhalt fährt im Berufsverkehr aggressiv – ganz im Gegensatz etwa zu den Hessen, Rheinland-Pfälzern und Saarländern, bei denen im Bundesländer-Vergleich die Aggression im Straßenverkehr am geringsten ausgeprägt ist (5%).

Unverkennbar ist aber auch dies: Die aggressiven Autofahrer stellen eine Minderheit dar. Die überwiegende Mehrheit fährt entweder *eher vorsichtig* (im Berufsverkehr: 31% – im Freizeitverkehr: 39%) oder *eher entspannt* (im Berufsverkehr: 24% – im Freizeitverkehr: 27%). Immer zeichnen sich dabei die Freizeitfahrer durch eine gemäßigtere und relaxtere Fahrweise aus. Die entspannteste Haltung am Steuer demonstrieren die 20- bis 29jährigen, während jeder zweite Autofahrer im Alter von über 65 Jahren die eigene Fahrweise eher als vorsichtig einschätzt.

9.3 Fahrvergnügen pur

Das „Auto"mobil trägt seinen Namen zu Recht: Es fährt fast von allein und ist eigentlich nur für den Autofahrer selbst da. Beifahrer werden geduldet, Mitreisende stören eher.

> Auf den ersten Blick wirkt das Automobil wie ein Egomobil. Die Entdeckung des Autos als geselliges Freizeitmobil für Freunde und Familie steht noch aus.

Vor allem bei längeren Autofahrten möchte man auf niemanden Rücksicht nehmen müssen. Für die Autofahrer kommen dabei allenfalls noch Partner/in (38%) oder Familie (27%) ernsthaft in Betracht. Und der Gedanke, nur mit Kind oder Kindern länger unterwegs zu sein, trägt für die meisten Autofahrer offenbar fast alptraumhafte Züge. 88 Prozent der Autofahrer würden bei solchen Touren am liebsten keine Kinder dabeihaben. *Vor allem die westdeutschen Autofahrer gehen auf Distanz zu Kindern.* Nur jeder zehnte Westdeutsche würde sich freuen, Kinder mit im Auto zu haben (Frauen: 10% – Männer: 9%). Der Anteil der kinderfreundlichen Autofahrer in den neuen Bundesländern ist hingegen doppelt so hoch (Frauen: 23% – Männer: 20%). Westdeutsche Autofahrer sind am liebsten allein mit Partner/in unterwegs (40% – Ostdeutsche: 27%). Und westdeutsche Singles fahren im Auto lieber allein als mit Freunden oder Familienangehörigen. In einem sind sich beide, West- wie Ostdeutsche, weitgehend einig: Eltern (West: 3% – Ost: 6%) oder Großeltern (West: 2% – Ost: 4%) will kaum jemand dabei haben. Offenbar nerven sie oder lenken sie mehr ab, als daß sie abwechslungsreiche Unterhaltung bieten.

Aufschlußreich sind die Antworten auf die Frage, in welchen Situationen insbesondere Kinder als Störfaktoren beim Autofahren empfunden werden. Offensichtlich werden Autofahrer durch Kinder zusätzlich gefordert, d.h. zur Konzentration auf den Autoverkehr kommt zusätzlich die Aufmerksamkeit, die Autofahrern den Kindern widmen müssen, um deren motorische Unruhe und „Zappeligkeit“ in erträglichen Grenzen zu halten. Schließlich haben Kinder im Auto nichts zu tun und wollen gern beschäftigt werden – vom Kartenspiel bis zum Raten von Autokennzeichen und Nationalitätenschildern. Viele Autofahrer fühlen sich dadurch nervlich besonders beansprucht oder gar überfordert.

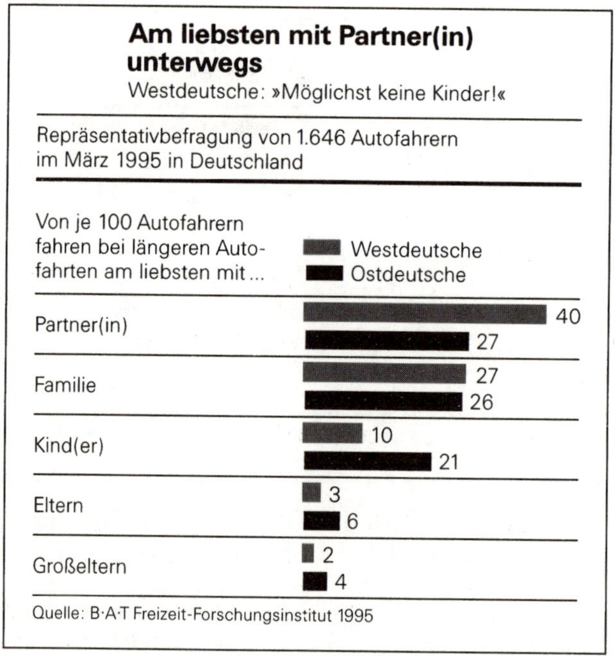

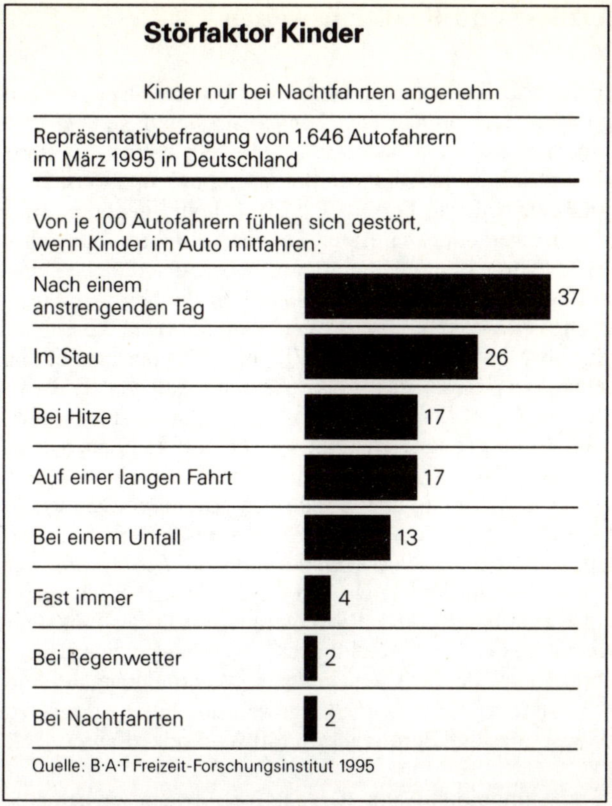

Für 98 Prozent der Autofahrer sind *Kinder nur bei Nachtfahrten angenehm.* Hingegen fühlt sich jeder vierte Autofahrer „im Stau" durch Kinder gestört (26%) und jeder sechste „bei Hitze" (17%). Gut ein Drittel der Autofahrer aber kann Kinder im Auto „nach einem anstrengenden Tag" (37%) kaum ertragen. Dabei macht es keinen Unterschied, ob ein Mann oder eine Frau jeweils am Steuer sitzt. Beide fühlen sich in gleicher Weise genervt.

Fantasie oder Wirklichkeit?
„Was ist schlimmer als ein quengelndes Kind auf dem Rücksitz?" – „Zwei quengelnde Kinder".

10. Ärgernisse und Reaktionsweisen

Bei Freizeit- und Urlaubsfahrten fahren die Bundesbürger entspannter und weniger aggressiv. Umso mehr aber können sie sich dann über andere Autofahrer ärgern, die sich nicht an diese Spielregeln halten. Im Berufsverkehr gehören „Raser" fast zum Alltag: „time is money" und „just in time" sind vielen Autofahrern auf den Fersen. Zur „rush hour" gehören „Raser". Ganz anders im Freizeitverkehr. Der Anteil der Freizeitfahrer, die sich dann über das zu schnelle Fahren der anderen ärgern, ist beinahe doppelt so hoch (64%) wie bei den Berufsfahrern (38%). *Im Kampf auf der Straße spiegeln sich geradezu Generationenkämpfe wider*: Wer über 55 Jahre alt ist, gerät durch „Raser" fast selbst ins Rasen. Für drei Viertel (75%) der über 55jährigen Autofahrer stellen die „Raser" das größte Ärgernis auf den Straßen dar. Aber auch das Gegenteil („zu langsam fahren") kann Anlaß zum Ärger sein. Hier kehrt sich das Generationenverhältnis wieder um: Jetzt sind es die jungen Autofahrer im Alter bis zu 34 Jahren, die sich über „Schlafmützen" deutlich mehr aufregen (40%) als die über 55jährigen Autofahrer (21%). Auch Männer sind in dieser Hinsicht deutlich ungeduldiger (40%) als Frauen (27%).

Generell gilt: *Im Freizeitverkehr hat man für Rowdys auf den Straßen weniger Verständnis*. Im Vergleich zum Berufsverkehr ärgert man sich mehr über „riskante Überholer" (+ 5 Prozentpunkte), „Dauer-Linksfahrer" (+3), „Kurvenschneider" (+2) und „Rechthaber" (+1). Nur in einer Beziehung zeigen sich Berufsfahrer deutlich ungehaltener: Wenn „Drängler" durch „rücksichtsloses" Fahren die Verkehrsregeln gewaltsam außer Kraft setzen wollen, dann sehen zwei von fünf Berufsfahrern (40% – Freizeitfahrer: 29%) geradezu rot.

Auch Freizeitmobilität kann nerven. Irgendwann verlieren selbst entspannte Freizeitfahrer die Geduld. Lust schlägt in Unlust um. Aus Spaß wird Streß. Und den Gefühlen wird freier Lauf gelassen. So sehr es dann bei ihnen auch in Armen und Beinen „kribbelt" – sie können während der Fahrt nur wenig oder gar nichts tun. Also verschaffen sie sich *Luft durch symbolische Gesten*. Bei Wochenend- und Urlaubsfahrten ist vor allem *Kopfschütteln* angesagt. Zu keiner Zeit wird mehr über das schlechte Fahren der anderen mit dem Kopf geschüttelt als in der Freizeit (43% – im Berufsverkehr: 36%).

Auch *Fluchen und Schimpfen* kennzeichnen den Alltag der Freizeitfahrer (37% – im Berufsverkehr: 35%). Drastische Drohgebärden zwischen *„Vogel zeigen"* (12%) und *„Finger zeigen"* (12%) tragen ebenfalls zur gelegentlichen Entlastung der Autofahrer bei. Zum Freizeit-Repertoire der Autofahrer gehören auch die Lichthupe (9%), das Ausbremsen (2%), das dichte Auffahren (2%) und das Drohen (2%). Unter allen Autofahrern neigen die jungen Leute am meisten dazu, den Finger zu zeigen. Singles betätigen eher die Lichthupe. Familien mit Kindern beschränken sich mehr auf das Schimpfen und Rentner am Steuer schütteln am meisten den Kopf.

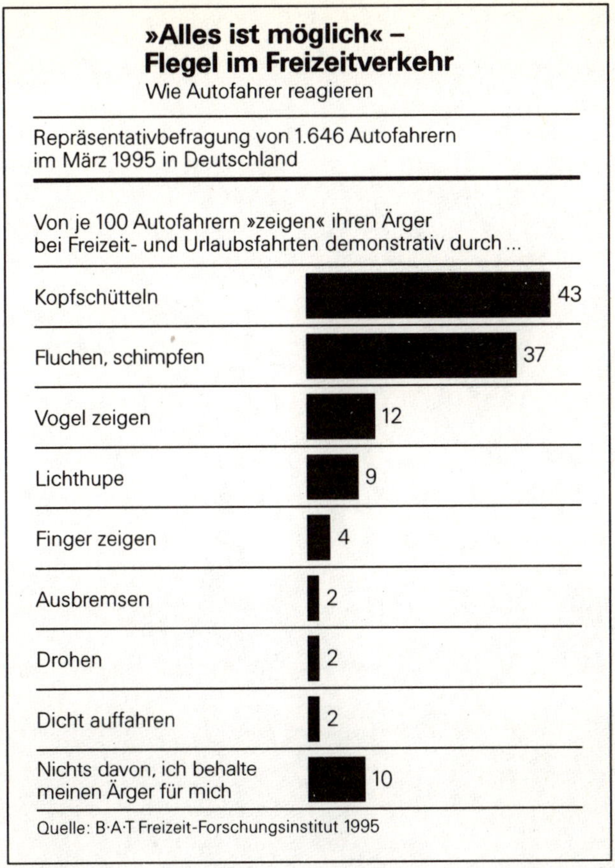

Bemerkenswert ist auch dies: Jeder zehnte Autofahrer macht nichts davon, behält seinen Ärger für sich – und fährt einfach weiter. Der Zweikampf auf der Straße findet ohne sie statt.

IV. Umwelt, Freizeit und Tourismus

1. Natur im Freizeitstreß

„*Sanftes Reisen*“ – ein Zauberwort wird erwachsen. Vor über zwei Jahrzehnten führte Robert Jungk diesen Begriff 1980 in die umwelt- und tourismuspolitische Diskussion ein. Inzwischen hat sich die Erkenntnis von der Paradoxie dieses Anliegens weitgehend durchgesetzt: Denn auch der sanfte Reisende zerstört, was er sucht – indem er es findet. Wenn Menschen massenhaft reisen, sind Massenbewegungen und (auch) Massenzerstörungen die Folge, wenn sie nicht zu Hause bleiben.

Der Rat von Sachverständigen für Umweltfragen hat daher in seinem Umweltgutachten von 1998 dem Problembereich „Umwelt, Freizeit und Tourismus“ ein besonderes Gewicht beigemessen: „Die fortschreitende Zunahme der Freizeitaktivitäten und des Tourismus, insbesondere des Ferntourismus, hat neben den erwünschten ökonomischen Vorteilen auch *vermehrt Belastungen für die Umwelt* zur Folge. Durch *landschaftsbezogenen Tourismus und Freizeitsport* werden oftmals empfindliche Lebensräume in Anspruch genommen. Flächenverbrauch, Zersiedelung, Beeinträchtigung der verschiedenen Umweltmedien sowie Verkehrsemissionen sind wesentliche Ursachen der Belastung. Symptomatisch für die von Freizeit- und Erholungsaktivitäten ausgehenden Umweltbeeinträchtigungen und -schädigungen ist, daß sie sich in einem *langfristigen, schleichenden Prozeß* entwickeln und deshalb nur schwer wahrnehmbar sind. Die Wachstumsprognosen der Freizeit- und Tourismusbranche lassen eine Verstärkung der Problematik erwarten“ (SRU 1998, S. 40f.).

Der Umweltrat muß eingestehen, daß es bei der Berücksichtigung von Umweltbelangen in Freizeit und Tourismus Erkenntnisfortschritte in der Wissenschaft gibt, aber die Praxis noch erheblich hinterherhinkt. Die praktische Lösung des Konfliktes zwischen naturnahen Freizeitaktivitäten und dem Natur- und Umweltschutz wird zudem immer komplizierter, weil ein wachsender Teil der *Freizeit- und Sportaktivitäten individuell oder über kommerzielle Anbieter ausgeübt* wird. Staatliche Kontrollen und traditionelle Steuerungsmechanismen (z.B. Vereine) bleiben hier weitgehend wirkungslos.

„Surfen Sie als Freerider und Soul-Boarder durch exzellente Powder-Hänge und Couloirs“.
Tourismusprospekt „Berner Oberland“ 1999

Viele touristische Umweltsünden treten in Wirklichkeit eher geballt auf. Entsprechend hoch sind die Belastungen von Natur und Landschaft. Am Beispiel *naturnaher Sportaktivitäten* (vgl. Nohl/Richter 1988) wird dies deutlich:

- *Flugsport.* Hängegleiter (Drachenflieger) und Ultraleichtflugzeuge (ULF) wirken sich durch ihre Überraschungseffekte – vor allem bei niedriger Flughöhe – störend auf Wildtiere aus.
- *Motorsport.* Geländefahrten auf Straßen, Feld- und Waldwegen führen nicht nur zu Erosionsschäden, sondern auch zu Lärmbelästigungen.
- *Reitsport.* Vegetationsbestände außerhalb markierter Reitwege werden zerstört.
- *Golfsport.* Die intensiv gepflegten Spielflächen wirken sich durch Düngung, Pestizideinsatz, Be- und Entwässerung außerordentlich nachteilig auf den Artenbestand aus.
- *Motorbootsport.* Der Motorbootsport zählt zu den folgenreichsten Wassersportarten: Röhrichtzerstörungen, Lärmbelastungen, Belastungen durch Schadstoffe, Probleme der Abfall- und Abwasserbeseitigung sowie ein steigender Bedarf an Liegeplätzen lassen das Motorbootfahren als besonders konfliktträchtige Sportart erscheinen.
- *Surf- und Segelsport.* Surfer haben den größten Flächenbedarf: Liegeflächen für etwa 300 Badegäste können nur von etwa 30 Surfern genutzt werden. Vor allem „Gelegenheitssurfer" (nur 1,5 Prozent von ihnen sind organisiert) stören brütende und rastende Vögel und halten die für Fluchtdistanzen gebotenen Abstände nicht ein.
- *Rudersport.* Freizeit-Ruderer und Tretboot-Fahrer neigen zum Parallelbefahren der Ufer, was zu entsprechenden Belastungen der Schilfzonen führt.
- *Angelsport.* Angler erzeugen vielfach Trittschäden im Bereich der Uferrandvegetation, aus denen schnell Trampelpfade werden.
- *Wintersport.* Die Wirkungen des alpinen Skisports einschließlich der skitouristischen Infrastruktur sind vielfältig: Erosionsschäden, Beeinträchtigung der Tierwelt und des Landschaftsbilds, insbesondere durch Skiaufstiegshilfen, Hotels, Verkehrswege und Entsorgungseinrichtungen mit der Folge von Gewässer- und Luftbelastungen.

Vor allem der Betrieb von *Beschneiungsanlagen* bringt einen *erheblichen Wasserverbrauch* mit sich. Aus 1 m^3 Wasser werden etwa 2,5 bis 3 m^3 Schnee erzeugt. Um 1 m^2 Kunstschneepiste von etwa 30 cm Dicke zu erstellen, sind 100 Liter Wasser erforderlich. Für die künstliche Beschneiung wird zudem verschmutztes oder nährstoffreiches Wasser verwendet. Dies alles bewirkt eine Erhöhung der Schmelzwassermenge (vgl. Petermann 1998, S. 73f.).

Freizeit als ökologischer Streßfaktor
„Viele Freizeitaktivitäten, insbesondere Sport und Erholung in der Natur, beeinträchtigen die Umwelt zum einen durch die Beanspruchung von Flächen für bauliche Anlagen und Infrastruktur, zum anderen durch die Ausübung der Aktivitäten selbst. Insbesondere das unmittelbare landschaftliche Umfeld der Verdichtungsräume ist dabei durch die Vielzahl der Erholungssuchenden, durch die zeitliche und örtliche Konzentration der Besucherströme und der Aktivitäten wachsenden Belastungen ausgesetzt. Größere ökologische Belastungen ergeben sich, wenn Tourismus bzw. Freizeitaktivitäten als Massenerscheinung auftreten. Dann beeinträchtigen insbesondere Freizeitaktivitäten mit hohem Erlebniswert, d.h. in abwechslungsreicher, naturbetonter Landschaft die Umwelt in erheblichem Maße. Neben den Breitensportarten werden durch sogenannte Trendsportarten immer neue Naturräume beansprucht und gefährdet, wenn diese sich von der Trend- zur Massensportart entwickeln. Dann können neben dem Motorsport mit Geländefahrzeugen selbst durch Radfahren abseits der Wege erhebliche Bodenabträge bzw. Bodenverdichtungen erfolgen, einhergehend mit der Zerstörung der Pflanzendecke und einer Beeinträchtigung der Tierwelt. Besonders starken Erholungs- und Freizeitaktivitäten sind die Gewässer und deren Ufer ausgesetzt, die von immer größeren Massen von Sporttreibenden in Anspruch genommen werden.“
Enquête-Kommission „Schutz des Menschen und der Umwelt“ 1997, S. 64

Noch Mitte des 19. Jahrhunderts gab es nur wenige „Freizeit“-Sportarten wie z.B. Skifahren, Rodeln, Eislaufen, Reiten, Wandern, Fischen, Jagen oder Rudern. Heute hat sich eine *Vielfalt naturnaher Freizeitaktivitäten* (vgl. Heinze/ Kill 1997, S. 26) entwickelt, die meist mit entsprechender Freizeitmobilität verbunden sind wie z.B.

- Ultraleichtfliegen
- Gleitschirmfliegen
- Drachenfliegen
- Fallschirmspringen
- Segelfliegen
- Motorfliegen
- Ballonfliegen

- Snowboard
- Skibob
- Snowmobil
- Skiabfahrt
- Skilanglauf
- Rodeln
-
- Seilbahn
- Bergbahnen
- Bergsteigen
- Bergwandern

- Mountainbike
- Auto-Rallye
- Moto-Cross
- Fahrrad

- Joggen
- Reiten
- Wandern
- Sportfischen
- Jagd

- Golf

- Windsurfen
- Flaschentauchen
- Schnorcheln
- Wasserski
- Kajak
- Motorboot
- Eissegeln
- Kanu

- Rudern
- Segeln
- Eislaufen
- Schwimmen
- u.a.

Insbesondere *extreme Natursportarten* („Outdoor Sports“) bzw. *Risikosportarten in freier Natur* liegen im Trend. Dazu gehören vor allem Free-Climbing/Flying Fox/Eisfallklettern, Canyoning (Schluchtenwandern), Riverrafting und Paragliding. Die Folge ist eine Art *Massentourismus als Himalayaismus* bzw. eine „Touristisierung des Risikonatursports“ (Siegrist 1998, S. 247) – und das meilenweit vom Alltag entfernt. Wohin kann diese Entwicklung führen? Wird nicht der Boom des Risikonaturtourismus zum Bumerang für die Umwelt? Und wird der Naturraum zum bloßen Erlebnisraum degradiert, in dem mehr das Ego ausgelebt und weniger die Natur ästhetisch erfahren werden kann (vgl. Wöhler 1997)?

2. Die sieben Umweltsünden von Freizeit und Tourismus

Der Massentourismus gilt als energieaufwendig und ressourcenverbrauchend, emissions- und abfallverursachend sowie landschaftszerstörend. Mit dem Aufbau und der Entwicklung touristischer Infrastruktur sind „Flächenverbrauch, Bodenversiegelung und oft eine Zerstörung der Landschaft“ (Petermann 1998, S. 60) verbunden. So werden beispielsweise Meeresufer „verbaut“ mit Folgen wie

- Flächenversiegelung und Bodenverdichtung,
- Zerschneidung von Lebensräumen,
- Gefährdung biologischer Vielfalt,
- Bodenbewegungen mit Veränderung von Strömungsverbindungen.

Der Schwund der unverbauten Küstenlandschaft geht zugleich mit einer *optischen Abwertung des Landschaftsbildes* einher.

Der Schweizer Tourismusforscher Jost Krippendorf hatte dafür schon in den siebziger Jahren den Begriff *Landschaftsfresser* geprägt (Krippendorf 1975). Und ein Jahrzehnt später wies das B.A.T Institut detailliert *sieben touristische Umweltsünden* – von der Landschaftszersiedelung bis hin zur Ausrottung seltener Pflanzen – nach (B.A.T Institut 1985, S. 20). Heute spricht selbst das Büro für Technikfolgen-Abschätzung beim Deutschen Bundestag in einem Gutachten für den Ausschuß für Fremdenverkehr und Tourismus von den *ökologischen Todsünden des Tourismus* – von der Zerstörung der Landschaft über Emissionen in Luft und Wasser bis hin zur Beeinträchtigung der Tier- und Pflanzenwelt durch die Ausübung sportlicher Urlaubsaktivitäten. Ist der Traum vom „Sanften Tourismus“ ausgeträumt?

Umweltrisiko Tourismus Ursachen und Folgen für Natur und Naturschutzgebiete		
Störung	**Folgen für die Natur**	**Beispiele**
Zu hohe Besucherzahlen	Verhaltensänderungen der Tiere, Umweltstreß	Amboseli (Ke), Galapagos (Ec), Canaima (Ve)
Überentwicklung mit städtischen Strukturen	Ausbildung ländlicher Slums, Störung des Landschaftsbildes	Seronera-Lodge/Serengeti (TZ), Keekorok-Lodge/Masai Mara (Tz)
Motorboote	Störung der Tierwelt, Uferschäden, Verschmutzung durch Abgase, Öl und Treibstoff	Murchison Falls (Ug), Cuyabeno (Ec)
Fußsafaris	Störung der Tierwelt, Bodenschäden	Kilimanjaro (Tz), Galapagos (Ec)
Lärm (Radios, Motorfahrzeuge)	Störung anderer Besucher der Tierwelt	Cuc Phuong (Vn), Amboseli (Ke), Taman Negara (My)
Fütterung der Tiere	Verhaltensänderungen der Tiere, Gefahr für Besucher	Chobe (Bw), Masai Mara (Ke)
Autoverkehr	Straßentod von Wildtieren	Mikumi (Tz), Virunga (Zr), Amboseli (Ke)
Fahrten abseits der Pisten	Zerstörung der Pflanzendecke, Staub, Erosion, Störung der Tiere	Serengeti (Tz), Ngorongoro (Tz), Amboseli (Ke)
Sammeln und Einschlag von Brennholz	Nährstoffentzug, Schäden an der Vegetation	Kilimanjaro (Tz), Kafue (Zm)
Künstliche Salzlecken und Wasserstellen	Eingriff in Minimumfaktoren, unnatürliche Tierdichten, Schäden an der Vegetation	Chobe (Bw), Aberdare (Ke)
Die aufgeführten Beispiel liegen in Botswana (Bw), Ecuador (Ec), Kenia (Ke), Malaysia (My), Tansania (Tz), Uganda (Ug), Venezuela (Ve), Vietnam (Vn), Sambia (Zm) und Zaire (Zr)		
Quelle: Manfred Niekisch: Ökotourismus – die neue Zauberformel? In: Y. Kreib/A. Ulbrich (Hrsg.): Gratwanderung Ökotourismus, Gießen 1997, S. 20		

Mitte der achtziger Jahre hat das B.A.T Freizeit-Forschungsinstitut erstmals das Problembewußtsein der Bevölkerung im Hinblick auf einzelne Umweltsünden untersucht. Gut ein Jahrzehnt später wurde die Befragung wiederholt. Was hat sich seither verändert?

2.1 Landschaftszerstörung

Im Umweltbewußtsein der Urlauber zeichnet sich eine deutliche Trendwende ab. Die sinnliche Wahrnehmung der Beeinträchtigung natürlicher Elemente wie Luft, Wasser und Erde verliert an Bedeutung. Gleichzeitig nimmt die *Angst um irreparable Naturzerstörungen* durch den Tourismus deutlich zu. Die überwiegende Mehrheit der Bevölkerung ist mittlerweile der Auffassung, daß Skipisten, Loipen und Liftanlagen landschaftszerstörend wirken. Das Problembewußtsein hierfür hat in den letzten Jahren außerordentlich zugenommen (1986: 48% – 1997: 58%). Die touristische Landschaftszerstörung wird als sehr großes Problem gesehen, wobei die Einschätzung der Umweltbelastung mit dem Bildungsgrad wächst (Volksschulabsolventen: 58% – Hochschulabsolventen: 67%).

DIE 7 UMWELTSÜNDEN VON FREIZEIT UND TOURISMUS

Landschaftszerstörung und -zersiedelung ein immer größeres Problem

Von je 100 Befragten betrachten als ***„großes“*** bzw. ***„sehr großes Problem“***:

	1986	1997	Veränderung (in Prozentpunkten)
Landschaftszerstörung (durch Skipisten, Loipen, Liftanlagen)	48	58	+10
Landschaftszersiedelung (durch Wochenendhäuser, Hotelanlagen, Ferienappartements)	44	48	+4
Landschaftsverschmutzung (durch Freizeitabfälle)	70	70	0
Luftverschmutzung (durch Wochenend-/Urlaubsverkehr)	56	54	-2
Pflanzengefährdung (Wald-/Flurschäden durch Wanderer, Reiter, Rad-, Autofahrer)	52	50	-2
Tiergefährdung (Wildschäden durch Wanderer, Reiter, Rad, Autofahrer)	48	45	-3
Wasserverschmutzung (durch Wassersportler, Schiffe, Vergnügungsdampfer)	64	55	-9

Repräsentativbefragungen von 2.000 Personen ab 14 Jahren 1986 in Westdeutschland und von 3.000 Personen ab 14 Jahren 1997 in Deutschland

B•A•T Freizeit-Forschungsinstitut

Zu den landschaftszerstörerischen Anlagen, die für touristische Zwecke gebaut werden, gehören vor allem (vgl. TAB 1996):

- Lifttrassen, also Rodungen und Geländekorrekturen bei Schleppliften;
- Aufstiegshilfen bzw. Seilbeförderungsanlagen mit Masten und Stützfundamenten, Stromversorgungseinrichtungen und Stationsgebäuden;
- Pisten für Abfahrtsstrecken mit entsprechenden Rodungen von Bergwald und Einzelbäumen. Allein in Deutschland gibt es etwa 149 Bergbahnen und 1.500 Schlepplifte.

Die *Zementierung und Verhäuselung der Meeresküsten* schreitet unaufhaltsam fort. Europa hat zwischen 1900 und 1990 insgesamt 43 Prozent seiner Küsten-Dünen eingebüßt; in Frankreich und Spanien sind es 75 Prozent, in Italien sogar 80 Prozent. Das Dilemma für die Zukunft ist absehbar: In Frankreich wird bereits *vor* jeder Saison Sand am Festland ausgebaggert und an der Côte d'Azur auf die erodierten, „ausgewaschenen" Strandstreifen gepumpt, damit die Touristen zum Saisonbeginn ihre gewohnte und bezahlte Strandqualität vorfinden.

Anlagengebundene Urlaubsaktivitäten wie z.B. Tennis, Golf, Motorboote oder Camping lösen zwangsläufig *Flächenverluste* aus und wirken oft zusätzlich als *Speerspitze für nachfolgende Bebauung*. Aber auch nicht-anlagengebundene Aktivitäten wie z.B. Surfen und Tiefschneefahren dringen häufig in ökologisch empfindliche Räume ein. Besonders landschaftszerstörend wirken *touristische Reißbrettsiedlungen aus der Retorte* (z.B. in den französischen „Trois Vallees") in Verbindung mit einer zum Teil unkontrollierten Bautätigkeit von Skiarenen und Sportanlagen.

1936 wurde in Lech am Arlberg der erste Skilift gebaut; sechs Jahrzehnte später zählt man in Österreich etwa 3.500 Bergbahnen, Sessel- und Schlepplifte. Und ein Ende neuer Liftkonstruktionen ist nicht absehbar. Die Konstruktionen werden immer *größer, schneller und bequemer*. Die Niggenkopfbahn im Brandnertal schleppt stündlich knapp 15.000 Skifahrer in die Höhe. Auch in der Schweiz ist die Zahl der Skilifte zwischen den fünfziger und achtziger Jahren von 140 auf 1.700 angewachsen. In Kaprun/Zell gibt es mittlerweile 235 Kilometer Skipisten, was der Strecke München-Bozen entspricht. Die Transportkapazität wird schlicht in *Personenhöhenmetern pro Stunde* gemessen – sie liegt z.B. in Österreich bei etwa 750 Millionen im Jahr. Fehlt jetzt eigentlich nur noch der „Gehlift", mit dem sich Wanderer und Spaziergänger den Hang hinaufschleppen lassen? So bereits geschehen 1944 in der Schweiz am Jochpaßlift (Gabathuler 1947). Selbst „Surfen auf dem Gletschersee" ist nicht mehr ausgeschlossen (Friedrichsen 1984).

> Die Bagger- und Planierraupen-Dynamik der letzten Jahrzehnte hat uns massenhaft Skipisten und Rutschbahnen beschert. Die Geländekorrekturen erscheinen teilweise irreversibel. Zudem wurden immer mehr Gletschergebiete für den Massentourismus „technisch" erschlossen. Aus Naturlandschaften wurden Industrielandschaften.

Zwischen Grenoble und Garmisch überzieht ein Netz von 12.000 Liften und Seilbahnen und an die 40.000 Pisten die Bergwelt. Mit seinen 1.200 Kilometern Länge stellen die Alpen das größte in Europa gelegene Berggebiet dar. Aneinandergereiht ergeben jedoch die per Aufstiegshilfen erschlossenen Pisten eine Länge von rund 120.000km – *das Dreifache des Erdumfangs.*

Übererschließung und Überbeanspruchung der Berge, insbesondere die zunehmende Erosion der strapazierten Bergböden lassen befürchten, daß die Alpen langfristig gesehen ihre Funktion als Erholungsraum verlieren. Brauchen die Alpen internationale Schutzbestimmungen, damit ihre Zerstörung im wahrsten Sinn des Wortes nicht „auf den Gipfel getrieben" wird? Noch ist ein Ende des umweltzerstörerischen Pistenkreisels *„Mehr Bahnen – mehr Betten – mehr Bahnen usw."* (Krippendorf 1982) nicht abzusehen. Der Boom wird schnell zum Bumerang: Zerstörte Landschaften drohen zu „ausgemusterten" Freizeit- und Feriengebieten zu werden.

Jenseits der Vernunft **Die Natur als Spiel- und Tummelwiese**
„Der Hubschrauber kommt wieder angedüst und setzt den zweiten Teil unserer Gruppe auf dem 3.400 Meter hohen Château Blanc ab. 1.900 Höhenmeter Gleiten im stiebenden Pulverschnee stehen uns nun bevor. Danilo, unser Skiführer, stößt einen Jauchzer aus und schwingt sich locker in die Tiefe. Wir tun's ihm gleich. Die Fahrt durch die unberührte Schneelandschaft wird zum minutenlangen Rausch. Nun erfahre ich die sogenannte Tiefschneedroge am eigenen Leib, an der eignen Seele. Und es ist ein ungemein befreiendes und beglückendes Gefühl, mit eleganter Leichtigkeit durch diese gewaltige und schier unendliche Naturwelt zu kurven, in rhythmischen Schwüngen, nur den eigenen Atem hörend."
Quelle: Manfred Spöttl: Die Blumen des Bösen: Tatort Alpen. In: C. Euler (Hrsg.): „Eingeborene – ausgebucht", Giessen 1989, S. 71

Vielleicht werden wir uns in Zukunft an den neuen Begriff *Touristische Abrüstung* gewöhnen müssen. In vielen europäischen Ländern stagniert beispielsweise der Anteil der Skifahrer, in Frankreich und Deutschland geht er sogar zurück. Statt neue Gebiete zu erschließen und in neue Skilifte und Schneekanonen zu investieren, ist eher Abrüstung gefordert. Ein Maximum an „Landschaftsfraß" und eine Optimum an „unberührter" Natur zugleich sind nicht zu haben.

2.2 Landschaftszersiedelung

Deutschland zählt weltweit zu den Ländern mit der höchsten Dichte an infrastrukturellen Einrichtungen für Siedlung und Verkehr. Die Siedlungs- und Verkehrsfläche nimmt 11,5 Prozent der Fläche Deutschlands ein. Etwa die Hälfte davon ist überbaut bzw. versiegelt. Der tägliche Zuwachs der Siedlungs- und Verkehrsfläche liegt derzeit bei über 100 ha pro Tag, d.h. täglich werden in Deutschland etwa 100 Fußballfelder bebaut. Bei kaum einer Ressource ist die Kluft zwischen der ständig wachsenden Inanspruchnahme auf Dauer und dem Prinzip der Nachhaltigkeit so groß wie beim Boden bzw. der Fläche. Eine Trendwende bei der Flächeninanspruchnahme ist noch nicht in Sicht. Das Bundesumweltministerium weist nach, daß Freizeit und Tourismus die Problematik noch verschärfen, weil Ausflügler und Urlauber *zunehmend bisher unberührte Gebiete aufsuchen* (1998, S. 64). Die pro Kopf der Bevölkerung verfügbare vegetationstragende Fläche nimmt stetig ab.

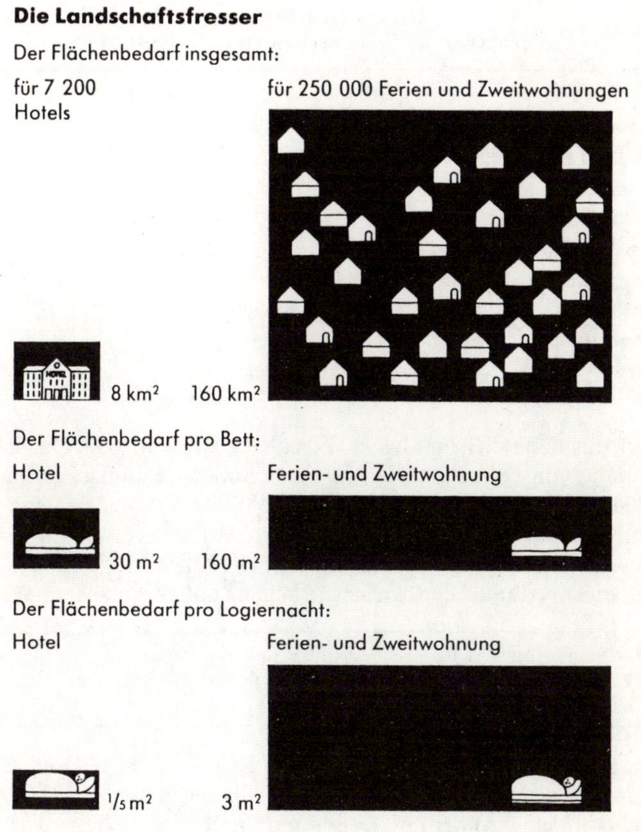

Quelle: J.Krippendorf: Alpsegen - Alptraum (1986), S. 41

Landschaftszersiedelung durch Wochenendhäuser, Hotelanlagen und Ferienappartements wird von jedem zweiten Bundesbürger (1986: 44% – 1997: 48%) als ein großes bzw. sehr großes Umweltproblem angesehen. Der durchschnittliche *Landverbrauch* durch Freizeit- und Urlaubsmobilität ist hoch. Für einen Hotelgast müssen etwa 30 Quadratmeter Land erschlossen werden, für einen Camper 50 Quadratmeter und für einen Zweitwohnungsbesitzer über 160 Quadratmeter. Wird der Tourismus den Tourismus zerstören, wenn es nicht gelingt, die Landschaftszersiedelung, d.h. den Verbrauch von Natur und Landschaft einzuschränken?

Die Landschaftsfresser
Flächenbedarf im Freizeitsektor (Durchschnittswerte)

Flächenbedarf für	*Durchschnittlicher Richtwert*
1 Freibadbesucher	10-20 qm
1 Seilschaft im Klettergelände	30-40 qm
1 Alpin-Skifahrer	300 qm
1 Wassersportler	800-1.000 qm
1 Tennishalle mit 3 Spielfeldern	2.200-3.000 qm
1 Segler, Ruderer	3.000-5.000 qm
1 Reitsporthalle	3.500-4.000 qm
5 km Langlaufloipe	1,6 ha
1 Golfplatz	50-60 ha

Legt man einen durchschnittlichen Flächenbedarf von 650 Quadratmetern pro Wohnung (einschließlich des Anteils an Straßen, Parkflächen und öffentlichen Bauten) zugrunde, so haben allein die in der Schweiz gebauten Ferien- und Zweitwohnungen etwa 90 Quadratkilometer Land verschlungen, was der Fläche des Zürichsees entspricht (Krippendorf 1986, S. 40). Freizeit- und Urlaubstourismus verbrauchen Landschaft in ganz unterschiedlicher Weise:

Ein Freizeittourist braucht für seine Ausflüge und Kurzreisen im Durchschnitt etwa 100 bis 300 Quadratmeter Frei- und Grünfläche; ein Urlaubstourist aber benötigt doppelt so viel Freifläche und zwar 750 Quadratmeter pro Person.

Mit einer Expansion des Urlaubstourismus ist immer auch *Landschaftsfraß* verbunden: Die Umwandlung von Natur in allgemein zugängliche Feriengebiete. Unberührtes wird berührt, *freie Landschaft wird „verhäuselt“* und der freie Zugang zu Seeufern und Meeresküsten versperrt. Zur größten Belastung für die Landschaft hat sich die *Parahotellerie* entwickelt: Die Zweitwohnungen und ihre Kommerzialisierung durch private Vermietung. Seit Jahren ist eine explosionsartige Zunahme der nicht-hotelmäßigen Beherbergungsform festzustellen: Wochenendhäuser, Ferienwohnungen und Chalets, Gruppenunterkünfte und Zeltplätze.

Dazu gehören auch die sich seit den siebziger Jahren in landschaftlich reizvollen Gegenden ausbreitenden *Ferienzentren* (z.B. Center Parc Bispingen in der Lüneburger Heide): Sie können landschaftszerstörend und -zersiedelnd wirken. Aber genauso gilt auch, daß sie mit ihren subtropischen Badeparadiesen Gäste anziehen, „die sonst eventuell ans Mittelmeer oder gar in die Karibik geflogen wären" (Becher u.a. 1996, S. 46).

Touristische Infrastruktur ist zwangsläufig mit Flächenverbrauch und Bodenversiegelung verbunden. Als eine der einschneidendsten *Folgen touristischer Siedlungsentwicklung* an den Küsten gilt der Verlust von Sanddünen: An der Atlantikküste sind etwa 40 Prozent der noch vorhandenen Dünen zerstört. In Deutschland liegt der Rückgang der Sanddünen bei 15 bis 20 Prozent, in Spanien bei 30 Prozent und in Italien sogar bei 80 Prozent. Weitere fünf Prozent werden nach Prognosen der European Union for Coastal Conservation (EUCC) durch Aktivitäten wie z.B. Golf bedroht. Die touristische Siedlungsentwicklung verstärkt weltweit den ökologischen „Druck auf die marinen Ökosysteme und die Küstengebiete" (TAB 1997, S. 55).

Etwa 60 Prozent aller Alpengemeinden (D, I, A, CH, SLO) leben mehr oder minder intensiv vom Tourismus: Fünf Millionen touristische Betten, 120 Millionen Touristen und 500 Millionen Übernachtungen pro Jahr deuten auf eine flächendeckende touristische Erschließung oder gar Übererschließung des Alpenraumes hin. Dem steht allerdings die relativierende Feststellung gegenüber: „Bei 13 Millionen Alpenbewohnern entfallen auf einen Einheimischen nur 0,4 touristische Betten" (Bätzing 1996, S. 156). Wer also eine *ökologische Tourismusreform* im Auge hat, darf nicht übersehen, daß über 90 Prozent aller Alpengemeinden *keine* touristische Monofunktion haben. Vielleicht geht es weniger um die Alternative: Verödung oder Verstädterung, sondern vielmehr um das Gleichgewicht von Ökonomie und Ökologie im Tourismus, um eine *Zukunftsentwicklung mit Augenmaß.*

2.3 Landschaftsverschmutzung

Die überwiegende Mehrheit der Bevölkerung (70%) betrachtet die Landschaftsverschmutzung, die durch Freizeit und Urlauber verursacht wird, als großes bzw. sehr großes Problem. An dieser Einschätzung hat sich in den letzten zehn Jahren nichts verändert (1986 ebenfalls 70%).

> Was den Tatort Natur nach Meinung der Bevölkerung so problematisch macht, ist die Sichtbarkeit der Missetat, der bleibende Schandfleck, die Menge und die Dauerhaftigkeit des Übels (z.B. bei Plastiktüten).

In dieser Auffassung stimmen alle weitgehend überein. Zwischen den einzelnen Bevölkerungsgruppen sind kaum Unterschiede festzustellen. Was bei Tagesausflügen, Wochenend- und Urlaubsreisen an Freizeitmüll anfällt, belastet und „verschandelt" Natur und Landschaft: Wanderer und Bergsteiger, picknickfreudige Tagesausflügler und erlebnishungrige Urlauber hinterlassen ihre Abfallspuren. Zurück bleibt jede Menge Freizeitmüll. Statt Enzian und Edelweiß grüßen dann Bier- und Cola-Dosen (vgl. Lukschanderl 1983, S. 48ff). Millionen von Einwegdosen werden jährlich weggeworfen. Jede Dose kostet bis zu zehn Kleinlebewesen das Leben (Käfer, Raupen u.a.). Süße tödliche Fallen für Kleintiere.

- Von den in den Berghütten anfallenden Abfällen werden nur etwa 50 Prozent ins Tal zurücktransportiert. Der Rest wird in der Nähe der Hütten „abgelagert“.
- Der Verband Alpiner Vereine schätzt, daß pro Saison in den österreichischen Bergen mehr als 4.500 Tonnen Abfall und an die 90.000 Kubikmeter Abwässer zurückgelassen werden.
- Die frei versickernden Abwässer im Bereich von Bergstationen bewirken einen Anstieg von Kolibakterien im Wassereinzugsbereich der umliegenden Gemeinden. Für jeden Touristen fällt eine durchschnittliche Schmutzwassermenge von 400 Litern pro Tag an. „Deutschlands höchste Kläranlage“, das Zugspitz-Klärwerk, ist erst 1985 fertiggestellt worden. 30 Jahre wurde das durch den Massenansturm der Touristen entstandene Problem der Abwasserbeseitigung auf andere Weise gelöst...
- Selbst die letzten Reservate unberührter Natur, die Berge des Himalaya – vom Anapurna bis zum Mount Everest – drohen ein Opfer des *Bergsteiger- und Expeditionstourismus* zu werden. Der Welt höchster Berg, der Mount Everest, ist von Bergsteigern weitgehend ausgebucht. Allein das Basis-Camp am Mount Everest wird alljährlich von 6.000 Trekkern besucht, die alle mindestens zwei Träger mitbringen und jedes Mal einen entsprechenden Expeditionsmüll von Abfällen, Sauerstoff-Patronen und Konservendosen zurücklassen. Räumungs-Expeditionen im Auftrag des nepalesischen Tourismus-Ministeriums müssen tätig werden. Die höchstgelegene Müllkippe der Erde zwingt zu staatlichen Maßnahmen. Reiseagenturen und Trekking-Veranstalter werden mit einer speziellen Müll-Gebühr belegt.

Freizeitmüll ist vermeidbar. Die eigene *Bequemlichkeit*, die alltägliche *Achtlosigkeit*, kurz: Die *Gedankenlosigkeit* macht aus vielen kleinen Abfällen großen Freizeitmüll: „Die rasch weggeworfene Plastiktüte, die entwertete Fahrkarte oder das benutzte Tempotaschentuch, die neben dem Papierkorb auf dem Boden landen, die Einwegflasche, die am Picknickplatz liegenbleibt, die leere Sonnenöltube, die am Strand ‚vergessen‘ wird“ (Jungblut 1984). Die Zeugnisse moderner Freizeitmobilität sind schier unübersehbar. Da wendet sich der Gast mit Grausen...

> Müll ist der schmutzigste Brennstoff, der heute verfeuert wird. Im Vergleich zur Steinkohle hat der Müll bis zu 55mal mehr giftige Schwermetalle, wie Quecksilber, Blei und Cadmium, die bei der Verbrennung teilweise freigesetzt werden. Schwermetalle und organische Schadstoffe können in der Natur nicht abgebaut werden.

PROBLEMBEWUSSTSEIN ZUM THEMA TOURISTISCHE UMWELTBELASTUNGEN

Hoher Sensibilisierungsgrad der Deutschen

Von 100 Befragten erachten folgende Punkte als Umweltbelastung:

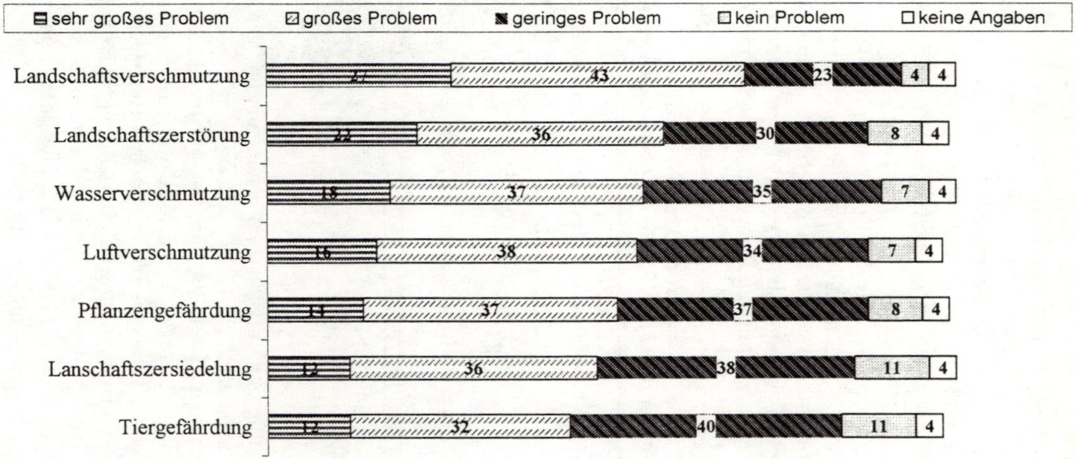

Repräsentativbefragung von 3.000 Personen ab 14 Jahren 1997 in Deutschland

B•A•T Freizeit-Forschungsinstitut

CS

Der *Typus des Abfall-Muffels*, der alles bedenkenlos wegwirft, läßt sich wie folgt charakterisieren: Er hat eher geringe formale Bildung, ist eher über 35 Jahre alt, wohnt eher in städtischen Regionen und ist politisch eher Anhänger einer der beiden großen Parteien (IPOS 1984). Aus den B.A.T-Untersuchungen läßt sich mehr der *Typus des Umweltbewußten*, der Freizeitabfälle meidet oder wieder mit nach Hause nimmt, ableiten: Er hat eher höhere formale Bildung, ist eher unter 35 Jahre alt und führt eher einen Haushalt mit Kindern unter 14 Jahren. Für einen umweltbewußten Urlauber ist der beste Müll der, welcher gar nicht erst anfällt.

In dieses umweltbelastende Bild paßt auch die Tatsache, daß sich trotz eines offensichlich gewachsenen Umweltbewußtseins die Gesamtzahl der Getränke-Wegwerfpackungen seit den siebziger Jahren vervielfacht hat. Es ist schon paradox: Die Bundesbürger wollen den Umweltschutz ernster nehmen und machen es sich mit den Einwegpackungen immer leichter.

Wachsende Umweltbelastung
Verbraucher zu Hause und Tourist (Hotelgast) auf Reisen im Vergleich

Umweltbelastung	Durchschnittlicher Pro-Kopf-Verbrauch pro Tag	Bandbreite pro Tourist/Hotelgast und Übernachtung
Abfallmenge	1 kg	1,2-5 kg
Wasserverbrauch	130 l	41,5-245 l
Energieverbrauch	18 kWh	6,8-36,7 kWh

Quelle: Petermann 1998, S. 66

2.4 Luftverschmutzung

Die Verschmutzung der Luft durch Wochenend- und Urlaubsverkehr halten 54 Prozent der Bundesbürger (1986: 56%) für ein großes bzw. sehr großes Problem. Den größten Teil der Ozonmisere verursacht mittlerweile der Autoverkehr. Das Auto produziert Schadstoffe wie Kohlenmonoxid, Kohlenwasserstoffe, Stickoxide, Schwefeldioxid, Ruß und Blei. Der Anteil des Autos an der gesamten Luftverschmutzung beträgt z.B. bei Stickoxiden 30 Prozent, bei Kohlenwasserstoffen 50 Prozent und bei Kohlenmonoxid sogar über 60 Prozent. Insbesondere Kohlenwasserstoffe und Kohlenmonoxid sind Hauptverursacher von Smogs in Ballungsgebieten – besonders bei Verkehrsstoßzeiten.

Der Freizeit- und Urlaubsverkehr trägt maßgeblich zur Luftverschmutzung mit Stickoxiden, organischen Verbindungen, Kohlenmonoxid, Schwefeldioxid und Staub bei. Nach Untersuchungen der Deutschen Forschungsanstalt für Luft- und Raumfahrt (DLR) reicht die *Abgasfahne vielbefahrener Strecken bis zu zwölf Kilometer ins Hinterland.* Die Konzentration und Verteilung hängt dabei wesentlich von der Temperaturentwicklung und den

Windverhältnissen ab. Je nach Wetterlage reicht außerdem die *Dunstglocke bis zu einer Höhe von 300 Metern.* Dies ist von der Temperaturschichtung abhängig: Nachts und im Winter befindet sich in dieser Höhe eine warme Luftschicht (sogenannte „Inversion"), die das Aufsteigen der verunreinigten Luft verhindert (Smog-Gefahr).

> 70 Prozent der von Deutschland ausgehenden Flugkilometer entfallen auf den Tourismus. Dabei werden pro Person und zurückgelegtem Kilometer 40 Prozent mehr Kohlendioxid und 50 Prozent mehr Stickoxide ausgestoßen als beim Pkw.

Im Verhältnis zu Bus- oder Bahnreisen schneidet das Flugzeug noch wesentlich ungünstiger ab. Für Greenpeace heißt das ebenso anschaulich wie konkret: „Wenn der Flugverkehr nur über das CO_2 klimawirksam wird, überziehe ich mit einer Flugreise nach Neuseeland mein dauerhaft klimaverträgliches Verkehrsbudget für etwa zehn Jahre. Bei vorsichtiger Schätzung der Treibhauswirksamkeit von NO_x, Wasserdampf und Kondensstreifen reicht schon ein Flug nach Teneriffa, um fast das komplette Jahresbudget zu verbrauchen, sprich: Einmal auf die Kanaren und zurück heißt dann für den Rest des Jahres: kein Heizen, kein Licht, nur noch Rohkost und Fahrradfahren!" (Greenpeace 1996).

Etwa die Hälfte der durch Autos verursachten Luftverschmutzung geht auf das Konto des Freizeit- und Urlaubsreiseverkehrs. Die dadurch verursachte Luftverschmutzung pro Jahr stellt sich in konkreten Zahlen so dar: 3,5 Millionen Tonnen Kohlendioxid, 380.000 Tonnen Kohlenwasserstoffe, 275.000 Tonnen Stickoxide, 40.000 Tonnen Schwefeldioxid, 9.250 Tonnen Ruß und 3.800 Tonnen Blei. Ein Großteil dieser Schadstoff-Emissionen belastet die Freizeit- und Feriengebiete nachhaltig.

> Alpen- und Voralpenstädte erreichen teilweise Kohlenmonoxid-Werte, die Industrielandschaften entsprechen. Und in Spitzenzeiten werden auf manchen Gletscherstraßen Werte von Kohlenmonoxid-Ausstoß erreicht, die auch im dichten Großstadtverkehr registriert werden.

Die sichtbaren Folgen u.a.: Mit Ausnahme der Blaualgen sind alle Flechtpilze an den Bäumen, die der Straße zugekehrt sind, abgestorben. *CO ist geruchlos, aber nicht folgenlos.* Die Einführung des Katalysators hat die Freizeitmobilität mit dem Auto nicht gebremst – ganz im Gegenteil: „Mit bleifreiem Benzin kann man wieder guten Gewissens Auto fahren".

2.5 Pflanzengefährdung

Jeder zweite Bundesbürger (1986: 52% – 1997: 50%) sieht in den Wald- und Flurschäden durch Wanderer, Reiter, Radfahrer und Autofahrer eine erhebliche Pflanzengefährdung. Die Gefährdung von Pflanzenarten geht in erster

Linie auf die Veränderung ihrer Lebensräume zurück. Urlauber gefährden und zerstören ökologisch intakte Lebensräume. Ein kritischer Vergleich zwischen der subjektiven Einschätzung der Bevölkerung und den objektiven von Vegetationsforschern ermittelten Pflanzengefährdungen bietet sich an:

> Der Tourismus trägt zur Gefährdung von 112 Pflanzenarten bei. Ein gravierender Eingriff in die Natur: Bei Aussterben auch nur einer Pflanzenart werden gleichzeitig 10 bis 20 Tierarten durch ihre ökologische Abhängigkeit verschwinden.

Touristen gefährden durch ihr Verhalten Fels- und Gehölzbiotope, Kriechpflanzen, Wiesen, Moore und Gewässer mit Uferrandzonen. Insbesondere die Vegetation der Uferregionen sowie empfindliche Wasserpflanzen-Zonen werden durch Bruch und Beschädigung bedroht. Das Bewegungs- und Verweilverhalten von Urlaubern (vgl. Nohl/Richter 1988) hat u.a. zur Folge:

- Entlang der Wege in hängigem Gelände und mit starkem Besucherdruck entstehen Trampelpfade, deren freiliegende Böden durch Regen abgeschwemmt werden. Diese dann schlecht zu begehenden Trampelpfade werden von den Besuchern gemieden, was zur Entstehung neuer Trampelpfade führt. Auf diese Weise entstehen parallel zu Hauptwegen bis zu 6 Trampelpfade, wodurch die wegbegleitende Vegetation großflächig zerstört wird.
- Beim Pflücken und Sammeln von Pilzen, Beeren, Heilkräutern und Blumen dringen Sammler erfahrungsgemäß 200m beiderseits der Wege in den Wald ein. Dadurch gefährden sie gleichermaßen störanfällige Pflanzen- und Tierarten.
- Volksläufe, Gelände- und Querfeldeinrennen haben als Massenveranstaltungen im Wald besondere Belastungen zur Folge.
- Je mehr Wald als Fläche touristisch genutzt wird, desto mehr nimmt auch die *Möblierung des Waldes* zu: Parkplätze, Rastplätze, Unterstandshütten, hergerichtete Aussichtspunkte, ausgeschilderte Wanderwege und Wald- und Naturlehrpfade. Hinzu kommen noch Grillhütten, Reitwege, Radwege, Langlaufloipen, Feuerstellen, Zeltplätze, Seilbahnen, Skilifte, Skiabfahrten usw. Oft treten diese Möblierungen schon so massiert auf, daß der Waldbesucher ihnen kaum mehr entgehen kann, was nicht gerade zur Intensivierung des Naturerlebens führt.

Der deutsche Alpenraum ist touristisch viermal stärker erschlossen als der östereichische und französische. Infolgedessen werden in den Skigebieten mit der Rodung und Planierung immer mehr wasserspeichernde Humusschichten abgetragen.

> Von Pistenpräparierfahrzeugen und Skifahrern traktierte Wiesen können im Sommer zehnmal weniger Wasser speichern als der Wald. Die Folgen sind vermehrter Wasserabfluß und Erosion.

Die ins Tal stürzenden Wassermengen bedrohen darüberhinaus den benachbarten Wald: „Der Bergwald stirbt“ – wie der Deutsche Alpenverein für die Zukunft prognostiziert. Die Hälfte aller Ortschaften des bayrischen Alpenraumes ist durch Überschwemmungen, Muren, Überschotterung und Lawinenabgänge unmittelbar bedroht. Zurück bleiben vegetationslose Schotterwüsten, auf denen im Sommer Bodentemperaturen bis über 60 Grad gemessen werden. Die Windgeschwindigkeit erhöht sich auf das Zwei- bis Fünffache.

Der Tourismus läßt der Natur kaum noch Ruhepausen. Und die Freizeitindustrie sorgt für ein immer größeres Bewegungsspektrum in der Landschaft. Vorbei sind die Zeiten, da es nur Langlauf (ungespurt), Winterskilauf alpin (unpräparierte Hänge) sowie Bergwandern und Bergsteigen gab. Der Wandel „vom Telemark zum Freestyle“ in den achtziger Jahren vgl. (BUND 1988) zog eine Vielfalt landschaftsgebundener Urlaubsaktivitäten nach sich:

- Loipenlanglauf (klassisch)
- Loipenlanglauf („freie Technik“, „Skating“)
- Skiwandern
- Alpinskifahren (Piste)
- Monoskiing
- Skisurfen
- Hochgeschwindigkeitsfahren

- Variantenskifahren
- Heliskiing
- Skibobfahren
- Firngleiten
- Eissurfen
- Eissegeln
- Sommer-Gletscherskilauf
- Grasskiing
- Bergwandern
- Bergsteigen
- Klettern
- Free-Climbing
- Paragliding
- Drachenfliegen
- Ultra Light Flieger
- Mountain Bikes
- Orientierungslauf
- Crosslauf u.a.

Freizeit und Tourismus zählen zu den *Hauptverursachern des Artenrückgangs von Farn- und Blütenpflanzen* (vgl. Korneck/Sukopp 1998). Es kann lange dauern, bis sich eine zerstörte Vegetation wieder regeneriert – z.B. rund 500 Jahre, „bis eine planierte Fläche von nur einem Quadratmeter von allen Seiten von selbst wieder voll mit Krummsegge zuwächst" (Lukschanderl 1983, S. 45). Die 6.000 Trekking-Touristen, die jährlich das Basis-Camp am Mount Everest aufsuchen, haben mittlerweile das ökologische Gleichgewicht empfindlich gestört oder gar auf Dauer geschädigt. In der Höhe der Gipfelcamps gibt es kaum noch Baumbestand, weil die Bäume laufend von den Expeditionen gefällt und zum Kochen und Feuermachen verbrannt werden.

Allein im österreichischen Alpenraum gibt es 4.000 Aufstiegshilfen (Seilbahnen, Lifte) sowie etwa 19.000 Hektar Skipisten, die jedes Jahr von fast 500 Millionen Menschen genutzt werden: Bei zwei von fünf Skipisten ist die natürliche Pflanzendecke durch Planierung zerstört worden. Zum *Schutz von Gebirgslandschaften* und damit auch zur Sicherung einer weißen Zukunft müssen Fremdenverkehrsplaner und Politiker umdenken – in eine Richtung, wie sie der Bund für Umwelt und Naturschutz (BUND) konsequent empfiehlt:

- Keine weiteren Erschließungen für den Skisport.
- Pistensperrung bei weniger als 30cm Festschnee.
- Erhaltung des natürlichen Geländereliefs: keine Anpassung der Gebirgslandschaft an Können und Bedürfnisse der Skifahrer.
- Kein Heliskiing und Variantenskifahren mehr.
- Trinkwasserreserven der Zukunft sichern; Gletscher-Skigebiete meiden.
- Regelmäßige Bewertung der Umweltverträglichkeit von Skipisten im Drei-Jahres-Rhythmus.

Freizeitinteressen und Naturschutzinteressen müssen wieder in Einklang gebracht werden. Auch flächenfressende Freizeitanlagen müssen nicht zwangsläufig zu Lasten des Bodens und der Pflanzendecke gehen. Der Golfplatz (z.B. in Neuss/Himmelbachaue) muß so gestaltet sein, daß auch ökologische Ruhezonen mit Wald, Busch- und Kleingewässerbereichen erhalten bleiben und auf den Einsatz von Herbiziden gänzlich verzichtet wird. Der Bevölkerung ist das Gelände durch Wanderwege erschlossen. Bei der Anlagenplanung werden die Naturschutzverbände frühzeitig beteiligt (Mollnhauer 1988, S. 206). Und: Die Einhaltung der ökologischen Auflagen wird von einem Naturschutzwart der Stadt unter Beteiligung der Naturschutzverbände überwacht.

2.6 Tiergefährdung

In Deutschland sind heute etwa 45.000 Tierarten erfaßt. Durch Biotopschutzmaßnahmen konnten in den letzten Jahren bei einigen gefährdeten Tierarten (z.B. Elbebiber, Weißstorch, Habicht, Sperber) gute Erfolge erzielt werden. Dennoch hält die Gefährdung vieler Tierarten an: Hauptursache ist vor allem die *Gefährdung von Lebensräumen*. Nach der Roten Liste des Bundesamtes für Naturschutz (BfN) sind derzeit „bestandsgefährdet“ oder „vom Aussterben bedroht“: Säugetiere (33%), Brutvögel (27%), Kriechtiere (79%), Lurche (62%), Fische (26%), Käfer (40%), Ameisen (55%) und Libellen (55%). Der Lebensraum für Tiere wird immer mehr eingeengt.

Auf der Erde findet gegenwärtig ein fast beispielloses Massenaussterben statt: Nach Ermittlungen des UNO-Umweltprogramms (Unep) gibt es weltweit jeden Tag 150 bis 200 Tier- und Pflanzenarten weniger. Bis zu einem Fünftel aller Arten sind durch den Menschen bedroht. Für die Gefährdung und das Aussterben von Tierarten machen 45 Prozent der Bevölkerung (1986: 48%) die Freizeit und den Tourismus verantwortlich. Sie halten die Wildschäden (z.B. durch Wanderer, Reiter, Radfahrer und Autofahrer) für besonders problematisch. Droht die Lebensgemeinschaft von Mensch und Tier empfindlich gestört zu werden? Bergarbeiter, die unter Tage arbeiten, nahmen früher einen Kanarienvogel im Käfig mit: Der plötzliche Tod des Vogels war das Rettungssignal für den Menschen: Rette sich – wer kann! Urlauber werden heute immer mehr zum Störfaktor und Gefährder der Tierwelt. Angler, Surfer und Motorbootfahrer beeinträchtigen und vernichten zum Teil die natürlichen Bruträume der Fische.

Windsurfen ist „eigentlich“ eine umweltfreundliche Sportart. Die Surfer verbreiten weder Lärm noch Gestank. Und sie brauchen keine eigens für sie angelegten Plätze oder Pisten wie die Tennisspieler oder Skifahrer. Aber seit innerhalb der letzten zwei Jahrzehnte über eine Million Bundesbürger auf den Brettern stehen, sind sie zur Massenbewegung geworden, die selbst in die entlegensten Winkel kommen, wo vom Aussterben bedrohte Vogelarten brüten. Sie fahren erfahrungsgemäß viel zu dicht an Röhrichbestände, Schilfgürtel und unübersichtlich bewachsene Uferpartien heran. Sie meiden weder

Kies-, Sand- und Schlammbänke (Aufenthaltsplatz von Vögeln), seichte Gewässer (Laichgebiete) noch Seehundbänke im Wattbereich. Naturschützer brandmarken die neue Landplage zu Wasser als „segelnde Vogelscheuchen".

Auch *Skifahrer* werden zum Störfaktor für die Tierwelt. Im Tiefschnee durch den Wald wedelnde Wintersportler stören Rehwild weitaus nachhaltiger als etwa der Lärm in der Nähe eines Flughafens. Die Folgen: „Das Wild wandert ab und konzentriert sich in noch ungestörten Gebieten, in denen dann ein Ansteigen der Verbißschäden zu erwarten ist" (Lukschanderl 1983, S. 47). Es gibt keinen folgenlosen Tourismus. Folgenlos bleibt nicht einmal das sanfte Gleiten der Drachenflieger: „Sie schrecken das Wild in den Schutzgebieten" (Kramer 1983, S. 152).

Wenn ein Rothirsch an einem Wintertag nur zehn Minuten lang fliehen muß, so erhöht sich sein Tagesenergiebedarf bereits um 20 Prozent und überschreitet die vom winterlich verknappten Nahrungsangebot gesetzte Grenze (vgl. Schreiber 1984, S. 7). Ein Skilangläufer wird so zum „Wildtöter wider Willen" (Horst Stern) – nichts ahnend und nur auf der Suche nach einem besonderen Naturerleben abseits der Loipe.

Und auch die touristische Infrastruktur fordert ihre Opfer. Hochspannungsmasten und Leitungsdrähte verunstalten nicht nur die Naturlandschaft, sondern werden für Großvögel, insbesondere für Störche (z.B. bei Nebel) zur häufigsten Todesursache. Eins ist klar: *Eine Verarmung der Tier- und Pflanzenwelt bedeutet immer auch eine Verarmung der Urlaubswelt.* Wenn die Freizeiter und Urlauber auch in Zukunft die Natur genießen wollen, werden sie nicht nur mehr Selbstdisziplin üben, sondern auch Einschränkungen und persönliche Opfer in Kauf nehmen müssen. Das heißt konkret: Verzicht auf manche Bequemlichkeit und auf ein Stück individuelle Freiheit. Auch die Erlebnismöglichkeiten werden eingeschränkt sowie überfüllte Wanderwege und Skipisten in Kauf genommen werden müssen.

Anbieter von Fun- und Trendsportarten sowie Outdoor-Hersteller sollten künftig *freiwillig auf aggressive Werbung verzichten*, also Aussagen bildlicher und textlicher Art vermeiden, die nicht mit den Grundsätzen einer naturschonenden Ausübung der Sportarten vereinbar sind. Erste Initiativen in dieser Richtung entwickelten sich auf der Outdoor-Messe 1998 in Friedrichshafen. Das traditionelle Werbeleitbild der Sportindustrie „weiter – schneller – mehr" wird immer fragwürdiger. Für die Zukunft gilt: Nicht jeder Felsen muß unter Naturschutz gestellt werden, aber es muß auch nicht jeder Felsen beklettert und erobert werden.

2.7 Wasserverschmutzung

55 Prozent der Bevölkerung (1986: 64%) sind der Auffassung, daß Meere, Flüsse, Seen und Talsperren durch Schiffe, Vergnügungsdampfer und Wassersportler besonders verschmutzt würden. Die große Zahl von Kreuzfahrtschiffen und Vergnügungsdampfern weist auf ein Entsorgungs-Problem hin:

In vielen Anlaufhäfen liegen noch heute die Entsorgungsgebühren höher als die Strafen, die bei Verstößen verhängt werden. Allgemeingültige Bestimmungen auf internationaler Ebene für Kreuzfahrtschiffe mit Hunderten von Passagieren an Bord gibt es nicht. Und auch bei Schiffsneubauten ist der Einbau einer Müllverbrennungsanlage noch keine zwingende Vorschrift.

Der Starnberger See hat inzwischen zwar aus bakterieller Sicht fast „trinkwasserähnliche Qualität" erreicht. Doch die mehr als 5.000 Sportboote, die an den 18 Häfen vor Anker liegen, lassen nachweislich so viele Rückstände über Bord gehen, daß die *Überdüngung (Eutrophierung)* zunimmt und geradezu massenhaftes Wasserpflanzenwachstum zu beobachten ist. Insbesondere der Öl- und Schadstoffausstoß von Bootsmotoren wirkt sich giftig gegenüber Kleinlebewesen aus.

Der Rhein trägt immer mehr Schmutz aus den Fremdenverkehrsorten der Berge in den See. Und die Invasion der Tagesausflügler und Wochenendreisenden aus dem Raum Rottweil bis Stuttgart, die zum Baden, Surfen oder Segeln kommen, sorgen für zusätzliche Übernutzung. Die Angewohnheit vieler Urlauber, reichlich Sonnenöl vor dem Baden zu verwenden, belastet das Wasser in den bayrischen und österreichischen Seen erheblich. In Österreich zum Beispiel mußten schon mehrmals Seen durch die Feuerwehr von einem *Sonnenölteppich* befreit werden.

Wirtschaftliche Interessen können aus Bächen und Flüssen sterbende Seen machen (vgl. BUND 1988, S. 35). Natürliche Wasserläufe werden immer seltener, dafür nehmen die Wassersportaktivitäten um ein Vielfaches zu. Gab es früher allenfalls Segeln, Paddeln, Schwimmen und Tauchen, so gibt es heute:

- Surfen
- River Rafting
- Wildwasserfahren
- Wasserskifahren
- Motorbootfahren
- Wasserbobfahren
- Hoovercraft
- Schnorcheltauchen/Tiefseetauchen
- Sportangeln u.a.

Hinzu kommen Wassermotorräder (Scooter, Buggies, Jet-Ski, Wetbikes) als neuartige Wassersportgeräte in Boots-, Floß- oder Motorradform, die Sachbeschädigungen im Gewässer- und Uferrandbereich verursachen, für Lärmbelästigungen sorgen oder Badegäste in Gefahr bringen.

Die wachsende Wasserverschmutzung durch Wassersportler hat inzwischen die beteiligten Verbände zum Handeln gezwungen: Sowohl der Deutsche Segler-Verband als auch der Deutsche Kanu-Verband haben jeweils hauptamtliche Sachverständige für Umwelt- und Gewässerschutz-Angelegenheiten eingestellt. Darüberhinaus wird versucht, Seen durch *künstliche Sauerstoffzufuhr und „Beatmung"* zu retten. Durch hohe Abwassermengen und z.T. fehlende Kläranlagen in Fremdenverkehrsgebieten drohen nahege-

und z.T. fehlende Kläranlagen in Fremdenverkehrsgebieten drohen nahegelegene Seen zu sterben: Der Zufluß von Phosphat läßt die Algen wuchern. Den Mikro-Organismen, die diese Algen normalerweise abbauen, mangelt es an Sauerstoff. Die Algen beginnen zu verfaulen. Es bilden sich giftige Fäulnisgase, der See verschlammt, die Fische sterben.

Mit einer Fläche von 540 Quadratkilometern ist der *Bodensee* der zweitgrößte Süßwassersee in Mitteleuropa. Er wurde während der letzten Eiszeit von den Alpengletschern auf eine Tiefe von bis zu 252 Metern regelrecht „ausgehobelt". 2,2 Millionen Menschen leben, arbeiten und erholen sich in der 12.500 Quadratkilometer großen Bodenseeregion. 4,5 Millionen Menschen trinken Bodenseewasser, 50.000 Boote fahren auf dem See und 200.000 Wasservögel rasten oder überwintern hier, darunter bis zu 80.000 Reiherenten, 50.000 Tafelenten und 7.000 Haubentaucher. Es ist eine der Drehscheiben des Vogelzugs in Europa.

In den 70er Jahren *drohte der See „umzukippen"*: Vor allem über häusliche Abwässer wurde ihm sehr viel Phosphat zugeführt. Das hatte eine gewaltige explosionsartige Vermehrung von winzigen Algen und mikroskopisch kleinen Tieren zur Folge, die dem Seewasser fast den ganzen Sauerstoff entzogen. Mit einer großen grenzübergreifenden Anstrengung wurden Kläranlagen gebaut, die den Eintrag von Phosphat sehr stark vermindert haben.

Von der Deutschen Umwelthilfe initiiert arbeiten heute 20 Naturschutzverbände aus der Schweiz, Österreich und Deutschland eng zusammen. Ihr Ziel ist eine dauerhaft tragfähige Entwicklung der Bodenseeregion als *Wirtschafts-, Natur- und Kulturraum.* Die 1997 auf dieser Basis gestartete Initiative „Zukunftsfähiger Bodensee" ist weltweites Projekt der EXPO 2000 in Hannover. Projektpartner von *Living Lakes* ist die internationale Bodensee-Stiftung für Natur und Kultur in Konstanz in Zusammenarbeit mit dem 1998 gegründeten Global Nature Fund in Radolfzell. Das Projekt ist eingebunden in jährliche „Living Lakes"-Konferenzen auf der Basis der Agenda 21 (vgl. Global Nature Fund 1998). Für Touristen hoch attraktive Seen sollen für *Freizeit- und Urlaubsaktivitäten im Einklang mit der Natur* erhalten und hinsichtlich der Wasserqualität weiter verbessert werden.

In vielen Entwicklungsländern hat die Wasserver- und -entsorgung nicht mit der touristischen Entwicklung Schritt halten können. „Abwässer" lassen beispielsweise die Insulaner auf den Malediven ungeklärt ins Meer laufen. Auch Abfälle werden direkt ins Wasser geworfen. Müllberge aus Plastiktüten und Blechgetränkedosen türmen sich bereits am Meeresgrund. Die Folgen: Die Tüten verfangen sich in Korallen und ersticken sie. Und die sogenannte *Unterwasserverrottung von Abfällen* entzieht dem Wasser den Sauerstoff und führt zum Absterben der Riffe.

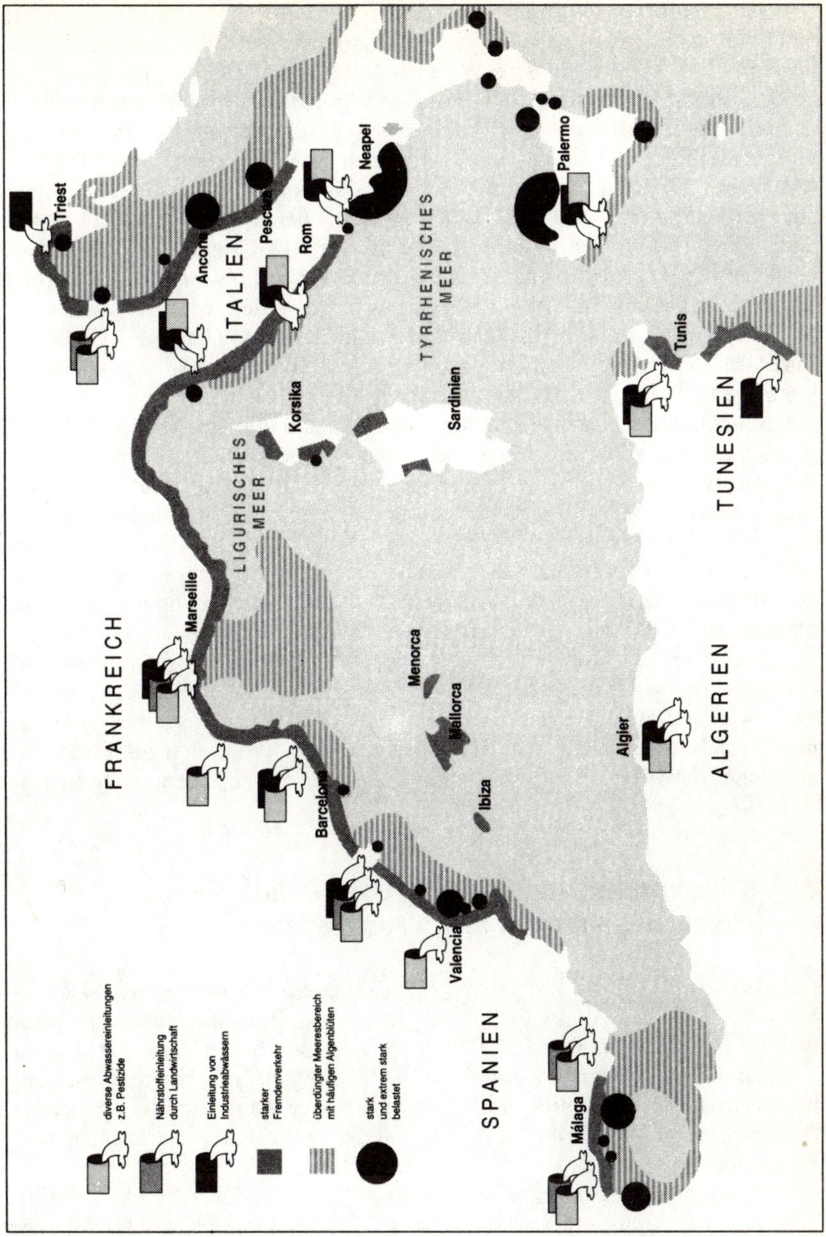

ökom-Grafik - Quelle: stern 25/1993

Vor allem der *Fünf-Sterne-Tourismus in Entwicklungsländern* zerstört nicht nur das Lebensgefühl der Bewohner, sondern auch ihre natürlichen Lebensgrundlagen (insbesondere Wasservorräte). Dies erklärt z.B. den wachsenden Protest, Widerstand und die Feindseligkeit der Bewohner von Goa an der indischen Westküste. Die Hotels erwerben die *Strände als Privateigentum*. Und: „Ein Fünf-Sterne-Hotel verbraucht soviel Wasser wie fünf Dörfer" (Protestgruppe „Equations" auf Goa). Die ökologischen Folgen lassen nicht auf sich warten. Während die Swimming-Pools der Hotels gefüllt und Hotelparks gewässert werden, sinkt in einigen Dörfern der Grundwasserspiegel unter jenes Niveau, das für die Speisung der Brunnen notwendig ist. Während die Hotels rund um die Uhr mit Wasser versorgt werden, wird das Wasser für die Bewohner rationiert („Anderthalb Stunden am Tag" für die Goaner – SPIEGEL Nr. 4/1990). Auch Grundwasserabsenkungen und -versalzungen können eine Folge touristischer Überbeanspruchung sein.

Bei aller berechtigten Kritik am Tourismus als Verursacher von Umweltproblemen darf nicht die Frage des „Haupt"-Verursachers aus den Augen verloren werden. Um den Wassermangel auf Mallorca zu beheben, müssen beispielsweise Tankschiffe aus dem Ebro-Delta nach Palma gebracht werden. Der größte Verbraucher von Trinkwasser ist allerdings nicht der Tourismus (nur zu 10%), sondern die Landwirtschaft (75%) – ganz abgesehen von den überalterten Wasserleitungen: Auf dem Weg durch die Leitungen geht vom Stausee zur Stadt Palma fast die Hälfte des Wassers verloren.

Es ist klar: Mit Prozessionen gegen Wassernot, Wasserverschmutzung und Algenpest ist es in Zukunft nicht getan. So geschehen im Frühjahr 1990 in Bellaria in Italien. Hoteliers und Beschäftigte aus der Tourismusbranche, Fischer und Strandwärter nahmen an einer gemeinsamen Prozession zu Ehren der „Madonna des Meeres" teil – als Schutzmaßnahme vor einer neuen Algenpest.

3. Kommunikation mit der Freizeit- und Tourismusindustrie als Lösungsansatz

Der *Ausbreitung nichtorganisierter Freizeit- und Sportaktivitäten* steht die Umweltpolitik derzeit relativ hilflos gegenüber. Resigniert muß sie einen *massiven Wirkungsverlust* feststellen, weil die durch den Staat gefährdeten Vereine nur mehr bedingt Einfluß auf die nichtorganisierte Freizeitbewegung haben. So steht die Politik vor einem Dilemma. Der deutsche Umweltrat empfiehlt daher, die „Kommunikation mit der Freizeitindustrie zu intensivieren" (SRU 1998, 41).

Nur: Wer soll der Kommunikator eigentlich sein? Jahrzehntelang hat die Politik den Freizeit- und Tourismusbereich dem freien Spiel der Kräfte, dem freien Markt und dem individuellen Belieben überlassen. Freizeit- und Tourismuspolitik wurden zwar als Querschnittaufgaben gesehen – mit dem Ergebnis allerdings, daß alle oder keiner für Problemlösungen in diesem Bereich zuständig waren. Die seit Jahren von Freizeit und Sport, Mobilität und Tourismus ausgehenden Umweltbeeinträchtigungen und -belastungen wurden bereits 1985 von der Wissenschaft empirisch nachgewiesen (vgl. Opaschowski 1985) und mit entsprechenden politischen Forderungen verbunden: „Nicht alles kann dem freien Spiel der Kräfte überlassen bleiben ... Deutschland zählt zu den Ländern mit den besten Umwelt- und Naturschutzgesetzen – aber dem größten Vollzugsdefizit“ (Opaschowski 1985, S. 44). Die Handlungsempfehlungen des Umweltrates, die Freizeitindustrie zu bewegen, wenigstens auf eine „Minimierung“ der nachteiligen Umweltrisiken hinzuwirken, kommen mehr als ein Jahrzehnt zu spät.

Trend-, Fun- und Risikosportarten breiten sich überall fast *wildwüchsig* aus und kommerzielle Sport- und Freizeitzentren schießen *wie Pilze aus dem Boden.* Die Ausbreitung naturnaher Sport- und Freizeitaktivitäten ist jetzt über eine gezielte Informations- und Öffentlichkeitsarbeit der Umweltpolitik nur mehr *begrenzt steuerbar.* Die umweltpolitische Kommunikation mit der Freizeitindustrie muß institutionalisiert werden – sonst bleibt alles, wie es ist: Regelungen und Verbote, aber keine regelmäßigen Kontrollen. Es sind also Maßnahmen, Instrumente und Institutionen erforderlich, um eine stärkere Verknüpfung der Landschaftsplanung mit der Freizeit- und Fremdenverkehrsplanung zu erreichen.

In Zukunft muß deutlicher zwischen

- Naturvorrang-Räumen und
- naturnahen Freizeiträumen

unterschieden werden, so daß unterschiedliche Nutzungsintensitäten nötig und möglich sind. In besonders geschützten Gebieten dürfen umweltschädigende Freizeitaktivitäten (z.B. Mountainbiking, Klettern) nicht mehr ohne Auflagen zugelassen werden. Andererseits sollten *ökologisch weniger empfindliche Ersatzräume angeboten* werden. Auch wenn die defizitäre Datenlage zum Thema Umwelt, Freizeit und Tourismus durch gezielte Forschungsförderung überwunden wird, bleibt die „Notwendigkeit zum Handeln“ (SLR 1998, 41) außer Frage.

Nachhaltigkeit im Tourismus kann jedenfalls nicht nur heißen, daß mangels praktikabler Beispiele am Ende nur „Urlaub auf dem Bauernhof“ (Bekker u.a.1996, S. 154) als ökologische (Verlegenheits-)Lösung empfohlen wird nach dem Motto „Neue Städter braucht das Land“ – so z.B. eine Empfehlung der Hessischen Arbeitsgemeinschaft für Biologisch-Dynamische Wirtschaftsweise, wozu auch die Mitarbeit in der Tierpflege oder bei der Feldarbeit gehören soll ...

V. Umweltbewußtsein und Umweltverhalten

1. Auswirkungen der Umweltdiskussion

1.1 Informationskenntnisse

Die Bevölkerung hat das Gefühl, daß sie z. Zt. immer und überall mit den Umweltproblemen konfrontiert wird: „Da gibt es ja jeden Tag einen neuen Skandal". Charakteristisch für die medial verbreiteten Informationen ist, daß sie fast ausschließlich negativer Art und in ihrem Bedeutungsgehalt für den einzelnen häufig schwer zu interpretieren sind. Den meisten Bundesbürgern fehlt ein Meß- und Bedeutungssystem, um einschätzen zu können, was diese konkrete Wasserverschmutzung oder der Grad der Luftverschmutzung objektiv bedeutet. So bleibt bei dem einzelnen oftmals der *subjektive Eindruck einer Umweltkatastrophe undefiniertbaren Ausmaßes.* Die häufigsten Reaktionen sind Gefühle der Hilflosigkeit, der Überforderung – und nicht zuletzt der Angst.

Das Informationsverhalten ist mehr durch passives Erleiden von Hiobs-Botschaften als durch aktive Kommunikation charakterisiert.

Vor diesem Hintergrund ist es verständlich, daß sich jeder zweite Bundesbürger nicht gut und umfassend informiert fühlt. Subjektiv herrscht die Meinung vor, daß in dieser Hinsicht noch zu wenig getan wird. Das subjektive Wissensdefizit läßt sich in drei Bereiche untergliedern:

- Zentral ist der Wunsch, den aktuellen *Stand der Umweltgefährdung* objektiv zu kennen, d.h. man möchte wissen, „wie schlimm es denn wirklich ist" und „ob es denn wirklich 5 vor 12 ist". Dabei schwingt häufig eine kleine Hoffnung mit, daß es doch noch nicht zu spät sei.
- Ein zweiter Bereich umfaßt die Informationen über die konkreten *Folgen bestimmter Umweltbelastungen*, um die Gefährlicheit einzelner Faktoren selbst besser einschätzen zu können. Dieses Sachwissen um die Zusammenhänge ist zugleich die Basis für den dritten Wissenskomplex.
- Der *Wunsch nach Anregung und Hilfe* wächst, was man denn als einzelner praktisch tun kann. Dabei geht es den meisten gar nicht nur um eine Liste umweltfreundlicher Maßnahmen (die fast jeder kennt). Vielmehr möchte man speziell über den Stellenwert und Wirkungsgrad des eigenen Beitrags (im Gesamtrahmen aller Förderungsmaßnahmen) informiert werden: „Mit einem Tropfen auf den heißen Stein kann es nicht getan sein".

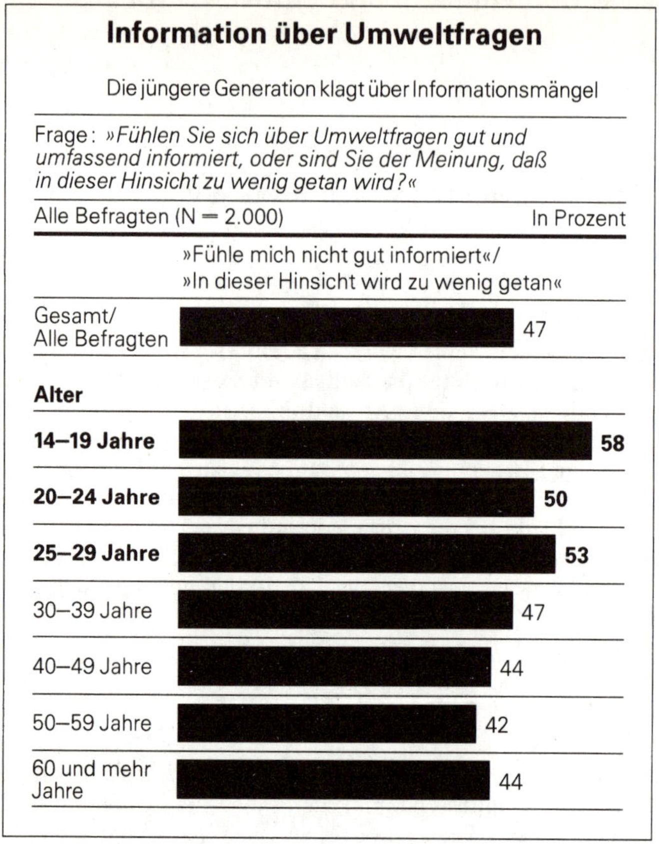

Die Mehrheit der jüngeren Generation bis 30 Jahre fühlt sich über Umweltfragen nicht gut und umfassend informiert. Sie ist der Meinung, daß in dieser Hinsicht zu wenig getan wird.

Soziodemographisch zeigen sich im Hinblick auf Altersgruppen deutliche Unterschiede. Mit zunehmenden Alter fühlen sich die Bundesbürger subjektiv besser informiert: Die 14- bis 29jährigen fühlen sich mehrheitlich schlecht, die über Dreißigjährigen mehrheitlich gut informiert. Zwischen dem subjektiven Sich-informiert-Fühlen und dem objektiven Informiert-Sein muß deutlich unterschieden werden.

1.2 Informationsquellen

Ohne die beiden Massenmedien Fernsehen und Tageszeitungen wären die Bundesbürger in Sachen Umweltschutz schlecht beraten. *Fernsehen (90%) und Tageszeitungen (75%) sind die wichtigsten Informationsquellen geworden.* Von beiden Medien geht offensichtlich ein hohes Maß an Glaubwürdigkeit aus, weil die Information durch Wort und Bild erfolgt und die Bundesbürger sich konkret-bildhaft Umweltprobleme vorstellen können. Fernsehen („Das sieht man ja jeden Tag im Fernsehen") und Zeitung („Das liest man ja täglich in der Zeitung") ermöglichen gleichsam innere Bilder, anschauliche Darstellungen, die emotional wirken und persönlich ansprechen.

Nur so ist es zu erklären, daß der Informationswert des *Hörfunks* im Vergleich zum Fernsehen relativ gering eingeschätzt wird. Das Radio kann keine Bildwelten, die betroffen machen, vermitteln. Dies trifft zwar für die Zeitschriften allgemein nicht zu, doch fehlt ihnen die Tagesaktualität, so daß sich ihre Informationswirkung in Grenzen hält. Wichtige Informationsträger sind auch Freunde und Bekannte, insbesondere für die Jugendlichen.

Überaus gering werden Bedeutung und Wirkung der staatlichen Informationspolitik eingeschätzt. Nach Meinung der Bevölkerung informieren Bürger-, Umweltinitiativen und -organisationen mehr als Regierung, Staat und alle Parteien zusammen. Und noch eine Besonderheit: Die Industrie gilt als Haupverursacher von Umweltschäden, trägt aber nach Meinung der Befragten am wenigsten zur Informationsbildung bei. Die Objektivität ihrer Informationen erscheint fragwürdig.

> Die wirksamste Form der Informationsvermittlung geschieht derzeit über das Fernsehen. Wer dieses Massenmedium als Informationsträger für Umweltfragen gewinnt und nutzt, kann fast auf alle anderen Informationsmedien verzichten.

1.3 Informationsdefizite

„Freizeit als Umweltrisiko": Für viele Bundesbürger ist der Problemzusammenhang von Freizeit, Tourismus und Umweltbelastung weitgehend informatorisches Neuland. Sie geben an, darüber noch nie Informationen erhalten zu haben. Auffallend hoch (71%) ist das Informationsdefizit bei Bewohnern von Klein- und Mittelstädten unter 100.000 Einwohner. Deutlich geringer ist es bei den Landbewohnern in Orten unter 5.000 Einwohnern. Die Erklärung liegt nah: Landbewohner sind als Betroffene („Bereiste") unmittelbar mit den Umweltbelastungen des Freizeittourismus konfrontiert. Sie erhalten so Informationen aus erster Hand, durch Beobachtungen und eigenes Erleben.

Am wenigsten (41%) beklagen sich Befragte mit Gymnasialabschluß/Abitur über Informationsmängel. Das Wissen um freizeitökologische Zusammenhänge ist zweifellos abhängig vom Bildungsgrad. Je niedriger der formale Bildungsabschluß desto größer das Informationsdefizit.

Informationsquellen über Umweltfragen

Fernsehen ist der wichtigste Informationsvermittler

Frage: *»Woher haben Sie im allgemeinen Ihre Informationen über Umweltfragen? Hier auf dieser Liste haben wir einmal einige Möglichkeiten gesammelt, wo man sich über Umweltfragen informieren kann. Sagen Sie mir bitte, was davon für Sie persönlich zutrifft«.*

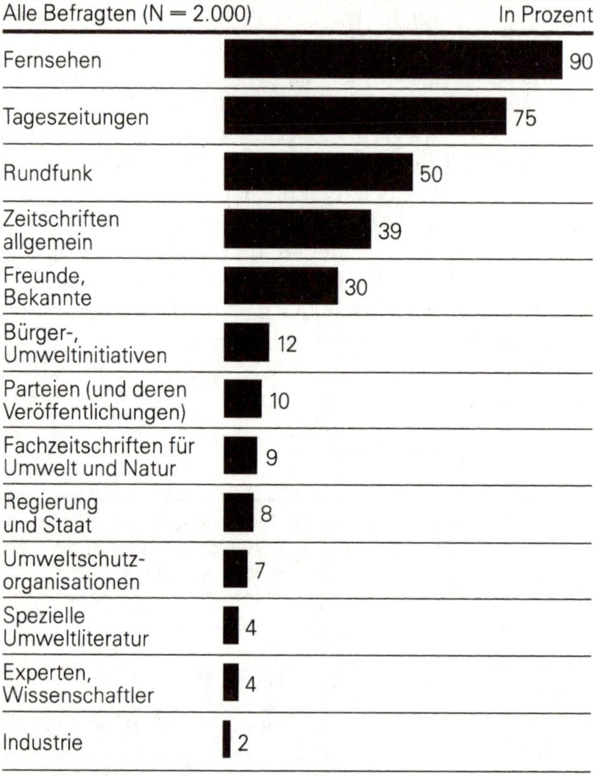

Ohne die Massenmedien Presse, Rundfunk und Fernsehen wären die Bundesbürger in Sachen Umweltschutz schlecht beraten. Bedeutung und Wirkung der staatlichen Informationspolitik werden gering eingeschätzt. Die Industrie gilt als Hauptverursacher von Umweltschäden, trägt aber nach Meinung der Befragten am wenigsten zur Informationsbildung bei.

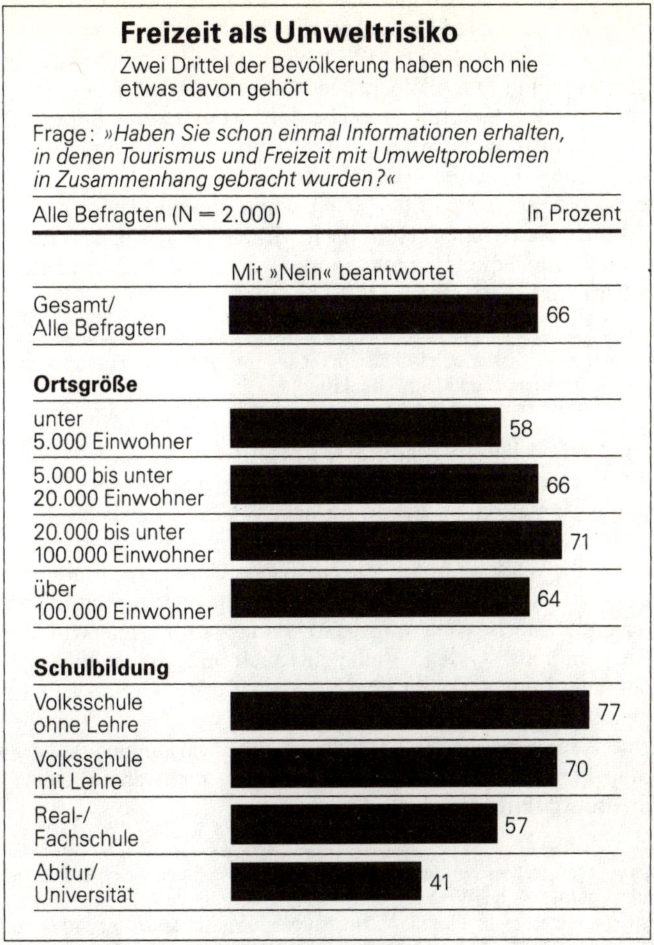

Für zwei Drittel der Bevölkerung ist der Problemzusammenhang von Freizeit, Tourismus und Umwelt ein ›Weißer Fleck‹. Sie geben an, darüber noch nie Informationen erhalten zu haben.

1.4 Informationsbarrieren

Den Befragten wurde eine Liste vorgelegt, in der eine Reihe von Umweltbelastungen aufgeführt waren, die in unmittelbarem Zusammenhang mit Freizeit- und Urlaubsaktivitäten stehen. Die Befragten sollten angeben, von welchen Umweltbelastungen sie schon einmal gehört hatten:

- Zwei Drittel (69%) nennen als erstes die Verschmutzung der Landschaft durch Freizeitabfälle.

- Über die Hälfte der Befragten (58%) führen die Verschmutzung der Luft durch Wochenend- und Urlaubsverkehr an.
- Und jeder zweite Befragte (49%) weist auf die Landschaftszerstörung und Zersiedelung durch Wochenendhäuser, Ferienappartements, Pensionen und Hotelanlagen hin. Und ebenfalls jeder zweite gibt auf Befragen die Verschmutzung der Meere durch Fährschiffe, Vergnügungsdampfer, Motor-, Segel-, Ruderboote und Surfer an.
- Dagegen hat nur jeder dritte (34%) schon einmal gehört, daß Skipisten und Skilifte landschaftszerstörerisch wirken können. Und eine mögliche Landschaftszersiedlung durch Sportanlagen und Freizeitbauten ist gar nur jedem vierten Befragten (25%) bekannt.

Spontan sehen zwei Drittel der Bundesbürger überhaupt keinen Zusammenhang zwischen Freizeit, Tourismus und Umweltbelastungen.

Werden im Laufe der Befragung freizeitspezifische Umweltbelastungen konkret benannt, kann sich nicht einmal die Hälfte der Bevölkerung daran erinnern, schon einmal davon gehört zu haben. Über allgemeine Umweltprobleme („Saurer Regen", „Waldsterben") sind die Bundesbürger relativ gut informiert, aber ihr Wissen um freizeitspezifische Umweltbelastungen hält sich in engen Grenzen („Was der kleine Mann da tut, mal ‚n paar Kippen in die Wiese werfen"). Die Bevölkerung weiß wenig darüber und will vermutlich auch wenig darüber wissen. Vielleicht auch ein Spiegelbild von Fernsehprogrammen, in denen mehr über Skirennen in freier Natur als über Umweltschäden durch den Skisport informiert wird.

Daß die Kenntnisse in der Bevölkerung über Zusammenhänge zwischen Umwelt und Freizeitverhalten so gering sind, ist nicht allein auf Mängel in der Informationspolitik zurückzuführen.

Es ist zu vermuten, daß es bei den Bundesbürgern psychologisch begründete Informationsbarrieren gibt: Das von Werbung und Industrie vermittelte Bild einer schönen Freizeitwelt soll möglichst nicht durch Problematisierungen gestört oder zerstört werden.

So wünscht sich beispielsweise nur jeder sechste Bundesbürger mehr Informationen über die Schädigung und Verschmutzung der Landschaft durch Freizeitaktivitäten, aber jeder zweite will ausführlich über Umweltsünden der Industrie informiert werden. Auch auf besondere Informationen über umweltbewußtes Freizeit- und Urlaubsverhalten legt nur jeder fünfte Bundesbürger Wert.

Die Freizeit ist das Tabu – nicht das eigene Verhalten. Das eigene Verhalten möchte man schon verändern und auch mehr darüber wissen, „was jeder einzelne zum Umweltschutz beitragen kann" – solange dadurch nicht die Freiheit in der Freizeit und die Freude an der Freizeit beeinträchtigt werden.

1.5 Einstellungs- und Verhaltensänderungen

Zwei Drittel der Bevölkerung waren 1984 der Auffassung, daß sich ihre persönliche Einstellung in den letzten Jahren durch die Umweltdiskussion verändert hat. Einstellungsänderungen haben jedoch nicht zwangsläufig Verhaltensänderungen zur Folge. Die Frage „Hat sich durch die aktuelle Umweltdiskussion auch Ihr Freizeit- und Urlaubsverhalten verändert?“ wurde nur von jedem fünften Befragten bejaht. 81 Prozent der Bevölkerung lebten so weiter wie bisher. Dies galt in besonderer Weise für die ältere Generation, die an ihren Freizeit- und Urlaubsgewohnheiten unverändert festhielt. Umweltbewußt denken ist die eine Sache, umweltbewußt handeln die andere.

Von einem ökologischen Generationenvertrag konnte kaum die Rede sein. Jeder vierte 30- bis 39jährige, aber nur jeder siebte 60- bis 69jährige reagierte auf die aktuelle Umweltdiskussion mit Änderungen des eigenen Freizeit- und Urlaubsverhaltens – zumindest auf den ersten Blick. Denn bei allen Personen, die angaben, ihr Freizeit- und Urlaubsverhalten geändert zu haben, wurde konkret nachgefragt: „Was machen Sie in Ihrer Freizeit heute anders?“ Die Antworten waren ernüchternd: Jeder dritte konnte sich plötzlich an nichts mehr erinnern.

Besonders auffällig zeigten sich die 16- bis 19jährigen. Jeder vierte gab vorher an, sich in Freizeit und Urlaub umweltbewußt zu verhalten. Auf die Nachfrage hin, konkrete Angaben über ihr eigenes Verhalten zu machen, mußte die Hälfte (47%) der 16- bis 19jährigen „passen“ – bei den über 55jährigen waren es nur 23 Prozent. Ist die ältere Generation ehrlicher? *Jeder zweite Jugendliche plädierte für umweltbewußtes Freizeit- und Urlaubsverhalten, ohne zu wissen, was das konkret bedeutete.* Auch für die übrige Bevölkerung hielt sich der Einfallsreichtum in Grenzen:

- „Achte eher auf kaputte Botanik“.
- „Kein Klopapier mehr in die Wildnis“.

- „Kein Ölwechsel mehr im Wald".
- „Ich beobachte genauer".

Die wenigen Verhaltensänderer gaben an, im wesentlichen mehr Fahrrad (10%) und weniger Auto (18%) zu fahren. Und für das Mehr-zu-Fuß-Gehen entschieden sich gerade 5 Prozent, für das Umsteigen auf öffentliche Verkehrsmittel lediglich 3 Prozent. Es gab viele Umweltbewußte, aber nur wenige Verhaltensänderer. Umweltbewußtsein wurde mehr demonstriert als realisiert.

Hat sich seither etwas verändert? Vergleichsuntersuchungen geben zu der Hoffnung Anlaß: Die Touristen werden etwas sanfter. Trotz anhaltend expansiver Freizeitmobilität und steigender Reiseintensität ist z.B. im Zeitvergleich der Jahre 1984 und 1988 ein „sanfterer" Umgang mit Natur und Landschaft festzustellen. Fast zwei Drittel der Bevölkerung (60%) suchen keine abgelegenen Natur- und Landschaftsgebiete mehr auf, „um Tiere und Pflanzen zu schützen". Vier Jahre zuvor hatten sich gerade 43 Prozent entsprechend verhalten. 1984 hielten sich 58 Prozent der Wanderer an die öffentlichen Wege, 1988 waren es 68 Prozent.

In den achtziger Jahren wurde die Touristik auch mit großen Umweltproblemen konfrontiert (Robbensterben, Algenblühen, Wasserverschmutzung u.a.). Wie reagierten die Urlauber auf solche Probleme? Haben sie sich in ihrer Urlaubsplanung beeinflussen lassen? Änderten sie gar ihr Urlaubsverhalten? Eine Repräsentativbefragung von 4.000 Personen ab 14 Jahren (B.A.T Freizeit-Forschungsinstitut 1990) ergab:

- Jeder vierte Urlauber informierte sich eingehend über die Umweltsituation am Urlaubsort. Allerdings spiegelt dieser Durchschnittswert nur unzureichend die tatsächliche Situation wider. Familien mit Kindern zeigten die höchste Sensibilität für Umweltprobleme (35%), Singles (20%) und Jugendliche (16%) die geringste. Wer keine Verantwortung für andere zu tragen hat, reist offensichtlich am sorglosesten.
- Zwei Drittel der Urlaubsreisenden, die sich eingehend über die Umweltsituation am Zielort informiert hatten, wollten dennoch von Beeinflussung nichts wissen. Sie haben sich in ihrer weiteren Urlaubsplanung dadurch nicht beeinträchtigen lassen.
- Das übrige Drittel aber räumte ein, die eigenen Urlaubsgewohnheiten verändert und beispielsweise nicht mehr im Meer gebadet zu haben oder gar woanders hingefahren zu sein.

Von hundert Urlaubsreisenden ändern bei plötzlich auftretenden Umweltproblemen lediglich drei ihre Gewohnheiten und weitere fünf fahren woanders hin.

Reaktionen auf Umweltprobleme

Auswirkungen auf Urlaubsplanung und -gewohnheiten

Frage: „Haben Sie sich vor Ihrer Reiseentscheidung über die Umweltsituation am Zielort eingehend informiert?"

Basis: Alle Befragten, die 1989 eine Urlaubsreise unternahmen (N = 2151)
Angaben in Prozent

	Alle Befragten 1988	Alle Befragten 1989	Jugendliche	Junge Erwachsene	Singles	Paare	Familien mit Kindern	Familien mit Jugendlichen	Jungsenioren	Ruheständler
Ja	**23**	**25**	16	18	20	26	**35**	30	23	19
Nein	**76**	**75**	**83**	81	80	74	64	70	77	81

Zusatzfrage: „Haben Sie sich hierdurch in Ihrer Urlaubsplanung beeinflussen lassen?"

Basis: N = 529

	Alle Befragten 1988	Alle Befragten 1989	Jugendliche	Junge Erwachsene	Singles	Paare	Familien mit Kindern	Familien mit Jugendlichen	Jungsenioren	Ruheständler
Nein	**64**	**65**	**81**	69	59	50	61	66	69	68
Nein, aber ich habe meine Urlaubsgewohnheiten verändert (z. B. nicht mehr im Meer gebadet)	**19**	**12**	6	**18**	8	14	11	9	15	9
Ja, ich bin woanders hingefahren	**16**	**22**	5	13	32	**36**	26	25	15	19

Quelle: B·A·T Freizeit-Forschungsinstitut
Repräsentativbefragung „Urlaub 89/90" – Hamburg 1990

2. Zwischen Selbsthilfe und staatlichen Maßnahmen

In den Augen der Bundesbürger ist die eigene Freizeit fast genauso erhaltens- und schützenswert wie die Umwelt. Wenn die *Lebensqualität Freizeit* zugunsten einer intakten Umwelt spürbar eingeschränkt oder geopfert werden muß, dann ist offensichtlich auch das gewonnene Natur- und Landschaftserleben nicht mehr viel wert. Umwelt und Freizeit sollten eher eine Vernunftehe eingehen, in der Umweltschutzinteressen und Freizeitbedürfnisse aufeinander bezogen und nicht gegeneinander ausgespielt werden.

Deutlich spiegelt sich die *geringe ökologische Opferbereitschaft* in der Einstellung zum Urlaub (=extreme Freizeit) wider. Die Urlauber wollen selbst bestimmen, was umweltbewußt ist, und *sich nicht zu umweltbewußtem Handeln zwingen lassen.* Sie wollen die Freiheit der Wahl behalten – und sich im Einzelfall auch gegen die Umwelt entscheiden.

- Mit den Folgen touristischer Erschließung von Natur und Landschaft konfrontiert vertreten zwei Drittel der Bundesbürger (63%) die Auffassung, Feriengebiete sollten „in der Landschaft weiträumig verteilt" werden, auch wenn dadurch die Landschaft *„durch viele kleine Ferienhäuser verbaut oder zersiedelt wird": Lieber Landschaftsfraß als Bettenburgen.* Freiwillig sind die Urlauber offensichtlich nicht zu Kompromissen bereit. Und wenn die freie Landschaft noch so verhäuselt und der freie Zugang zu Seeufern und Meeresküsten versperrt wird – das unbeschränkte Recht auf Landschaftsverbrauch und die Freiheit, Unberührtes zu berühren, wollen sie sich nicht nehmen lassen. Schließlich zahlen sie auch einen hohen Preis dafür. Es sollte schon zu denken geben, daß die Höchstverdienenden (über 5.000 DM Netto-Einkommen) am meisten (72%) auf den ungehinderten Urlaubsgenuß in freier Landschaft pochen, Arbeiter am wenigsten (56%).
- Lediglich jeder fünfte Bundesbürger (20%) ist damit einverstanden, *Touristikströme auf wenige Feriengebiete zu „konzentrieren", um die übrige Landschaft zu erhalten.* Nur wenige Urlauber sind heute schon zu einer Ethik des Verzichts bereit.

> Die meisten Urlauber denken – an sich selbst zuerst. Sie gebärden sich lieber sanft und grün, brandmarken Bauboom und Bettenburgen und buchen ganz nah am Biotop die nächste Urlaubsreise.

Es führt kein Weg daran vorbei: In Zukunft werden wir uns wohl daran gewöhnen müssen, daß die durch Urlaubsaktivitäten genutzten Räume je nach ökologischer Empfindlichkeit bzw. Belastbarkeit nur mehr begrenzt zugänglich oder nutzbar sind. Dazu gehören dann beispielsweise (vgl. Schemel 1988):

- *Taburäume*

Hierbei handelt es sich um Gebiete mit Vorkommen besonders gefährdeter Tier- und Pflanzenarten, um Hochmoore, Quellenbereiche, Erosions- und Lawinenschutzflächen. Diese Gebiete müssen für Urlauber tabu bleiben.

- *Naturschutzräume*

Nationalparks enthalten in ihren Kernzonen großflächige Schutzgebiete, die weitgehend sich selbst überlassen sind. Hinzu kommen Dünenschutzgebiete, Landschaftsschutzgebiete oder Baumwälder, die vor Tagesausflüglern und Urlaubern geschützt werden müssen.

- *Kulissenräume*

Hierbei handelt es sich um Gebiete, die ihres einmaligen Landschaftscharakters wegen erhalten bleiben sollten. Sie sind nur als Kulisse zum Anschauen, nicht zum Betreten da.

Freizeit ruiniert die Umwelt nicht nur, Freizeit schützt sie auch. Die Initiativ- und Engagementbereitschaft in Sachen Freizeit- und Umweltschutz ist davon abhängig, ob der einzelne für sich selbst Nutzen daraus ziehen, persönliche

Befriedigung oder soziale Bestätigung finden kann. Auf die Frage „Wären Sie bereit, sich einer Initiative anzuschließen, die sich in Ihrer unmittelbaren Umgebung für eine der folgenden Möglichkeiten einsetzt?" wurde u.a. die Antwort vorgegeben: „Baumpatenschaften übernehmen (für vorhandene oder neu zu pflanzende Straßenbäume)". Nur ein Drittel der Befragten spricht sich dafür aus. Die Aufgabe erscheint offensichtlich zu anonym, zu unpersönlich, verspricht zu wenig eigenen Nutzen. Warum soll man für andere Leute Bäume begießen?

> Entgegen allen Wortbekundungen scheint das direkte persönliche Verhältnis zur Natur gar nicht so ausgeprägt zu sein.

Auch die Herausforderung, „Blockinnenflächen in Mietergärten (für eigenen Obst- und Gemüseanbau) umzuwandeln", wird nur von einem Drittel der Befragten angenommen. Viele befürchten offenbar Nachbarschaftskonflikte oder ordnen dieses Anliegen mehr der grünalternativen Bewegung zu: Die jüngere Generation und die Höhergebildeten können sich mehr dafür begeistern als die ältere Generation oder Befragte mit geringerer Schulbildung.

Die *Landbewohner* wollen sich mehr für den Ausbau der Grün- und Freiflächen in der Nähe der Wohnung, mehr für größere Laubbäume in der Wohnstraße, mehr für die attraktivere Gestaltung vorhandener Parks und „innerstädtischer" (!) Grünanlagen und mehr für den Ausbau des öffentlichen Nahverkehr einsetzen als die Großstadtbewohner. *Ihr Verhältnis zur Natur ist weniger durch Gleichgültigkeit gekennzeichnet.* Natürliche Umwelt ist für die Landbewohner offensichtlich immer auch lebendige und gestaltete Mitwelt, mit der und von der sie leben und für die sie auch Verantwortung tragen.

> Es gibt eine große Kluft zwischen der großen Zahl der Umweltinteressierten und der kleinen Gruppe der Umweltengagierten.

3. Umweltschutzinteressen und Freizeitbedürfnisse im Zielkonflikt

3.1 Bereitschaft zu spürbaren Einschränkungen im eigenen Verhalten

81 Prozent der Bevölkerung sind *im Ernstfall* bereit, spürbare Einschränkungen in ihrem Freizeitverhalten hinzunehmen, wenn dadurch Natur und Umwelt dauerhaft erhalten bleiben. Hier zeigt sich eine besondere *soziale Verantwortung für den Notfall.* Nun ist die geäußerte Bereitschaft nicht schon identisch mit dem tatsächlichen Tun. Meist handelt es sich mehr um eine *verbale Opferbereitschaft*, die auch noch an Vorbedingungen geknüpft wird:

- „Erst wenn ich selbst die Gefahr für die Natur sehe".
- „Wenn man mir persönlich eine Schädigung nachweist"
- „Nur bei überzeugenden Argumenten"
- „Erst wenn ich alt bin".

Die Opferbereitschaft ist abhängig von Überzeugungsgrad und persönlicher Betroffenheit. Jeder will die Schmerzgrenze selbst festlegen, den Notfall selbst definieren. Ansonsten gilt die Devise: „Geh du voran".

Wenn es wirklich ernst werden sollte, muß es keinen großen Zielkonflikt zwischen Freizeit und Umweltschutz geben. Die überwiegende Mehrheit der Bevölkerung ist dann bereit, erforderlichenfalls eigene Freizeitinteressen zurückzustellen – die Frauen etwas mehr als die Männer, die 14- bis 24jährigen etwas weniger als die 35- bis 59jährigen. Neben Geschlecht und Alter zeigen sich auch Unterschiede hinsichtlich des Bildungsgrades. *Höhergebildete mit Abitur/Universitätsstudium zeigen die größte Opferbereitschaft* (89%), deutlich mehr als Befragte mit Realschulabschluß (78%) oder mit Volksschulabschluß ohne Lehre (80%). Ähnlich signifikante Unterschiede sind zwischen Arbeitern (78%) und höheren Beamten und Leitenden Angestellten (87%) festzustellen.

Vor die Alternative gestellt, sich im Ernstfall für die Umwelter-haltung oder den Freizeitgenuß zu entscheiden, würden vier Fünftel der Bundesbürger im Interesse des Gemeinwohls die Umwelterhaltung wählen.

Informations- und Bildungsgrad, Problembewußtsein und Sensibilität für Umweltprobleme tragen wesentlich dazu bei, daß im Ernstfall eines Entscheidungszwanges die persönlichen Freizeitbedürfnisse den allgemeinen Umweltinteressen untergeordnet würden. Die Frage stellt sich natürlich: Wann tritt dieser Ernstfall ein? Wird er überhaupt erkannt oder liegt die Entscheidung ganz im Belieben jedes einzelnen? Wie groß ist dann wohl die Kluft zwischen vorher bekundeter Verzichtsbereitschaft und später praktiziertem Verzicht? Bis dahin muß der unbequeme Weg einer *Gratwanderung zwischen Umweltbelastung und Freizeitbevormundung* gegangen werden, d.h. die Umwelt soll geschützt und die persönliche Freiheit in der Freizeit muß erhalten werden.

Andererseits darf die hohe Opferbereitschaft der überwiegenden Mehrheit der Bevölkerung nicht darüber hinwegtäuschen, daß für jeden siebten Bundesbürger der ganz persönliche Freizeitgenuß wichtiger ist als der Umweltschutz. Werden in Zukunft Millionen Bundesbürger ihr Freizeitleben weiterhin ohne Rücksicht auf Umweltverluste genießen?

3.2 *Der Staat und jeder einzelne sind gefordert*

Umweltprobleme werden von allen verursacht. Müssen dann nicht auch alle zur Problemlösung beitragen? Fängt wirksamer Umweltschutz nicht bei jedem selbst an? Oder kann nur der Staat durch Gesetze und Verordnungen helfen? Über ein Drittel der Bevölkerung ist der Auffassung: *„Wirksamer Umweltschutz fängt bei jedem selbst an"*. Frauen vertreten diesen Standpunkt deutlich häufiger als Männer. Auch die jüngere und die mittlere Generation sind davon überzeugt, daß die Umweltprobleme nur lösbar sind, wenn jeder bei sich selbst anfängt.

Im Vergleich hierzu ist das Vertrauen der Bürger in die *Wirksamkeit staatlicher Maßnahmen* relativ gering: Nur jeder achte Bundesbürger glaubt daran, daß Gesetze und Verordnungen allein die Umwelt wirksam schützen können. 14- bis 15jährige Jugendliche halten fast gar nichts (2%) von staatlichen Maßnahmen. Deutlich höher liegt dagegen der Anteil bei Rentnern (16%). Das größte Vertrauen in die Wirksamkeit von Gesetzen und staatlichen Verordnungen setzen die Arbeitslosen (29%).

Jeder zweite Bundesbürger ist der Meinung: *Alle sind gleichzeitig gefordert.* Der einzelne allein kann die anstehenden Umweltprobleme ebensowenig lösen wie der Staat. Beide, der Staat und jeder einzelne, können nur gemeinsam die Umwelt wirksam schützen. Der Staat ist aufgerufen, durch entsprechendes politisches Handeln ökologische Verantwortung zu tragen. Gleichermaßen aber ist es nötig, daß jeder einzelne durch sein eigenes Tun mit dazu beiträgt und nicht bloß auf staatliche Maßnahmen vertraut.

Diese ganzheitliche Sichtweise vertreten besonders die Bewohner auf dem Land (56%). Von der Wirksamkeit des gleichermaßen individuellen wie staatlichen Umweltschutzes am meisten überzeugt (61%) sind die höheren Beamten und Leitenden Angestellten. Sie nehmen in Wirtschaft, Industrie und Politik verantwortliche Positionen ein. Ihre Auffassung spiegelt nicht nur persönliche Anschauung, sondern auch und gerade praktische Erfahrung im Beruf wider. Insgesamt bleibt festzuhalten:

> Die Bürger sind in Sachen Umweltschutz viel zu sehr persönlich betroffen und engagiert, als daß sie sich bloßes Obrigkeitsdenken leisten könnten. Die wenigsten vertrauen auf den Staat. Jeder dritte will selbst etwas tun. Und jeder zweite ist davon überzeugt, daß nur Staat und Bürger gemeinsam die Umweltprobleme lösen können.

3.3 *Zwischenresümee: Zeitbombe oder Wanderpokal?*

Die Fragestellung „Freizeitverhalten als Umweltrisiko?" ist unbequem, das Problembewußtsein unterentwickelt und die Bereitschaft zur Änderung des eigenen Freizeitverhaltens gering. Die überwiegende Mehrheit will auch die Verantwortung für Umweltschäden nicht übernehmen.

> Jeder reicht die ökologische Zeitbombe weiter – wie einen Wanderpokal.

- Großzügig ist die Bereitschaft, auf „kleine Laster" zu verzichten (z.B. wildes Campen, Rauchen im Wald).
- Trotzig ist die Ablehnung von Einschränkungen der persönlichen Freiheit in der Freizeit (z.B. Fahrverbote, Wanderverbote in Naturschutzgebieten).
- Breit ist die Zustimmung für drakonische Maßnahmen, insbesondere Geldstrafen für „Umweltsünder" (z.B. Flaschen, Dosen, Picknickreste liegen lassen).

Seit Jahren wird in der Fachdiskussion vom „Sanften Tourismus" geredet: Alle hoffen auf eine sanfte Tourismus-Industrie, ohne darauf hinzuweisen, daß die sanften Freizeiter und Urlauber viel wichtiger sind. Die Anbieter und Veranstalter werden sich ganz schnell umstellen, wenn sie zu spüren bekommen, daß die Gäste und Besucher sanfter werden. *Die größten Freizeitunternehmer sind doch die Gäste und Besucher selbst.* Aggressiver oder sanfter Umgang mit Natur und Umwelt wird von ihnen durch „Abstimmung mit den Füßen" entschieden.

Ein verändertes Freizeitverhalten ist der Schlüssel zur Problemlösung für die Zukunft und nicht etwa die Erschließung neuer Zielgebiete.

4. Ist die Umwelt heute out?

Zu einer Zeit, da es in Bonn weder ein Bundesumweltministerium noch bei den Reiseveranstaltern einen Umweltbeauftragten gab, auch in den Reiseanalysen noch nicht danach gefragt wurde, ob die Urlauber schon „irgendwelche Umweltprobleme bemerkt" hätten, führte das B.A.T Freizeit-Forschungsinstitut 1984 die erste repräsentative Erhebung in Deutschland zum Problemfeld Umwelt, Mobilität und Tourismus durch. Neben der grundlegenden Forschungsstudie *„Freizeit und Umwelt"* veröffentlichte das Institut gemeinsam mit dem Touristikkonzern TUI die Dokumentation *„Umwelt und Tourismus"*.

Die Dokumentation wies seinerzeit nach, daß der Problemzusammenhang von Umwelt und Tourismus für Bürger und Politiker noch weitgehend informatorisches Neuland war. Zwei Drittel der Bevölkerung wußten damals noch gar nicht, daß ihr Urlaubsverhalten auch zu Umweltschäden führen könne. Hier war grundlegende Aufklärungsarbeit zu leisten. Entsprechend deutlich wurden die Forschungsergebnisse dargestellt: „Eine ökologisch-ökonomische Zeitbombe tickt: Zunehmende Umweltbelastung durch mehr Freizeit und die rücksichtslose Ausbeutung der Natur drohen Fremdenverkehr und Tourismus abzuwürgen."

Was Mitte der achtziger Jahre schließlich an Forderungen erhoben wurde

- „Öko-Bilanz"
- „Ökologische Buchführung"

- „Ökomarketing“
- „Umweltverträglichkeitsprüfung“
- „Ökozeichen“

hat bis heute nichts von seiner Aktualität und Dringlichkeit eingebüßt. Ganz im Gegenteil: Der Tourismus gilt – so 1996 der Wissenschaftliche Beirat für Globale Umweltfragen der Bundesregierung – noch immer als *„Umweltproblemsyndrom“*. Und das 1998 vom Ausschuß für Fremdenverkehr und Tourismus des Deutschen Bundestages vorgelegte TA-Gutachten „Entwicklung und Folgen des Tourismus“ *vermißt weiterhin ein „spezifisches Ökobilanz-Konzept im Bereich Tourismus“*. Diesen Fakten steht jedoch eine andere Entwicklung gegenüber:

> Während Politik und Fachöffentlichkeit noch über wirksame Lösungsansätze debattieren, steigen offensichtlich die ersten Touristen schon wieder aus der Umweltdiskussion aus. Sie haben ganz andere Probleme und Wünsche – vom knappen Haushaltsgeld bis zum wachsenden Erlebnishunger.

Ist die Umwelt plötzlich out? Wollen die Urlauber vom „Sanften Tourismus“ nichts mehr wissen? Oder werden Umweltprobleme vorübergehend nur verdrängt?

Das Konfliktpotential des Umweltschutzes ist von der Tourismusindustrie spät, vielleicht zu spät entdeckt worden. 1980 erfand der Futurologe Robert Jungk den Begriff *„Sanftes Reisen“*, den der Schweizer Fremdenverkehrsforscher Jost Krippendorf zwei Jahre später in die programmatische Formel *„Sanfter Tourismus“* verwandelte. Die erste empirische Untersuchung im deutschsprachigen Raum zum Problembereich „Umwelt, Freizeit und Tourismus“ führte das B.A.T Freizeit-Forschungsinstitut 1984 durch. In der offiziellen Tourismusforschung (z.B. des Starnberger Studienkreises für Tourismus) tauchte der Begriff „Umweltprobleme“ gar erst auf der Internationalen Tourismus-Börse 1986 in Berlin auf. Die dabei vorgelegte Reiseanalyse griff auf eine Fragestellung zurück, die mehr konfliktverdrängenden als problemlösenden Charakter erkennen ließ: „Haben Sie bei der letzten Haupturlaubsreise im Urlaubsgebiet *irgendwelche Umweltprobleme bemerkt?“*

Die Konferenz der Vereinten Nationen über Umwelt und Entwicklung (UNCED), die im Juni 1992 in Rio stattfand, verabschiedete zwar ein umfangreiches Arbeitsprogramm (*„Agenda 21“*). Doch der Tourismus wurde weder in der Konvention zum Klimaschutz noch in der Konvention zum Schutz der Artenvielfalt erwähnt. Dies verwundert: Denn bereits 1987 hatten die Vereinten Nationen in der sogenannten Brundtland-Kommission eine *nachhaltige Entwicklung („sustainable development“)* in allen Wirtschaftsbereichen gefordert, wonach die Bedürfnisse der Gegenwart befriedigt werden, ohne die Möglichkeiten künftiger Generationen zur Befriedigung ihrer eigenen Bedürfnisse zu beeinträchtigen. Diese Forderung enthielt *eine ökologische und eine soziale Komponente* – getreu dem Prinzip der Nachhaltigkeit in der Forstwirtschaft, wonach nur so viel Holz geschlagen werden darf, wie wieder nachwachsen kann ...

Es blieb der WORLD CONFERENCE ON SUSTAINABLE TOURISM, die im April 1995 auf Lanzarote stattfand, vorbehalten, eine *international konsensfähige Definition für nachhaltigen Tourismus* zu finden.

Der Nachhaltige Tourismus ersetzt den Sanften Tourismus. Gemeint ist ein Tourismus, der

- langfristig ökologisch tragbar,
- wirtschaftlich machbar sowie
- ethisch und sozial gerecht für die ortsansässigen Gemeinschaften ist.

Wie weit ist die Wirklichkeit von dieser Soll-Forderung entfernt? Sind die Touristen und ist auch die Touristikbranche dazu bereit, ihre Interessen in den Dienst der Natur zu stellen? Verzeichnet nicht das Flugzeug als touristisches Transportmittel die höchsten Zuwachsraten? Und wie weit verträgt sich der feststellbare „*Trend zum Mehr-Weiter-Öfter-Reisen*" (Angela Merkel 1997, S. 179) mit den Zielen einer nachhaltigen und umweltgerechten Tourismusentwicklung?

4.1 „Erlebnishungrig". Das Umweltbewußtsein der Touristen

Die Amerikaner haben es schon jahrelang vorgelebt: Vor zehn Jahren zerstörte ein Großfeuer über 300.000 ha Waldfläche des Yellowstone-Nationalparks. Seither hat diese Naturlandschaft nicht etwa an Wert eingebüßt, sondern ganz im Gegenteil die touristische Attraktivität erhöht. *Die verbrannten Bäume werden als Naturereignis bestaunt.* Mehr als 2,5 Millionen Menschen kommen jedes Jahr aus allen Teilen der Erde, um die Nadelbaumskelette zum Greifen nah zu spüren und zu erleben, wie insektenfressende Vögel langsam in das Gebiet wieder zurückkehren. Wie im Theater sehen die Besucher den Vorhang aufgehen und sind Zeuge des ersten Akts eines großartigen ökologischen Dramas.

Die Natur als Fotoalbum hat für viele Touristen einen Hauch von Langeweile bekommen.

Der vom Feuer zerstörte Wald hingegen garantiert ein *neues eventorientiertes Naturerleben* – aber nur mehr für zwanzig bis dreißig Jahre. Dann „droht" die Wiedergeburt des Waldes und *die erlebnishungrige Touristenkarawane zieht weiter* – zum nächsten Naturschauspiel. Yellowstone, der erste Nationalpark der Welt, wurde immerhin schon 1872 vom damaligen amerikanischen Präsidenten Ulysses S. Grant nicht etwa zur Erholung und Erbauung der Besucher eingerichtet, sondern „reserved for the enjoyment of the people ..."

Auf den ersten Blick scheinen solche amerikanischen Verhältnisse in Deutschland unvorstellbar zu sein: Das weit verbreitete Umweltbewußtsein kann keine Lust an solchen Untergangsszenarien aufkommen lassen. Doch gerade das aktuelle Beispiel des Borkenkäferfraßes im Nationalpark Bayerischer Wald schreckt Pensionsbesitzer und Kommunalpolitiker derzeit auf. Die Zerstörungswut der Borkenkäfer gefährde nicht nur den Wald, sondern die touristische Existenz...

Wie jedoch eine Befragung von 600 Nationalpark-Besuchern (vgl. B. Pauli/Forstwissenschaftliche Fakultät der Ludwig-Maximilians-Universität München 1998) ergeben hat, wenden sich die Urlauber weder mit Grauen ab, noch packen sie vorzeitig ihre Koffer. Ganz im Gegenteil: *Der sterbende Wald fasziniert die Touristen* (vgl. Süddeutsche Zeitung vom 5./6. Januar 1998). Die massenhaft sterbenden Bäume werden als ungewöhnliches Naturschauspiel erlebt. Und das bayerische Landwirtschaftsministerium stellt ernsthafte Überlegungen an, wie die Naturkatastrophe bundesweit so lange „vermarktet“ werden kann, bis das Leben in den Wald wieder zurückkehrt ...

Das Natur-Erlebnis steht immer mehr im Mittelpunkt, wobei die Natur mitunter nur das Ereignis und die Kulisse liefert. Dies schließt nicht aus, sondern notwendig ein, daß auch *stille Natur oder intakte Landschaft als Mega-Event* erlebt werden kann. Die Sensibilität der Bundesbürger für Natur-Erlebnisse im Urlaub ist jedenfalls groß – entsprechend hoch sind daher auch die Erwartungen an das ökologische Angebot der Reiseveranstalter.

Zwei von fünf Urlaubern träumen von einer „naturbelassenen Umwelt“. Auffallend ist hierbei, daß die jüngere Generation der 14- bis 29jährigen im Vergleich zu den anderen Altersgruppen am wenigsten Wert auf Umweltfreundlichkeit legt, wie das B.A.T Institut bereits Anfang der neunziger Jahre ermittelte (B.A.T Institut 1992).

> Für die junge Generation sind Kneipen und Cafés im Urlaub wichtiger als ein umweltfreundlicher Ferienort, Diskotheken und Tanzbars attraktiver als eine naturbelassene Umwelt am Reiseziel.

Wenn Sanfter Tourismus bedeutet, daß man dabei Amüsement und Vergnügen einschränken soll, dann sind offenbar viele Jugendliche entschlossen, lieber auf Umweltfreundlichkeit als auf Urlaubsspaß zu verzichten. Für jugendliche Urlauber hört im Entscheidungsfall beim Sanften Tourismus der Spaß auf, wenn im Ferienort nichts los ist ...

Während die Touristikbranche in den letzten Jahren Grün zur offiziellen Modefarbe erklärt hat („Grün von oben bis unten, von vorn bis hinten. Kein Prospekt, keine Pressemitteilung, kein Kurdirektor mehr ohne die penetrantesten Bekenntnisse zum ‚sanften Tourismus‘, zur Ökologie“/ Süddeutsche Zeitung vom 4. Februar 1992, S. 31), steigen vor allem die jungen Leute schon wieder aus oder ändern sich erst gar nicht. Für zwei Drittel der jungen Leute gehört das Kriterium der Umweltfreundlichkeit nicht gerade zur wichtigsten Entscheidung bei der Auswahl ihres Urlaubszieles. *Demonstriertes Umwelt-*

bewußtsein droht zum reinen Lippenbekenntnis zu werden, wenn es an die Substanz der eigenen Lebensqualität geht, der Ferienort z.B. reich an intakter Natur, aber arm an Abwechslung und Unterhaltung ist.

Dieses Verhalten macht eine Erfahrung des ADAC verständlich. Jahrelang forderten die Mitglieder vom ADAC, er möge doch auch einmal ein Ferienziel anbieten, „in dem die Natur noch in Ordnung sei". Daraufhin habe man die Halbinsel Eiderstedt an der Nordsee in das Programm aufgenommen: Aber kein einziger Urlauber hat dieses naturbelassene Ferienziel gebucht. Also wurde dieses Ferienziel wieder aus dem Programm genommen. Die Begründung dafür lautete: „Keiner will nach Eiderstedt".

Eine Befragung von 502 Reisebüros in Deutschland erbrachte zudem den Nachweis (vgl. Baltes 1996):

- Ökologische Aspekte spielen bei der Reiseentscheidung fast keine Rolle.
- Umweltaspekte werden im Urlaub verdrängt.
- Umweltbewußtsein bleibt im Urlaub zu Hause.

Die Reiseverkäufer machen die Erfahrung, daß sich die Reisebüro-Kunden – wenn überhaupt – nur an sauberen Stränden (91,3%) und an sauberem Wasser (83,5%) interessiert zeigen, weil sie im Urlaub *unmittelbar damit konfrontiert* werden, sie dabei auch *nicht wegsehen können*. Zu den häufig nachgefragten Umwelt-Aspekten gehört zwar das saubere Wasser, deutlich weniger jedoch die Frage, ob die Wasserqualität auch durch Kläranlagen der Hotels garantiert wird (45,6%). An einem umweltfreundlichen Hotel ist ohnehin nur eine Minderheit (33%) stärker interessiert.

4.2 „Halbherzig". Das Umweltbewußtsein der Touristikbranche

Das Umweltengagement der Reiseveranstalter ist vielleicht nichts anderes als ein *moderner Ablaßhandel*: Die meisten Touristen „kaufen" sich frei. Fast das ganze Jahr über sammeln sie zu Hause fleißig Yoghurt-Becher, aber im Urlaub lassen sie sich gehen und überlassen das (Auf-)Sammeln den anderen, die das ‚von Berufs wegen' machen müssen. Doch darauf kann man sich bald nicht mehr verlassen. Der TUI-Umweltbeauftragte W.M. Iwand spricht es offen aus: „Wir sehen Ökotourismus bisher eher als ein *Nischen-Angebot für kreative Minderheiten*, für kleine und kleinste Zahlen:" Wer Ökotourismus als Zukunftskonzept für den Tourismus „predigt", muß mit einem „Desaster" rechnen (Iwand 1998 b, S. X).

In Sachen Umwelt wird in der Reisebranche immer weniger Flagge gezeigt. Die Umweltpolitik stellt bei den Verantwortlichen geradezu eine *Resignation im Umweltgedanken* fest. Die Folgen der Umweltbelastung (z.B. durch Flüge) werden kaum mehr thematisiert. Mit „good will" allein erscheint die touristische Umweltarbeit „nur halbherzig" (HALO SAIBOLD). Eine Experten-Umfrage in der Branche (vgl. touristik management 3/1997, S. 58-67) läßt die Vermutung zu, daß das Wedeln mit der Ökofahne kaum mehr die Marketing-Strategien in den touristischen Chefetagen bestimmt:

- Das Ressort Umwelt ist bei AMEROPA Reisen GmbH gänzlich stillgelegt worden. Es gibt keinen Umweltbeauftragten mehr, die Aktivitäten des Umweltausschusses sind eingeschlafen und die Unternehmensleitung hat weder personelle noch finanzielle Ressourcen für die Umwelt übrig.
- NUR Touristic muß selbstkritisch feststellen, daß der Umweltgedanke etwas in Vergessenheit geraten ist. Was Anfang der neunziger Jahre noch ein Top-Thema war, ist jetzt ein Unterpunkt geworden.
- TJAEREBORG versteht sich seit jeher als preisbewußter Anbieter und kann nicht verhehlen, daß die Spielräume für das Umwelt-Engagement enger geworden sind. Der Spagat zwischen Ökonomie und Ökologie bereitet immer größere Schwierigkeiten. Ein eigener Umweltbeauftagter steht nicht auf der Gehaltsliste – zur Zeit sind „vordringlichere Probleme zu lösen".
- Vorreiter war und bleibt weiterhin die TUI mit ihrem eigenen Umweltbeauftragten, der sich rühmen kann, weltweit keinen Vergleich scheuen zu müssen.

Umweltengagement gilt in der Reisebranche immer weniger als Investition in die Zukunft (von Spezialanbietern für sozial- und umweltverträgliches Reisen einmal abgesehen). Sicher: Gravierende Umweltsünden wie z.B. Kurzreisen mit der Concorde, Helikopter-Transfers in Malta, Helikopter-Skifahren in Kanada, Glasbodenfahrten in Sri Lanka) werden heute immer weniger angeboten. Die touristische Umweltdikussion der letzten Jahre hat manche Entlastungen für die Natur gebracht, aber der Gedanke der aktiven Umweltvorsorge und Umweltförderung ist wieder weitgehend in Vergessenheit geraten.

Selbst die mit Unterstützung durch das Bundesumweltministerium erarbeitete Studie „Urlaubsreisen und Umwelt" gelangt zu dem desillusionierenden Ergebnis, daß die meisten Reiseveranstalter der Umweltthematik immer noch *ablehnend oder wenig aufgeschlossen* gegenüberstehen (StfTuE 1997, S. 116). Und die Bemühungen einiger weniger, sich zur ökologischen Mitverantwortung zu bekennen, werden schnell als *Werbestrategie* entlarvt oder als *Umweltaktionismus* gebrandmarkt. Statt selbst aus eigenem Anteil zu handeln, wartet die Reisebranche lieber auf staatliche Vorschriften.

Die Touristen stellen „hohe Erwartungen an das ökologische Engagement der Reiseveranstalter" (Angela Merkel 1998) – und die Reiseveranstalter erwarten noch mehr von der Politik. Wie aber soll die Politik z.B. die *Widersprüche Massentourismus/Sanfter Tourismus oder Fernflugreisen/Umweltverträglichkeit* lösen helfen? Kompromisse sind kaum vorstellbar, weshalb sich auch die meisten sogenannten „Öko-Urlaubsangebote" als Etikettenschwindel erweisen (vgl. Greenpeace Magazin Jan./Feb. 1998). Denn: Echter Öko-Tourismus endet immer am Flughafen ...

Es ist sicher kein Zufall, daß sich der REISEPAVILLON, Deutschlands größte Messe für umwelt- und sozialverantwortlichen Tourismus, im Januar 1998 in Hannover mit der *Natur als Markenartikel der Tourismusbranche* ernsthaft auseinandersetzte. Nicht der Sanfte Tourismus, sondern der *Marktfaktor Natur* traf nach Meinung der Veranstalter den „Nerv der Reiselust und

-branche". Selbst die niedersächsische Umweltministerin beteiligte sich aktiv an der Diskussion über die touristische „Vermarktung von Großschutzgebieten" (Presse-Information vom 19. Januar 1998) – vom Nationalpark Wattenmeer über die Lüneburger Heide bis zur Elbtalaue.

Bis heute gibt es in der Tourismusbranche keine einheitlichen Auffassungen darüber, was umweltfreundliche Urlaubsangebote eigentlich sind. Fast inflationär werden Umweltgütesiegel diskutiert oder verteilt.

Öko-Gütesiegel **Umweltauszeichnungen im Tourismus** **– Beispiele –**
• DFU-Bundeswettbewerb „Umweltfreundliche Fremdenverkehrsorte" • DRV-Umweltpreis „Internationale Umweltauszeichnung" • Fremdenverkehrsgemeinden „Europäischer Preis für Tourismus und Umwelt" • DGU/Deutsche Gesellschaft für Umwelterziehung „Blaue Europa-Flagge" • DEHOGA-Umweltplakette „Wir führen einen umweltfreundlichen Betrieb" • ADAC-Umweltsiegel Raststätten „Umwelt-Erdhörnchen" • Verträglich reisen (International) „Blaue Schwalbe" • ÖTE/Ökologischer Tourismus in Europa „Grüner Koffer" u.a.

Je mehr über Grüne Koffer oder Blaue Flaggen in der Reisebranche diskutiert wird und touristische Umweltbeauftragte Euphorie verbreiten, umso mehr verwandelt sich der Ökooptimismus zum Umweltpragmatismus. „Öko"-Reisen werden zunehmend als bloße Werbegags entlarvt. *Das Umweltbewußtsein des Urlaubers ist geschärft, aber es stagniert zugleich.*

Die Touristikbranche nimmt nach Aussagen des TUI-Umweltbeauftragten Michael Iwand *Abschied von falschen Propheten*, die unter dem Motto „Ökotourismus" oder „Sanfter Tourismus" zwar das Richtige wollten, aber „die ökologischen Folgen des Tourismus nicht verhindern" konnten (Iwand 1997, S. 92). Ansonsten verweist die Branche beruhigt darauf, daß es ja im Zuge des Wertewandels durchaus vorstellbar sei, „daß auch der Reiseverzicht einmal schick wird" (Tempel 1997, S. 86), irgendwann einmal – oder nie?

4.3 Kluft zwischen Moral und Verhalten

Umweltbewußtsein und Umweltverhalten gehören zusammen, aber sie sind nicht dasselbe. Das Umweltbewußtsein muß ebenso rational wie emotional in der Persönlichkeit verankert sein, ehe es „zur guten Gewohnheit" im eigenen Verhalten werden kann. Es reicht nicht aus, nur die Anschauungsweise zu ändern, wenn gleichzeitig die Lebensweise unverändert bleibt. Doch von der Sichtweise zur Lebensweise ist ein weiter Weg.

Die *psychologische Umweltbewußtseinsforschung* weist nicht nur eine Kluft zwischen Umwelteinstellungen und Umweltverhalten (vgl. Spada 1990; Schahn/Giesinger 1993, S. 12f.) nach, sondern unterscheidet auch deutlich zwischen

- kognitiven Einstellungen (= Wissen und rationale Bewertungen)
- affektiven Einstellungen (= Gefühlsäußerungen) und
- konativen Einstellungen (= Verhaltensabsichten).

Die Einstellungen hängen wesentlich von den jeweiligen Situationsbedingungen (den „Umständen") ab bzw. werden entscheidend durch sie beeinflußt.

Die Umweltdiskussion der vergangenen Jahre hat gezeigt: Das Umweltbewußtsein ist immer dann besonders ausgeprägt, wenn einer oder gar mehrere der folgenden Effekte wirksam werden (vgl. Diekmann/Preisendörfer 1992):

- *Der Jugendeffekt.* Die jüngere Generation verfügt über ein relativ hohes Umweltwissen, was allerdings nicht mit einem umweltfreundlichen Verhalten verwechselt werden darf (vgl. Kessel/Tischler 1984; Langeheine/Lehmann 1986). Jugendliche können im Einzelfall zu positiven „Anstiftern" für ihre Eltern werden.
- *Der Fraueneffekt.* Im Vergleich zu den Männern zeigen sich Frauen deutlich sensibler gegenüber Umweltproblemen. Frauen wären z.B. aus Umweltgründen auch eher zu einem Autoverzicht bereit (vgl. B.A.T Freizeit-Forschungsinstitut 1992).
- *Der Nachbarschaftseffekt.* Je intensiver die Nachbarschaftskontakte sind und Menschen in soziale Netzwerke eingebunden werden, die das Ausmaß sozialer Kontrolle erhöhen, desto größer ist auch die Gefahr einer negativen Sanktionierung: Die Nachbarn üben geradezu einen sozialen Druck aus, was allerdings in anonymen Wohnvierteln weniger möglich ist.
- *Der Politikeffekt.* Eine hohe politische Orientierung (insbesondere „linke Weltanschauung") führt zu einem hohen Umweltbewußtsein.

Bei der Umsetzung von Umweltbewußtsein und Umweltwissen in faktisches Verhalten bestehen nach wie vor große Lücken. *Umweltinteressen und Eigeninteressen klaffen auseinander, das Umweltverhalten hinkt dem Umweltbewußtsein deutlich hinterher.* Auch wenn das Umweltwissen in der Regel nicht in entsprechendes Verhalten umgesetzt wird, so ist die vorhandene „Umweltmoral" dennoch von großer gesellschaftlicher Bedeutung.

> Größeres Umweltbewußtsein erhöht die Akzeptanz für umweltbezogene politische Maßnahmen. Eine hohe Umweltmoral in der Bevölkerung erhöht die Chance, in Zukunft auch unbequeme Maßnahmen zur Vermeidung von Umweltschäden durchzusetzen.

Diekmann und Preisendörfer weisen z.B. nach, daß drei Viertel der Personen mit hohem Umweltbewußtsein dafür sind, aus Umweltgründen den weiteren Ausbau des Straßennetzes zu beschränken und fast zwei Drittel von ihnen sind für Tempo 100 auf den Autobahnen und möchten den Autoverkehr aus den Innenstädten heraushalten (Diekmann/Preisendörfer 1992, S. 249).

Noch nie war es für Menschen so einfach, ihr Mobilitätsbedürfnis in Massenbewegung umzusetzen. Das Auto als individuelles Verkehrsmittel hat die private Mobilität für fast alle gebracht: Die eigenen vier Wände haben praktisch Räder bekommen. Freiwillig werden die Menschen nicht auf diese Errungenschaften verzichten und ihre freizeitmobilen Möglichkeiten auch nicht aufgeben wollen. Es gibt nur drei Wege, Verhaltensänderungen in Gang zu setzen:

- Erstens können *ökonomische Notstandszeiten* (z.B. bedrohliche Wirtschaftskrisen) die Menschen vorübergehend zur Aufgabe liebgewordener Lebensgewohnheiten zwingen. Eine solche Situation ist weder wünschenswert noch ernsthaft in Erwägung zu ziehen.
- Zweitens könnte der Staat durch eine *rigide Ordnungspolitik* (z.B. Fahrverbot oder drastische Erhöhung der Mineralölsteuer, die zu einem Benzinpreis von zehn Mark je Liter führt) die Freizeitmobilität mit dem Auto fast zum Erliegen bringen. Solche Sanktionsmaßnahmen sind sozialpolitisch nicht durchsetzbar und für Politiker, die wiedergewählt werden wollen, nicht akzeptabel.
- Drittens könnte eine *attraktive Alternative* zur Freizeitmobilität mit dem Auto die ‚eingefahrenen' Freizeitgewohnheiten verändern – getreu dem Wort Robert Jungks: „Wenn man etwas Schönes wegnimmt, muß man etwas anderes Schönes dagegensetzen." Nur die dritte Variante ist ebenso realistisch wie zukunftsweisend.

Wer das Umweltbewußtsein und -verhalten nachhaltig verändern will, muß Einfluß auf die individuellen Lebensstile nehmen. Diese Lebensstile im Umfeld von

- Gewohnheit und Bequemlichkeit,
- Spaß- und Erlebnisorientierung,
- Alltagskonsum und Mobilitätsverhalten

wirken sich auf den Einzelnen, die Gesellschaft und die Umwelt unmittelbar aus. Das Ziel umweltpolitischer Maßnahmen kann daher nur auf *frei akzeptierte und freiwillige Verhaltensänderungen* gerichtet sein, ein Anliegen, das insbesondere die Akademie für Natur- und Umweltschutz (Umweltakademie) des Landes Baden-Württemberg systematisch verfolgt und in eigenen Seminaren trainiert. Ökonomische und ökologische Zukunftssicherung gehören zusammen und müssen auch zusammen verwirklicht werden.

VI. Sanfte Mobilität: Praxisbeispiele

1. Umwelt und Outdoor-Sport

Die Neigung des Menschen zu Extremen geht extrem zu Lasten der Natur: Mit dem Mountainbike auf den Zweitausender? Und dann wie Alpen-Hooligans rudelweise johlend den Berg hinabbrausen? Der Nutzungsdruck auf Natur und Landschaft verstärkt sich. Die Unverträglichkeitsrisiken zwischen den Ansprüchen von Outdoor-Sportlern und dem Schutzbedürfnis der Natur nehmen zu. *Wieviel Sport verträgt die Umwelt?* Sportler wie Naturschützer wünschen sich eine intakte Landschaft. Das gemeinsame Interesse muß die Basis für zukunftsfähige Lösungen sein.

Immer mehr neue naturnahe Trend-, Abenteuer- und Outdoor-Sportarten (vgl. Strasdas 1994; Stettler 1997) werden kreiert bzw. erfunden und auf den Markt gebracht. Am Beispiel Wassersport läßt sich zeigen, wie ein Verbund von Technik und Kommerz, Natur und Wildnis als Innovation und Attraktion verkauft wird:

- *Riverrafting*

Befahren von Wildwasser mit einem speziellen Schlauchboot

- *Canyoning*

Erkunden unzulänglicher Schluchten und Wasserläufe durch Klettern, Schwimmen und Tauchen

- *Hydrospeeding*

Gleiten (bäuchlings) in einem (wilden) Fluß mit Flossen, Helm und einem kleinen Antriebskörper in Form eines Waschbretts

- *Tubing*

In einem Schwimmring, der nur einer Person Platz bietet, einen Fluß herabgleiten/-treiben

- *Wakeboarding*

Sich auf einem Brett, das wie ein Snowboard aussieht, über (flaches) Wasser ziehen lassen

- *Flowboarding*

Reiten auf einem Brett entlang einem Wasserstrom, der über einen Zementsockel in Wellenform rauscht.

Radeln am Himalaya
„Der World Tours Traveller's Club lädt Radsportler zu einem Mountainbike-Festival in das Himalaya Königreich Nepal ein. Die Reise ist zu buchen bei World Tours ..." *Anzeige*

Um es deutlich zu sagen: Nicht die Ausübung naturnaher Sportarten ist per se umweltproblematisch, sondern das *Maß- und Gedankenlose* wie z.B.

- das Riverrafting in unberührt gebliebenen Gewässern,
- das Gleitschirmfliegen auf Südhängen im Frühling,
- das Skifahren bei wenig Schnee oder
- das Querfeldein-Fahren mit Mountain-Bikes.

In den Alpenländern praktizieren derzeit

- Riverrafting: ca. 30.000
- Gleitschirmfliegen: ca. 120.000
- Bergklettern: ca. 500.000
- Tourenskilauf: ca. 100.000
- Skisport alpin: ca. 12 Millionen.

Als Lösungsansätze für die Ausübung naturnaher Sportarten (Outdoor-Sport) bieten sich u.a. an (vgl. IITF 1996):

- *Wandern*

Ausbau und Unterhaltung des Wanderwegenetzes, so wenig asphaltiert wie möglich. Zum Schutz des Wildes Wandergebiete zeitweise sperren. Übernahme von Patenschaften für geschützte Landschaftsteile durch Wandervereine.

- *Mountain-Biking*

Nur auf Wegen mit einer Breite von mindestens 1,5 m (z.B. in Südtirol). Umweltgerechte Planung von MTB-Routen mit Meinungsäußerungen zwischen Naturnutzern und Naturschützern (z.B. im Kanton Neuenburg).

- *Klettern*

Erstellung von Nutzungskonzepten und saisonale Überprüfung. Festlegung temporärer oder totaler Sperrungen bestimmter Kletterbereiche.

- *Gleitschirmfliegen*

Festlegung von Start- und Landerouten sowie Flugzeiten („Ruhegebiete" z.B. in Salzburg). Mindestflughöhen (z.B. in Kanada). Überflugverbote (z.B. in La Ruchère)

- *Riverrafting*

Lizenzzwang in Verbindung mit Umweltbildung. Festlegung von Anlege- und Raststellen. Räumliche und zeitliche Regelungen (z.B. im Kanton Bern). Festlegung von Mindestabständen zu störempfindlichen Uferbereichen.

• *Tourenskifahren*
Durchführung von Infrastrukturmaßnahmen mit dem Ziel der Lenkung von Skifahrern (z.B. in den Ammergauer Alpen/D). Markierung der Routen. Sperrung von bestimmten Gebieten (z.B. in Salzburg). Umweltverträglichkeitsprüfung/UVP beim Bau von Liften, Pisten und Routen.

Konfliktlösung im Skisport **Ein Praxisbeispiel**
Auf der Grundlage wissenschaftlicher Untersuchungen wurde am Beispiel des Gebietes „Rohrhardsberg" im Schwarzwald in enger Kooperation mit der Landesforstverwaltung Baden-Württemberg vom DSV-Umweltbeirat ein Maßnahmenkatalog erarbeitet und umgesetzt. Inhaltliche Schwerpunkte waren dabei Konzepte zur Besucherlenkung, zur Habitatverbesserung für Auer- und Haselhuhn sowie Umweltbildungsmaßnahmen. Eine sportliche und biologische Aufwertung des Gebietes erfolgte durch Verlegung, Bündelung und Neuanlage der Skirollerstrecke. Zudem wurden die Wanderwegführung und die Verlegung der Mountain-Bike-Strecken auf konfliktarme Bereiche verlagert, so daß hochwertige Habitatbereiche nachhaltig beruhigt werden konnten.

Wegen des Ansturms von Freizeitsportlern und Ausflüglern auf die Natur führt in Zukunft kein Weg mehr an *neuen Umweltregeln* vorbei. Das können Angebote, Gebote und Verbote sein. Nach amerikanischem Vorbild müssen in Natur und Landschaft auch *zeitweilige Tabuzonen* ausgewiesen werden – allerdings in Verbindung mit Informationstafeln, die Sportler und Ausflügler darüber aufklären, *warum* ein Gebiet zumindest vorübergehend nicht betreten werden darf. Das erhöht nachweislich die Akzeptanz.

Ein Großteil der Freizeitmobilität wird durch den Sportverkehr (Sportler, Betreuer und Zuschauer) verursacht. Um die verkehrsbedingten Umweltbelastungen zu reduzieren, müssen konkret folgende Ziele (vgl. Stettler 1997, S. 266f.) in die Praxis umgesetzt werden:

1. Vermeidung von Wegen (Verkehrsvermeidung)
Nur bei wenigen Individualsportarten ist es möglich, die sportliche Aktivität zu Hause oder im unmittelbaren Wohnumfeld auszuüben. Wenn aber die Sportausübung mit einer anderen Aktivität kombiniert würde (z.B. nach der Arbeit oder in Verbindung mit dem Einkaufen), ließe sich ein Teil der Verkehrswege einsparen bzw. die Zahl der Fahrten reduzieren.

2. Verkürzung der Wege (Verkehrsverminderung)
Je nach Wahl der Ausübungsarten könnten die Wege zur Sportaktivität verkürzt werden.

3. Entscheidung für weniger umweltbelastende Verkehrsmittel (Verkehrsverlagerung)
Erfahrungsgemäß sind die kurzen Wege von weniger als sechs Kilometern (insbesondere bei kaltem Motor) besonders umweltbelastend. Vernünftiger-

weise müßten diese Kurz-Distanzen mehr zu Fuß, mit dem Fahrrad oder mit öffentlichen Verkehrsmitteln überwunden werden.

4. Verbesserung der Verkehrsmittel (Verkehrsoptimierung)
Dazu gehört die Entwicklung verbrauchsarmer Autos (sogenannter „3-Liter" bzw. „1,3-Liter-Autos" wie z.B. das Greenpeace-Auto SMILE).

2. Zur Akzeptanz verkehrspolitischer Maßnahmen

Die erlebnispsychologische Bedeutung des Autos als Freizeitmobil muß bisher als das größte Hindernis für die Akzeptanz verkehrs- und umweltpolitischer Maßnahmen angesehen werden. Zu groß ist die *Lust an der Unvernunft*, also das Freizeitbedürfnis, manchmal etwas Verrücktes zu tun und sich als Antwort auf die körperliche Reizarmut im Arbeitsleben auch einmal austoben und ausleben zu können. An die Folgen für die Umwelt wird dabei weniger gedacht. Psychologische Assoziationstests weisen vielmehr nach (Praschl/Risser 1994, S. 219), daß das Auto spontan-emotional nur selten als umweltschädlich empfunden wird. Erst wenn konkret nach den Nachteilen des Autos gefragt wird, kommt der Umweltaspekt zur Sprache.

Die Umweltdiskussion der letzten Jahre ist sicher an den meisten Autofahrern nicht spurlos vorübergegangen. Autofahrer sind ja zugleich Arbeitnehmer, Freizeitkonsumenten, Urlaubsreisende, Erholungssuchende, Naturliebhaber, Umweltschützer oder Eltern von Kindern. Sie können sich gar nicht aus der Verantwortung stehlen. Andererseits ist aus der internationalen Umweltforschung hinlänglich bekannt, daß bei der Umsetzung von Umweltbewußtsein in faktisches Verhalten große Lücken bestehen. *Eigeninteressen und Umweltinteressen klaffen auseinander.* Das eigene Umweltverhalten hinkt dem Problembewußtsein in Sachen Umwelt deutlich hinterher.

Dennoch ist die wachsende „Umweltmoral" (als Einstellungs-, nicht unbedingt als Verhaltensänderung) von großer gesellschaftlicher Bedeutung:

Größeres Umweltbewußtsein erhöht die Akzeptanz der Bevölkerung für umweltbezogene politische Maßnahmen.

Eine hohe Umweltmoral in der Bevölkerung erhöht die Chance, in Zukunft auch unbequeme Maßnahmen zur Vermeidung von Umweltschäden durchzusetzen (vgl. Diekmann/Preisendörfer 1992). Es ist allerdings ein langwieriger Überzeugungsprozeß, bis Meinungsbildung und Maßnahmendurchsetzung mehrheitsfähig werden. Rigide Ordnungsmaßnahmen sind in der Regel in westlichen Demokratien nur selten durchsetzbar.

Verkehrspolitik auf dem Scheidewege: Die politische Umweltdiskussion hat bisher bewirkt, daß sich die Autofahrer im *Berufs*verkehr zunehmend mit Schuldgefühl und schlechtem Gewissen fortbewegen, aber mit großer Hartnäckigkeit an ihren eingefahrenen *Freizeit*gewohnheiten festhalten. Die Erklärung liegt nahe: *Eine attraktive Alternative zur Freizeitmobilität mit dem Auto ist noch nicht in Sicht.* Die Autofahrer verhalten sich getreu nach dem Wort des Zukunftsforschers Robert Jungk: „Wenn man etwas Schönes wegnimmt, muß man etwas anderes Schönes dagegensetzen". Solange dies nicht gelingt, läßt auch die Mehrheitsfähigkeit verkehrspolitischer Maßnahmen auf sich warten.

Wieviel Auto braucht der Mensch in seiner Freizeit? Und wieviel Auto kann die Umwelt noch vertragen? Jedenfalls ist der von der Automobilindustrie für die Zukunft angestrebte *Endwert der Motorisierung* („50 Autos je 100 Einwohner", vgl. Fiala 1994, S. 260) heute schon erreicht. Kennt die allgemeine Mobilmachung keine Grenzen?

1.646 repräsentativ ausgewählte Autofahrer wurden mit dem Problem von „Staus", „überlasteten Straßen" und dem in der Zukunft „drohenden Verkehrsinfarkt" konfrontiert. Die Verkehrs- und Umweltproblematik wurde nicht beschönigt. Wie weit reicht derzeit die persönliche Akzeptanz für verkehrspolitische Maßnahmen? Das Umfrageergebnis ist desillusionierend:

> Die in der Öffentlichkeit diskutierten verkehrspolitischen Maßnahmen sind derzeit bei Autofahrern (noch) nicht mehrheitsfähig. Drei Viertel der Autofahrer (75%) lehnen „autofreie Innenstädte generell" ab. Und nur zwei von fünf Autofahrern (43%) können sich allenfalls mit dem Gedanken anfreunden, „autofreie Innenstädte nur zu bestimmten Zeiten" zu schaffen.

Die verkehrspolitischen Bemühungen in den 70er und 80er Jahren um eine „autogerechte Stadt" haben offentsichtlich ihre Spuren hinterlassen. Autofahrer wollen an ihrem Gewohnheitsrecht festhalten. Der Vorschlag, „50 Prozent städtische Verkehrswege für Radfahrer und Fußgänger" zu reservieren, ist für die überwiegende Mehrheit nicht diskutabel. Nur 16 Prozent der Autofahrer können einer solchen Regelung zustimmen.

Schroff weisen Autofahrer Restriktionen mit Dauercharakter zurück: 95 Prozent lehnen *Autobahngebühren* und drastisch *erhöhte Benzinpreise* ab. 97 Prozent halten von „täglich oder wöchentlich wechselnden *Fahrverboten*" überhaupt nichts. In gleicher Weise reagieren sie auf vermeintliche Benachteiligungen oder Diskriminierungen: Nur 3 Prozent der befragten Autofahrer stimmen für, aber 97 Prozent gegen eine *„Luxussteuer"* für Pkw-Fahrer zur Finanzierung des ÖPNV „zum Null-Tarif".

Die Vernunft spricht sicher für die Förderung des Öffentlichen Personennahverkehrs, aber das eigene Auto liegt den meisten Menschen doch „näher am Herzen". Aus Gründen einer vernünftigen Gesundheitsvorsorge wollen sich Autofahrer zeitweilig (z.B. bei Sommersmog) mit gesetzlichen Restriktionen (z.B. Fahrverboten) durchaus arrangieren. Ansonsten aber leben sie lieber mit überlasteten Straßen oder chronischem Stau, als daß sie freiwillig ihr *Frei-Zeit-Recht auf Mobilität* und ihre Freude am Autofahren aufgeben. Illusionslose Aussichten für die Zukunft: Die Freizeitlawine rollt weiter...

Mit „Vernunft“ gegen das Automobil als Freizeitmobil
Appelle des Umweltbundesamtes

Versuchen Sie's öfter mal „ohne“. Gerade Kurzstrecken sind „Gift“ für die Umwelt. Ein Viertel aller Fahrten, die mit dem Auto zurückgelegt werden, sind kürzer als 2 km. Auf diesen Kurzstrecken wird viel mehr Sprit verbraucht, weil ein kalter Motor bis zu 50% mehr Kraftstoff und dementsprechend mehr Abgase produziert. Solche Strecken lassen sich locker zu Fuß oder mit dem Rad zurücklegen.
Durch das „Park and Ride“- und „Bike and Ride-System“ sollen die Innenstädte vom Autoverkehr entlastet werden. Sie stellen Ihren Wagen oder Ihr Fahrrad am eigens dafür eingerichteten Parkplatz ab und fahren anschließend mit dem öffentlichen Verkehrsmittel in die Stadt.
Haben Sie schon einmal überlegt, Ihr Auto mit anderen zu teilen? Es werden neue Initiativen in einigen Städten gegründet wie z.B. „Car-Sharing“. Sie rufen bei einer Zentrale an und sagen, wann Sie Ihren Wagen brauchen. In der restlichen Zeit kann das Auto von anderen Mitgliedern genutzt werden. So wird das Fahrzeug effizient genutzt, und Sie zahlen nur Ihren Anteil am Wagen.
Für die Urlaubsreise ist oft der Zug oder auch der Autoreiszug eine Alternative. So fahren Sie am Stau vorbei und gelangen entspannt ans Urlaubsziel.

Quelle: Umweltbundesamt (Hrsg.): Was Sie schon immer über Auto und Umwelt wissen wollten (1996), S. 202ff.

Eine Hoffnung bleibt: Änderungen künden sich immer in Minderheiten an. Bei der Frage „Verkehrspolitik – wohin?“ gibt die junge Autofahrergeneration Signale für die Zukunft: Jeder dritte Autofahrer unter 35 Jahren (33%) votiert schon heute für eine „autofreie Innenstadt generell“. Der Anteil der jungen Interessenten für eine solche verkehrspolitische Maßnahme ist damit doppelt so hoch wie etwa bei den über 55jährigen Autofahrern (15%). In dieser Frage kann es also in Zukunft zu einem Einstellungswandel kommen, bei dem sich dann auch die Mehrheit der Bevölkerung damit arrangiert. Dies allerdings braucht Zeit, viel Zeit – eine *Realisierungschance* zeichnet sich erst *weit nach dem Jahr 2000* ab. Konkret: Die jüngere Generation muß erst Zug um Zug die ältere Generation ablösen, bis der Wertewandel konsens- und mehrheitsfähig wird. Dies kann zehn, zwanzig oder dreißig Jahre dauern...

Auf dem Weg zu diesem Ziel kann es durchaus pragmatische Zwischenschritte geben. Zur Entlastung der Straßen im innerstädtischen Verkehr, im Pendler- oder Fernverkehr werden *Öffentliche Mitfahrzentralen* die größte Akzeptanz finden. Für die Mobilitätsgesellschaft von morgen kann die „ÖMFZ“ genauso wichtig wie der „ÖNVP“ von heute sein. Und aus der Not geborene *Fahrgemeinschaften* können auch privat neue Bezugs- und Kontaktgruppen für gemeinsame Freizeitunternehmungen werden.

Service-Anreize sind gefragt und nicht nur technologische Lösungen im Stil von Telematik und Effizienz-Strategien. Das Grundrecht auf Mobilität muß gewahrt bleiben. *Nur durch Anreize, nicht durch Verbote lassen sich dauerhafte Verhaltensänderungen erreichen.* Wer beispielsweise Autofahrer für „autofreie

Feriengebiete" interessieren will, muß *vorher* für die Schaffung und den Ausbau eines attraktiven Rad- und Wanderwegenetzes sorgen. Erst dann – und nur dann – sind Autofahrer bereit, freiwillig auf Ausflüge mit dem Auto zu verzichten (vgl. B.A.T Tourismusanalyse „Urlaub 94/95"/1995, S. 33f.).

Und wer die massenhafte Automobilität an den Wochenenden beklagt, sollte sich vorher fragen, warum viele attraktive Ausflugsziele bisher zu den unterentwickelten Zielgebieten des ÖPNV gehören: Sie beginnen nicht selten da, wo der Öffentliche Nahverkehr aufhört. Deshalb muß erst einmal ein *freizeitorientiertes Mobilitätskonzept* entwickelt werden, das flexibel auf spontane, insbesondere wetterabhängige Freizeitgewohnheiten reagiert: Neben einem *Taktfahrplan mit kurzen Intervallen (Shuttle-System)* sind Bedarfsbusse einzuplanen (Beispiel: Bus fährt los, wenn Wagen besetzt ist). Dies trifft vor allem an Sonntagen zwischen 10 und 18 Uhr zu.

Wenn das Umsteigen auf Öffentliche Vekehrsmittel breitenwirksam erfolgen soll, darf es nicht mit gravierenden Zeitverlusten, mit unzumutbaren Belastungen (z.B. mehrfaches Umsteigen) oder mit substantiellen Einschränkungen der persönlichen Bewegungsfreiheit verbunden sein („Hab' schon mal überlegt, das Auto stehenzulassen. Aber das ist so furchtbar umständlich. Bis ich da im Wald bin – da kann ich gleich wieder umkehren"). *Flexibel, bequem und preiswert* müssen die Hauptattribute des Öffentlichen Nahverkehrs in der Freizeit werden – andernfalls nimmt der automobile Freizeitverkehr weiter zu. Mit Billigfahrscheinen allein ist es nicht getan. Ein Null-Tarif, der Zeit kostet, lange Planung erfordert und Unbequemlichkeiten beschert, ist noch keine wirkliche Alternative für die Automobilität in der Freizeit.

Über einen „Service von der Haustür an" muß ernsthaft nachgedacht werden, sonst rückt der Nahverkehr in weite Ferne.

Jahrzehntelang dominierten in der Verkehrspolitik die Motorisierten, die Schnellen und die Starken. Eine nachhaltige Verkehrspolitik hingegen (vgl. Petersen/Schallaböck 1995. S. 268) müßte neue Prioritäten setzen und den Nichtmotorisierten vor den Motorisierten, den Langsamen vor den Schnellen und den Schwachen vor den Starken Vorrang einräumen. Die „auto-orientierte" Verkehrs- und Raumplanung muß durch eine entsprechende *Attraktivierung der Fuß- und Radwege* ausgeglichen werden. Dies kann beispielsweise geschehen durch attraktivere Gestaltung der Wege oder durch fußgängerfreundlichere Ampelregelungen.

3. Von der Verkehrsplanung zur Mobilitätspsychologie

Die Zukunft ist oft nur das, was wir heute aus ihr machen. Doch was passiert, wenn wir heute nichts machen? Was ändert sich eigentlich, wenn wir nichts ändern und uns auch nicht ändern wollen? Sind wir nicht manchmal ganz glücklich inmitten von Tempo und Hektik, Action und Betriebsamkeit? Haben wir uns vielleicht schon damit arrangiert – mit Enge und Gedränge, Stau und Schlangestehen? Jedenfalls scheint unsere Bereitschaft, diesen Lebensstil wirklich zu ändern, relativ gering ausgeprägt zu sein. Zu groß ist die Angst, vielleicht etwas zu verpassen. Also ist der Leidensdruck noch nicht stark genug.

Wie sonst wäre folgende Begebenheit zu erklären, die sich im Ruhrgebiet ereignete, als eine chinesische Delegation zu Gast war. China gilt als „die" Wachstumsmaschine des 21. Jahrhunderts – ja das 21. Jahrhundert kann das der Chinesen werden, so wie das 20. das Jahrhundert der Amerikaner war. Mit einer deutschen Expertengruppe von Verkehrspolitikern fuhr eine Delegation aus China durch Nordrhein-Westfalen. Bei der Ankunft auf dem Ruhr-Schnellweg B 1 ging nichts mehr: Die Autos standen in einem gigantischen Stau, die Luft war schlecht – doch die Stimmung der Chinesen gut. Warnend und fast beschwörend appellierte dennoch der Sprecher der Deutschen an die ausländische Delegation: „Setzen Sie in China nicht so stark auf die Autos" ließ er den Dolmetscher übersetzen. „Schauen Sie her, zu was das bei uns geführt hat". Die Chinesen sahen sich wechselseitig relativ verständnislos an und gaben dann dem Dolmetscher die Frage zurück: „Wieso macht Ihr Deutschen es denn, wenn es so blöd ist?" (Holzapfel 1995, S. 218). Recht haben sie. Offensichtlich ist bei den meisten Autofahrern – trotz Stau – die Lust größer als der Frust – sonst würden sie es doch nicht tun. Werden also die 400 Millionen Chinesen, die heute noch mit dem Fahrrad fahren, in Zukunft mit 400 Millionen Autos unterwegs sein, weil auch sie Spaß daran haben?

Der ausschließlich rationale Autofahrer muß doch erst noch geboren werden. Das Gefühl spielt beim Gebrauch des Autos als Vehikel der Seele eine größere Rolle. Wenn Automobilität zur Freizeitmobilität wird, geht es eigentlich gar nicht mehr um ein paar Meter oder Sekunden, sondern um ein „Stück Identität". Daraus folgt: Weil Emotionalität und Irrationalität in der Mobilität so sehr im Spiel sind, ist auch zunehmend Mobilitätspsychologie gefragt.

> Planer und Politiker werden sich in Zukunft nicht nur mit Verkehrsplanung, sondern auch mit Mobilitätspsychologie beschäftigen müssen. Die Verkehrspolitik braucht Szenarien und Visionen für die Zukunft, in denen die erlebnispsychologische Bedeutung der Mobilität stärker berücksichtigt wird.

Mit „onkelhaften Belehrungen" und „moralgetränkten Verzichtsappellen" (Hilgers 1994, S. 1055ff.) kann man keine verkehrspolitische Wende in der Freizeitmobilität erreichen. Die Verkehrspolitik muß in Zukunft *mehr freizeit- und mobilitätspsychologische Kompetenz* erwerben, um für Freizeitstimmungen, Lebensgefühle und positive Identifikationsmöglichkeiten sensibel zu sein. Andernfalls sind Fehleinschätzungen und Fehlprognosen vorprogrammiert.

Dies erklärt auch, warum sich alle Verkehrsprognosen der letzten vierzig Jahre durch *Fehleinschätzungen* auszeichneten, weil sie „verkehrspolitische Wunschvorstellungen" (Enquête-Kommission 1994, S. 61) widerspiegelten. Ein ähnliches Schicksal droht den Vorschlägen der Enquête-Kommission, bis zum Jahr 2005 den Co_2-Ausstoß um insgesamt 25 Prozent zu reduzieren. Diese Bilanz ist nur erreichbar, wenn die *Fahrleistungen im Freizeitbereich um ein Drittel* gegenüber dem Vergleichsjahr 1988 *verringert* würden. Eine solche Verkehrswende in der Freizeitmobilität aber findet nicht statt. Statt der erforderlichen Einschränkungen ist eher eine Ausweitung des automobilen Freizeitverkehrs zu erwarten.

„Sich mehr einfallen lassen!"
Nachholbedarf im Freizeitverkehr bei Öffentlichen Verkehrsmitteln

Heutzutage findet die Mehrzahl der Pkw-Fahrten in der Freizeit statt. Die Fahrt ins Grüne ist fast nur mit dem Pkw möglich. Denn gerade am Wochenende sind die Fahrpläne ausgedünnt. Bedeutet das auch für die Zukunft Freizeitverkehr ohne ÖPNV?
Günter Girnau: Wir sehen den Freizeitverkehr auch als ein Feld für uns an. Einige der größeren Verkehrsverbünde machen bereits ganz spezielle Angebote, Wanderfahrten oder Besichtigungsfahrten, oder das gesamte nicht ganz leichte Thema der Fahrrad-Mitnahme im Öffentlichen Nahverkehr ist natürlich auch ein Bereich, der hier hineinspielt. Wir haben ja viele unserer Verkehrsmittel gerade an den Wochenenden für die Fahrradmitnahme geöffnet. Ich persönlich bin der Meinung, daß wir im Freizeitverkehr noch Nachholbedarf haben. Wir müssen uns noch mehr einfallen lassen.

Interview mit dem geschäftsführenden Präsidiumsmitglied des Verbandes Deutscher Verkehrsunternehmen/VDV (DVR-Report. Magazin für Verkehrssicherheit Nr. 1/1994, S. 20)

Statt nur an die Vernunft, Einsicht und Unterstützung durch „die mündigen Bürgerinnen und Bürger" (Enquête-Kommission 1994, S. 302) zu appellieren, sollten die Autofahrer mehr erlebnispsychologisch angesprochen werden. Vernunft muß mit Emotionen verkauft werden. Pointiert: Auch das Öffentliche Verkehrs-Mobil Bahn muß Raum für Individualisierung lassen, ja idealiter dem Reisenden *das Gefühl der Einzelkabine vermitteln* ...

Für die freizeitmobile Gesellschaft der Zukunft kann das „Schöne Wochenend-Ticket" der Deutschen Bahn durchaus richtungweisend sein. Warum nicht das *Leben in vollen Zügen* genießen? *Ein neuer Bahnsinn* – mit Stehvermögen durch das Wochenende. Das Stauerlebnis auf den Schienen statt Stau auf den Straßen – nur billiger und umweltfreundlicher. Die erste Zwischenbilanz kann sich sehen lassen: Bahnmobilität kann in der Freizeit durchaus eine Alternative zur Automobilität sein. Die Deutsche Bahn hat durch das Wochenend-Ticket „rund 40 Prozent Neukunden" (DB) hinzugewonnen.

Vom Kursbuch zum Erlebnisfahrplan Beispiel für eine neue Freizeitorientierung Öffentlicher Verkehrsmittel
Mit der Bahn zum Beachvolleyball am Trimmendorfer Strand, zum Münchner Klaviersommer oder zur Leipziger Lachmesse – im Buch „BahnCard präsentiert: Events in Deutschland" sind für jeden Monat Veranstaltungstips aus dem ganzen Bundesgebiet notiert. Ob Sportwettkämpfe, Messen, Musikfestivals oder regionale Volksfeste – der „Erlebnisfahrplan" der Deutsche Bahn AG verknüpft interessante Geschichten zu den Veranstaltungen mit organisatorischen Tips: Zu jedem Event gibt es die „BahnCard Info" mit Auskünften zu Terminen, Eintrittspreisen, Kontaktadressen und Tips für die Anreise mit der Bahn und anderen Öffentlichen Verkehrsmitteln. Das reich bebilderte Buch mit einer Startauflage von 30.000 Exemplaren wird für 19,80 DM an über 300 DB-Fahrkartenausgaben, in verschiedenen Reisebüros und im Buchhandel verkauft. Ergänzt wird das „Was, Wann, Wo" in diesem Veranstaltungskalender durch das „Wie kommt man hin" und zwar bequem, preisgünstig und dazu noch umweltschonend.
Deutsche Bahn AG: Mit der BahnCard zu „Events in Deutschland"

4. Autofreies Leben als Lebensstil

Im Jahr 2000 lebt die halbe Erdbevölkerung in Städten. Und immer mehr Städte zeigen Anzeichen der globalen Umweltkrise, insbesondere der Luftverschmutzung. Der Autoverkehr beansprucht etwa 30 Prozent der weltweiten Energieproduktion und etwa 60 Prozent der gesamten Erdölproduktion. Quo vadis, Mobilität?

Wie lebenswert kann ein autofreies Leben sein? In Deutschland leben derzeit etwa 28 Prozent aller Haushalte ohne Auto. Mit wachsender Ortsklassengröße steigt der Anteil autofreier Haushalte stetig an (z.B. in Großstädten mit 500.000 Einwohnern und mehr: 41%). Unter den autofreien Haushalten sind die Singles (Alleinlebenden) am stärksten vertreten. Dabei handelt es sich meist um ältere Frauenhaushalte.

Eine repräsentative Telefonbefragung von 146 autofreien Haushalten in Dortmund läßt folgende Typologisierung autofreier Haushalte zu (vgl. Reutter/Freudenau 1998, S. 6), wobei Mehrfachnennungen möglich waren:

1. Die Verantwortungsbewußten
Hierzu gehören etwa die Hälfte aller autofreien Haushalte: Die Befragten kennen ihre eigene Leistungsgrenze im Straßenverkehr. Insbesondere Alters- und Gesundheitsgründe (z.B. „Anstrengung", „Unfallangst") werden genannt. Verantwortungsbewußt entscheiden sie sich gegen ein eigenes Auto.

2. Die Kostenbewußten
Etwa vier von zehn autofreien Haushalten zählen dazu. Sie wollen oder müssen mit ihrem Haushaltsbudget rechnen und haben für das Auto keinen eigenen finanziellen Spielraum mehr.

3. Die Umweltbewußten
Etwa jeder zweite autofreie Haushalt ist dieser Motivgruppe zuzurechnen. „Umweltbewußt" kann dabei Unterschiedliches bedeuten: Viele brauchen kein oder selten ein Auto. Andere genießen geradezu die Erlebnisqualität autofreier Mobilität. Und schließlich spielt auch der Aspekt der Umweltgefährdung eine Rolle.

Die Befragung autofreier Haushalte läßt den Schluß zu, daß die Grenzen zwischen Freiwilligkeit und Zwang fließend sind. So kann z.B. die Kostenersparnis für die einen ein *Hauptmotiv*, für die andern ein *Mitnahmemotiv* sein. Deutlich ist auch, daß sich mancher autofreie Haushalt mehreren der o.a. drei Motivgruppen zugehörig fühlt.

Eine vergleichbare Paralleluntersuchung in der Schweiz stellt als Motiv mehr den *Aspekt Lebensstil* heraus (vgl. Metron 1977; Reutter/Freudenau 1998):

- Ein Leben ohne Auto ist Gewöhnungssache.
- Mobilitätsbedürfnisse lassen sich genauso gut zu Fuß, mit dem Rad oder dem Öffentlichen Nahverkehr befriedigen.
- Autofreiheit bedeutet weniger Aufwand, Streß und Gefahr.
- Anstelle eines Autos kann man sich „lieber etwas anderes leisten".

Bei der Entscheidung für ein autofreies Leben spielen Umweltschutz-Überlegungen keine ausschlaggebende Rolle. Viel bedeutsamer sind Motivkonstellationen im Umfeld von

- Lebensstil
- Lebensqualität
- Erlebnisqualität
- Alltagstauglichkeit.

Hinzu kommen *biographische bzw. lebenslaufspezifische Entscheidungsfaktoren*: Manche haben noch nie ein Auto besessen oder haben gar keinen Führerschein. Andere werden durch einschneidende schicksalhafte Ereignisse (z.B. Arbeitsplatzverlust, Trennung/Scheidung, Geburt eines Kindes) zur Abschaffung des Autos gezwungen.

Wichtig dabei ist: Autofrei leben heißt nicht Verzicht, Benachteiligung oder Verlust an Lebensqualität. Ganz im Gegenteil: Die Zufriedenheit mit dem autofreien Leben ist außerordentlich hoch (D: 74% – CH: 86%). Wesentliche Unterschiede sind lediglich in der *Zufriedenheit bzw. Unzufriedenheit mit den Freizeit- und Ausflugsmöglichkeiten* feststellbar: Die befragten autofrei lebenden Schweizer zeigen sich wesentlich zufriedener, weil hier auch eine bessere ÖPNV-Erschließung vorliegt.

Sanfte Mobilität in Europa ist das Ziel von NETS, dem Netzwerk europäischer Tourismusorte mit sanfter Mobilität. Gemeint ist eine nachhaltige Verbesserung der Lebens- und Umweltqualität in den Orten und Regionen durch ein umweltverträgliches Mobilitätsverhalten. Im Rahmen des EU-

Projekts „Sanfte Mobilität“ sollen autofreie Angebote europaweit verbreitet und verkauft werden. Die D.A.CH.-Länder haben hier eine Pionierrolle übernommen. Dazu gehören:

- *D:* Interessengemeinschaft für Autofreie Kur- und Fremdenverkehrsorte in Bayern/TAKF (Bad Reichenhall)
- *A:* Interessengemeinschaft für sanfte Mobilität in Österreichs Kur- und Tourismusorten (Bad Hofgastein)
- *CH:* Gemeinschaft Autofreier Schweizer Tourismusorte/G.A.S.T (Mürren).

Fallbeispiel „Autofreies Oberstdorf“
Mit dem Elektro-Bus ins Zentrum

Einwohner: 12.000 – Bettenzahl: 17.000 – Übernachtungen: 2.500.000 – Aufenthaltsdauer: 10 Tage

Der sich selbst als „südlichstes Dorf der Bundesrepublik“ bezeichnende Ort hat von den Übernachtungszahlen her eher großstädtische Dimensionen. Am Ortsausgang wurde ein kostenloser Auffangparkplatz geschaffen. Die Kurverwaltung bietet einen Skibus-Service an, der alle Skifahrer kostenlos in die Skigebiete fährt. Das ganze Jahr über fahren Elektrobusse im 15-Minuten-Takt.

Sanfte Mobilität zielt auf *autofrei(er)e Touristenorte.* Daraus ergeben sich konkrete Handlungsgrundsätze (vgl. ADAC 1993, S. 63f.) für die Mobilitätsplanung:

1. *Ein Verkehrsentwicklungsplan für jeden Tourismusort*
   Jede Fremdenverkehrsgemeinde braucht ein langfristig tragfähiges Verkehrsentwicklungskonzept. Es muß mit Region und Nachbargemeinden abgestimmt sein sowie den örtlichen und den regionalen Verhältnissen individuell Rechnung tragen. Bewährt hat sich hierfür der Verkehrsentwicklungsplan, ein flexibles Instrument, das alle Anforderungen optimal integrieren kann.
2. *Zur Freizeitgestaltung gehört das Fahrrad*
   Die Verbindung touristischer Ziele im Ort und der Region durch attraktive Wege und Routen für Radfahrer muß vorrangig erfolgen. Dabei dürfen infrastrukturelle Einrichtungen (Leihfahrradstationen, Abstellanlagen, Wegweisung etc.) nicht fehlen. Speziell unter Sicherheitsaspekten ist hierbei der Grundsatz zu beachten: Qualität vor Quantität!
3. *Der ÖPNV braucht neue Ideen*
   In Fremdenverkehrsorten hat der Öffentliche Verkehr andere Aufgaben und Probleme als in Großstädten. Mit City- oder Shuttlebussen, die peripher gelegene Parkplätze mit den Zentren attraktiv verbinden, kann der Verbund der Verkehrsarten gefördert werden. Die unschlagbaren Vorteile der Pkw-Benutzung, speziell beim Gepäck-, Freizeit- und Sportge-

rätetransport, müssen – wo immer es geht – durch organisatorische Maßnahmen ersetzt werden.

4. *Ausflugsziele und Tourismusorte brauchen Fußgängerzonen*
Ohne Ausnahme gilt der Grundsatz: Tourismusorte brauchen verkehrsberuhigte Zonen in ihren Zentren, deren Herzstück eine Fußgängerzone individueller Prägung sein sollte. Dazu gehören aber auch verkehrsberuhigte Bereiche, Tempo-30-Zonen und besonders gestaltete Wohn- und Kur-Zonen, in denen das Zu-Fuß-Gehen Priorität ge nießt.

5. *Parkraumplanung ist ein unverzichtbares Muß*
Oberstes Ziel bei der Entschärfung der Probleme des ruhenden Auto- und Busverkehrs kann nur ein ausgewogenes, auf die örtlichen Gegebenheiten abgestimmtes Parkkonzept sein. Dazu gehören: Parkplätze an den richtigen Standorten, Parkleitsysteme und auch ein benutzerfreundlicher öffentlicher Verkehr. Dies sind wesentliche Bausteine des Verkehrsentwicklungsplanes. Als bewährtes Instrument ist hierbei die Parkraumbewirtschaftung mit gestaffelten Gebühren zu sehen: Temporär und monetär sollte das Angebot dem Bedarf und dem verkehrspolitischen Ziel angepaßt werden. Flankierend sind Parkleitsysteme, benutzerfreundliche Parkeinrichtungen und „Info für die Verkehrsteilnehmer" notwendig.

Dies alles sind sinnvolle Rahmenbedingungen als Voraussetzung dafür, daß sich Umweltbewußtsein in Umwelthandeln wandeln kann.

5. Chancen für eine nachhaltige Entwicklung im Tourismus

Nachhaltiger Tourismus („sustainable tourism") gilt als Oberbegriff für ökologisch tragbare, wirtschaftlich machbare sowie ethisch und sozial gerechte Tourismusformen.

Es geht hierbei um den Erhalt, die Pflege und die Sicherung (vgl. Roy/ Morawa 1996, S. 178) von Natur, Kultur und Lebensqualität, also von „Umwelt" im weitesten Sinne. Nachhaltiger Tourismus ist ein dauerhaft umweltverträglicher Tourismus.

Parallel hierzu breitet sich geradezu inflationär ein neuer Begriff weltweit aus: *Ökotourismus*. Soll das Beiwort „Öko" nur ein problematisches Produkt schmücken? Gilt es gar nur als attraktives Synonym für neue Reiseziele im Bereich von Exotik/Tropik/Karibik? Oder weist es auf eine Problematisierung von Reisen in abgelegene, schützenswerte und schonungsbedürftige Regionen hin?

Der in den achtziger Jahren aus den USA entlehnte Begriff Ökotourismus (engl. „ecotourism") weist auf Reisen in *Zielgebiete mit großer biologischer Vielfalt und intakter Natur* hin, was zur Ausprägung einer Vielfalt von naturnahen Reiseformen geführt hat. Nach Erkenntnissen der modernen Umweltforschung (Viegas 1998 b) lassen sich folgende Formen des Ökotourismus unterscheiden:

VIEL RUHE - WENIG VERKEHR

Was für Europäer im Urlaub „am wichtigsten" ist

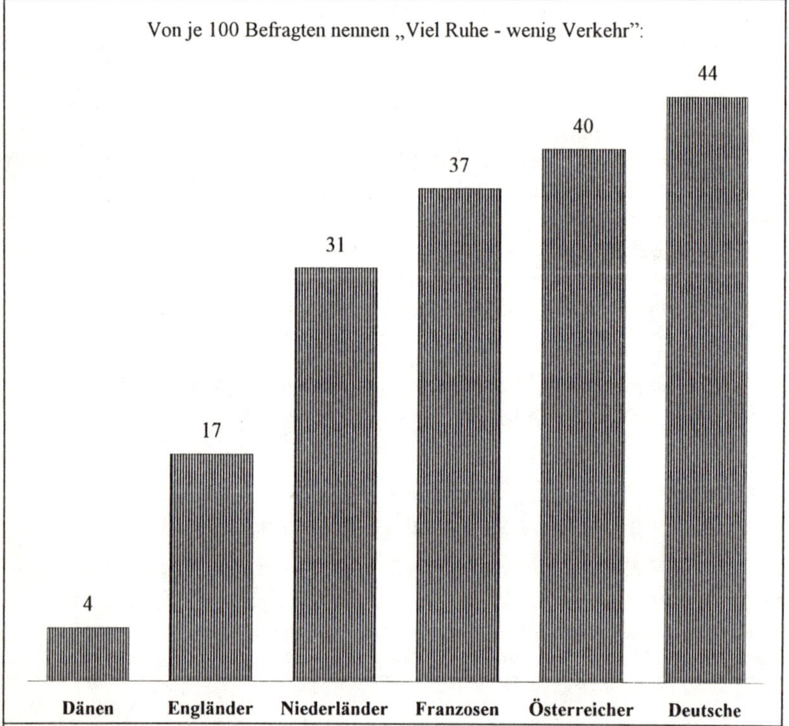

Repräsentativbefragung von 7.600 Europäern ab 14 Jahren im Jahre 1994

B·A·T Freizeit-Forschungsinstitut

CS

- *Ökotourismus* schließt alle natur- und umweltorientierten Freizeit- und Urlaubsangebote mit einem deutlichen Informations- und Bildungsanspruch (= *umweltpädagogische Komponente*) ein. Eine Safari in Afrika ist also erst dann ein ökotouristisches Angebot, wenn sie über das Anschauen und Fotografieren von Landschaft und Tieren hinaus auch der

Information und Aufklärung dient (z.B. im Hinblick auf bedrohte Tierwelt, Wilderei, Klimaänderung) und ein entsprechendes verantwortungsvolles Umweltbewußtsein fördert.
Ökotourismus ist insbesondere im Südpazifik eine ausgeprägte Form des Reisens geworden. Für 50 bis 80 Prozent aller Besucher in dieser Region stellt die natürliche Umwelt nachweislich eine der Hauptattraktionen dar: Neuseeland wirbt mit seiner sauberen und grünen Umwelt *(clean and green)*. Auch Australien versucht seine ökonomische Situation durch ökologische Tourismusprogramme zu verbessern – und das mit großem Erfolg: Knapp eine Million internationale Reisende besuchten 1980 das Land, 1990 waren es 2,2 Millionen. Für das Jahr 2000 strebt das „Commonwealth Department of Tourism" eine Besucherzahl von rund sieben Millionen Ausländern an. So gesehen stellt der Ökotourismus nur eine neue Form des Spezialreiseverkehrs dar *(special-interest-tourism)* – also ein spezielles Marktsegment, das *weniger schädlich für die Umwelt sein soll*. Andererseits: Der Ökotourismus ist inzwischen in Australien die größte Industrie des Landes geworden. Die Gefahr ist groß, daß sich aus dem Ökotourismus eine „neue Form ökologischen Imperialismus" (Hall 1994, S, 646) entwickelt. So gesehen wäre es sinnvoller, in Zukunft mehr von einem *Ökokulturellen Tourismus* zu sprechen, damit der kulturelle Kontext auch als moralische Verpflichtung gewahrt bleibt.

- *Naturtourismus* hat mehr das sinnliche Erlebnis der Natur zum Ziel (z.B. eine Bootstour durch den Urwald, der Besuch von Nationalparks/Naturparks, Expeditionen, Naturstudienreisen). Diese Reisen haben die Natur zum Thema, was massentouristische Wirkungen nicht ausschließt. Das Spektrum reicht von Tierbeobachtung und Naturfotografie über Fischen und Jagen bis hin zum Sport- und Abenteuertourismus. Dazu gehört beispielsweise die Walbeobachtung („Whale Watching"), die mittlerweile weltweit etwa vier Milionen Menschen in ihren Bann zieht. Für viele Küstenbewohner ist der Wal-Tourismus inzwischen eine wirtschaftliche Alternative zum Fischfang geworden. Die Gefahr ist groß, daß im Naturtourismus die Natur zur Kulisse degradiert wird. Dies trifft insbesondere für sogenannte Abenteuerreisen in die „letzten Naturreservate" zu (z.B. Trekking-Touren, Expeditionen). Andererseits wird durch den Naturtourismus in Form von Eintrittsgeldern, Spenden und Sponsorenprojekten die Erhaltung von Natur- und Tierreservaten finanziert.
  Immer mehr Feriengebiete gehen dazu über, sogenannte *Naturerlebnisgebiete* zu schaffen. Richtungweisend hierfür ist die vom Ministerium für Umwelt, Raumordnung und Landespflege (MURL) in Nordrhein-Westfalen herausgegebene Richtlinie „Natur 2000", die den Schutz wertvoller Landschaften mit besonders artenreicher Tier- und Pflanzenwelt und erdgeschichtlichen sowie kulturhistorischen Attraktionen verbindet. Hierzu gehört beispielsweise das Naturerlebnisdorf Kalkeifel in der Gemeinde Nettersheim, ein 95 Quadratkilometer großes Gebiet, das seit Anfang der neunziger Jahre bereits zweimal vom BUND mit dem Titel

„Bundeshauptstadt für Natur- und Umweltschutz“ (Viegas 1998 b, S. 41f.) ausgezeichnet wurde.

- *Bioparktourismus* bezieht sich auf gestaltete Parks, in denen Tiere und Pflanzen aus fremden Landschaften in möglichst naturgetreuer Umgebung zu sehen sind wie z.B. in Zoos und Aquarien, Tier- und Vogelschutzstationen. Allein die Zoos ziehen weltweit über 600 Millionen Menschen jedes Jahr an.
  Die Zoos der Zukunft werden zunehmend Bioparks sein, die die Tiere in ihren Ökosystemen darstellen und für viele vom Aussterben bedrohte Tierarten eine letzte Überlebenschance sind. Die Bioparks gelten als *neues Trendziel des Ökotourismus.* Hier kann man selbst im eigenen Land eine „Deutschland-Safari“ unternehmen. Und die Amerikaner setzen Zeichen für die Zukunft: Im Freizeitpark Sea World in Florida gibt es die neue Erlebniswelt „Wild Arctic“. Besuchern wird eine abenteuerliche Expedition geboten – ohne Reise. Ein simulierter Helikopterflug bringt die Besucher in die Arktis, in eine bis ins Detail nachgebaute polare Forschungsstation. „Die Besucher werden zu Forschungsmitgliedern, können an Geräten interaktiv lernen und begegnen bei der Arktis-Station den Tieren der Arktis: Polarbären, Walrossen, Seelöwen und Beluga-Walen – alles *live und zentimeternah, nur durch dicke Scheiben getrennt*“ (Viegas 1998 b, S. 31). Die Besucher „erfahren“ und „spüren“ so die Wildnis hautnah – selbst der eisig kalte Wind wird simuliert.
  In Projekten des Bioparktourismus sind die Grenzen zwischen Natürlichkeit und Künstlichkeit fließend. So kann man beispielsweise im holländischen Arnheim im „Burger‘s Zoo“ in einem *Naturparadies „unter Glas“* in den Regenwald eintauchen und die Rolle des Menschen im System Urwald erfahren: „Auf verschlungenen Pfaden, wie die ersten Urwaldforscher, kann der Besucher das Gelände durchstreifen und dabei die Tiere in ihrem Lebensraum entdecken. Der Dschungel zeigt hier und da auch Spuren der menschlichen Entdecker: Reste einer Expedition, Pfahlhütten, Werkzeuge ...“ (Viegas 1998 b, S. 73). In einer Halle von anderthalb Hektar unter einer 20 Meter hohen transparenten Kunststoffkuppel leben hier Tiere und Pflanzen voneinander und miteinander.
- *Agrotourismus* beinhaltet Urlaubsformen auf dem Lande bzw. auf dem Bauernhof, wozu in Deutschland etwa 20.000 bäuerliche Betriebe gehören. Agrotouristische Angebote reichen heute von Bauern- und Biohöfen über Bauernhofcafés bis zu Reiterhöfen, Kräutergärten, lokalen Märkten und rustikalen Lokalen. Die EU fördert verstärkt den landestypischen Agrotourismus in benachteiligte Gebiete (5 B-Regionen), um der Landbevölkerung ein *Zweiteinkommen durch den Tourismus* zu ermöglichen.
- *Geotourismus* hat die Erkundung geologischer oder geographischer Sehenswürdigkeiten zum Inhalt. Dazu gehören Reisen zu Fossilienfundstätten und Tropfsteinhöhlen, Vulkanismusgebieten und heißen Quellen. Die Zielgebiete bieten vielfach geologische Lehrpfade und naturkundliche

Museen, Führungen und Exkursionen an (z.B. Bad Münstereifel: „Geologisches Wochenende“; Alb-Donau-Kreis: „Höhlentouren“).
- *Ethnotourismus* spricht kulturell interessierte Reisende an, die in den bereisten Gebieten die Bewohner (Einheimische und Eingeborene) in ihrer Lebensweise und im Umgang mit den Ressourcen von Natur und Region kennenlernen wollen.

Der Tourismus entwickelt sich zur großen Chance für die Natur: *Aus Viehzüchtern können Wildlife-Manager werden.* Im Save Valley in Zimbabwe wandeln Viehzüchter ihre unrentablen Farmen in ein Paradies für Wildtiere um, das Touristen aus aller Welt anzieht. Mit 3.400 Quadratkilometern ist das Schutzgebiet fast doppelt so groß wie alle Nationalparks in Deutschland zusammen, wenn man einmal von den Wasserflächen des Wattenmeers absieht. 120.000 Landbewohner leben rings um das Schutzgebiet. Viele von ihnen arbeiten als Wildhüter oder in den Hotelanlagen. Geplant ist zudem die Gründung eines Trusts, an dem die einheimischen Anwohner beteiligt sind und auch finanziell profitieren (Weidenbach 1998, S. 24).

6. Ökotourismus als Förderer des Naturschutzes

Ein Umdenken in der ökologischen Diskussion hat begonnen: Der Tourist gilt nicht mehr nur als der große Umweltzerstörer, sondern zunehmend auch als ein *„Agent for Development and Wildlife Conservation“*, der dazu beiträgt, daß oft einzigartige Ökosysteme, eine biologische Vielfalt sowie gefährdete Tier- und Pflanzenarten *nachhaltig gesichert* werden (vgl. Vorlaufer 1996, S. 217) und auch die Lebensqualität der Bewohner erhöht wird:

- Die beträchtlichen Einnahmen aus dem Jagdtourismus in Zambia fließen direkt und indirekt den Bewohnern der jeweiligen Gebiete zu oder werden für dörfliche Gemeinschaftsaufgaben verwendet.
- In der Himalaya-Region werden die von der Regierung erhobenen Trekking-Gebühren nicht nur für die Entwicklung des Gesundheitswesens verwendet, sondern dienen auch den Inhabern der Tourismusbetriebe zur Nutzung umweltverträglicher Energien (Solarenergie, Kerosin statt Holz). Der Entwaldungsprozeß kann so gestoppt werden.

> Die Erfahrungen zeigen, daß eine nachhaltige Sicherung von Natur und Umwelt immer dann gelingt, wenn die touristischen Einnahmen vor allem der einheimischen Bevölkerung zugute kommen.

Natur- und Ökotouristen breiten sich weltweit aus. Zu ihren naturorientierten Interessen und Aktivitäten gehören insbesondere

- Trekking/Wandern (z.B. in Nepal, China)
- Vogelbeobachtung (z.B. in Mexiko, Costa Rica)

- Naturfotografie (z.B. in Kenya, Tansania)
- Angeln (z.B. Costa Rica)
- Rafting/Kanufahren (z.B. in Puerto Rico).

Infolgedessen ist der Tourismus inzwischen für Kenya, Nepal und Costa Rica die *wichtigste Deviseneinnahmequelle* geworden.

Insbesondere Tansania verfügt mittlerweile über eine große Anzahl von Schutzgebieten von Weltrang wie z.B.

- Serengeti National Park
- Ngorongoro Conservation Area
- Selous Game Reserve.

Mit Hilfe des Tourismus können die größten Beeinträchtigungen von Natur und Landschaft (z.B. durch *Holzeinschlag und Wilderei) weitgehend verhindert* werden. Noch 1970 betrugen die Einnahmen aus dem Tourismus 13,39 Mio US $. 1980 waren es 19,7 und 1990 65,0 Millionen US $. Mitte der neunziger Jahre wurden bereits über 200 Millionen US $ eingenommen (vgl. Arbeitsgruppe Ökotourismus 1995).

Tourismus als Chance

„Ohne zahlende Urlauber hätten Berggorillas in Uganda, Nashörner in Namibia oder Tiger in Indien kaum eine Überlebenschance.“
ARND WÜNSCHMANN, WWF

„Ein Fischer verkauft einen Hai auf dem Fischmarkt für ca. 48 Mark. Als Attraktion für Tauchtouristen erwirtschaftet der Hai aber mehr als 50.000 Mark im Jahr.“
MAUMOON ABDUL GAYOOM, *Ministerpräsident der Malediven*

Als bekanntestes Beispiel für eine nachhaltige Entwicklung und Förderung durch den Tourismus gelten die *Galapagos-Inseln* (Ecuador). Diese bieten eine in der Welt einzigartige Fauna: See-, Wasser-, Watt-, Landvögel, Riesenschildkröten, Meeres- und Landleguane, Kormorane, Seelöwen und Seebären. Die touristischen *„Pilgerreisen“ in dieses einmalige Tierparadies* erbringen der Region Einnahmen aus den Besuchergebühren von jährlich über 3 Millionen US-Dollar, womit vor allem die Charles-Darwin-Forschungsstation sowie das Park-Management finanziert werden (Vorlaufer 1996, S. 226f.). Allerdings darf nicht übersehen werden, daß der Naturschutz auch Gefahr läuft, *touristisch instrumentalisiert* zu werden: Tendenziell wird eher das *geschützt, was dem Naturtourismus nützt*, was also als Attraktion für Naturtouristen gilt.

Für die Zukunft zeichnet sich ab: Die Anziehungskraft der Natur wird zum Wirtschaftsfaktor und expandierenden Tourismussegment. Touristen können zu Partnern der Naturschutzverbände werden.

Dazu muß allerdings auf breiter Ebene die Lust auf Natur und die Erlebnismöglichkeit in der Natur mehr vermittelt werden als die sicher auch notwendige Einschränkung der individuellen Bewegungsfreiheit. Die Umweltstiftung WWF (Schumm 1998, S. 23) gibt als ebenso sinnvolle wie praktikable Empfehlung aus: *Geregeltes Erleben von Natur.*

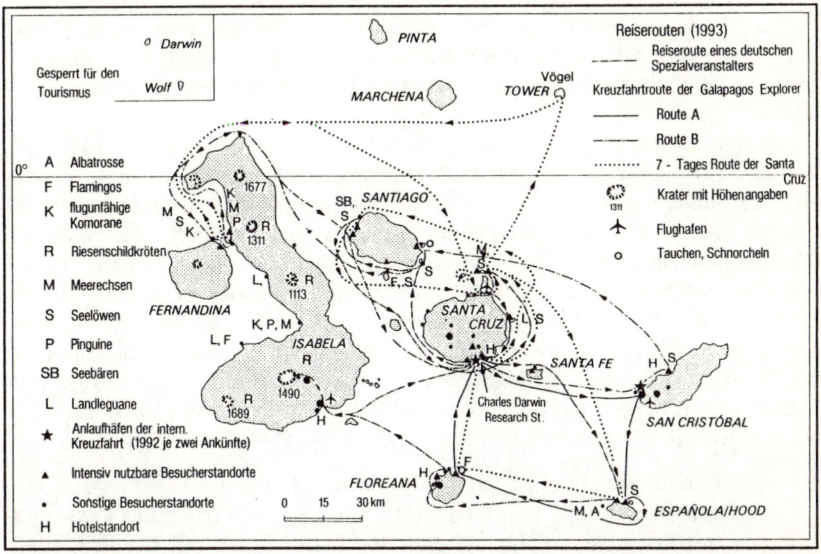

Naturschutz und Tourismus auf den Galapagos-Inseln (Entwurf: K. Vorlaufer; Quelle: Bittman u. Fugger 1991; Unterlagen der Tourismusbehörde Ecuadors u. von Reiseveranstaltern; Kartographie: K. Massoud).

7. Naturschutz und Tourismuswirtschaft als Symbiose

Der Generaldirektor der 1948 gegründeten IUCN (International Union for the Conservation of Nature), David Mc. Dowell, brachte es auf den Punkt: *„Let's talk economics!"* – Auch Naturschützer müssen lernen, ökonomisch zu denken! (vgl. Iwand 1998 b, S. VII). Dahinter steht die Einsicht: *„Schützen durch Nützen!"* Naturschützer und Tourismuswirtschaft müssen eine Vernunftehe eingehen, damit sich Natur-Wert und Preis-Wert ergänzen.

Massentourismus muß nicht zwangsläufig selbstzerstörerische Tendenzen in sich tragen. Dem „harten" Tourismus als „Landschaftsfresser" steht eine andere Seite des Tourismus gegenüber, die zu einer ökologischen und ästhetischen Aufwertung von Natur und Landschaft führen kann. Damit sind nicht konfliktmindernde Maßnahmen wie z.B. Besucherlenkung, Trennung von Freizeit- und Schutzfunktionen oder Regelung und Kanalisierung der Reiseströme gemeint, sondern eigenständige Maßnahmen zur „Landschaftserhaltung durch Tourismus“ (vgl. Schemel u.a. 1987). Mit diesem positiven Beitrag wird die Chance genutzt, touristische Interessen *mit* Zielen des Landschaftsschutzes und der Landschaftspflege zu verbinden.

Es handelt sich dabei vorwiegend um Maßnahmen, bei denen bäuerliche Bewirtschaftungsformen beibehalten oder wieder aufgenommen werden. Der massive Einsatz von Düngern und Pestiziden hatte die früher vorherrschende Vielfalt an Tier- und Pflanzenarten auf wenige Restflächen zurückgedrängt. Die Folgen waren Verluste an Kleinstrukturen (Gehölzer, Sträucher, Hecken, Tümpel, Feuchtbereiche u.a.) und damit auch Verarmungen des Landschaftsbildes.

Fremdenverkehrsgemeinden gehen mittlerweile dazu über, mit finanziellen Anreizen Landwirte zur *Wiederherstellung der Begleitflora von Ackerkulturen* anzuregen und damit die natürliche Erlebnisqualität der Landschaft zu steigern. Allein das Land Bayern hat für ein eigenes „Acker- und Wiesenrandstreifenprogramm“ einen Millionenetat zur Verfügung gestellt. Richtungsweisend hierfür war der Bruderholzhof in der Nordwestschweiz: Waldränder wurden renaturiert, auf Dünger und chemische Unkrautvernichtungsmittel verzichtet, Trockenwiesen nur extensiv bewirtschaftet. Aus monokulturellen Produktionslandschaften sind attraktive Erholungslandschaften mit hohem Freizeitwert entstanden. Weitere Beispiele der *Landschaftserhaltung aus touristischen Fördermitteln* (vgl. Schemel 1988) sind:

- Die *„Hagaktion“* im Landkreis Miesbach (Oberbayern) dient seit 1980 der Erhaltung, Pflege und Neuanlage von „Hagen“ (Baumhecken). Der stark am Fremdenverkehr interessierte Landkreis hat mit Unterstützung der Landwirte mittlerweile Tausende von Bäumen und Sträuchern angepflanzt und überalterte Hage mit Linden, Ahorn, Eichen, Bergulmen, Hasel- und Wildrosen verjüngt.
- Im *Vogelreservat Wallnau* auf der Ostseeinsel Fehmarn ergänzen sich ökologische und touristische Zwecke. Das Projekt dient in erster Linie dem Naturschutz, wird aber aus touristischen Mitteln und Quellen finanziert. Beobachtungsstände und Beobachtungstürme, Besuchszentrum mit Lehrpfad und Informationszentrum garantieren das Brüten und Überleben von 80 Vogelarten nach dem Grundsatz: „Der Mensch geht nicht zu den Vögeln, die Vögel kommen zum Menschen.“ Dem Naturschutz ist gedient, und die touristische Attraktivität der Insel wird gleichzeitig gesteigert.
- Der *Neufarner Mühlsee* im nördlichen Umfeld von München gilt als Musterbeispiel für eine gelungene Funktionstrennung von Freizeitnutzung und Landschaftsökologie. Ehemalige Baggerseen wurden zu einem Badesee (als Erholungsgebiet für Badende), einem Sportsee (als Fläche für den Wassersport) und einem Natursee (als ungestörter Rückzugsbereich für die Tier- und Pflanzenwelt) umgestaltet. Der Natursee (mit einer Insel) ist für Freizeiter und Urlauber nicht zugänglich.
- Auch die *Lüneburger Heide* ist ein klassisches Beispiel dafür, daß sich touristische Interessen und Belange des Natur- und Landschaftsschutzes

nicht behindern oder gar ausschließen müssen. Ausreichende Parkplätze an den Zugangsstraßen fangen den motorisierten Verkehr auf, für den der Naturschutzpark gesperrt ist. Ein auf die landschaftlichen Besonderheiten abgestimmtes Wegenetz (Besucherlenkung) läßt ausreichende Ruhezonen für die Natur. 3.500 Schafe sorgen als natürliche „Landschaftspfleger" dafür, daß Heideverwilderung (Überalterung und Zusammenbrechen, Vergrasung) vermieden wird. Naturdenkmäler (Sümpfe, Moore, alte Eichen) sowie bauliche Sehenswürdigkeiten (Hünengräber) bleiben erhalten. Außerhalb des Naturschutzgebietes wird die notwendige touristische Infrastruktur (Gasthäuser, Freibäder, Ponyhöfe u.a.) bereitgestellt.
- In *Berchtesgaden* hat man erfolgreich sozioökonomische Ziele der bergbäuerlichen Existenzsicherung mit ökologischen und touristischen Zielen verknüpft. Die laufende Verringerung der Viehbestände und der Anstieg der nicht mehr genutzten landwirtschaftlichen Fläche (Sozialbrache) werden verhindert, indem mit finanziellen Mitteln des Fremdenverkehrs die Bergbauern angeregt werden, die Flächen weiterhin zu bewirtschaften und somit das charakteristische Landschaftsbild zu bewahren.

Krippendorf wies beispielsweise nach, daß von den 282 Bauern des Grindelwalds 234 einem Nebenerwerb, der direkt oder indirekt mit Tourismus verbunden ist, nachgehen. Einkommensmäßig machen diese „Nebeneinkünfte" rund 55 Prozent des Gesamteinkommens der landwirtschaftlichen Betriebe aus. Aufgrund des touristischen Nebenerwerbs können Kleinbetriebe (mit weniger als 8 Kühen) und sogar Kleinviehbetriebe (mit Schafen, Ziegen, Hühnern) erhalten bleiben. Gerade diese *Kleinbetriebe sind es, die für die Landschaftspflege am meisten tun.* Da wird selbst die steilste Wiese noch gemäht und beweidet: „Ohne Nebenwerwerb, das heißt ohne Tourismus hätte der Rückgang der Bauernbetriebe in den Alpen wahrscheinlich katastrophale Ausmaße angenommen" (Krippendorf 1986, S. 24). Die touristische Entwicklung geht nicht nur mit der Förderung von Landschaftserhaltung und Ortsgestaltung einher, sondern auch mit einer *Rückbesinnung auf die eigene kulturelle Herkunft* (Brauchtum). Der innere Zusammenhalt der einheimischen Bevölkerung wird gefestigt – durch die Betonung des „Wir" (Einheimische) gegenüber dem „Sie" (Gäste, Besucher, Touristen).

8. Mobilitätskonzepte

Aus der Sicht der Automobilindustrie gilt *Mobilitätsmanagement durch Telematik* geradezu als „die" Problemlösung für die Zukunft. Im einzelnen (vgl. Mangold 1997, S. 74) werden genannt:

- Positive Auswirkung auf die Zahl der tödlichen Verkehrsunfälle
- Spürbare Verringerung von Verkehrsverdichtungen
- Planbare und zuverlässige Reisezeiten

- Weniger Energieverbrauch und damit geringere gasförmige und Partikel-Emissionen.

Um dies zu erreichen, werden *Autos mit autonomen Navigationssystemen* entwickelt. Hinzu kommt ein verstärkter Ausbau der Verkehrsinformationsdienste in Verbindung mit Anrufzentralen und Notrufsystemen. Ein intelligentes Mobilitätsmanagement muß dann zweierlei leisten können: *Umweltpolitische Ziele* erreichen, ohne die *wirtschaftliche Entwicklung* zu gefährden. Dies gleicht fast einer Quadratur des Kreises.

Aus der Sicht moderner Mobilitätsforschung, insbesondere der Verkehrswissenschaft und -wirtschaft, haben G.W. Heinze und H.H. Kill „Neue Lösungen im Freizeitverkehr" entwickelt und als *Handlungsoptionen für Politik und Planung* vorgelegt. Die folgende exemplarische Auswahl möglicher Lösungsansätze mutet wie ‚eine Art Checkliste' an (vgl. Heinze/Kill 1996, S. 144-152), die – meist praxiserprobt – auch realistisch ist:

Umweltberatung
- Information, Aufklärung durch Vereine ADAC, Alpen-, Wander-, Sport-, Heimat- und Naturschutzvereine), durch Kommunen (Stadtbibliotheken, Museen, Touristik- und Umweltberater), Verbraucherverbände, Presse, Schulen und Volkshochschulen
- Konsumerziehung zu Lasten motorisierter Freizeitgestaltung in Kindergärten und Schulen
- Angebot eines Informationsaspektes „Ferien mobil ohne Auto", das Tarifvergünstigung, Gepäckabholdienst, ÖPNV, Umsteigemöglichkeiten u.a. integriert
- Lustbetonte Werbung für mobile Ferien mit unmotorisierten und Öffentlichen Verkehrsmitteln.

Sportaktivitäten
- Schaffung von Auffang- und Ersatzangeboten für Aktivitäten, die sonst nur in der Natur stattfinden (wie künstliche Kletterwände in Hallen bzw. Umnutzung aufgelassener Steinbrüche)
- Lenkung von intensiven Sport-und Freizeitaktivitäten auf bereits (gering) belastete stillgelegte Flächen (wie ehemalige Industrie-, Abgrabungs- oder Deponieflächen)
- Verstärkte Nutzung und Öffnung künstlich gestalteter oder geschaffener Flächen für Sportaktivitäten (wie z.B. für Fahrrad-Cross, City-Canyoning)
- Geschützte Landschaften (Nationalparks, Naturparks, Biosphärenreservate) nur für langsame fußläufige Sportarten (wie z.B. nur für Wandern, Kanufahren, Skitouren) öffnen
- Angebotsplanung für Freizeitsportarten auf Umweltverträglichkeit prüfen.

Reglementierungen
- Zufahrtssperren für Tagesurlauber mit Bussen (wie in Zürs und Lech)

- Ökosteuer für Touristen (wie auf der brasilianischen Inselgruppe Fernando de Noronha, dafür Strandreinigung, Pflege von Waldbeständen, Restaurierung historischer Gebäude durch den Bundesstaat Pernambuco)
- Erhöhung der Steuer für Flugbenzin und Kerosin
- Strafen für Wegwerfen von Müll
- Erklärung von naturnahen Ferienregionen, die durch Übernachfrage gefährdet sind, zu geschützten Räumen wie z.B. die Insel Rügen zum Landschaftsschutzgebiet
- Festsetzung von absoluten Tabuzonen (klein-und großräumig)
- Umweltverträglichkeitsprüfung für Tourismusentwicklungsprogramme.

Neue Verkehrskonzepte

- Kombinierte Verkehrsstrategien in Freizeit- und Feriengebieten (Tempo 30 + Bevorrechtigung von Fußgängern und Radfahrern vor Pkw-Verkehr)
- Umnutzung aufgelassener Verkehrswege und Stationen für Freizeitzwecke (wie z.B. Nebenbahntrassen als Radwanderwege)
- Förderung eines neuen ÖPNV (Großraumtaxis, Minibusse, Shuttle-Service, Tälerbusse), von Elektrotaxis, Elektrobussen (Mauterndorf), richtungsbezogene Sammeltaxen/Kleinbusse an Bahnhöfen (wie von der DB AG in Großstädten)
- Visitor-Management (Münzschranken an den Einfallstraßen nach Florenz, Siena und Pisa oder einer Mautstelle am Rügendamm)
- Verkauf von Tagespässen (Vorschlag für Venedig)
- Sammelparkplätze am Rande des Zielortes oder -gebietes mit Umsteigegebot auf kollektive Erschließungsverkehre und empfindliche Strafen für wildes Parken
- Flexibilitätserhöhung des ÖPNV im Hinblick auf Nachfragespitzen und Wetterabhängigkeit: durch kleine Einheiten, kurze Taktzeiten, bedarfsabhängige Bedienung, flexible Routen (Abfahrt, wenn Fahrzeug voll besetzt; schnell, bequem, preiswert; Haus-zu-Haus-Bedienung)
- Fahrradverkehr fördern (wie naturnahes Radwegenetz mit Rastpunkten, Vorfahrtsregelung vor Kfz, fahrradfreundlicher ÖPNV, Fahrradvermietung an Bahnhöfen, überdachte Abstellplätze mit Schließfächern für Gepäck, Radhotels)
- Vier-Wege-Konzept für naturnahen Tourismus (wie Ausbau von Wander-, Rad-, Reit- und Wasserwegen rund um den Scharmützelsee mit Bad Saarow als Kern).

Mobilitätskonzepte der Zukunft müssen auf sanfte Technologien setzen. So kann man „natürlich mobil" bleiben, ohne Einbußen an Lebensqualität hinnehmen zu müssen, wie das folgende Ergebnis einer Befragung von deutschen und französischen Bahnreisenden (Bauer u.a. 1998, S. 181) beweist:

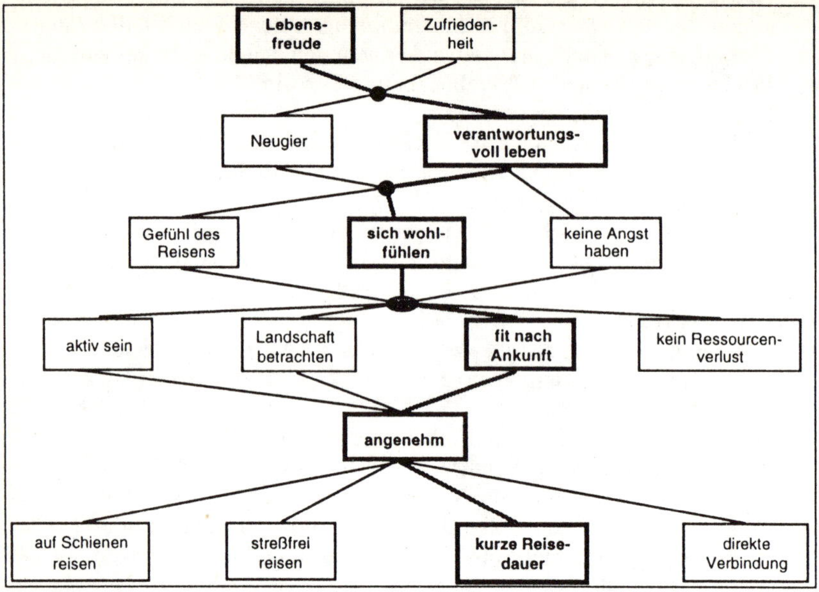

Wenn es einen *umweltpolitischen Prioritätenkatalog* gäbe, in dem der Handlungsbedarf nach Dringlichkeitsstufen festgehalten wäre, so würde er lauten:

1. Den ÖPNV modernisieren und attraktivieren.
2. Das Fahrrad- und Fußwegenetz ausbauen.
3. Den Umweltverbund von ÖPNV und Bahn vorrangig fördern.
4. Durch regelmäßige Aktionen (z.B. „autofreier Tag", „autofreie Innenstadt auf Zeit") das autofreie Leben als ein Stück Lebensqualität mehr ins Bewußtsein der Bevölkerung bringen.
5. Kfz-Steuer, Benzin-Steuer und Öko-Steuer zweckgebunden für die Entwicklung alternativer Verkehrsmittel (z.B. Solarfahrzeuge, E-Mobile) verwenden.

VII. Umweltpolitik: Vom Konflikt zum Konzept

Die Politik muß Qualitätsziele für Mensch und Umwelt schaffen, einen Orientierungsrahmen für *vorsorgenden Umweltschutz*. Dies bedeutet:

- Umweltpolitik ist *Erholungsvorsorge*
  Der Staat sichert die Vielfalt, Eigenart und Schönheit von Natur und Landschaft, insbesondere auch den Zugang zur Landschaft.
- Umweltpolitik ist *Risikovorsorge*
  Der Staat handelt bereits im Vorfeld von Gefahren, um die Risiken so gering wie möglich zu halten.
- Umweltpolitik ist *Zukunftsvorsorge*
  Der Staat fördert neue umweltfreundliche Entwicklungen (z.B. durch wirtschaftliche Anreize, Beratungs- und Informationsleistungen, umwelterzieherische Aktivitäten).

Aus den jahrelangen Bemühungen der Arbeitsgemeinschaft „Tourismus mit Einsicht“ hat der ADAC schon vor einem Jahrzehnt umweltpolitische Leitlinien (vgl. ADAC 1990, S. 9) entwickelt, die mit entsprechenden Einstellungs- und Verhaltensänderungen einhergehen:

- *Bereitschaft zum Komfortverzicht*
  Ein verantwortungsvoller Umgang mit der Natur bedeutet Schonung nicht regenerierbarer Rohstoffe und Energien, weniger Verbrauch von materiellen Gütern. Dies kann in einigen Fällen einen Verzicht auf gewohnten Komfort bedeuten (z.B. durch eingeschränkten Wasserverbrauch in südlichen Ländern).

- *Bereitschaft zur Nutzung öffentlicher Verkehrsmittel*
  Ein Großteil der Umweltbelastungen wird durch den individuellen Pkw-Verkehr verursacht (auch soziale Belastungen). Verantwortungsbewußte Touristen müssen bereit sein, öffentliche Verkehrsmittel zu nutzen.

- *Bereitschaft zum aktiven Natur- und Umweltschutz*
  Jeder Mensch belastet durch seine Aktivitäten die Umwelt. Diese Belastungen dürfen langfristig nicht zu Zerstörungen führen, vor allem dann nicht, wenn es sich um Belastungen durch die Freizeit handelt. Der engagierte Ausflügler und Reisende versteht seine Freizeit auch als Möglich-

keit, sich aktiv zur Erhaltung bzw. Wiederherstellung einer intakten Natur und Umwelt einzusetzen.

- *Bereitschaft zu mehr Muße*
  Sowohl für Gäste wie für Gastgeber soll der Tourismus nicht unnötig Streß und Hektik verursachen. Das Kennenlernen einer anderen Kultur und Umwelt braucht Zeit. Ein Abhaken von Sehenswürdigkeiten kann dies nicht ersetzen.

Aus einer solchen Bereitschaft folgt nicht schon ein sanftes Handeln. Und auch die ADAC-Formel „Mehr Wissen = mehr Handeln" stellt keinen Automatismus dar. Was also ist zu tun? Vor allem: Was kann jeder einzelne tun?

1. Was jeder einzelne tun kann

Es gibt nach wie vor viele Umweltbewußte, aber nur wenige Verhaltensänderer. Noch Anfang der achtziger Jahre konnten sich Urlauber mit dem umweltbewußen Bekenntnis brüsten: „Ich mache jetzt keinen Ölwechsel mehr im Wald" oder „Ich lasse auch kein Klopapier mehr in der Wildnis". Ansonsten hielt sich der ökologische Einfallsreichtum in Grenzen: „Achte eher auf kaputte Botanik" (vgl. B.A.T Institut 1984). Was hat sich seither geändert? Wie weit hat das wachsende Umweltbewußtsein zu tatsächlichen Verhaltensänderungen geführt?

> Die Bevölkerung schwankt zwischen Einsicht und Besserungsabsicht, zwischen Abwehr und Rückzug auf das Grundsätzliche. Die Neigung ist groß, die Lösung der Umweltprobleme erstens im Grundsätzlichen und zweitens bei anderen zu suchen.

Groß ist die Angst vor Beschneidungen der persönlichen Spontaneität und Freiheit – *die Angst, nicht mehr vom Wege abkommen zu dürfen.* Wenn es ernst, d.h. persönlich wird, reagieren die meisten Bundesbürger nach wie vor mit Ausweichtendenzen.

„Man spricht heute viel über Umweltprobleme und über staatliche Maßnahmen zum Umweltschutz. Sehen Sie einmal von den staatlichen Maßnahmen ab. Was kann Ihrer Meinung nach jeder einzelne, ja Sie selbst aktiv dazu beitragen, um die Natur und eine intakte Umwelt zu bewahren?" In den Antworten zu dieser Frage spiegeln sich ganz unterschiedliche Handlungsweisen wider:

- Die größte Akzeptanz finden zunächst einmal die Verhaltensformen, die *relativ einfach und bequem*, d.h. ohne großen Aufwand praktiziert werden können. 76 Prozent nehmen bei Ausflügen grundsätzlich ihre Abfälle wieder mit nach Hause (7 Prozentpunkte weniger als 1984). Jeder zweite (51%) informiert sich gezielt über Umweltprobleme, was im Zeitvergleich zu 1984 einen Rückgang von 10 Prozentpunkten bedeutet. Vielleicht ist heute der Informationsgrad höher bzw. die psychologische Sättigungsgrenze erreicht: Man will nicht ständig mit Umweltproblemen konfrontiert werden. Eine weitere deutliche Verhaltensänderung ist feststellbar: Zwei Drittel (66%) laufen beim Wandern nicht querfeldein (1984: 58%).

UMWELTBEWUSSTSEIN UND UMWELTVERHALTEN IM WANDEL

Größere Sensibilität, aber begrenzte Verzichtsbereitschaft

Von je 100 Befragten stimmen der Aussage **„Mache ich schon“** zu:

	1984	**1997**	**Veränderung (in Prozentpunkten)**
Abgelegene Natur- und Landschaftsgebiete nicht mehr aufsuchen	43	56	+13
Beim Wandern nicht querfeldein laufen	58	66	+8
Auf bestimmten Gewässern auf Wassersport verzichten	15	22	+7
Auto weniger für die Urlaubsreise nutzen	27	30	+3
Autofahren am Feierabend und Wochenende einschränken	27	30	+3
Auf manche Bequemlichkeit (Skilifte, Seilbahnen) verzichten	16	19	+3
In der Freizeit ganz auf das Auto verzichten	14	16	+2
In einer Umweltorganisation mitarbeiten	7	6	-1
Mehr mit öffentlichen Verkehrsmitteln fahren	42	40	-2
Mehr Fahrrad, weniger Auto fahren	39	36	-3
Bei Ausflügen grundsätzlich Abfälle wieder mit nach Hause nehmen	83	76	-7
Mich gezielt über Umweltprobleme informieren	61	51	-10

Repräsentativbefragungen 2.000 Personen ab 14 Jahren 1984 in Westdeutschland und von 3.000 Personen ab 14 Jahren 1997 in Deutschland

B•A•T Freizeit-Forschungsinstitut

cs

- Als zweite Priorität werden Verhaltensformen genannt, die in der öffentlichen Umweltdiskussion der letzten Jahre eine große Rolle spielten und *einen hohen Bekanntheitsgrad* besitzen: Mehr mit öffentlichen Verkehrsmitteln (1984: 42% – 1997: 40%) und mehr mit dem Fahrrad (1984: 39% – 1997: 36%) fahren.
- Größte *Vorbehalte* zeigen die Bundesbürger, wenn sie im Interesse eines wirksamen Umweltschutzes ihre liebgewordenen *Freizeit- und Urlaubsgewohnheiten einschränken* oder gar auf manche Bequemlichkeit verzichten sollen.

Bei allen Vorbehalten ist immerhin beachtenswert: Knapp ein Drittel der Bevölkerung (30%) schränkt das Autofahren am Feierabend und Wochenende freiwillig (1984: 27%) ein und nutzt das Auto weniger für die Urlaubsreise (1984: 27% – 1997: 30%). Zwar geben weitere 16 Prozent an, daß sie in ihrer Freizeit – im Interesse des Umweltschutzes – ganz auf das Auto verzichten (1984: 14%). Doch ist dies mißverständlich. Denn jeder zehnte Arbeitnehmerhaushalt besitzt ohnehin kein Auto.

> Der tatsächliche Anteil der umweltbewußten Pkw-Verzichter liegt nur bei etwa fünf bis sechs Prozent.

Jeder fünfte Bundesbürger (19% – 1984: 16%) gibt andererseits manche Bequemlichkeit auf (z.B. Skilifte, Berg- und Seilbahnen) – am wenigsten die 14- bis 17jährigen Jugendlichen (11%), am meisten die 50- bis 64jährigen (21%), bei denen sicher nicht nur das Umwelt-, sondern auch das Gesundheitsbewußtsein eine größere Rolle spielt. Und jeder fünfte Bundesbürger (22%) verzichtet sogar auf Wassersportmöglichkeiten (z.B. Surfen, Segeln, Rudern) in bestimmten Gewässern. Hier zeigen die Wassersportler heute im Vergleich etwa zu 1984 (16%) eine größere Sensibilität.

Insgesamt hält sich die Begeisterung in engen Grenzen. Ob wohl die Haltung dominiert, daß erst einmal die Industrie umweltfreundlicher werden soll, ehe sie selbst auf Surfen oder Skifahren verzichten wollen?

> Die Einsicht, daß umweltbewußtes Urlaubsverhalten nötig erscheint, ist groß; die Bereitschaft aber, persönliche Urlaubsaktivitäten einzuschränken, ist gering.

Und ganz am Ende rangiert schließlich die Bereitschaft, aktiv in einer Umweltorganisation mitzuarbeiten: Gerade 6 Prozent (1984: 7%) sagen: „Mache ich schon." Weitere 11 Prozent verweisen auf die Zukunft und kündigen an: „Beabsichtige ich zu tun." Wohl ist die Annahme berechtigt, daß die „Beabsichtiger" potentiell Motivier- und Aktivierbare sind – im Gegensatz zur überwiegenden Mehrheit der Bevölkerung (59%), die unter keinen Umständen bereit ist, in einer Umweltschutzorganisation aktiv mitzuarbeiten bzw. sich zu engagieren.

Insgesamt gesehen ist die ökologische Opferbereitschaft der Bevölkerung relativ gering, weil Urlaubsaktivität immer auch persönliche Lebensqualität bedeutet – und zwar hier und jetzt und nicht erst morgen.

Neben den Umweltschutz-Gedanken stellen die Bundesbürger subjektiv den Urlaubsqualitäts-Gedanken. In ihren Augen ist die eigene Urlaubsqualität fast genauso erhaltens- und schützenswert wie die Umwelt.

Wenn die Lebensqualität im Urlaub zugunsten einer intakten Umwelt spürbar eingeschränkt oder geopfert werden muß, dann ist offensichtlich auch das gewonnene Natur- und Landschaftserleben nicht mehr viel wert.

Umwelt und Urlaub müßten also eher eine Vernunftehe eingehen, in der Umweltschutzinteressen und Urlaubsinteressen aufeinander bezogen und nicht gegeneinander ausgespielt werden. Die Urlauber wollen selbst bestimmen, was umweltbewußt ist, und sich nicht zu umweltbewußtem Handeln zwingen lassen. *Sie wollen die Freiheit der Wahl behalten – und sich im Einzelfall auch gegen die Umwelt entscheiden.*

2. Was der Staat tun soll

Wenn die Umweltbelastungen spürbar gemindert werden sollen, dann ist das Freizeit- und Urlaubsverhalten unmittelbar betroffen. Drei staatliche Maßnahmenbereiche kommen in Frage:

1. Informationsmaßnahmen,
2. Förderungsmaßnahmen,
3. Sanktionsmaßnahmen/Verbote.

Informationsmaßnahmen finden die größte Zustimmung. 91 Prozent befürworten eine breite Aufklärung und Information über freizeittouristische Umweltbelastungen. Weitere 89 Prozent fordern gezielte Lern- und Unterrichtsprogramme in Schulen. Die hohen Zustimmungswerte sind verständlich, denn sie verlangen vom einzelnen weder Opfer- noch Verzichtsbereitschaft. Mehr Informationen können nicht schaden und – tun auch nicht weh.

Förderungsmaßnahmen konzentrieren sich auf die Verbesserung der Infrastruktur. Vorrangig gewünscht werden der Ausbau von Grün- und Parkanlagen (89%) und die Einrichtung von Spielflächen für Kinder und Erwachsene (90%). Eine erhebliche Reduzierung der Umweltbelastungen erhoffen sich die Bundesbürger von dem speziellen Ausbau der Wander-, Spazier- und Radwege (84%) und natürlich vom Ausbau des öffentlichen Nahverkehrs (85%). Die Anregungen, das innerstädtische Grün-Angebot zu erweitern und damit die Naherholung vor Überlastung zu schonen, finden breites Interesse und weite Akzeptanz. Als besonders attraktiv erweisen sich Vorschläge, die versuchen, mehr Natur in die Stadt zu holen, um dadurch vielleicht die Auto-Mobilität zu reduzieren.

VOM BAUVERBOT BIS ZUM FAHRVERBOT

Was der Staat zum Schutz der Umwelt tun soll

Von je 100 Befragten **befürworten als staatliche Maßnahmen zum Schutz der Umwelt:**

	1984	1997	Unterschiede (in Prozentpunkten)
1. Informationen			
Breite Aufklärung und Information über freizeitspezifische Umweltbelastungen	92	91	-1
Gezielte Lern- und Unterrichtsprogramme in Schulen	86	89	+3
2. Förderungen			
Ausbau von Grün- und Parkanlagen innerhalb der Städte und Ballungsgebiete	91	89	-2
Einrichtung und Ausbau von Spielflächen für Kinder und Erwachsene in der Stadt	91	90	-1
Ausbau von Wander-, Spazier- und Radwegen	87	84	-3
Ausbau des öffentlichen Nahverkehrs	76	85	+9
„Flexibles Wochenende": Wahlweise zum Beispiel Fr./Sa., Sa./So. oder So./Mo. frei	39	50	+11
3. Verbote			
Fahr- und Parkverbote in Naherholungsgebieten, Freizeit- und Naturparks	74	75	+1
Siedlungs- und Bauverbote in freier Landschaft	67	69	+2
Tempolimit 30 km in der näheren Umgebung von Naherholungsgebieten und Naturschutzparks	60	73	+13
Verbot, sich im Wald und in Naturschutzparks außerhalb der öffentlichen Wege aufzuhalten	56	72	+16
Wanderverbote in Naturschutzgebieten	44	60	+16

Repräsentativbefragungen von 2.000 Personen ab 14 Jahren 1984 in Westdeutschland und von 3.000 Personen ab 14 Jahren 1997 in Deutschland

B•A•T Freizeit-Forschungsinstitut

cs

Fast mehrheitsfähig ist inzwischen auch eine ungewöhnliche umwelt- und verkehrspolitische Förderungsmaßnahme: Die *Einführung eines flexiblen Wochenendes*, bei dem Arbeitnehmer *freiwillig* wählen können zwischen einem freien Freitag/Samstag oder Samstag/Sonntag oder Sonntag/Montag „zur Entlastung der Umwelt“ (1984: 39% – 1997: 50%). Die Realisierung einer solchen Maßnahme würde nicht nur die Umwelt, sondern auch die Gastronomie, die Hotellerie, die Freizeit- und Naherholungsanlagen und schließlich die Wochenendurlauber selbst entlasten.

Aus einem gewissen Obrigkeitsdenken heraus werden vom Staat zum Teil drakonische *Sanktionsmaßnahmen* gefordert. Dazu gehören:

- Fahr- und Parkverbote in Naherholungsgebieten, Freizeit- und Naturschutzparks (75%);
- Siedlungs- und Bauverbote in freier Landschaft (69%);
- Tempolimit 30 km in der näheren Umgebung von Naherholungsgebieten, Freizeit- und Naturschutzparks (73%);
- Verbot, sich im Wald und in Naturschutzparks außerhalb öffentlicher Wege aufzuhalten (72%).

Verbote bewirken mehr als Gebote: Wenn es um Strafen und Verbote geht, sind sich die meisten Bundesbürger einig. Es sind kaum Unterschiede in den soziodemographischen Gruppen (z.B. Geschlecht, Bildung, Beruf) festzustellen. Lediglich die ältere Generation fordert mehr Verbote als die übrige Bevölkerung. Die ältere Generation glaubt weniger daran, daß jeder einzelne selbst etwas zur Minderung der Umweltbelastung beitragen kann. Sie vertraut mehr auf Sanktionsmaßnahmen durch den Staat.

> Im Vergleich zu den achtziger Jahren fällt auf, daß die Akzeptanz der Bevölkerung für bestimmte touristische Umweltschutzmaßnahmen wächst, wenn sie sinnvoll und praktikabel erscheinen, ohne die eigene Bewegungsfreiheit einzuschränken.

Fast drei Viertel der Bevölkerung sprechen sich mittlerweile für ein *Tempolimit 30 km* in der näheren Umgebung von Naherholungsgebieten und Naturschutzparks aus (1984: 60% – 1997: 73%).

Es fällt auf: Die meisten Bundesbürger fühlen sich bei der touristischen Umweltdiskussion mehr als Betroffene und Leidende und nicht so sehr als Verursacher und Verantwortliche. Zur Lösung der Probleme vertrauen sie eher auf staatliche Reglementierungen und Verbote, ja warten beinahe auf den Anstoß von oben.

> Der Ruf nach „law and order“ – vom Bauverbot über das Fahrverbot bis hin zum Wanderverbot – hat seit den achtziger Jahren deutlich zugenommen.

Weil Mobilität insbesondere für die jüngere Generation *erlebnisorientierte Bewegung* bedeutet, zeichnet sich für die Zukunft sogar eine neue Sanktionsmöglichkeit ab: *Fahrverbot.* Denn wenn Strafe wirksam und schmerzhaft sein soll, dann würde ein mehrmonatiges Fahrverbot das Ego junger Leute mehr treffen als beispielsweise eine kurzfristige Gefängnishaft. Mit dem „Fahrverbot" würden sie ihr liebstes und teuerstes Spielzeug für die Freizeit verlieren, vielleicht sogar Gesichtsverlust gegenüber ihren Freunden riskieren. Das Fahrverbot wäre daher eine psychologisch relevante Strafmaßnahme. Mit einer Einschränkung allerdings: Eine solche „Freizeitstrafe" muß ihrem Namen auch gerecht werden. Wer aus beruflichen Gründen auf das Auto angewiesen ist, sollte besser zur Kasse gebeten werden. *Das Fahrverbot darf nicht zum Berufsverbot werden.*

3. Abschied vom Öko-Optimismus?

Das Fachgutachten des Ausschusses für Fremdenverkehr und Tourismus des Deutschen Bundestages gelangt zu dem desillusionierenden Ergebnis: *Das Potential an individueller Verhaltensänderung ist „spärlicher als vielfach behauptet oder erhofft"* (TAB 1997, S. 140). Die in naiver umweltdidaktischer Absicht propagierte Gleichung „Mehr Information = Besseres Umweltverhalten" geht nicht auf. Mittlerweile stellt sich die Politik sogar die Frage, ob es überhaupt noch Sinn macht, das Umweltbewußtsein weiter steigern zu wollen, wenn von vornherein klar ist, daß aus einem „hohen" Umweltbewußtsein nicht ein „entsprechend" ökologisch angemessenes Verhalten folgt.

> Umweltbewegung und Umweltdiskussion sollten ihren „Blinden Fleck" aufgeben und zur Kenntnis nehmen, daß mit aufklärenden und belehrenden Appellen allein in Freizeit und Tourismus keine Verhaltensänderungen zu erwarten sind.

Es kann jedenfalls nicht als großer Fortschritt gefeiert werden, daß Umweltschäden in den Feriengebieten bloß „aufmerksam wahrgenommen werden" und für 80 Prozent der Deutschen eine intakte Umwelt und Natur am Urlaubsort „wichtig für die persönliche Urlaubszufriedenheit" ist (Angela Merkel 1997). Dies sind doch Selbstverständlichkeiten.

Selbst das im Auftrag des Bundesumweltministeriums erstellte Fachgutachten über „Urlaubsreisen und Umwelt" sieht *Anzeichen für ein abnehmendes Umweltbewußtsein bzw. Umweltengagement im Tourismus* wie z.B. (vgl. StfTuE 1997, S. 9):

- Touristen denken im Urlaub lieber an alles andere als an die Umwelt. Sie wollen sich keinen Einschränkungen unterwerfen und *auf nichts verzichten.*
- Vor dem Hintergrund von Massenarbeitslosigkeit wird Umweltbewußtsein immer weniger in umweltschonendes Verhalten umgesetzt. Die *Diskrepanz zwischen Wissen und Handeln wird eher noch größer.*

- *Das ökologische Konsumbewußtsein geht deutlich zurück.* Die Bereitschaft, für umweltschonende Produkte Geld auszugeben, hat sich seit Anfang der 90er Jahre sogar verringert (vgl. BMU 1996, S. 24ff.). Die überwiegende Mehrheit der Deutschen (59,9%) ist noch nicht einmal bereit, an ihrem Urlaubsort pro Urlaubstag einen Betrag von 2 DM zu zahlen. Die Bereitschaft, sich als Urlauber persönlich finanziell für den Schutz von Natur und Umwelt in den Urlaubsgebieten zu engagieren, ist „nicht mehrheitsfähig" (StfTuE 1997, S. 108).

> Das Thema Umwelt ist bei den Urlaubern keineswegs out. Ganz im Gegenteil: Die Umweltdiskussion hat die Urlauber eher sensibler gemacht. Sie erwarten jetzt auch mehr – von den Reisebüros und Reiseveranstaltern natürlich, nicht etwa von sich selbst.

Der Zeitvergleich der achtziger und neunziger Jahre zeigt: *Die Umweltmoral wird auf dem Weg des geringsten Widerstandes in praktisches Urlaubsverhalten umgesetzt.* Umweltschutz darf nicht unbequem oder gar spürbar sein. Hier gilt eher der biblische Spruch: „Wasser predigen und Wein trinken".

In Zukunft müssen mehr als bisher *Erkenntnisse der Umweltpsychologie* in die touristische Umweltdiskussion einfließen. Versuche, das Urlaubsverhalten in Richtung auf mehr Umweltschutz zu beeinflussen, dürfen sich nicht mehr nur auf die Vermittlung von Wissen und die Veränderung der Einstellung beschränken. Genauso wichtig ist die *Schaffung von Anreizen* für umweltgerechtes Verhalten. Verhaltensänderungen sind nur über eine *positive Motivation* zu erreichen und kaum über Gewissensappelle (vgl. Schahn 1993, S. 47f.).

In Zukunft muß die Verkehrspsychologie genauso wichtig wie die Verkehrsplanung werden: Denn die umweltpsychologische Forschung weist nach, daß z.B. „ein größerer Umsteige- oder gar Verkehrsvermeidungseffekt durch eine Förderung des ÖPNV allein nicht zu erreichen ist" (Schahn/Giesinger 1993, S. 148). Nicht die nüchterne *Kalkulation* von Zeit- und Kostenaufwand entscheidet über einen möglichen Aus- und Umstieg, sondern die unmittelbare Ansprache der eigenen *Motivation*, wozu auch das Erleben von Fahrvergnügen, von Freiheit, Unabhängigkeit und Prestige gehört.

> Die touristische Umweltdiskussion der letzten Jahre hat die Wirkung von Wissen und Einstellung auf das Handeln maßlos überschätzt. Mangelndes Umweltverhalten wurde vielfach mit mangelndem Umweltbewußtsein gleichgesetzt.

In Wirklichkeit stellt das Umweltbewußtsein nur einen Rohstoff bzw. eine Ressource dar, die erst der praktischen Erschließung bedarf – durch *Handlungsanreize* und nicht durch Informationen oder moralgetränkte Appelle zur Verhaltensänderung (Schahn/Giesinger 1993, S. 217). Viel größer ist die Chance für eine Verhaltensänderung, wenn sie positiv als Chance zur Lebensbereicherung und zur Entwicklung persönlicher Lebensqualität empfunden wird.

4. Von einzelnen Maßnahmen zu einem geschlossenen Handlungskonzept

Fromme Forderungen wie „Die gegenwärtig ausgeübten Freizeitaktivitäten dürfen nicht zunehmen“ oder die „stille Erholung“ (vgl. Woike 1989, S. 118) muß gefördert werden, reichen in Zukunft nicht mehr aus. Und auch mit der Vermittlung von Umweltwissen allein ist es in Zukunft nicht mehr getan. Aus Wissen folgt nicht schon Handeln – vor allem dann nicht, wenn dies spürbare Veränderungen in den eigenen Lebensgewohnheiten nach sich zieht. Persönliche Opfer, Nachteile und Unbequemlichkeiten müssen in Kauf genommen, bestimmte Freizeitbeschäftigungen (z.B. Skifahren, Surfen, Camping) eingeschränkt und liebgewordene Freizeitgewohnheiten (z.B. regelmäßige Wochenendfahrten mit dem Auto) umgestellt oder zeitweise gar aufgegeben werden.

Durch Freizeitverhalten entstandene Umweltprobleme haben viele Ursachen. Monokausale Erklärungen greifen zu kurz, vorschnelle Lösungsantworten ebenso. Natürlich gehen von gezielter Aufklärung bestimmte Impulse aus. Doch müssen noch andere Faktoren hinzukommen, ehe sie handlungsleitend werden.

Erst ein Bündel von Einflußfaktoren verändert im Zusammenwirken das Freizeitverhalten. Oder in der Politik-Sprache: Notwendig und wirksam ist erst eine Kombination von Ordnungsmaßnahmen und psychologischen Anreizen.

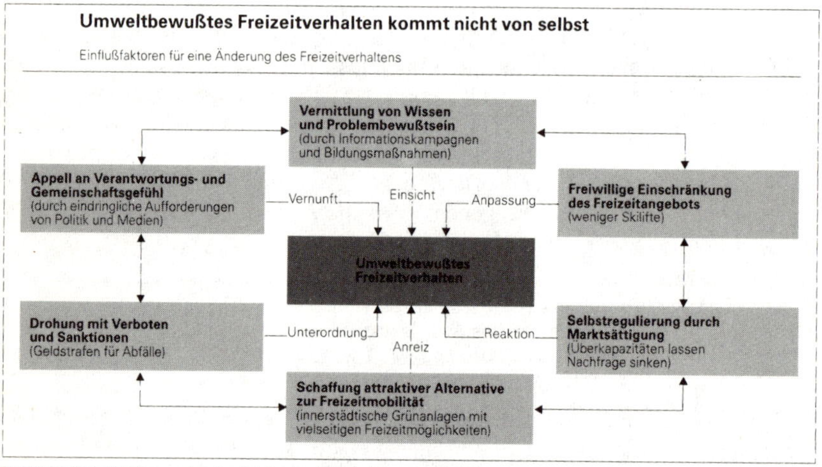

Einsicht allein führt nicht schon zu verändertem Verhalten. Verstärkend müssen andere Einflußfaktoren hinzukommen, insbesondere positive Anreize oder die Angst vor Sanktionen.

Einsicht allein führt nicht schon zu verändertem Verhalten. Verstärkend müssen andere Einflußfaktoren hinzukommen, insbesondere positive Anreize oder die Angst vor Sanktionen.

Die Abbildung „Umweltbewußtes Freizeitverhalten kommt nicht von selbst“ stellt die Beziehungen und Zusammenhänge dar. Zur Förderung umweltbewußten Freizeitverhaltens auf breiter Ebene werden im folgenden eine Reihe von Grundsätzen und Leitlinien empfohlen, die für sich allein genommen weder neu noch breitenwirksam sind. Viele Einzelmaßnahmen ergeben erst ein Ganzes, ein *geschlossenes Handlungskonzept.*

4.1 Wissen und Problembewußtsein vermitteln (Umweltbildung)

Gast und Gastgeber müssen gleichermaßen hinzulernen. Information und Aufklärung, insbesondere Informationskampagnen auf breiter Ebene (z.B. über ADAC, Alpen-, Wander-, Sport-, Heimat-, Naturschutzvereine) sind unverzichtbar. Ob als eingetragener Verein oder in kommunaler Trägerschaft – in jeder Stadt müßte es „*Ökotheken*“ geben, für alle zugängliche Info- und Mediotheken mit abrufbaren Informationen über freizeitrelevante Umweltfragen. Warum können auf Ausflugsschiffen, -bussen und -bahnen nicht auch *touristische Umweltberater* tätig werden (z.B. auf Fahrten nach Helgoland, an den Bodensee oder auf die Zugspitze)? Der Beratungsbedarf in Umweltschutzfragen wird immer größer. Ökologische Verbraucherberatung wird zu einem zentralen Aufgabengebiet jeder Verbraucherberatungsstelle werden.

Allgemeine Information und Aufklärung müssen sich *moderner PR- und Werbemaßnahmen bedienen* und durch spezielle Bildungsmaßnahmen vorbereitet und begleitet werden. Vor allem die Schulen sind hier gefordert. Im Lernbereich von Natur- und Heimatkunde, Geographie, Biologie und Chemie ist eine fächerübergreifende Erziehung zu natur-und umweltbewußtem Freizeitverhalten zu leisten. Dazu muß hinreichend didaktisch aufbereitetes Informationsmaterial zur Verfügung gestellt werden.

Dies entspricht auch den Vorstellungen der im bundesweiten Aktionskreis BANU zusammengeschlossenen Umweltbildungsstätten, die eine Offensive („Aus dem Elfenbeinturm mitten ins Leben“) fordern und das heißt konkret:

- Moderne Medien nutzen
- Managementinstrumente einsetzen
- Interdisziplinarität fördern
- Mediations- und Moderationstechniken zu Konflikten im Umweltbereich einsetzen.

Aus der programmatischen Umweltbildung muß eine praktikable Bildung für Nachhaltigkeit werden.

Insbesondere die Schule benötigt ein *erlebnisdidaktisches Konzept für die Umwelterziehung*, das erlebnisreiches Begreifen und wertende Reflexion miteinander verbindet. Umwelterziehung darf nicht so angelegt sein, daß z.B. der Erlebnischarakter eines Schulskikurses dadurch verlorengeht (vgl. DSV 1991). Idealiter müssen Sportausübung, Gemeinschaftserlebnis und Umwelterziehung zugleich möglich sein.

Der Sportverein als Umweltratgeber

- Viele Vereine haben Vereinszeitungen oder sie geben vervielfältigte Mitteilungen für ihre Mitglieder aus. Man könnte z.B. eine themenbezogene Meldung aus der örtlichen Presse abdrucken und zu Stellungnahmen anregen. Man könnte aus dem Verein jemand zu Wort kommen lassen, der sich mit Fragen des Umweltschutzes befaßt. Man könnte eine Diskussion anregen, in der unterschiedliche Meinungen dargestellt werden.
- Für bestehende Anlässe (Skibörsen, Informationsabende, Filmabende, Ausgabe der Skikurskarten) könnte man auf einfache Weise Handzettel herstellen mit kurzen Hinwiesen auf umweltfreundliches Verhalten im Skisport. Es müssen nicht immer Tips sein, die vom DSV vorgefertigt werden. Genauso wirkungsvoll – wenn nicht effektiver – können z.B. Leitsätze sein, die von Jugendlichen im Verein für Jugendliche entwickelt worden sind
- Vereinsschaukästen fristen oft ein recht verlassenes Dasein. Hängen Sie doch einmal entsprechende Zeitungsausschnitte aus und fügen Sie einen eigenen Kommentar hinzu.
- Man könnte zu einem offenen Vereinsabend einen Referenten einladen, von dem man weiß, daß er nach keiner Seite hin das Thema „Skisport und Umwelt" polemisch behandelt. Man könnte im Anschluß an diesen Vortrag versuchen, einen freien Arbeitskreis einzurichten, der sich für den Verein mit der Aufarbeitung der angeschnittenen Fragen befaßt. Wenn die Erwachsenen interessenlos sind, würde ich auf den Jugendreferenten zugehen, damit er sich mit seinen Jugendlichen einmal über das Thema unterhält.
- Man kann Aktionen vom Verein ausschreiben, z.B. Loipen- oder Pistenbegehung im Frühjahr zur Entrümpelung
- Man könnte an die Gemeinde oder Seilbahngesellschaft herantreten und sich anbieten, bei einer solchen Entrümpelungsaktion mitzuhelfen, auch dabei entstandene Schäden an Pisten und Loipen zu beseitigen (verschüttete Drainagen wieder herrichten, beschädigte Grasnarben ausbessern, harmlose Bodenerosionen frühzeitig bekämpfen, Steine und Äste wegräumen usw.)
- Man kann sich vom Verein aus auch an Aktionen anderer Gruppen beteiligen, man kann auch auf diese Weise die Bereitschaft zu aktiver Umweltpflege fördern (z.B. über die Vereinszeitung informieren, daß leere Batterien nicht in der Mülltonne landen sollen, daß Altöl nicht heimlich hinter einem Baum verschwinden sollte).
- Man kann sich beim Bau von Pisten und Loipen vom Verein aus beratend zur Verfügung stellen, um Einfluß auf die Entstehung solcher Sportstätten zu nehmen.
- Man kann sich im Verein überlegen, inwieweit man dazu beitragen kann und will, den Individualverkehr zu entlasten, indem man Busfahrten anbietet.
- Es gibt so viele Ämter im Verein, wäre es vielleicht nicht zweckmäßig, an die Benennung eines Umweltreferenten zu denken?
- Im Skiunterricht, insbesondere bei Kinder- und Jugendkursen sollte man bei jeder sich bietenden aktuellen Gelegenheit auf Probleme des Umweltschutzes hinweisen. Wildspuren nicht nachlaufen, im Wald immer auf der Piste und der Loipe bleiben, fremde Spuren beurteilen, die ins Gelände führen, keinen Unrat hinterlassen, in der Natur nicht herumbrüllen. Die Funktion von Lawinenschutzbauten erklären, schlecht gepflegte Pisten- und Loipenteile ansprechen; erläutern, wie mit einfachen Mitteln solche Schäden und Nachlässigkeiten zu beheben wären. Ruhig den Pisten- und Loipenhalter freundlich darauf ansprechen oder ihm von der Gruppe aus einen netten Brief schreiben mit entsprechenden Vorschlägen.

Quelle: Deutscher Skiverband – Freizeitsport und Ausbildungswesen (Ekkehart Ulmrich), München: DSV Ski-Schule Dez. 1984

Stehen kann man nicht im Sitzen lernen. Wirksamer als die bloße Anhäufung von Wissen ist das Aufzeigen nachvollziehbarer Wege zur Umsetzung des Wissens in praktisches Handeln. Wichtig ist es, die schulische Umwelterziehung nicht mit theoretischem Umweltwissen zu überfrachten, sondern die Schüler die *sinnliche Naturerfahrung* machen zu lassen. Sensibilität für die Umwelt kann sich nur aus der alltäglichen Naturerfahrung langsam entfalten und zu positiver Identifikation (als Voraussetzung für kritisches Umweltbewußtsein) führen.

Die Erprobung und Einübung von eigenem Tun („learning by doing") und das Lernen in Projekten (z.B. Boden-, Wasser-, Luftuntersuchungen; Anlegen und Pflegen von Schulgärten, Terrarien, Aquarien u.a.; gemeinsame Umweltschutzaktionen) können gewährleisten, daß die vermittelte Theorie unmittelbar mit der Praxis verbunden wird. Voraussetzung allerdings ist, daß der *Problembereich Freizeitökologie* auch eingehend (und nicht nur halbherzig) in Schule und Lehrerbildung behandelt wird. Zwar hat die Kultusministerkonferenz bereits im Jahr 1980 die Umwelterziehung zum fächerübergreifenden Prinzip erklärt, doch fehlt es der formalen Absichtserklärung an praktikablen Handlungskonzepten, die direkt auf die Freizeit- und Lebensgewohnheiten der Schüler einwirken. Dazu gehört die Maxime: Natur ist nicht nur zum Betreten, sondern auch zum Beschauen da.

Die Förderung der Umwelterziehung muß zuerst bei den Lehrenden (und nicht bei den Lernenden) beginnen. Die Lehrer in der Schule müssen begreifen lernen, daß eine Umwelterziehung ohne Emotionen keine Erziehung ist.

Umwelterziehung muß mehr als Wissensvermittlung sein. Daraus folgt: Schulen, die erfolgreich Umwelterziehung praktizieren wollen, müssen selbst ein *Umweltvorbild* sein, z.B. auch durch naturnahe Gestaltung des Schulgebäudes und seiner Umgebung. Umwelterziehung kann nur an Orten glaubhaft stattfinden, die selbst umweltverträglich sind. Das „Vorbild Schule" muß Auswirkungen auf das öffentliche und private Leben in der Gemeinde haben.

Auch mit der Aktion *Müllfreie Schule*, die der Bund für Umwelt und Naturschutz Deutschlands (BUND) ins Leben rief, sollte Ernst gemacht werden. Der größte Teil des Abfalls in der Schule ist entbehrlich – von einzeln verpackten Schokoriegeln bis zu Wegwerf-Kugelschreibern und Plastikmäppchen.

Konzepte einer *Ökologischen Schule* (wie z.B. in Rheinland-Pfalz) sind zukunftsweisend. Sie bieten regelmäßig fächerübergreifende Projekte zu Umweltthemen an, übernehmen Langzeitaufgaben (z.B. Bachpatenschaften) und machen umweltfreundliche Angebote am Schulkiosk.

Darüberhinaus könnte die *Gründung von Kinder-Umwelt-Klubs (KUK)* zu einer frühzeitigen Sensibilisierung für die Lösung von Umweltproblemen bei Kindern beitragen und Eltern und Lehrer bei der Umwelterziehung unterstützen (z.B. durch Umweltferienprogramme auf einer Kinderfarm, Abenteuer-Wanderprogramme durch Naturlandschaften, Tierpatenschaften für bedrohte Tierarten).

4.2 *An Verantwortungs- und Gemeinschaftsgefühl appellieren*

Journalisten und Politiker in Parteien und Parlamenten sowie Multiplikatoren und Meinungsbildner in Organisationen und freien Initiativen sind hier in besonderer Weise aufgerufen. Appelle, mehr Selbstverantwortung zu übernehmen, können motivierend und bestärkend wirken; unmittelbare Verhaltensänderungen gehen von ihnen jedoch selten aus. „Wir sind machtlos und können nur an alle Autofahrer appellieren, nicht an die Gewässer heranzufahren – aber das wird natürlich trotzdem geschehen und unweigerlich zu dem prophezeiten Chaos kommen. Wir werden das aushalten müssen und darauf bauen, daß es irgendwann auch wieder Winter wird ..." (Öffentlicher Appell eines Kommunalpolitikers). Politische Appelle allein sind fast wirkungslos. Größer sind die Chancen, wenn sie durch Informationsträger im Nahbereich (z.B. Stadtviertelzeitungen, Lokalzeitungen, politische und kirchliche Einrichtungen im kommunalen Bereich, Volkshochschulen u.a.) sowie durch konkrete Maßnahmen, die unmittelbar betroffen machen, unterstützt werden.

Hier kann das Medium Fernsehen zu Hilfe kommen: „Die Entdeckung des Fernsehens als Medium zur Aktivierung des Zuschauers steht noch aus ... Die Sendungen müssen zum Mit-, Nach- und Selbermachen ermutigen" (Opaschowski 1983). Die Appelle in den Massenmedien dürfen nicht als zusätzliche Leistungsanforderungen, als Anstrengung im Sinne von Arbeit spürbar werden, sondern müssen als persönliche Bereicherung und als Gewinn für die Gemeinschaft empfunden werden.

Appelle an Verantwortungs- und Gemeinschaftsgefühl wirken überzeugender, wenn sie mit nachfühlbaren Gruppenerlebnissen in Familie, Nachbarschaft oder Freundeskreis verbunden sind.

4.3 *Mit Verboten und Sanktionen drohen*

Wer eine umweltfeindliche Handlung begangen hat, „soll auf ein Jahr zu öffentlichen Arbeiten in Ketten verurteilt werden." So lautete im Jahre 1231 die drakonische Strafe Kaiser Friedrichs II. für alle Fischer, die sich an der Wasserverseuchung und dem Fischsterben schuldig machten. Dagegen müssen die Bußgelder im heutigen Rom fast harmlos erscheinen. Wer in Rom Bierdosen, Zigarettenschachteln oder Papiertaschentücher achtlos wegwirft, muß 50.000 Lire Strafe (ca. 67 DM) bezahlen. Die Bevölkerung nimmt Warnungen nicht ernst, solange es keine klaren Verbote gibt. *Die Androhung einer Strafe wirkt oft mehr als hundert Appelle* (vgl. z.B. die Wirkung der Anschnallpflicht bei Autofahrern).

AUTOFREI AM URLAUBSORT

Leitlinie: Ohne Verbote geht es nicht

Von je 100 Befragten würden zur Erhaltung der Umweltqualität und zur Verbesserung des Erholungswertes "**persönlich sofort akzeptieren**":

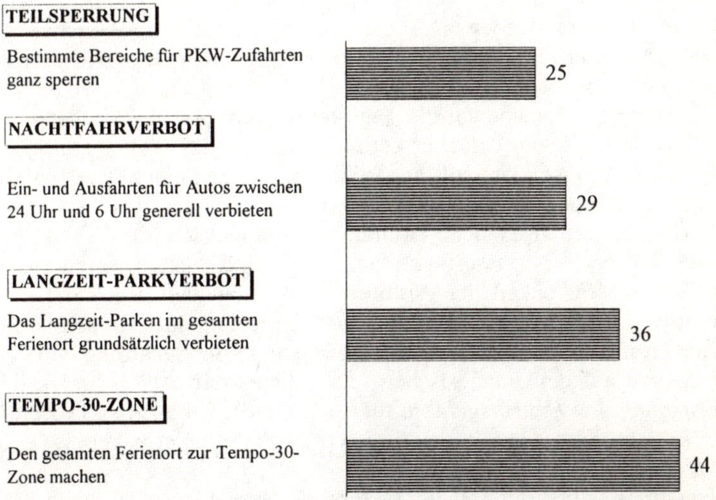

Repräsentativbefragung von 2:600 Personen ab 14 Jahren 1995 in Deutschland

B·A·T Freizeit-Forschungsinstitut

Auch im Hinblick auf umweltbewußtes Freizeitverhalten scheint Verbieten geboten zu sein. Wie ist es sonst zu erklären, daß die Bundesbürger die Wirksamkeit von Geldstrafen höher einschätzen als gezielte Lern- und Unterrichtsprogramme in Schulen? Dominieren Anpassung und Unterordnung über Einsicht und Vernunft? Verbote können zum Alptraum für die Zukunft werden („Naturschutzgebiete nur noch sonntags von 10 bis 17 Uhr geöffnet"). Wird es in Zukunft verstärkt zu umweltpolitischen Reglementierungen des Freizeitverhaltens kommen (z.B. temporäres Absperren überlasteter Gebiete oder gar Fahrverbote), weil die meisten Bundesbürger nicht aus Einsicht, sondern nur auf politischen Druck hin ihr Freizeitverhalten ändern wollen? Wird es für Umweltdelikte – wie im Straßenverkehr auch – schon bald einen eigenen Bußgeldkatalog geben?

> Die meisten Bundesbürger glauben nicht daran, daß sich um-weltbewußtes Freizeitverhalten von selbst entwickelt. Ohne den Anstoß von außen oder das Verbot von oben läuft offenbar nichts. Der einzelne wäre zwar zur Verhaltensänderung bereit, aber die anderen...

Ausflugsziele wie Salzburg oder Oberstorf drohen schon heute zu überfüllten Freilichtmuseen zu werden. Der Trend zum Kurzurlaub (Branchen-Klage: „Zu viele Anreisen") verstärkt diese Entwicklung noch. Dies bedeutet: Touristische Marketing-Planer müssen sich in Zukunft entscheiden, ob sie sich in der Zielgruppenansprache auf die Tagesausflügler *oder* die Wochenend- und Kurzreisenden *oder* die Urlauber konzentrieren wollen. „Alle" anzusprechen ist weder ökonomisch sinnvoll noch ökologisch verträglich. Die Marketing-Strategien müssen sich verändern.

Noch fehlt die gesetzliche Grundlage für folgenschwere Schranken und Verbote: *„Wegen Überfüllung geschlossen"* – vielbesuchte Ferienorte haben bisher keine Möglichkeit, die Notbremse zu treten und Zufahrtsstraßen zu sperren, weil solche Maßnahmen nicht im Ermessen einer Gemeinde liegen. Manche Orte (wie z.B. Oberstdorf) denken gar an die Schaffung eines *Mautsystems* (wie auf den französischen und italienischen Autobahnen), d.h. an die *Erhebung von Eintrittsgeldern* für landschaftlich schöne und damit überfüllte Gebiete. Sicher eine restriktiv wirkungsvolle, nicht unbedingt eine soziale Maßnahme.

Die zu Brasilien gehörende Inselgruppe Fernando de Noronha hat eine *Ökosteuer für Touristen* eingeführt. Pro Tag ist eine „Ökotax" in Höhe von 3,50 US-Dollar fällig, die für die Reinigung von Stränden, für die Erhaltung der Waldbestände und zur Restaurierung historischer Gebäude verwendet wird. Der Bundesstaat Pernambuco, zu dem die im Atlantik liegende Inselgruppe gehört, kann nur auf diese Weise die durch den wachsenden Tourismus verursachten Lasten finanzieren.

4.4 Auf die Selbstregulierung durch Marktsättigung hoffen

Der Verdrängungswettbewerb im Freizeit- und Touristikmarkt wird immer größer. Kurzlebige Freizeitmoden sorgen dafür, daß sich die Nachfrage oft schneller ändert als das Angebot. Vom Boom zum Bumerang ist in dieser Branche manchmal nur ein kleiner Schritt. Angebot und Nachfrage regulieren sich mit der Zeit von selbst – wenn es dann für Natur und Umwelt nicht schon zu spät ist (Problem: Bauruinen). Die Selbstheilungskräfte des Marktes wirken sich unmittelbar auf das Freizeitverhalten aus. Allerdings: „An eine Selbstregulierung zu glauben, wäre ebenso naiv wie gefährlich" (Krippendorf

1984). Selbstregulierung findet partiell und gelegentlich statt – nur darauf warten und vertrauen darf man nicht, weil dann der von der Natur aufgenommene Kredit in aller Regel nicht mehr zurückgezahlt werden kann.

Überkapazitäten können zwar die Nachfrage sinken lassen und zu Einschränkungen oder Veränderungen von Freizeitgewohnheiten führen. Die Landschaft aber muß mit den Folgen des Baubooms vergangener Jahre auf unabsehbare Zeit weiterleben.

Wenn das, was einst natürliche Landschaft war, verbaut ist, verliert auch das Naturerleben seinen Reiz und die Touristen ziehen wie Heuschreckenschwärme weiter...

4.5 Freiwillige Kapazitätsbeschränkungen vornehmen

„*Carrying Capacity*" soll international das touristische Wachstum in überschaubaren Grenzen halten. Namibia hat sich mit 650.000 Urlaubern pro Jahr ein Limit gesetzt, die Seychellen haben ihr Kontingent auf 4.000 touristische Betten festgelegt und die Malediven haben nur 20 Prozent der Fläche einer Urlaubsinsel zur Bebauung freigegeben.

Die bisherige touristische Praxis hat gezeigt: Neue Angebote können neuen Bedarf wecken. Umgekehrt können beispielsweise weniger Lifte und Gondelbahnen dafür sorgen, daß weniger massenhaft Ski gefahren wird. Durch freiwillige Selbstbeschränkung, d.h. durch *bewußte Reduzierung des Angebots* werden Nutzungsbarrieren aufgebaut: Überfüllungen schrecken ab, zu Fuß gehen ist unbequem (und bei der Beschaffenheit der heutigen Skistiefel auch nicht mehr möglich). Zweifellos handelt es sich hierbei um restriktive Maßnahmen, die aber das Freizeitverhalten wirkungsvoll beeinflussen und verändern können. Wenn sich die Anbieter in Teilbereichen freiwillig einschränken und wieder in ökologisch dimensionierten Größenordnungen denken, werden sie manche „schnelle Mark" verlieren, aber ihre Existenz dauerhaft sichern, ohne daß sich Horst Sterns Prophezeiung erfüllen muß. „*Erst geht die Kuh, dann der Gast – wen soll man da noch melken?*"

Nur freiwillige Kapazitätsbeschränkungen („small is beautiful") zur rechten Zeit (wie in den USA üblich) können verhindern, daß Freizeit- und Feriengebiete wegen Kapazitätsaus- und Überlastungen geschlossen werden müssen oder Gefahr laufen, wegen Naturzerstörung boykottiert oder verlassen zu werden. Der touristische Teufelskreis von Erschließung, Nutzung und Ausbeutung muß durchbrochen werden. *Der Weg zur Quelle führt gegen den Strom*: Die Einschränkung und Verbesserung des bestehenden Angebots muß absoluten Vorrang vor weiteren Ausdehnungen oder gar Neuerschließungen haben.

Die massentouristische Entwicklung der letzten Jahre erinnert an das *Bild vom Spiel mit dem Pfeil und Bogen*:

- Wenn wir den Bogen nicht spannen, können wir auch keinen Pfeil abschießen. Der Pfeil läßt sich dann zwar hin- und herschieben, aber vor einem bestimmten Spannungswert passiert überhaupt nichts. Dies gleicht der ersten Phase der Tourismusentwicklung. Ein erschlossenes Feriengebiet befindet sich in Aufbruchstimmung.

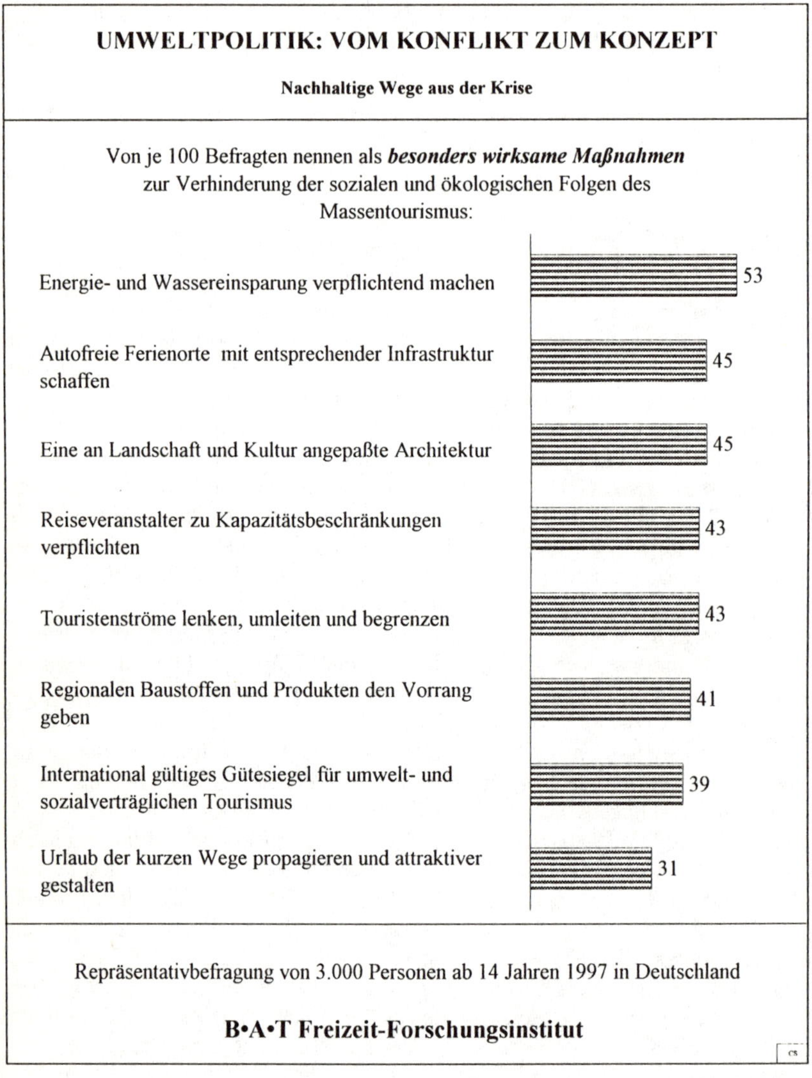

- In der Hauptphase der touristischen Entwicklung erreicht die Spannung des Bogens einen Schwellenwert: Der Pfeil fliegt los. Und je stärker wir den Bogen spannen, desto weiter fliegt der Pfeil.

- In der dritten Phase überschreitet die Spannung einen kritischen Wert, den Grenzwert: Der Bogen bricht und der Pfeil fliegt überhaupt nicht mehr.

Wenn wir also die massentouristische Entwicklung ohne Beachtung der natürlichen Grundlagen gedankenlos weiterlaufen lassen, dann werden zwangsläufig Grenzwerte überschritten. Die Entwicklung schlägt in das Gegenteil von dem um, was wir eigentlich wollen. So sägen wir uns den Ast ab, auf dem wir selber sitzen. Erkennbar daran, daß die Touristen ausbleiben.

Die Natur reguliert sich als stabiles System normalerweise selbst, bevor sie solche Grenzwerte erreicht. Wer hingegen ein touristisches System starr, pausenlos und ohne Zwischenzeiten zur Regeneration auf Wachstum programmiert, riskiert den Zusammenbruch des natürlichen Regelkreises. Der Kybernetiker Frédéric Vester verweist in diesem Zusammenhang auf das Bild vom menschlichen Körper: Erhöht sich seine Temperatur von 37 Grad Celsius auf 40 Grad, also um 3 Grad, so ist dies ein Zeichen dafür, daß der Mensch Fieber hat und krank ist. Erhöht sich hingegen die Temperatur um weitere 3 Grad, dann ist der Mensch nicht – wie Ökonomen vielleicht errechnen könnten – doppelt so krank, sondern er ist längst tot (F. Vester: Neuland des Denkens, Stuttgart 1980, S. 69). Übertragen bedeutet dies:

Wer den „Patient Massentourismus“ retten will, muß ihn vor Erreichen des Grenzwertes qualitativ verändern und in seiner Kapazität auf ein vernünftiges Maß begrenzen. Geschieht diese Selbstregulierung nicht frühzeitig genug, ist der Kollaps vorprogrammiert.

Viele massentouristische Ziele werden diese schmerzvolle Erfahrung machen müssen. Das erkennbare Überangebot muß freiwillig und nachträglich auf ein gesundes Maß reduziert werden. Um es deutlich zu sagen: Auch ein Qualitätstourismus der Zukunft wird massentouristische Strukturen aufweisen müssen, solange die Mobilität der Menschen als ‚Freizeitwert an sich‘ gilt.

Nicht vom Massentourismus als sozialer Errungenschaft, sondern vom grenzenlosen, d.h. unkontrollierten Massentourismus muß Abschied genommen werden.

Manche massentouristischen Ziele im mediterranen Raum werden sich auf Dauer nur durch freiwillige Selbstbeschränkung vor dem Kollaps retten können.

Für die Zukunft ist absehbar, daß *immer mehr Urlauber* auf die zügellose Entwicklung und Landschaftszerstörung in den Touristikzentren *mit Verweigerung reagieren* und die Gebiete zusehends meiden werden. Die klassischen Massenziele werden davon als erste betroffen sein. Wer heute bedenkenlos an einer unkontrollierten Expansion in Massenzielen verdient, hat morgen auch den Massenexodus der Touristen verdient. Die Masse bleibt aus, die Kasse auch. Die Tourismusentwicklung in Massenzielen muß qualitativ verändert und auf ein für Bevölkerung und Umwelt erträgliches Maß begrenzt werden. Verantwortung für einen umwelt- und sozialverträglichen Tourismus zu übernehmen, kann auch heißen, freiwillig Verzicht zu üben. Es ist ebenso ökonomisch wie moralisch, auf touristische Investitionen zu verzichten und *freiwillig die Urlaubskontingente in bestimmten Gebieten nicht mehr zu steigern*, wenn das für Bevölkerung und Umwelt erträgliche Maß erreicht oder gar überschritten ist.

Das faszinierte Starren auf die Wachstumsraten im Tourismus hat uns für nichtökonomische Wertvorstellungen weitgehend blind gemacht. Zudem haben Umweltprobleme die Tourismusdiskussion der letzten Jahre bestimmt. Sozial-psychologische und moralische Fragestellungen sind weitgehend zu kurz gekommen. Forderungen wie „weg von den Massen", „weg von festgelegten Reisezeiten" oder „weg von starren Programmen" deuten auf eine neue Nachdenklichkeit im Tourismus hin: Damit es in Zukunft neben McDonalds nicht auch noch McTravels gibt, wird das *Nachdenken über die Grenzen grenzenlosen Reisens* notwendiger denn je.

Ist eine Vorstellung in Kino, Oper oder Theater „ausverkauft", nützt auch das Warten nichts mehr. Sind die vorhandenen Parkplätze in einem Freizeit- oder Feriengebiet „voll", werden sich Ausflügler und Tagesgäste an den Hinweis gewöhnen müssen: „Bitte kommen Sie morgen wieder – oder kommen Sie zu Fuß!" Wenn die örtliche Lebens-, Freizeit- und Umweltqualität durch Überfüllung in Gefahr gerät, bleibt nur als Ausweg die freiwillige Selbstbeschränkung, um zugeparkte Straßen, Täler und Seeufer zu vermeiden. Hierfür müssen neue *Touristische Leitsysteme,* also technische Einrichtungen entwikkelt und installiert werden, die *frühzeitig* über Verkehrsfunk und Hinweisschilder die anreisenden Ausflügler mit entsprechenden Informationen versorgen.

Ein Wandel vom quantitativ grenzenlosen zum qualitativ dimensionierten Tourismus ist das ökologische Gebot, wenn man einen staatlich verordneten Numerus Clausus für Freizeit- und Feriengebiete verhindern will.

Nicht das Machbare, sondern – nach Abwägung aller Chancen und Risiken – das Wünschbare sollte die qualitativen Zielsetzungen der Planer von Freizeitgebieten und Ferienorten bestimmen. Eine solche Zielbestimmung, die dann auch für die Planung verbindlich sein sollte, kann z.B. geschehen über die genaue Festlegung

- des Zahlenverhältnisses von Einheimischen und Gästen,
- der Förderleistung von Seilbahnen und Skiliften,
- der Kapazität der Wasser- und Kanalisationsanlagen.

Nur dies kann letztlich Sozial- und Umweltverträglichkeit freizeittouristischen Wachstums (vgl. Krippendorf 1986, S. 80f.) bedeuten. Andernfalls wächst der Widerstand der Bevölkerung gegen den Tourismus (Beispiel Goa) oder nimmt gar kriminelle Formen an wie in den Niederlanden, wo das *Phänomen der Feriengewalt und des Ferienvandalismus* die Seebäder Renesse, Terschellink, Texel, Egmont Aan Zee, Damburg und Schoorl vor immer größere Probleme stellt. Die „Urlaubs-Hooligans“ verkörpern den wachsenden Unmut der Bewohner über die Folgen des Massentourismus.

„Freiwillige Kapazitätsbeschränkungen vornehmen“ kann in letzter Konsequenz auch bedeuten, die Werbung für ein Feriengebiet ganz einzustellen, wenn sich bereits heute schon zu viele Menschen dort aufhalten. Im übrigen gilt nach wie vor: Insbesondere sonnige Ziele im mediterranen Raum werden sich auf Dauer nur durch freiwillige Selbstbeschränkungen vor Zerstörung oder gar Vernichtung retten können. Und für Reiseunternehmen wird es in Zukunft ebenso ökonomisch wie moralisch sein, auf touristische Investitionen zu verzichten und freiwillig die Urlaubskontingente in bestimmten Gebieten (z.B. die Cala n'Porter auf Menorca, Puerto Rico auf Gran Canaria) nicht mehr zu steigern oder ganz zurückzuziehen, wenn das für Bevölkerung und Umwelt erträgliche Maß erreicht oder gar überschritten ist: „Im Extremfall kann das auch *Verkaufsboykott* bedeuten“ (Opaschowski 1989, S. 196f.).

4.6 Attraktive Ergänzung zur Freizeitmobilität mit dem Auto schaffen

Kein Energiesektor plündert die globalen Rohstoffreserven mehr als der Autoverkehr. Der Physiker und Meteorologe Hartmut Graßl entwarf hierfür das Bild eines *„Treibhaus-Yuppies“*, der wie kein anderer durch seine Konsumgewohnheiten und Lebensweise zu einer drohenden Klimaveränderung beiträgt: Er fährt täglich mit dem Auto zur Arbeit, bewohnt als Single ein schlecht isoliertes Haus mit Sauna und beheiztem Swimming-Pool. Am Wochenende ist er mit dem Auto ständig unterwegs, und das Urlaubsziel kann nicht weit genug entfernt sein. Natürlich hat er Heimvideo, PC mit Laserdrucker und einen ganzen Fuhrpark an Küchenmaschinen. Bier und Cola trinkt er am liebsten aus der Dose, nur beim Wein bevorzugt er Flaschen, die er anschließend – im Auto natürlich – zum Altglascontainer bringt... (Graßl/Klingholz 1990, S. 105). Der Treibhaus-Yuppie lebt ganz einfach über seine ökologischen Verhältnisse und richtet seine Lebensweise viel zu sehr nach dem Auto aus. Im Interesse einer umweltschonenden Energieversorgung muß er sparen, sich bescheiden und einschränken lernen und zugleich bereit sein, sich eine intakte Umwelt etwas kosten zu lassen.

Um Naherholungsanlagen am Wochenende zu erreichen, werden oft hundert und mehr Kilometer mit dem Auto zurückgelegt. Rund drei Viertel aller Tages- und Wochenendausflüge werden bisher mit dem eigenen Pkw unternommen. Fast ebensoviele fahren „ohne festes Ziel“ spontan „ins Grüne“. Hauptsache: Raus aus dem Grau der Städte (vgl. Stromberger 1985). Die Auto-Mobilität wird noch verstärkt durch eingefahrene Freizeitgewohnheiten (z.B. in Dänemark: „Hier können wir mit dem Auto bis an den Strand fahren“), die jahrelang geduldet, wenn nicht gar gefördert wurden. Für die motorisierte *Jagd nach Ruhe und Erholung* gibt es eigentlich nur eine echte Ergänzung (nicht Alternative): Die Freizeit in innerstädtischen Parkanlagen.

Zwischen Entspannungsbedürfnis und Alltagsflucht

Vergleich des Freizeiterlebens im Stadtpark und Stadtumland

+ Positive Bewertung
– Negative Bewertung

Basis: 1556 Befragte ab 18 Jahren

	Alltagsnähe im Stadtpark („Immer vor der Nase")		Urlaubsnähe im Stadtumland („Gefühl wie Verreisen")
+	Wohnungsnah, zu Fuß, mit dem Fahrrad erreichbar	–	Weit weg, mit dem Auto fahren
+	Kein Streß, Erholung vor der Tür und um die Ecke	–	Mit großen Vorbereitungen, zeitlichem Aufwand verbunden
+	Keine Autofahrt, spart Fahrtkosten	–	Anfahrt mit dem Auto, Fahrtkosten
±	Für kurze Zeit, mal „unter der Woche"	±	Etwas für den ganzen Tag, das Wochenende
–	In der Stadt bleiben	+	Raus aus der Stadt, Tapetenwechsel
–	Großstadtluft	+	Frische Luft
–	Nachgemachte Natur	+	Freie Natur, richtiges Grün
–	Künstlich angelegt	+	Natürlich gewachsen, unberührt
–	Eng, auf kleinem Raum	+	Weitläufig, weiträumig
–	Laut, überlaufen	+	Ruhig, ungestört
–	Langweilig, fad	+	Abwechslungsreich, attraktiv
–	Mehr für Kinder, alte Leute, weniger für gemeinsame Unternehmungen mit Freunden	+	Für gemeinsame Unternehmungen mit Freunden interessant
–	Eingeschränkte Aktivitätsmöglichkeiten, z.B.: Baden, Schwimmen, Surfen, Segeln kaum möglich	+	Aktivitätsvielfalt, z.B.: Baden Schwimmen, Surfen, Segeln möglich

Quelle: B·A·T Freizeit-Forschungsinstitut
Projektstudie „Freizeit im Grünen" – Hamburg 1986

Selbst zur schönsten Sommerzeit im August bleiben *an Wochenenden über drei Viertel der Bundesbürger zu Hause*: Rund 80 Prozent entscheiden sich für das Fernsehen – 21 Prozent „fahren mit dem Auto/Motorrad herum". In der Medienöffentlichkeit wird ein anderes Bild gezeichnet: „Drei Viertel flüchten, meistens mit dem Auto, ins sogenannte Grüne" (SPIEGEL vom 30. Juli 1990). Aus Repräsentativbefragungen des B.A.T Freizeit-Forschungsinstituts geht aber hervor: An Sommer-Wochenenden praktizieren nur 19 Prozent der Bewohner die Freizeitbeschäftigung „Ins Grüne fahren". Die Freizeitwirklichkeit auf den Punkt gebracht: Am Wochenende in aller Regel zu Hause oder im Garten bleiben, „mal" in den Stadtpark gehen und „mal" ins Grüne bzw. in Naherholungsgebiete fahren. Innerstädtische Parkanlagen und Naherholungsgebiete um die Großstädte werden heute schon von der Mehrheit der Besucher beider Zielorte alternierend genutzt. Beide Angebote stellen bereits zentrale Zielorte und Aktivitätsmuster dar. Beide Angebote ergänzen sich eher, als daß sie miteinander konkurrieren (vgl. B.A.T Projektstudie „Freizeit im Grünen", 1986).

„Wenn man in der Stadt wohnt, will man auch mal raus. Der Stadtpark kann keine Alternative zur Wochenendfahrt ins Grüne sein." Ein Parkbesucher hat in seiner Antwort die Frage auf den Punkt gebracht. Die ergänzende Funktion beider Angebote liegt dabei weniger in der Unterschiedlichkeit der Freizeitaktivitäten als vielmehr in der unterschiedlichen qualitativen Bewertung der einzelnen Standorte:

- Der *Stadtpark* wird aufgrund seiner zentralen Lage aufgesucht, weil man „auf die Schnelle" und „auf die Kürze" Grün um sich haben und entspannen möchte. Für die Stadtparkbesucher dominiert die Suche nach Entspannung. Charakteristisch bleibt die Wohnungs- und Alltagsnähe.
- Die *Ausflugsziele/Naherholungsgebiete* sucht man auf, weil man „raus will aus dem Alltag" und „raus aus der Stadt", was für die meisten gleichbedeutend ist mit „rein in die frische Luft, die gesündere Umwelt". Für die Ausflügler dominiert die Flucht aus dem Alltag. Charakteristisch ist eine gewisse Nähe zum Urlaubserleben („Gefühl wie Verreisen").

Der Stadtpark hat Pausencharakter, die Ausflugsgebiete schafen Abstand vom Alltag. Die Grundmotive der beiden Besuchergruppen sind nicht miteinander austauschbar. Allenfalls im Urlaub lassen sich beide, Entspannungsbedürfnis und Fluchtmotiv, problemlos miteinander verbinden.

Die Planung oder Konstruktion eines „idealen Stadtparks" mit dem Ziel, die Wochenend-Besucher der Naherholungsgebiete in der Stadt zu halten, kann für die Zukunft kein erfolgversprechender Ansatz mehr sein. Der Stellenwert des Grüns in der Stadt kann allenfalls noch mehr verdeutlicht werden. Dabei ist immer von dem gesamten innerstädtischen Grün, dem gesamten Angebot aller innerstädtischen Parkanlagen auszugehen. *Die insuläre Lage des Stadtparks ist aufzuheben, der Park als Ausgangspunkt für weitflächige Grünanlagen auszubauen.* Der Stadtpark der Zukunft kann nicht mehr die grüne Oase inmitten einer Steinwüste sein. Vielmehr ist die Großstadt als Ensemble von Parks und Grünanlagen stärker in das Bewußtsein der Bewohner zu bringen. Zum *Erlebnisraum Stadt* gehören immer auch zusammenhängende Wege- und Wandernetze, die City und Wohnquartier, Grünanlagen und Wasserflächen miteinander verbinden.

Der einzelne Stadtpark kann nur eine *Ergänzung zur Wochenendfahrt* mit dem Auto sein. Wohl aber könnte die Gesamtheit der städtischen Grünanlagen, wenn sie den Bewohnern in ihrer Weiträumigkeit erst einmal bewußt geworden ist, eine bedenkenswerte Alternative werden.

Es kann also nicht darum gehen, einzelne Parks durch spezifische Ausstattungen und „Möblierungen" aufzuwerten. Vielmehr ist für den gesamten städtischen Bereich ein Grünflächenkonzept zu erarbeiten, in das auch derzeit nicht genutzte Flächen (z.B. ehemalige „Trümmer-Grundstücke", „industrielle Brachen") einbezogen und als Grünflächen ausgewiesen werden.

Mit der Entwicklung von „Kleingrün" (Planer-Sprache) in der Stadt ist es in Zukunft nicht mehr getan: Hier ein Stadtbaum, dort ein Stadtbach, gegenüber ein Schulgarten in Verbindung mit einem begrünten Garagendach. In solchen Planungskonzepten wird das „Kleingrün" zum Fassadengrün. Manche Gartenhäuser bekommen lediglich einen „grünen Pelz" (vgl. Minke 1983) und die Stadtplaner setzen sich selbst ein Denkmal zum „Artenschutz im Hinterhof" (vgl. Markstein 1986).

Sicher müssen die vorhandenen innerstädtischen Parkanlagen erhalten und verbessert werden. Wichtiger aber ist eine *Neudefinition der Gesamtstadt als Grün- und Freizeitbereich (und nicht nur als Wohn- und Arbeitsplatz).* Die Kommunen müssen die vorhandenen Grünflächen und Freizeitmöglichkeiten ihrer Stadt dem Bürger transparenter und das Grünangebot attraktiver machen. Dazu gehört auch die Umnutzung vorhandener Brachflächen in „städtisches Grün". Planungskriterien hierfür sind:

- Weitläufigkeit
- Mehr große Bäume als „Klein-Grün"
- Einbeziehung der Elemente Wasser und Land
- Einplanung von Möglichkeiten für Parkbesucher, sowohl Öffentlichkeit als auch Privatheit im Park erleben und realisieren zu können.

> Um Natur und Umwelt zu erhalten, sind nicht Auto und Reisen abzuschaffen. Wohl aber ist die gewohnheitsmäßige Mobilität in Freizeit und Urlaub, der Automatismus (Wochenende = Ausflug; Urlaub = Reise) selbstkritisch zu überdenken.

Die umweltbewußte Devise für die Auto- und Freizeitmobilität der Zukunft kann nur lauten: *„Weniger fahren – langsamer fahren – sauberer fahren"* (Deutscher Alpenverein). Nicht der Verzicht, sondern die freiwillige Einschränkung des Autos als Freizeit- und Urlaubsmobil ist das Gebot der Stunde. Die Empfehlung des Schweizer Fremdenverkehrsexperten Jost Krippendorf *„Hin und wieder zu Hause bleiben"* muß nicht Verzicht bedeuten. Eine solche Entscheidung muß reifen und fällt vielen vorerst nicht leicht.

Eine jahrzehntelang propagierte und realisierte Lebensphilosophie, in der Mobilität die erste Freizeitpflicht war, kann nicht einfach wie ein Kleidungsstück abgelegt werden. Hinzu kommen verinnerlichte Werte und Normen, nach denen Reisen und Reiseziele auch mit Prestige und sozialer Anerkennung verbunden sind.

Bis zur gesellschaftlichen Aufwertung des Slogans „Es ist schick, im Urlaub zu Hause zu bleiben" (Frankfurter Rundschau vom 30.07.1983) ist noch ein weiter Weg.

4.7 Sanfte Freizeittechnologien fördern

Vielleicht müssen wir wieder mehr das Laufen lernen. Mit intelligenteren und saubereren Autos („Schnaps"- und Elektroautos, automatisches Parkierungssystem u.a.) allein ist es in Zukunft nicht mehr getan. Als Radikalkur empfiehlt sich die Förderung und der Ausbau sanfter Freizeittechnologien, d.h. die *Reduzierung des Autoverkehrs im Umweltverbund mit Fußgängern, Radlern und öffentlichem Nahverkehr.* Das hat nur auf den ersten Blick etwas mit weltfremder Verkehrsromantik zu tun. In einigen Städten ist es bereits Realität:

- *Beispiel Bologna.* Die Altstadt ist auf einer Fläche von 4,5 Quadratkilometern für den gesamten Autoverkehr (außer Bewohnern und Lieferanten) gesperrt.
- *Beispiel Rom.* Das Zentrum mit Via Veneto, Via Nazionale, Bahnhofsviertel und Foren ist für Autos eine „verbotene Stadt".
- *Beispiel Lübeck.* Die gesamte Altstadt auf der Traveinsel wird zu bestimmten Zeiten zur „autofreien Innenstadt" erklärt.

Im Nationalpark Berchtesgaden beispielsweise werden lediglich Verkehrsformen zugelassen, die *ausschließlich zu Fuß* zu nutzen sind (Wandern, Bergsteigen, Skitourenfahren, Aufstiegshilfen u.a.). Alle Standorte für Freizeitanlagen werden so gewählt, daß größere zusammenhängende Gebiete als Ruhezonen dem Naturschutz vorbehalten bleiben. Die Schweizerische Stiftung für Landschaftsschutz und Landschaftspflege hat in Zusammenarbeit mit den Fremdenverkehrsverbänden Planungsleitlinien für *motorfahrzeugfreie Gebiete mit Wanderrouten* erarbeitet. Solche Planungskonzepte können dann gelingen, wenn die Ausgangspunkte des Wanderrouten- und Spazierwegenetzes mit PKW oder öffentlichen Verkehrsmitteln gut erreichbar sind. Dies bedeutet: An den richtigen Stellen müssen ausreichende Parkplätze und Haltepunkte vorhanden sein. Vor allem an der Peripherie von Ferienorten und Ausflugsgebieten müssen Parkplätze gebaut und die Gebiete selbst zu *Fußgängerzonen* erklärt werden.

Nach dem „Modell Krupp" (wie z.B. in Saarbrücken) könnten an der Peripherie raumsparende Parkhäuser errichtet werden: Der Wagen wird am Eingang auf eine Plattform gefahren. Auf Knopfdruck stellt der Automat das

Auto in eine freie Parkbox. Nach der Rückkehr vom Ausflug kommt der Wagen ebenso automatisch wieder hervor. Das *System „Automatisch in die Box"* spart Platz, weil Auf- und Abfahrt-Rampen sowie Rangierraum in den Etagen wegfallen. Beim Ein- und Ausparken entstehen keine Abgase. Der Ort, an dem man seinen Wagen abstellt, ist belebt und gut beleuchtet. Es gibt keine (nicht nur für Frauen) beängstigend leeren Treppenhäuser und halbdunkle Parketagen. Wenn zwischendurch am Ort beim Shopping Einkäufe getätigt werden, braucht niemand die Einkaufssachen zu schleppen. Sie werden von den Geschäften in das entsprechende Parkhaus transportiert und an einem Schalter neben der Ausfahrt ausgegeben.

Auch verkehrsmindernde Maßnahmen, die die Umweltbelastungen reduzieren, können ins Auge gefaßt werden (vgl. Schemel 1988, S. 45f.):

- Fahrbeschränkungen für Kraftfahrzeuge in der ganzen Gemeinde (z.B: autofreier Ort auf den Ostfriesischen Inseln) oder im Ortsbereich (z.B. Oberstdorf, Badenweiler) für Fahrzeuge aller Art oder nur für bestimmte Fahrzeugtypen, ganztägig oder zeitlich begrenzt (Mittags- und Nachtfahrverbote).
- Nutzervorteile für geräuscharme Fahrzeuge („Modell Bad Reichenhall").
- Förderung öffentlicher und halböffentlicher Verkehrsmittel (z.B. Busdienste für Urlauber ohne eigenen Pkw, Großraumtaxis, Minibusse). Auf der Großglockner Hochalpenstraße steht den Urlaubsgästen ein *„Öko-Shuttle"* mit modernster Umwelttechnologie zur Verfügung. Der Öko-Shuttle startet mehrmals täglich an der Mautstelle in Ferleiten. Bad Griesbach will zum autofreien Bad werden, bei dem nur *Elektrotaxis* in den Fußgängerzonen verkehren dürfen. In Oberstdorf (Allgäu) dürfen in drei autofreien Tälern nur *Schlitten* und Postomnibusse verkehren. In Serfaus (Tirol) gibt es die erste Dorf-U-Bahn, einen *unterirdischen „Ski-Express"* auf einer 1.300 Meter langen Strecke zwischen dem Hauptparkplatz von Serfaus und der zentralen Talstation der Seilbahnen (mit bis zu 2.000 Personen pro Stunde). Dies ist sicher eine aufwendige, aber umweltfreundliche Lösung, um den Ferienort lärm- und abgasfrei zu halten. Und an der Thülsfelder Talsperre im Kreis Cloppenburg hat ein *Pferdetaxi* den Betrieb für Tagesausflügler aufgenommen.

Sieht man einmal von rigiden Verboten oder drastischen Gebühren ab (z.B. 2.100 DM „Straßensteuer" pro Auto und Jahr in Singapur) empfehlen sich für die Zukunft vor allem *kombinierte Verkehrsstrategien in Freizeit- und Feriengebieten*, z.B. Tempo 30 in Verbindung mit der Bevorrechtigung von Fußgängern und Radlern vor dem Pkw-Verkehr. Nicht Parkplätze und Tiefgaragen entscheiden heute über die Attraktivität und Lebensqualität von Freizeit- und Feriengebieten, sondern Grünanlagen, Wasserflächen, Fußgängerzonen, Einkaufspassagen, Restaurants und Kneipen.

In der Schweiz wird mittlerweile das Wort „Gast" groß geschrieben: Ferien- und Kurorte haben sich zur „Gemeinschaft Autofreier Schweizer Tourismusorte" (GAST) zusammengeschlossen. *Autofreie Tourismusorte* sind z.B. Saas Fee und Zermatt. Diese Ferienorte wollen Urlaub ohne Lärm, Verkehr und Gefahren, die das Auto mit sich bringt, garantieren. Um Mitglied in der Gemeinschaft der Autofreien zu werden,

- müssen alle herkömmlichen Personenwagen außerhalb des Tourismusorts parken und
- dürfen im Ort nur noch Fahrzeuge ohne Verbrennungsmotor fahren.

Übergangsweise kann autofrei auch autolos bedeuten, so z.B. in Zermatt im Wallis (20.000 Touristenbetten, 1 Million Übernachtungen pro Jahr): Hier hat man die riesigen Parkplätze erst einmal nach unten ins Tal verlagert. Im Ort selbst sind 360 *Elektromobile* in Betrieb. Autofreie Tourismusorte schränken zweifellos die Mobilität der Gäste etwas ein, erhöhen aber die Lebens- und Umweltqualität.

Wenn es schon so schnell nicht gelingt, aus allen Freizeit- und Feriengebieten autofreie Zonen zu machen (psychologische Barriere: „Machtgefühl Auto"), so sollte wenigstens eine Tempoverringerung von 50 km/h auf 30 km/h erreicht werden. Mit geringeren Abgasemissionen ist auch eine geringere Luftbelastung verbunden (vgl. Draeger 1987), der Kraftstoffverbrauch wird um 17 Prozent gesenkt (vgl. Billinger 1983) und die Lärmbelastung ist deutlich geringer (vgl. Topp 1984).

Drei Viertel der Bevölkerung fordern einen verstärkten Ausbau des Öffentlichen Nahverkehrs, der ebenso umwelt- wie freizeitfreundlich konzipiert werden muß. Denn:

> Die Freizeit- und Feriengebiete gehören bisher zu den unterentwickelten Zielgebieten des Öffentlichen Nahverkehrs. Viele Freizeitgebiete beginnen da, wo der Öffentliche Nahverkehr aufhört ...

Deshalb ist ein speziell auf Feierabend-, Wochenend- und Ferienverkehr ausgerichtetes Transfersystem zu entwickeln, das flexibel auf wetterabhängige Freizeitgewohnheiten reagiert: Neben einem *Taktfahrplan mit kurzen Intervallen (Shuttle-System)* sind Bedarfsbusse einzuplanen. (Beispiel: Bus fährt los, wenn Wagen besetzt ist).

Wenn das Umsteigen auf Öffentliche Verkehrsmittel breitenwirksam erfolgen soll, darf es nicht mit gravierenden Zeitverlusten, mit unzumutbaren Belastungen (z.B. mehrfaches Umsteigen) oder mit substantiellen Einschränkungen der persönlichen Bewegungsfreiheit verbunden sein („Hab' schon mal überlegt, das Auto stehenzulassen. Aber das ist so furchtbar umständlich. Bis ich da im Wald bin – da kann ich gleich wieder umkehren"). *Schnell, bequem und preiswert* müssen die Hauptattribute des Öffentlichen Nahverkehrs im Freizeitverkehr werden – andernfalls nimmt die Motorisierung durch Privat-Pkw in Freizeitgebieten weiter zu. Mit Billigfahrscheinen allein ist es nicht getan. Ein Null-Tarif, der Zeit kostet und Unbequemlichkeiten beschert, ist keine Alternative für die Pkw-Mobilität. Über einen *„Service von der Haustür an"* muß ernsthaft nachgedacht werden, sonst rückt der Nahverkehr in weite Ferne.

AUTOFREI AM URLAUBSORT

Leitlinie: Positive Anreize schaffen

Von je 100 Befragten würden zur Erhaltung der Umweltqualität und zur Verbesserung des Erholungswertes "**persönlich sofort akzeptieren**":

KOSTENLOSER GROSSPARKPLATZ

Kostenlos ohne Bewachung am Ortseingang in Verbindung mit Shuttle-Bus-System

BUSTRANSFER VOM BAHNHOF

Kostenloser Bustransfer vom nächstgelegenen Bahnhof für alle Gäste

GEBÜHRENPFLICHTIGER GROSSPARKPLATZ

Gebührenpflichtig mit Bewachung am Ortseingang in Verbindung mit Shuttle-Bus-System

RAD- UND WANDERWEGNETZ

Ausbau des Rad- und Wanderweg-netzes als Anreiz für den Verzicht auf Ausflüge mit dem Auto

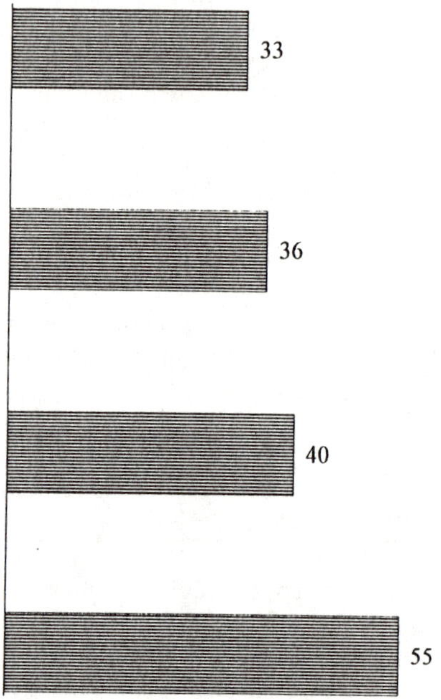

Repräsentativbefragung von 2.600 Personen ab 14 Jahren 1995 in Deutschland

B·A·T Freizeit-Forschungsinstitut

Die Schaffung eines flächendeckenden Verbundsystems von Bus und Bahn in Verbindung mit einer Frequenzverdichtung (also häufigeren Abfahrtszeiten) ist das Gebot der Stunde. Die Erfahrung zeigt, daß die Freizeitmobilität der Menschen erst dann umweltfreundlicher wird, wenn sie weder mit einem Verlust an Zeit noch mit einem Komfortverlust verbunden oder was noch besser ist, wenn sie preisgünstiger („billig“) ist oder man dafür auch noch bezahlt wird (Beispiel: Steuervergünstigung für Kat-Autos).

Zur Förderung sanfter Freizeittechnologien gehört aber auch der Ausbau von Wander-, Spazier- und Radwegen, den 87 Prozent der Bevölkerung fordern. Erstrebenswertes Ziel für die Zukunft könnte die Schaffung attraktiver motorloser bzw. autofreier Freizeitgebiete im Grünen Sein: *Naturnutzung ohne Naturzerstörung*. Modellmaßnahmen in dieser Richtung sollten vorrangig gefördert werden. Auch die *Anreize zum Zu-Fuß-Gehen* müssen gesteigert werden: Breite Bürgersteige, Spazierwege, Grünverbindungen, Straßen und Gassen sind netzartig miteinander zu verbinden, so daß attraktive Fußgängernetze entstehen (vgl. Garbrecht 1981).

4.8 Fahrradfreundliche Städte schaffen

Fünfzig Prozent aller Autofahrten im Stadtverkehr betragen höchstens fünf Kilometer – eine Entfernung, die mit dem Fahrrad ebenso schnell zurückgelegt werden könnte. Seit Anfang der 80er Jahre läuft das Modellvorhaben des Umweltbundesamtes „Fahrradfreundliche Stadt" (z.B. in Detmold, Rosenheim). Fahrrad-Vermietstationen werden eingerichtet und Abstellplätze für Fahrräder geschaffen. In Rosenheim gibt es ein eigenes *Fahrradbüro* und in Detmold ein *Fahrradcafé*. Und auf Straßen ohne Radweg werden mit weißer Farbe Fahrrad-"Fahrbahnen" markiert.

Aus der Problemsicht von Umweltbelastungen durch Freizeitfahrten mit dem Auto kommt dem Modellvorhaben fahrradfreundlicher Städte große Bedeutung zu. Zu einer fahrradfreundlichen Freizeitinfrastruktur in der Stadt gehören in erster Linie:

- Ein innerstädtisches Radwegenetz mit Ausschilderung und begleitenden Grünanlagen.
- Freihalten der Fahrradwege von parkenden Autos sowie regelmäßige Winterdienste (Schnee-Räumungen).
- Transporterlaubnis für Fahrräder in öffentlichen Verkehrsmitteln bzw. Fahrradvermietung an Bahnhöfen.
- Überdachte Fahrrad-Abstellplätze mit Schließfächern für das Gepäck von Radfahrern.

In der Entwicklung einer *fahrradfreundlichen Freizeitinfrastruktur*, die auch die Umwelt schont, stehen wir erst am Anfang.

Wegweisend für ebenso umwelt- wie freizeitfreundliche Lösungen könnte das im Münsterland übliche „Pädkesfahren" sein. Hier haben Naturschutz und Fremdenverkehrswirtschaft ein gemeinsames Freizeitkonzept entwickelt: Abseits von asphaltierten Straßen und entlang an Wallhecken und Waldrändern werden kleine Pfade (Pädkes) befahren – vorbei an Tümpeln, Sümpfen, Heide- und Sandgebieten. Zwischendurch werden attraktive Rastpunkte angesteuert, zum Beispiel Wasserburgen oder alte Bauernhäuser, in denen es Wurst und Eier zu kaufen gibt. Für die jeweiligen Routen werden entsprechende Kartenführer angeboten.

4.9 *Freizeit- und Urlaubsströme an schützenswerten Landschaftsgebieten vorbeilenken*

Um Verbotslandschaften zu vermeiden, ist es freizeitökologisch sinnvoller, die Freizeiter und Urlauber an empfindlichen Naturlandschaften gezielt vorbeizulenken. Betroffene Gebiete brauchen dann nicht gesperrt zu werden, was aber nur gelingen kann, wenn die Anziehungskraft der Ausweichstrekken und -flächen entsprechend groß ist, d.h. die landschaftliche Attraktivität, das Aktivitätsangebot und die Dienstleistungsqualität gewährleistet sind. Schützenswerte Landschaftsgebiete werden dadurch entlastet. Allerdings ist damit auch die Konzentration vieler Menschen auf engem Raum verbunden.

Aus der Sicht von Landschaftspflege und Naturschutz sind *flächensparende Großprojekte* (wie z.B. im Ostseebad Damp) „um vieles vorbildlicher als etwa der flächenzehrende Verbrauch" (Riedel 1989, S. 75) neuer dänischer Feriengebiete (z.B. bei Blavand, Henne, Hovstrop/Jütland). Dem immensen Landschaftsverbrauch steht am Beispiel Damp Flächenschonung gegenüber.

Damit sollen keine touristischen Gettos favorisiert werden, die sozial und kulturell von der übrigen Gegend isoliert sind. Wünschenswert sind vielmehr „starke touristische Zentren" (wie z.B. auf Mallorca), die „ihren Wohlstand auf die Region ausstrahlen" (Don Jaime Cladera 1987, S. 51). Die Lebensqualität im Umfeld muß wieder Vorrang bekommen. Diesem Ziel dienen alle Steuerungsmaßnahmen, Ordnungspläne (Mallorca: „El Plan de Ordenacion de la Oferta Turistica") und Besucherlenkungen.

Als Möglichkeiten zur Besucherlenkung bieten sich an:

- *Informationen* durch Hinweisschilder, Faltblätter mit Wanderwegen, Informationszentren oder Führungen durch Fachleute;
- *Markierungen*, um die Besucher auf den vorgegebenen Wegen zu halten;
- *Maßnahmen*, die das Verlassen von Wegen erschweren (z.B. Wassergräben).

Wenn die genannten Lenkungsversuche unwirksam bleiben, dann werden auch Sanktionsmaßnahmen ins Auge zu fassen sein – bis hin zur Abzäunung (so geschehen in besonders wertvollen Naturschutzgebieten in Nordrhein-Westfalen, vgl. Woike 1989, S. 117). Wirkungsvoller als dirigistische Maßnahmen sind in jedem Fall Versuche, attraktive Alternativen („*Natur-Erlebnisgebiete*") als touristische Anziehungspunkte bereitzustellen.

Naturschützer empfehlen in diesem Zusammenhang, *Konzepte für ein Landschafts- und Biotop-Management* zu entwickeln, in dem touristische Interessen und ökologische Belange aufeinander abgestimmt werden. Darin soll auch zum Ausdruck kommen, daß nicht nur Freizeiter und Urlauber ihr Verhalten ändern, sondern auch landesplanerische Verfehlungen der Vergangenheit wieder gutgemacht werden müssen (Georgii u.a. 1984, S. 35).

4.10 Den Freizeit- und Ferienverkehr entzerren

Der erste und zweite Sonntag im neuen Jahr beschert der Autobahnstrecke Salzburg-Nürnberg regelmäßig eine 400 km lange, zähfließende Blechlawine. Neun Stunden lang quälen sich die Autofahrer über die Strecke, die sie während der Woche in der Hälfte der Zeit schaffen können. Wochenende und Ferienende, Freizeit- und Ferienverkehr fallen zeitlich zusammen. Das Chaos auf den Straßen und die Abgasbelastung in der Natur sind vorprogrammiert.

> Wo Freizeit- und Ferienverkehr zusammenfallen, kommt es zu Überlastungen von Umwelt und Natur und zu Kapazitätsengpässen (z.B. bei Versorgungs- und Entsorgungsanlagen).

Aus der Sicht der Tourismusbranche eröffnet eine erfolgreiche Entzerrung der Touristenströme *zusätzliche Wachstumschancen*. Auf diese Weise werden *temporäre Überlastungen von Natur und Landschaft vermieden.* Die für die Umwelt schädlichen zeitlichen und räumlichen Nachfragespitzen entfallen und erhöhen zugleich die Lebens- und Freizeitqualität von Reisenden und Bereisten. Bei stärkerer regionaler Streuung soll es z.B. in Österreich durch die Forcierung der Vor- und Nachsaison bis zur Jahrtausendwende gelingen, die Konzentration der Nächtigungen (44 Prozent in den drei Monaten Februar/Juli/August) deutlich zu senken (BWA 1994, S. 4). Dafür notwendige entzerrende Maßnahmen sind u.a.:

- Flexible An- und Abreisetage
- Stärkere saisonale Preisdifferenzierung
- Schaffung von Verkehrsleitsystemen
- Bessere Verkehrsinformationen
- Längere bzw. flexiblere Ladenöffnungszeiten.

In Deutschland besonders betroffen sind bisher Teile der bayerischen Voralpen und Alpen sowie die norddeutschen Nord- und Ostseeküsten. Eine spürbare Entlastung des Freizeit- und Ferienverkehrs wäre schon möglich durch eine Flexibilisierung des Angebots (z.B. weg vom starrem Wochenrhythmus: „Anreise am Samstag"). 39 Prozent der Bundesbürger befürworten zur Entlastung der Umwelt die *Einführung von flexiblen Wochenenden* (Freitag/Samstag, Samstag/Sonntag oder Sonntag/Montag frei). Und weitere 38 Prozent sprechen sich für generelle Fahrverbote für 50 Prozent der Autofahrer an bestimmten Sonn- und Feiertagen aus.

Wenn nicht mehr alle zur gleichen Zeit am gleichen Ort zusammenkommen, werden die Spitzenbelastungen abgeschwächt, Natur und Umwelt entlastet und der einzelne gewinnt auf diese Weise mehr frei verfügbare Zeit: Weil nicht mehr alle das gleich tun.

Die schon vor einem Vierteljahrhundert erhobene Forderung nach Einführung eines flexiblen Wochenendes (vgl. Opaschowski 1974, S. 31), bei dem am Sonntag als sozialer Errungenschaft und gemeinsamem Familientag festgehalten wird, jeder einzelne aber zwischen einem arbeitsfreien Samstag/Sonntag *oder* einem arbeitsfreien Sonntag/Montag wählen kann, wird immer dringender. Dadurch könnten nicht nur rush hour und Spitzenbelastungen im Wochenendverkehr reduziert, sondern auch gastronomische Einrichtungen, Hotels und Pensionen besser ausgelastet werden. Einkäufe, Behördengänge oder Erledigungen könnten ebenso (z.B. am Montag) streßfreier miteinander koordiniert werden.

Insbesondere für die wachsende Zahl der Ein-Personen-Haushalte (ihr Anteil liegt in einigen Großstädten bei über fünfzig Prozent) könnte dies einen Gewinn an persönlicher Lebensqualität bedeuten. Sie würden auf diese Weise wieder einen Teil freier Zeit zurückgewinnen, weil sie den Stoß- und Wartezeiten aus dem Wege gehen könnten. Arbeitnehmer sollten ein flexibles Wochenende *freiwillig wählen können*, ohne es nehmen zu müssen. Auch die zeitliche Koordination mit der Schulpflicht ihrer Kinder am Montag erweist sich nur als marginales Problem. *Die meisten Haushalte haben keine schulpflichtigen Kinder mehr.*

Wenn der Freizeitkonsument zunehmend mobiler und spontaner wird, müssen auch die Arbeitszeitregelungen flexibler und frei einteilbarer werden. Es ist absehbar: Im Jahr 2000 werden neun von zehn Erwachsenen mindestens ein Auto zur Verfügung haben – gekauft, geleast oder geliehen. Angesichts der Tatsache, daß die Lebenserwartung der Deutschen jedes Jahr um etwa 3,5 Monate zunimmt, wird die künftige Gesellschaft ebenso freizeitmobil wie langlebig sein. Und die Menschen werden dann nach dem Grundsatz leben: „Alt ist man erst, wenn man nicht mehr autofahren kann“.

4.11 Die Ferienregelung flexibilisieren

In den zurückliegenden zwanzig bis dreißig Jahren wurde die touristische Infrastruktur nach dem Spitzenbedarf in den Sommermonaten Juli und August dimensioniert. Die Folge waren Überkapazitäten in der Vor- und Nebensaison. Die Fachwelt sprach von *„Saison-Falle“*. Die erheblichen saisonalen Schwankungen sind wesentlich auf eine Schulferienregelung zurückzuführen, die den heutigen Mobilitätsbedürfnissen kaum mehr gerecht wird.

Drei Viertel der Bevölkerung können und wollen sich eine Drei-Wochen-Reise im Sommer nicht mehr leisten. Doch die Ferienregelungen im Sommer sind traditionell auf einen Zeitblock von jeweils zwei Reiseperioden à drei Wochen fixiert. Die Ferienzeiten müßten daher gleichmäßiger über das Jahr verteilt und das umweltbelastende Hauptproblem *Massenhaftigkeit durch Gleichzeitigkeit* gemindert werden. Die Flexibilisierung der Ferienregelung gewährleistet eine bessere Nachfrageverteilung. Umwelt, Freizeit und Tourismus könnten gleichermaßen davon profitieren.

- Aus ökologischer Sicht müßte der Zeitraum der Schulferien so verlängert werden, daß *ein einziger rollierender Frühjahrs-Sommer-Ferienblock zwischen dem 1. April und dem 15. September* entsteht – ein Frühjahrs-, ein Sommer- und ein Herbst-Ferienblock. Wenn in einem Bundesland die Frühjahrsferien zu Ende gehen, fangen schon im nächsten Bundesland die Sommerferien an. Die neuen Ferienregelungen haben nur ein Ziel, die zeitliche Entzerrung der Urlauberströme zu erreichen, d.h. die Massenhaftigkeit durch Gleichzeitigkeit zu verhindern, so daß nicht alle zur gleichen Zeit dasselbe tun.
- Neben der zeitlichen Streckung ist außerdem innerhalb der einzelnen Bundesländer eine *regionale Flexibilisierung der Ferienregelung* sinnvoll, so daß beispielsweise die Schulferien in Köln und Bonn an einem anderen Tag beginnen können als in Wuppertal und Düsseldorf.
- Darüber hinaus könnten nach Schweizer Vorbild in Freizeit- und Feriengebieten mehr *autofreie Zonen* geschaffen werden, bei denen der Personen- und Gepäckverkehr vom Öffentlichen Nahverkehr bzw. von umweltfreundlichen Fahrzeugen übernommen werden kann. Nur attraktive Transportangebote können „Auto-Verzicht-Anreize“ schaffen.

Die wachsende Freizeitmobilität führt nicht nur zu ökologischen Belastungen von Natur und Landschaft, sondern auch zu psychischen Belastungen der Menschen selbst. Über *„Streß im Stau“* klagt eine deutliche Mehrheit der Bevölkerung (58%). Die Streß-Belastungen bei Wochenendfahrten und Urlaubsreisen werden sogar höher eingeschätzt als die Lärmbelästigungen durch andere in der Freizeit bei Sport, Spiel, Kirmes oder Straßenfesten

(54%). Unter dem *Streßfaktor Verkehrsstau* haben vor allem die Familien mit Kindern (70%) zu leiden, die auf gemeinsame Wochenendfahrten angewiesen sind. Besonders stark betroffen sind auch die Großstädter und die Bewohner in Ballungszentren.

4.12 Die Freizeit- und Tourismuspolitik umweltfreundlicher gestalten

Nicht alles kann dem freien Spiel der Kräfte überlassen bleiben. Die Anbieter im Bereich von Freizeit und Tourismus sind gleichermaßen Mitverursacher und Opfer von Umweltbelastungen. Sie sind auf eine nach umweltfreundlichen Gestaltungsprinzipien strukturierte Freizeit- und Tourismuspolitik angewiesen.

Deutschland zählt zu den Ländern mit den besten Umwelt- und Naturschutzgesetzen – aber dem „größten Vollzugsdefizit" (World Wildlife Fund/WWF). In Deutschland gibt es beispielsweise gesetzlich festgelegte Emissionswerte – aber keine regelmäßigen Messungen. Und für bestimmte Umweltdelikte gibt es Höchststrafen von 50.000 Mark – aber keine regelmäßigen Kontrollen.

Auf dem Sektor „Freizeit und Umweltschutz" zeichnen sich jedoch erste konkrete Initiativen und Maßnahmen ab. Die deutschen Freizeit- und Fremdenverkehrsverbände haben ökologische Leitlinien für die Freizeit- und Tourismuspolitik der nächsten Jahre entwickelt. Die Deutsche Gesellschaft für Freizeit, zu deren Mitgliedern u.a. der ADAC, die Bundesvereinigung der Deutschen Arbeitgeberverbände, der Deutsche Sportbund und der Deutsche Städtetag gehören, möchte Natur und Landschaft in ihrer Funktion als Basis für Freizeit und Erholung langfristig erhalten und gesichert sehen. Als Hauptforderungen werden genannt:

- Plazierung und Gestaltung von Freizeitanlagen nur an solchen Stellen, an denen Pflanzen- und Tierwelt sowie Naturhaushalt nicht oder nur minimal beeinträchtigt werden.
- Restriktive Behandlung der Neuanlagen von Wochenendgebieten, Camping- und Caravanplätzen, soweit sie schützenswerte Teile von Natur und Landschaft beanspruchen oder belasten.
- Schaffung von Naturlandschaften in der Nähe von Städten und Ballungsgebieten (kurze Verkehrswege!).

Die Deutsche Gesellschaft für Freizeit (DGF) macht sich zum Anwalt der Freizeitinteressen. Sie warnt vor der Polarisierung von Umwelt und Freizeit und hofft darauf, daß die vermehrte Freizeit weniger eine Gefahr als vielmehr eine Chance zur aktiven Erhaltung und Verbesserung der Umwelt wird. Durch Freizeit verursachte Umweltprobleme sollten zwischenmenschlich – „ohne Verwaltungsanordungen und Gericht" – gelöst werden. Denn: „In die Enge getriebene Menschen reagieren mit Aggression" (vgl. die DGF- Erklärung „*Biotope für Menschen gesucht*" von 1985).

Die im deutschen Fremdenverkehrspräsidium zusammengeschlossenen Spitzenverbände (Deutscher Fremdenverkehrsverband, Deutscher Bäderverband, Deutscher Reisebüro-Verband u.a.) haben in ihrem Memorandum „Wirtschaftsfaktor Tourismus“ die Erhaltung der Landwirtschaft und Natur als „dringendes Anliegen“ für die nächsten Jahre formuliert – wenn auch nicht konkretisiert. Neue Fremdenverkehrseinrichtungen, die „Eingriffe in die Landschaft“ erforderlich machen, sollen lediglich auf das „unbedingt erforderliche Maß“ beschränkt werden. Es werden aber weder Belastungsgrenzen genannt noch Maßnahmen vorgeschlagen.

Die Freizeit- und Tourismuspolitik wird dem Umweltschutzgedanken in Zukunft höhere Priorität einräumen müssen. Natur und Umwelt sind das Grundkapital von Freizeit und Tourismus, das für die Zukunft erhalten und sichergestellt werden muß. Für Natur und Umwelt gibt es keine Alternativen.

Für größere Freizeit- und Feriengebiete erscheint sogar die Einrichtung eines eigenen *„Anwalts für die Umwelt“* (Beispiel: Salzburg), der allen als kompetenter und politisch unabhängiger Ratgeber und Gutachter zur Verfügung steht, erforderlich zu sein.

4.13 Ökologisch angelegte Sportanlagen fördern

Auch der Sport steht am Umweltpranger. Der Sport ist ein Teilbereich der Freizeit und benötigt und beansprucht die Umwelt. Zwar gibt es kritische Stimmen, die meinen, daß es *umweltbelastender sei, zu den Sportanlagen zu gelangen als dort den Sport auszuüben*. Dennoch wird es in Zukunft eine ökologisch sorgfältige Auswahl der Gebiete geben müssen, „in denen Sportanlagen errichtet werden, Sportausübung geduldet wird, und der Bereiche, die geschont, wo nötig völlig geschützt werden müssen“ (Lauterwasser 1989, S. 30). Die Neuplanung größerer Sportanlagen ist ohne Umweltverträglichkeitsprüfungen kaum mehr verantwortbar. Ökologisch angelegte Sportanlagen sind künftig geboten, die qualitativ mehr beinhalten als nur die „Erhaltung holzbrütender Insektenarten“ (Gutachtersprache).

So bestätigte beispielsweise die Umweltstiftung „World Wildlife Fund“ dem Golfplatz im hessischen Schotten am Westhang des Vogelsberges die Erfüllung aller Erfordernisse einer naturschutzgerechten Gestaltung:

- Der Golfplatz wird ohne *Herbizide und Mineraldünger* betrieben.
- Auf dem Neun-Loch-Platz stehen *giftfreie Kleinbiotope*: Hecken, Busch- und Bauminseln, Sumpfmulden mit Orchideen und Trollblumen. Für die Greifvögel (zur Wühlmausbekämpfung) sind Vogelkrücken aufgestellt.
- Das Gras auf den Greens steht 12 bis 14 Millimeter hoch, damit *Kleinlebewesen* mit dem Dünger (Taubenmistjauche) fertigwerden können. Die Greens werden in Handarbeit mit dem Taschenmesser von Wegerich, Löwenzahn und Gänseblümchen freigehalten.

- Die Bahnen sind schmaler als auf anderen Plätzen, auch nicht so eben, sondern leicht gewellt. Dadurch erreicht die Mähmaschine viele Pflanzen nicht so tief unten, so daß sie zerstört würden. Das Ergebnis ist *Artenvielfalt* – der beste Schutz vor Krankheiten (wie bei Monokulturen).
- Es handelt sich um einen öffentlichen Golfplatz, wo jedermann für 20 Mark pro Wochentag (feiertags 30 Mark) spielen und einen Neun-Loch-Pitch- und -Puttplatz für 10 Mark benutzen kann. Der Jahresbeitrag beläuft sich auf 1000 Mark für Einzelpersonen und 500 Mark pro Partner.

Der Ball läuft trotzdem sauber, nur die Spielweise ändert sich. Es geht nicht so manikürt wie auf amerikanischen Plätzen zu, sondern sportlich. Mehr sportliche Anstrengung zugunsten der Natur kommt letztlich auch den Spielern zugute: Man muß schon spielen können. Mehr ökologisch angelegte Sportanlagen – insbesondere in kommunaler Trägerschaft – könnten zur Entspannung der ideologisch aufgeheizten Diskussion („Golf statt Gülle" – „Golf statt Brache") beitragen.

Der Wettbewerb um die Blaue Europa-Flagge sollte in Zukunft nicht nur für Ferienorte und Sportboothäfen ausgeschrieben werden, sondern auch für alle übrigen Sportanlagen (insbesondere Golfplätze) gelten. So richtig und wichtig es ist, das Umweltbewußtsein von Freizeitsportlern zu verändern und die Freizeitsportanlagen nach ökologischen Gesichtspunkten zu errichten, so berechtigt muß andererseits die Frage sein, ob es nicht sinnvoller ist, das gesamte Sport- und Freizeitsystem grundlegend zu verändern.

Aus sport- und freizeitpolitischer Sicht stellt sich die derzeitige Krise im Verhältnis von Sport und Umweltschutz nicht mehr nur als eine Anpassungskrise dar. Sie hat vielmehr den Charakter einer Zielkrise.

Und die entscheidenden Fragen lauten dann: „Welches Sportsystem wollen wir eigentlich?" oder „Welche Varianten des Sports sollen gefördert, welche zurückgedrängt werden?" (Scharpf 1989, S. 128). Nach dieser Sichtweise wäre das gesamte Freizeitsport-System zu reformieren, wenn nicht grundlegend zu verändern, also zu „ökologisieren". Andernfalls nimmt mit der wachsenden Zahl neuer Sportanlagen zwar das Umweltbewußtsein bei Sportlern zu, die Zahl der „aufgeklärten" Täter aber auch.

VIII. Der mobile Mensch von morgen

1. Tourismus zwischen Scheinwelt und Kulisse?

Der griechische Geograph und Geschichtsschreiber Strabon (64 v.Chr. bis 20 n.Chr.), Verfasser des Werkes „Geographie“, schrieb vor zweitausend Jahren: „Ein Eichhörnchen kann durch die Baumwipfel von den Pyrenäen bis nach Gibraltar hüpfen, ohne den Boden zu berühren“. Zu seiner Zeit und bis zum ausgehenden Mittelalter bedeckten *Wälder* etwa 95 Prozent der Fläche Spaniens. Dann wurde *unbarmherzig gerodet*: Im 15. Jahrhundert für den Schiffsbau und im 19. Jahrhundert für die Landwirtschaft. Sorgt in Zukunft der Massentourismus für den restlichen Kahlschlag (auch indirekt z.B. durch selbst gelegte Waldbrände aus Gründen der Bodenspekulation)?

Bleibt uns als Zukunftsalternative zur Naturlandschaft nur die Kunstwelt? Am 8. Februar 1972 berichtete die „Los Angeles Times“ über den Beschluß der örtlichen Stadtverwaltung, auf dem Mittelstreifen einer Hauptverkehrsstraße rund 1.000 Plastikbäume aufzustellen, da nach dem Ausbau der Kanalisation nur noch eine zentimeterdünne Erdschicht übriggeblieben war. Als nach Beginn der Pflanzaktion unbekannte Täter begannen, die Bäume mutwillig zu zerstören, sah man schließlich von der weiteren Bepflanzung ab. Ein Jahr später erschien im Wissenschaftsjournal SCIENCE unter der Überschrift „What's Wrong with Plastic Trees?“ der wissenschaftliche Nachweis, daß das verbreitete Bedürfnis nach einer natürlichen Umwelt „phylo- und ontogenetisch erlernt“ sei – also durch bewußt gesteuerte Umlernprogramme auch auf künstliche Umwelten gelenkt werden könnte. Wird es in Zukunft ein *Bedürfnis nach künstlichen und virtuellen Freizeit- und Ferienwelten* geben?

Die Neigung der Urlauber wächst, sich mit der Natur-Kulisse zufriedenzugeben. Dies kann ebenso eine Hoffnung wie eine Gefahr sein.

- Über drei Viertel der Bundesbürger (78%) wollen *im Urlaub gar nicht „im Grünen wohnen“*. Sie legen keinen besonderen Wert darauf, sozusagen „Natur vor der Urlaubstür“ zu haben. Dies trifft vor allem für Jugendliche und junge Leute zu.
- Und 70 Prozent der Bundesbürger verbinden mit der Vorstellung von einem gelungenen Urlaub nicht gerade die Erwartung, nun unbedingt „Natur um sich zu haben“. Dies bedeutet beispielsweise: Für Jugendliche ist es *dreimal wichtiger, im Urlaub „Spaß und Unterhaltung zu haben“* (58%) als „Natur um sich zu haben“ (17%).

Diese Erwartungshaltung erklärt, warum viele Urlauber nach intakter Natur rufen, sich aber in zerstörten und verbauten Landschaften niederlassen.

Nicht das unmittelbare Naturerleben mit allen Sinnen wird gesucht, eher das Malerische, Pittoreske und schön Anzuschauende: Der Blick auf das Meer oder den See, die Berge oder das Dünengelände. Vielen reicht ein Blick auf die Kulisse, weil der wirkliche Einblick in die Natur mit Unbequemlichkeit und Komfortverzicht verbunden sein kann.

Naturgenuß findet immer mehr auf dem Balkon, im Sessellift oder Kinosessel, im Auto, im Bus oder im Boot statt. Auch und gerade die Natur- und Umweltbewußtsein demonstrierende Jugend macht hier keine Ausnahme.

Derzeit deutet vieles darauf hin, daß sich die Urlauber nicht nur mit der Kulisse zufriedengeben, sondern auch *die Natur zur Kulisse degradieren*: Begeistert rauschen Skifahrer am liebsten unberührte Hänge hinunter, nur noch übertroffen vom Helikopter-Skiing, bei dem ohne Rücksicht auf Lärm, Schmutz und Benzinvergeudung Egozentrik ausagiert werden kann. *Die Brücke vom Naturwunsch zur Urlaubswirklichkeit ist noch nicht gebaut.* Wer will das nicht – kristallklares Wasser, grüne Bäume und gesunde Luft? Nur Konsequenzen werden kaum gezogen.

Aus der Sicht der Manager und Macher droht die Urlaubswelt von morgen zur perfekten Kunstwelt im Stile von Disneyland zu werden. Künstlich angelegte Lagunen- und Grottenlandschaften, Kunstberge und Kunstpalmen, künstliche Wasserfälle und künstliche Inseln schaffen eine *Pseudo-Natur mit Klimaanlage*: Wird die künftige Urlaubswelt zum synthetischen Wunderland, das Ferien-Hotel zum Fantasy-Domizil? Werden wir uns in Zukunft mit Ersatzparadiesen zufriedengeben, wofür das vom Hyatt-Konzern geführte „Waikoloa"-Hotel auf Hawaii richtungweisend ist? In der mit 360 Millionen Dollar Baukosten teuersten Urlaubserlebnisanlage der Welt wurde der Grundsatz verwirklicht: *Der Urlauber will eine Scheinwelt.*

Im klassischen Urlaubsland Italien war beispielsweise in den 80er Jahren die Natur in Verruf geraten. Das „Algenblühen" war unübersehbar geworden. Die Touristikplaner wollten nicht solange warten, bis sich die Natur wieder beruhigte: Sie schufen Ersatzparadiese und gingen von zwei Grundsätzen aus:

- *Naturnah muß nicht natürlich heißen*

An der Adria wurden über hundert neue Meerwasser-Schwimmbäder in Strandnähe gebaut. Neuartige Aquaparks garantierten Wasserqualität rund ums Jahr.

- *Mehr erleben als Meerersatz*

Die Italiener veränderten die Urlaubsphilosophie: Statt Sonnenbaden und „Teutonengrill" wurden organisierte (Ablenkungs-)Touren ins Hinterland geplant – dort, wo die Natur noch Natur ist, wo man Landschaft, Land und Leute kennenlernen kann. Urlaub ist schließlich mehr als Erholung. Mehr erleben wird zum Meerersatz. Erlebnistouren ins Landesinnere sollen die Eintönigkeit des Strandlebens schnell vergessen machen.

> Urlaub in maritimer Atmosphäre – mit Meeresblick und der neuen Freiheit, nicht mehr im Meer baden zu müssen; Urlaub im Badeparadies unter Glas – mit tropischen Temperaturen und immer warmem Wasser, kein Wind und keine weiten Wege mehr: Der Urlaub der Zukunft kann zur perfekten Illusion werden.

In diese Richtung zielen beispielsweise die Fun Ships der amerikanischen Kreuzfahrtgesellschaft CARNIVAL CRUISE LINES (CCL): Illusionsliner wie FANTASY, ECSTASY und SENSATION kreuzen zwischen Florida und den Bahamas. Passagiere brauchen nicht mehr auszusteigen: Ihnen wird an Bord geboten, was sich andere auf Landgängen erst mühsam erlaufen müssen. In beleuchteten Fahrstuhlgondeln können sie sich von einer künstlichen Wunderwelt zur anderen befördern lassen – vom Spielcasino bis zu Cleopatras Bar zwischen Sarkophagen und Skulpturen.

> Zu vermuten ist, daß die meisten Touristen das alte Abziehbild vom Paradies (die einsame Palmhütte am Strand) schnell vergessen werden und es widerspruchslos gegen das „Grand Spectrum" genannte Atrium, das sich über sechs Decks erstreckt, eintauschen.

Walt Disney hat in Kalifornien das 2,3 Milliarden-Projekt „Port Disney" mit fünf Hotels, Einkaufs- und Unterhaltungszentrum sowie dem Themenpark „Disneysea" errichtet. Der Park besteht aus dem weltweit größten Aquarium, einer karibischen Lagune, einem griechischen Dorf und einem schwimmenden asiatischen Markt besteht. Den Scheinweltproduzenten mangelt es weder an Geld noch an Ideen. Allenfalls über guten Geschmack ließe sich trefflich mit ihnen streiten – z.B. über die Idee, in Orlando/Florida ein 43stöckiges Hotel in Form von Mickeymouse zu errichten ...

So unwirklich die „Magic Kingdoms" als Urlaubswelten von morgen auch erscheinen mögen, aus psychologischer, ökonomischer und ökologischer Sicht gibt es vernünftige Gründe dafür:

- *Erlebnispsychologisch* gesehen treffen die rosaroten Traumwelten vom Fließband offensichtlich den Massengeschmack. Massentourismus bedeutet in Zukunft vor allem: Szenerie und Dramaturgie von Erlebnislandschaften. Erholen kann man sich auch zu Hause.
- *Ökonomisch* erweisen sich Vergnügungsparks und Touristikattraktionen als Erfolgsformel Nr. 1. Die Hotels erreichen mit einer Belegungsquote von 90 Prozent eine Auslastung, von der andere nur träumen können.
- *Ökologisch* gesehen sind die Kunstwelt-Konzepte fast ein Segen für die Problematik von Massentourismus und Umweltbelastung. Die Touristenströme konzentrieren sich auf die künstlichen Erlebnislandschaften, während die natürlichen Landschaften weitgehend unbehelligt bleiben.

Werden wir uns in Zukunft daran gewöhnen müssen, daß die schöne neue Urlaubswelt nur noch als Kulisse zu haben ist?

Nur im Film ist es schöner ...
Ein Fallbeispiel

„Der Reiseleiter hat in einer seiner ergreifenden Reden den Reisenden prophezeit, daß ihnen ‚die Würde und Majestät des Grand Canyon den Atem verschlagen werde'. Tatsächlich aber bleiben die meisten, obwohl erwartungsgeladen, angesichts der unzähligen Touristen und Souvenirshops eher unerschüttert. Aber abends gibt es auf einer 20-mal-35-Meter-Leinwand einen dreidimensionalen Film über den Grand Canyon, wie er vor tausend und vor hundert Jahren war. Ohne Touristen, dafür mit Indianern und Pfadfindern. Im Quadrosound tönen rauschende Stromschnellen und Vogelrufe durch den Saal. Die Zuschauer rasen im sich wild überschlagenden Schlauchboot durch den Canyon und gleiten als sanfte Drachenflieger mit den Adlern durch die Schluchten. Einigen wird schwindlig. *Ein Kind schreit, Erwachsene stöhnen. Noch auf der Heimfahrt brausen Beifallstürme und ‚Super'-Schreie durch den Bus*".

(Bericht über eine USA-Reise. DIE ZEIT vom 8. Dezember 1989)

Die Filmkulisse scheint offensichtlich beeindruckender als die Naturwirklichkeit zu sein. Natur und Landschaft sind ja ganz wunderbar, aber sie haben auch einen Hauch von Langeweile – ohne eine Spur von Ekstase.

Bleibt uns in Zukunft nur der Ausweg einer „*Terra Touristica*“, der Schaffung eines eigenen Tourismus-Landes mit echt wirkenden Duplikaten? Der Wiener Aktionskünstler André Heller plädierte 1989 auf dem 1. Internationalen Forum für Tourismus für ein sogenanntes *Replika-Territorium*, das all das beinhaltet, was die Tourismusindustrie als Köder auswirft: Eine Mischung aus Disneyland und Zisterzienserkloster, McDonalds und Club Méditerranée, Kreml und Vatikan – und dazwischen zaghaft aktive Vulkane neben elektronisch gesteuerten Atlantik-Brandungen. Der Einfall touristischer Horden würde dann nicht mehr zur Zerstörung der Natur und Ausrottung des Schönen führen. *Nach kurzer Eingewöhnungszeit würden die meisten Touristen damit ihre Vorstellung vom Paradies verwirklicht sehen.* Und die Minderheit, der diese Lösung als Hölle erscheint, würde entweder zu Hause bleiben oder neu über den Sinn des Reisens nachdenken.

2. Mobilität total?

Freizeitmobilität hat für Planer und Politiker noch immer einen *Hauch von Luxus* (Heinze/Kill 1997, S. IX): Denn Freizeitmobilität ist nicht lebensnotwendig und gehört schon gar nicht zum sogenannten „Zwangsverkehr“ wie z.B. der Berufs-, Ausbildungs- und Wirtschaftsverkehr. *Freizeitverkehr ist Wunschverkehr.* Mit dem Einzug der modernen Informations- und Kommunikationstechnologien nimmt der Wunsch nach naturnahen Freizeitaktivitäten eher zu. Insofern gilt eigentlich beides:

- Freizeitmobilität ist auf eine intakte Umwelt angewiesen und hat geradezu ein existentielles Eigeninteresse an der *Bewahrung* von Umweltqualität.
- Freizeitmobilität ist aber auch ein *Störfaktor* für Natur und Landschaft. Massenhafte Autotouren ins Blaue oder Grüne hinterlassen ihre nachhaltigen Spuren.

Die Freizeitmobilität wird auch nach dem Jahr 2000 über fünfzig Prozent des gesamten Verkehrs ausmachen. Tendenz eher weiter steigend. Insofern kann es nicht überraschen, daß eine solche Mobilität fast ohne Grenzen Zukunftsängste auslöst und Kulturkritiker herausfordert: Der moderne Mensch als Neonomade und Vagabund mit unermüdlicher Mobilität (vgl. Guggenberger 1994)?

Unterwegs im Nirgendwo
Mobilität total: Ein mögliches Zukunftsszenario

Die Grundelemente

- Fast alles ist jederzeit überall verfügbar.
- Der „erschöpfliche Raum" wird zur zentralen Erfahrung.
- Es gibt keinen unerforschten Restraum mehr.
- Räumliche Grenzen verlieren ihre Bedeutung, da sie keine Informationsgrenzen mehr sind.
- Die Ortsbindung wird aufgehoben und Teilhabe ohne Anwesenheit möglich.

Der Bewußtseinssprung

- Die Menschen werden zu Neonomaden mit sentimentalen Bildschirmbindungen: zu „Casablanca" und „Enterprise".
- Bodenbeständigkeit und Seßhaftigkeit werden abgeschafft.
- Die Menschen werden zu Vagabunden mit unermüdlicher Mobilität.
- Ihr Ziel ist es, gleichzeitig überall zu sein.
- Die Konsumgüter der Zukunft sind deshalb „nomadische" Gegenstände: Nicht mehr Waffen, Kleidung, Schmuck oder Uhr, sondern Walkman, Handy, Kreditkarte, Fax, Laptop oder Herzschrittmacher.
- Es erfolgt Vergleichzeitigung: Zukunft und Vergangenheit lösen sich im umstandslosen Jetzt auf.
- Die Geschichte wird abgeschafft.
- „Der Verlust der harten Schale des hegenden Raumes ... führt zu schutzlosen Jetztzeitwesen ohne Besonderungslizenz, ein Zeitgenosse ohne Rückzugschance."
- Die Oberflächlichkeit wächst, wie „sozial", „bio" oder „light" zeigen.
- In einer Gesellschaft, in der man durchschnittlich 13mal im Leben umzieht, muß man pausenlos in Bewegung bleiben, um ein Mindestmaß an Kontakten zu halten.
- Der innere Raum des Menschen wird wiederentdeckt.
- Inseln definitiver Unerreichbarkeit entstehen.
- Eine Gesellschaft heilloser Sozialreparatur entsteht.

Quelle: Guggenberger 1994

3. Das Zukunftsauto

3.1 Ein Spielzeug für die Freizeit?

Das Auto ist nicht alles, aber ohne Auto läuft alles nicht. Eine autolose Gesellschaft ist vorerst eine Utopie. Ganz im Gegenteil: Das Auto geht einer neuen Zukunft entgegen. Es wird immer mehr zum *Freizeit- und Erlebnismobil*, zum Spielzeug auf Rädern. Während der automobile Einkaufs- und Berufsverkehr stagniert, wächst der automobile Freizeitverkehr unaufhörlich weiter. Und die Bevölkerung hat auch ganz konkrete Vorstellungen darüber, wie der Spaß am Autofahren noch gesteigert werden kann. Wie die B.A.T Repräsentativumfrage nachweist, wünschen sich die Bundesbürger ein *Mehr-*

zweckauto und Multimobil, das im Stau und Stehverkehr genausoviel Freude macht wie unterwegs beim Fahren. Fast jeder zweite Autofahrer träumt mittlerweile von einer Klimaanlage (46%) im Auto. Jeder fünfte meldet Wünsche für ein Autotelefon (21%) an. Und etwa jeder siebte (15%) stellt sich eine CD-Anlage mit Kopfhörer zur getrennten Nutzung für Fahrer und Mitfahrer vor. Und manche wollen auch auf die eingebaute Kühlbox (6%) und den Wasserkocher (2%) nicht verzichten. Das Auto wird zur Küchenbar und zum Musikstudio. Und wenn nichts mehr geht und fährt, macht man es sich auf der Doppelliege (2%) mit Fernseher (2%) bequem.

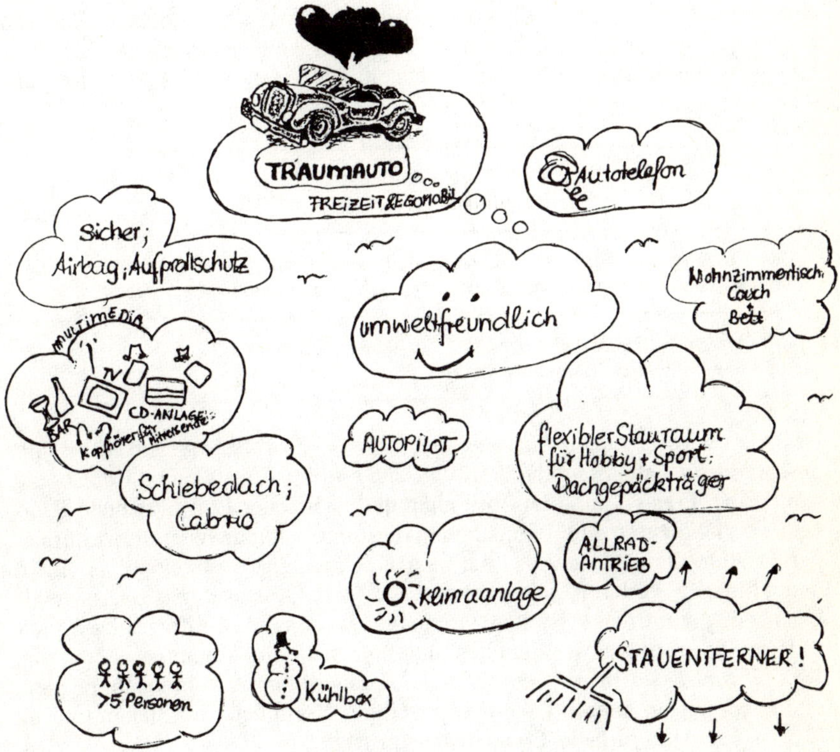

Zur obligatorischen Checkliste für freizeitorientiertes Fahr- und Stehvergnügen gehören ebenso der flexible Stauraum für Hobby und Sport (20%) und natürlich der Allradantrieb (10%). Auch ein Cabrio (9%) wäre nicht schlecht oder zumindest ein Schiebedach (18%). Und das alles variabel und komfortabel, ein Allzweck-Reisekombi im Freizeitlook und immer unabhängig davon, ob das Auto steht oder fährt.

Vielleicht ist das wartende Auto eines Tages die letzte Ruhezone für gestreßte Erlebniskonsumenten, die auf diese Weise wenigstens für Augenblicke zur vermeintlichen Ruhe kommen – oder richtiger: zu Ruhe und Stillstand gezwungen werden.

Für jeden vierten Autofahrer im Anfänger-Alter von 18 bis 24 Jahren „muß" ein Auto geländegängig sein. Junge Leute würden am liebsten mit Kopfhörer, Telefon und Sportausrüstung durch das Gelände fahren: Ein Gefühl von Freiheit der besonderen Art, ein Road-Movie-Traum zwischen High Tech und letztem Abenteuer. Auffallend ist vor allem dies: Wer jung und männlich ist und seinen Wohnsitz in Westdeutschland hat, stellt die höchsten Ansprüche. Jeder vierte Mann will auf ein Autotelefon nicht verzichten (26% – Frauen: 17%). Und für die meisten Westdeutschen gehört ein Airbag fast schon zur Grundausstattung eines idealen Freizeitmobils (54% – Ostdeutsche: 43%).

Das Zukunftsauto **Prognose aus dem Jahr 1987**
„Das Zukunftsauto wird zum Allzweck-Reisekombi mit Allrad-Antrieb im Freizeitlook, schallisoliert und klimatisiert, ausbaufähig und individuell variierbar"
H.W. Opaschowski: „Immer auf Achse". In: MERIAN/Sonderheft „100 Jahre Automobil", Hamburg 1987, S. 93

Das Auto wird zu einem *Allzweck-Spielzeug für Erwachsene*: Ein Multioptionscar, das fast alle individuellen Wünsche erfüllt – Van, Combi, Cabrio und Limousine. Freizeit und Fun, im Freien und in frischer Luft: Der neue Fahrgenuß symbolisiert den Wandel vom leistungsbetonten zum freizeitorientierten Autofahren. Das Auto hat sein Geschwindigkeitsmonopol an Bahn und Flugzeug verloren. Die schlechte zeitliche Auslastung des Autos als „Fahr"zeug stellt den schnellen Wagen als Statussymbol infrage. Das Klotzen mit Spitzengeschwindigkeiten überholt sich. So kommt es eher zum *Wandel vom Tempomobil zum Egomobil*: Lustvoll und verführerisch, bequem und geborgen im Komfort – ein kurzweiliges Vergnügen im Stehen und im Fahren. Ein Auto für jede Tages- und Jahreszeit.

Freiheit und Lebensgenuß werden zum Synonym für ein sich fast grenzenlos individualisierendes Fahrvergnügen. Und je mehr sich die Automodelle auch international gleichen, umso größer wird in Zukunft das Bedürfnis nach Abgrenzung und Individualisierung, die Suche nach der ganz persönlichen Note und Nische sein. Motorisierungsschub und Individualisierungsschub gehören wohl zusammen. Ein beinahe narzißtisches Gefühl, ein solches Gefährt ‚ganz für sich allein' zu haben. Das *Lustprinzip des Autofahrens* wird in Zukunft eine größere Bedeutung bekommen: Das Auto befriedigt ein Lustgefühl, das umso größer ist, je weniger es der beruflichen

Notwendigkeit unterliegt und je mehr es dem eigenen Freizcitspaß dient. Das Auto ist dann kein bloßes Freizeitvehikel mehr – *das Auto ist die Freizeit selbst.*

Die Zunahme des Freizeitverkehrs wird auch die Automobil-Konstruktion der Zukunft verändern: Weil sich die Menschen zwangsläufig länger als früher im Auto aufhalten, lernen sie auch den größeren *Innenraum-Komfort* des Autos schätzen. Ein Gefährt mit dem Touch von Wohnlichkeit und Möblierung. Aus festen Autositzen werden drehbare Sessel und Doppelliegen und Zwischenmahlzeiten können locker aufgetischt werden, während die Klimaanlage in Betrieb und der Stauberater in erreichbarer Nähe ist.

> Der Tag ist nicht mehr fern, da wir im Auto mehr warten als fahren, ja mehr Zeit im Auto als zu Fuß verbringen. Und damit wir das Warten nicht als Stillstand des Lebens fürchten lernen, rüsten und werten wir das Auto zum vielseitigen Erlebnismobil auf.

Manche Experten werten dies als „Perversion der Mobilität“ (Vester 1995, S. 28), weil sie letztlich in Immobilität endet: *Alles steht – und keiner merkt es.* Aber genau dies macht doch die Faszination der Freizeitmobilität aus. Es kommt mehr auf das Fahr-Gefühl und weniger auf die Fort-Bewegung an. Zunehmend wichtiger als die ursprüngliche Primärfunktion des Autos, ein Transportmittel (= Mittel zum Zweck) zu sein, wird die *Sekundärfunktion: Das Freizeitmobil wird mehr als Genußmittel* (= Zweck an sich) *empfunden.*

Nur so läßt sich die stoische Hinnahme der Staus am Wochenende und im Urlaub erklären. Der Stau „muß“ eben sein und der Zeitverlust wird beinahe als gottgewollt hingenommen. Pointiert: „Ich“ bin der Stau, weil „ich“ etwas erleben und nichts verpassen will. Man mag das *Freizeiterlebnis Stau* auf den ersten Blick als Freizeitpathologie und entartete Erholung kritisieren. In Wirklichkeit hat der freizeitmobile Mensch in dieser Situation genau das erreicht, was Verkehrsexperten als den „wirksamsten Ansatzhebel“ (Vester 1995, S. 162) gegen das Massenphänomen Freizeitmobilität ansehen: *Das Verweilen attraktiver als das Reisen machen.* Sich „im Auto“ wohlfühlen wird zur Scheinmobilität. Und der Weg wird das Ziel, auch wenn wir nur bewegungslos hinter dem Lenkrad sitzen.

3.2 Vom Tempomobil zum Staumobil?

Wenn immer mehr Menschen zur gleichen Zeit mit dem Auto aufbrechen, sind die Straßen schlagartig überlastet, werden die Kapazitätsgrenzen wegen Überfüllung überschritten und ist das Pkw-Privileg der schnellen und bequemen Erreichbarkeit von Urlaubszielen infragegestellt. Auf längere Sicht ist auch die *Attraktivität von Reisezielen bedroht, wenn die Autofahrten immer länger dauern* und vor allem für Familien immer unbequemer und beschwerlicher werden. Mit der Zunahme von verstopften Zufahrtsstraßen und der drangvollen Enge in den Feriengebieten wird die Frage nach der Qualität des Pkw-Reisens immer dringlicher. „Freizeitverkehr“ könnte so zum Synonym für „verkehrte Freizeit“ werden.

Das Auto wird in Zukunft nicht nur ein Ausdruck automobiler Freiheit sein können. Ganz im Gegenteil: Es kann sich genauso zu einem *Vehikel großer Abhängigkeit* entwickeln. Denn durch größere Geschwindigkeiten gewinnen wir nicht mehr Zeit: Weil wir uns immer schneller bewegen können, legen wir auch immer größere Entfernungen zurück. Auf diese Weise sind wir eher länger unterwegs als früher und unser subjektives Gefühl nimmt zu, wir stünden unter größerem Zeitdruck.

Höhere Geschwindigkeit und höhere Ansprüche bezahlen wir letztlich mit mehr Zeit. Wir kommen immer schneller dort an, wo wir dann immer kürzer bleiben.

Zu den Stunden, die wir im Wagen unterwegs sind, müssen wir jene hinzuzählen, „die wir brauchen, um das Geld zu verdienen, das ein Auto mehr als das Bahnfahren kostet“ (Klingholz 1988, S. 46). Das Auto als Zeitsparmaschine ist eine Illusion. Im gleichen Maße, wie es Zeit sparen hilft, verführt es zu immer weiteren Strecken. Die Folge: *Explosion des individuellen Aktionsradius*, so daß die scheinbar gewonnene Zeit wieder „zurückinvestiert wird in längere Entfernungen" (Sachs 1990, S. 217). Und die Freizeitmobilität wird eher ein „Krieg gegen die Zeit" (Bastian 1991, S. 517) – davon jährlich etwa 65 Stunden im Stau. Und alle Versuche zur Überlistung der Zeit tragen eigentlich nur zur Verlangsamung bei – sozusagen von Stau zu Stau.

Was wir in Zukunft brauchen und wiedererlernen müssen, ist eher eine Lebenskunst der neuen Gelassenheit, die sich mit Gemächlichkeit arrangiert. Andernfalls würden sich alle nur noch fortbewegen, aber kaum mehr treffen.

Die Automobilindustrie kann dem gehetzten Erlebniskonsumenten auf der *Suche nach der „verlorenen" Zeit* nur scheinbar entgegenkommen. Verbesserte Technik und erhöhte Sicherheit können keine Garantie für den Gewinn und Genuß an freier Zeit sein. Schließlich läßt sich der Freiheitsgrad der eigenen Freizeitnutzung nicht einfach an der Zahl der gefahrenen Kilometer messen. „Freie Fahrt für freie Bürger" kann auch heißen: Weniger oft Auto fahren, damit die Zufahrten zu attraktiven Freizeit- und Urlaubszielen frei bleiben und nicht „Wegen Überfüllung geschlossen" werden müssen. Freizeitmobilität kann doch nur dann ein Stück Lebensqualität sein, wenn sie als Ausdruck bewußten Lebens „nach Maß" verwirklicht wird. Wer sich danach sehnt, die Seele baumeln zu lassen, muß auch die „Seele auf Rädern" (Siro Spörli) einmal stillstehen lassen können.

Der „Ausstieg aus der Autogesellschaft" (Maxeiner 1993) bleibt noch lange Utopie. Weil fast jeder sechste Bundesbürger vom Auto lebt und die überwiegende Mehrheit der Bevölkerung das Auto liebt, wird das Auto nur subjektiv „ein bißchen abgeschafft": Damit uns der Spaß am Autofahren auf Dauer erhalten bleibt, werden wir *in Zukunft – wohl oder übel -weniger oft mit dem Auto unterwegs sein.* Andernfalls könnte Automobilität zum Synonym für verlorene Lebenszeit werden.

Die Mobilitätswende beginnt im Kopf. Modelle für eine technische Verkehrsleitung können Probleme regeln, nicht aber lösen. Die wirkliche Innovation setzt doch erst beim aufgeklärten Mobilitätskonsumenten ein, der je nach Zweck und Ziel die verschiedensten Verkehrsmittel in seiner Freizeit benutzt. Soviel Vernunft wie nötig und soviel Spaß wie möglich: Das ist Freizeitmobilität nach Maß.

Auch in Zukunft wird es Freizeitmobilität in jeder Form geben – über alle Grenzen hinweg. Die Hoffnung besteht sogar, daß die soziale Dimension der Freizeitmobilität zu einem toleranteren Umgang von Menschen und Gesellschaften beiträgt, mehr Mobilität also auch mehr europäische Verständigung und weniger Nationalismus bedeuten kann.

4. Nichts wie weg. Das Kalifornien-Syndrom

Freizeitmobilität erweist sich für immer mehr Menschen als wichtiges Lebenselixier für Körper und Seele, ja beinahe als Therapeutikum mit physischer, psychischer und sozialer Bedeutung. Wer diese Freizeitmobilität verhindern wollte, müßte zuvor die Frage beantworten: Wie und wodurch läßt sich überhaupt Freizeitmobilität ersetzen?

Wer den Menschen ein solches Lebenselixier nähme, müßte etwas Gleichwertiges dafür geben. Andernfalls wären die physischen, psychischen und sozialen Folgen (und Folgekosten) unabsehbar. Die Arbeitsgesellschaft kann schließlich nicht die Menschen massenhaft in die Freizeit entlassen und sie dann in die eigenen vier Wände verbannen.

Die vorliegenden Befragungsergebnisse bestätigen Analysen des Amerikaners Vance Packard aus den siebziger Jahren, der seinerzeit der Frage nachging, warum die Menschen immer mobiler werden – im Grunde genommen nicht auf irgendein Ziel hin, sondern immer von etwas weg. Packard nannte dieses Phänomen das *„Kalifornien-Syndrom"* (Packard 1973). Das Kalifornien-Syndrom basiert auf den beiden *Säulen Geld und Zeit*: Aus jedem Tag und jeder Stunde muß soviel wie möglich herausgeholt werden. Man lebt und konsumiert im Hier und Jetzt: „Lebe dein Leben, genieße es – so lange du kannst". Hauptsache, die Langeweile ist ganz weit weg.

Im freizeitmobilen Kalifornien-Syndrom spiegelt sich die Ungebundenheit der Amerikaner der Pioniertage wider. *Aus dem Pioniergeist früherer Zeiten ist heute beinahe ein Erlebniswahn („Angst, etwas zu verpassen") geworden*, so wie es Bill Clinton anläßlich seines Besuches in Deutschland im Juli 1994 den Berlinern auf deutsch zurief: „Nichts kann uns aufhalten. Alles ist möglich ..."

Es ist zudem nicht auszuschließen, daß sich eine Prognose aus den 60er Jahren bewahrheitet: Danach wird der Mensch mit optischen und akustischen Reizen so überfüttert und überflutet, daß er nur noch auf immer massivere Reizanstürme mit echten Empfindungen reagieren kann. Als Ausweg aus der ständigen sinnlichen Sensationssteigerung bietet sich das Ausweichen auf „Gebiete kinästhetischer Empfindungen" an (vgl. Knebel 1960, S. 99). Statt optischer und akustischer Reize sehnt sich der Mensch dann nach *Bewegungsempfindungen beim Autofahren*. Bewegung, Mobilität und Beschleunigung schaffen neue Empfindungsqualitäten: Veränderte Körperlagen (z.B. beim Kurvenfahren) können rauschartige Zustände auslösen (z.B. Geschwindigkeitsrausch), die viel unmittelbarer, vitaler und opiatähnlicher auf den Körper einwirken als es akustische und optische Reize je vermögen. So „entlasten" sich z.B. Jugendliche nach dem Trommelfeuer von Disco-Besuchen durch die Sensation der Bewegung beim Autofahren.

Cruising-Nights **Ein Beispiel für freizeitmobilen Erlebniswahn**
Die Polizei hat Sonnabend nacht wieder ein illegales Autorennen in Steilshoop verhindert. Rund 400 „Cruiser“ hatten sich dort mit ihren rund 250 Fahrzeugen versammelt, um sich auf den verkehrsarmen Seitenstraßen Beschleunigungsrennen zu liefern. Dabei werden nicht nur sie und andere gefährdet, sondern auch die Umwelt verschmutzt. Um eine bessere Reifenhaftung zu bekommen, liefern sich die Fahrer vor dem Rennen nämlich ein sogenanntes „Burn Out“, bei dem die Hinterräder bei angezogener Handbremse zum Durchdrehen gebracht werden und stark erhitzen. Um den richtigen „Showeffekt“, sprich Qualm, zu erzielen, wird vorher Altöl auf das Profil gegossen. Die fast jedes Wochenende in Hamburg heimlich veranstalteten „Cruising-Nights“ sind der Polizei ein Dorn im Auge. Die oft bis zu 400 PS starken Wagen sind meist nicht verkehrstüchtig und mit roten Kennzeichen angemeldet, die Fahrer meist betrunken. Filmisches Vorbild der meisten „Cruiser“ ist James Dean in „ ... denn sie wissen nicht, was sie tun“. In einer Szene rasen zwei „Cruiser“ parallel auf einen Abgrund zu – wer zuerst aus dem Auto sprang, hatte verloren.
Quelle: Pressebericht vom 24. April 1995 (DIE WELT)

Die Suche und Sucht nach neuen Bewegungsgefühlen als Ausgleich und Ventil für sinnliche Reizüberflutungen können auch eine Erklärung dafür sein, warum die ständig wachsende Freizeitmobilität mit dem eigenen Auto alle bisherigen Verkehrsprognosen ad absurdum führt. Der Individualverkehr hat teilweise heute schon einen Stand erreicht (z.B. in Bayern), wie er bei der Aufstellung des Bundesverkehrswegeplanes 1992 erst für die Zeit um das Jahr 2000 prognostiziert worden ist. Pointiert: Was früher die Riesenschaukel als Kindheitserlebnis war, das kann in Zukunft die Freizeitmobilität als letztes Abenteuer werden.

Mit der Freizeitmobilität rückt in eine Gesellschaft, die immer schon rastlos war, zusätzlich das *Element der Erlebnisorientierung* in den Vordergrund. Die Neigung wächst, für den Augenblick zu leben. Diese „Jetzt-Generation“ schwelgt in spontanen und impulsiven Bewegungserlebnissen. Die Sehnsucht breitet sich aus, ständig „auf Achse“ und „in action“ zu sein. Die Freizeitmobilität macht das „Nomadisieren“ (Packard 1973, S. 244) zum Lebensstil. Und die Freizeitorte entwickeln sich zunehmend zu Sammelplätzen für moderne Nomaden – umgeben von einer *Aura der Ruhelosigkeit* und einer Atmosphäre der Unbeständigkeit. Dies hat zur Folge: In der freizeitmobilen Gesellschaft der Zukunft wird es immer schwerer, soziale Wurzeln zu schlagen. Mit der wachsenden Freizeitmobilität der Menschen wächst auch die Sehnsucht nach Rast, Ruhe und Verwurzelung: *„Gib mir Wurzeln, denn ich habe keine ...“* Wenn ein Leben nur noch auf Mobilität aufgebaut ist, besteht die Gefahr, den eigenen Orts-Sinn zu verlieren. Zur Selbstdefinition braucht man schließlich Antworten auf die Frage nach dem „Woher“ und „Wohin“. Mit dem Verlust der Wurzeln aber wird es immer schwerer, zu wachsen oder gar zu blühen, weil man ja ständig „umgepflanzt“ wird.

5. Carpe diem! Erlebnismobilität im 21. Jahrhundert

Nachhaltige Entwicklung heißt die Herausforderung an der Schwelle zum 21. Jahrhundert. Wird diese Herausforderung von den Menschen auch angenommen? Werden sie sensibel und verantwortlich die Grenzen der Mobilität erkennen? Oder entwickeln sie sich zu maßlosen Mobilitätskonsumenten, die gedanken- und gewissenlos mit den immer knapper werdenden Ressourcen umgehen?

Breiten sich die Natur-Puritaner („Natur pur") in Zukunft aus? Oder kommen die Erlebnis-Konsumenten? Werden die Alpen wieder wie im 19. Jahrhundert zum „playground of Europe", zur Spielwiese von Touristen aus aller Welt – nur mit dem Unterschied, daß sie dann als *Kompaktangebot mit Glücksgarantie „in Szene gesetzt"* werden, weil eine uninszenierte Landschaft fad und langweilig wird? Bleiben in Zukunft die Bambi- und Edelweißökologen in ihren rot-weiß-karierten Wanderhemden, die braven Nationalparkhüter und fleißigen Kaulquappenzähler (vgl. Tettner 1998, S. 40f.) weitgehend unter sich, weil die Nationalparks für eine ebenso nervöse wie erlebnishungrige Zapper-Generation ihre Attraktivität verlieren?

> Das 21. Jahrhundert wird ein Erlebniszeitalter sein. Wir werden, ja wir wollen es erleben! Wird es dann Erlebnismobilität um jeden Preis und ohne Schutz und Schonung geben?

Von nachhaltigen Visionen und Szenarien sind wir derzeit noch weit entfernt. Eher stellt sich die Frage: Kommen in Zukunft amerikanische Verhältnisse auf uns zu? Während der Football-Saison im Kampf um den „Superbowl" fängt das wahre Leben in den USA schon fünf Stunden vor Spielbeginn an – und zwar auf den Parkplätzen der Stadien zwischen Wohnwagen und Wohnmobilen, Autos und Bussen, Erdnüssen, Eis und Cola. Das Spektakel auf dem Rasen ist eigentlich nur der Anlaß, also „das" gesellschaftliche Ereignis, um sich massenhaft in Bewegung zu setzen: Erlebnismobilität der besonderen Art. Ob Michael Jackson in Prag oder die drei Tenöre in Wien: Die Event-Touristen sind oft schon lange da, bevor die Stars überhaupt eintreffen.

Also machen sich Massen von Menschen auf den Weg, werden immer mobiler – ob mit Bus oder Bahn, Auto oder Wohnmobil. Im Grunde genommen bewegen sie sich nicht auf irgendein Ziel hin, sondern immer von etwas weg. Weg von der Langeweile, der Routine, dem Alltag. „Wo viel los ist, da erlebt man auch viel": Nach diesem Grundsatz leben sie. Sie sind dabei mitunter zeitlich mehr unterwegs als am Ort des Geschehens. *Der Erlebniswert wiegt schwerer als der Zeitverlust.*

Die Zukunft ist oft nur das, was wir heute aus ihr machen. Doch was passiert, wenn wir heute nichts machen? Was ändert sich, wenn wir nichts ändern und uns auch nicht ändern wollen? Sind wir nicht manchmal ganz glücklich in dieser Erlebniskultur inmitten von Tempo und Hektik? Haben wir uns vielleicht schon damit arrangiert? Jedenfalls scheint unsere Bereitschaft, diesen Lebensstil wirklich zu ändern, relativ gering ausgeprägt zu sein. Also ist der Leidensdruck noch nicht stark genug.

Die künftige Mobilitätsgesellschaft zeigt ein *Janusgesicht*:

- Mobilität gilt einerseits als unabdingbare Voraussetzung für wirtschaftliche Entwicklung, Beschäftigung und individuelle Entfaltungsmöglichkeiten.
- Mobilität bedeutet aber andererseits auch Energieverbrauch, Schadstoffemissionen, Luftverschmutzung und Lärm.

Aus gesellschafts- und umweltpolitischer Sicht – so die Position der Enquête-Kommission „Schutz der Erdatmosphäre" des Deutschen Bundestages – gleichen die Ziele und Aufgaben von Mobilitätsforschung und Mobilitätspolitik eher einer Gratwanderung: Beide sollen Wege und Möglichkeiten aufzeigen, „die *negativen*" Auswirkungen der Mobilität unter Wahrung der *positiven* Aspekte zu vermeiden" (Enquête-Kommission 1994, S. VI). Damit verbunden ist beispielsweise die Hoffnung, den Verkehr lediglich auf emissionsärmere Verkehrsträger zu verlagern, die Mobilität aber in gewohntem Umfang beizubehalten, also weitgehend konstant zu lassen.

Was aber geschieht, wenn insbesondere das verkehrsintensive Freizeitverhalten alle Mobilitäsprognosen ad absurdum führt? Die Urlaubsmobilität (von der Fernreise bis zum Kurzurlaub) ist derzeit so hoch wie nie zuvor und die Freizeitmobilität (vom Tagesausflug bis zur Sport-, Kultur- und Städtereise am Wochenende) auch in Zukunft auf Wachstum programmiert. Da stellt sich dann allen Ernstes die Politik die Frage, ob das mobile Freizeitvergnügen überhaupt noch „als Nutzen einzuordnen" sei (Enquête-Kommission 1994, S. 28). Die Antwort lautet: *Natürlich mobil* – was denn sonst? Im Mittelpunkt jeder verantwortlichen Politik muß der Mensch und seine Bedürfnisse stehen. „Das Wohl des Menschen ist das einzige Kriterium für ethische Werte" (Fromm 1978, S. 26) und damit auch für politisches Handeln.

Zukunftsängste
• Auto-Fahrverbote an Wochenenden • Höhere Transportkosten • Weniger Vegetation/Bäume/"Gestylte" Umwelt • Betonierte Freizeitflächen • Verseuchte Umwelt, hohe UV-Strahlung • Höhere Luftverschmutzung • Urlaub in der Natur als Luxusartikel • Plastiklandschaften, Glaskuppeln und Kirmes in der Natur • u.a.

Kirmes in der Natur? Die Zukunftsängste sind durchaus realistisch (vgl. z.B. Ischgl in Österreich: „Maskenball im Hochgebirge" – DIE ZEIT vom 3. Dezember 1998).

Zukunftshoffnungen
• Reökologisierung • Neue umweltfreundliche Fortbewegungsmittel • Wiederaufforstung von Waldgebieten • Aufbrechen der Bodenversiegelung in den Städten • Umweltfreundliche Entsorgung von Schadstoffen • Bessere Luft • Umweltbewußtes Freizeitverhalten • Mehr Sicherheit, weniger Streß • u.a.

6. Telearbeit, Telematik und die Folgen

Es ist bezeichnend, daß Telearbeit auch als ein Beitrag zur Verkehrsentlastung angesehen wird. In Wirklichkeit gleicht das Ganze doch mehr einem *Null-Summen-Spiel.*

> Was z.B. Teleworker an Berufswegen einsparen, gleichen sie durch gesteigerte Freizeitmobilität wieder aus. PC-Nutzer haben nachweislich und verständlicherweise ein größeres Mobilitätsbedürfnis als die übrige Bevölkerung.

Sie sind mehr als andere mit dem Auto unterwegs. Ihre Auto-Mobilität nach Feierabend ist nachweislich höher (39%) als bei der übrigen Bevölkerung (32%). Wenn die Arbeit getan ist, schalten sie den Computer aus und die Zündung im Auto ein. Der erwartete Substitutionseffekt, also die Verkehrsentlastung durch mehr Heimarbeit ist vermutlich „gleich Null". Lediglich die berufsbedingte „rush hour" könnte sich zeitlich verlagern – mit der Konsequenz, daß der Verkehr dann vielleicht rund um die Uhr stattfindet und die Grenzen zwischen Berufsverkehr und Freizeitverkehr immer fließender werden.

Mehr illusionär als realistisch muß das Zukunftsbild von den Teleworkern erscheinen, die massenhaft auf den Datenautobahnen statt auf richtigen Straßen hin- und herpendeln sollen. Die Entlastung auf den Straßen soll gar mehrere Milliarden Kfz-Kilometer bei einer Einsparung von Millionen Litern Benzin betragen. Was von den Tele-Pendlern teilweise an Sprit-Geld „eingespart" werden könnte, wird wahrscheinlich an Telekommunikations-Gebühren wieder ausgegeben.

> Vieles spricht dafür, daß die informationstechnologische Aufrüstung der Gesellschaft für die Umwelt mehr Belastungs- als Entlastungseffekte bringt.

Nachweislich wächst die Zahl der unter beträchtlichem Energie- und Ressourceneinsatz hergestellten Rechner und Peripheriegeräte ständig, während gleichzeitig die genutzten Geräte immer schneller veralten. Manche Informationstechnologien werden heute schon nach zwei Jahren wieder ausgetauscht. Der Anteil von Computern am Elektronikschrott wird vom Umweltbundesamt auf 150.000 Tonnen pro Jahr geschätzt (Andreas Troge/Umweltbundesamt 1995). Doch nur ein Bruchteil davon kann wiederverwendet werden. Ein moderner Personal Computer einschließlich Monitor besteht aus mehr als 40 Kunststoffarten sowie aus rund 50 Prozent Metallen (Aluminium, Kupfer, Zinn u.a.). Computer-Recycling ist notwendiger denn je. Erst die Anerkennung, Durchsetzung und Verbreitung eines Umweltzeichens *„Blauer Engel" für Computer* könnte nachhaltig zur Entlastung der Umwelt beitragen.

So bleibt allenfalls die Hoffnung, daß im Zeitalter der Telekommunikation neue Verkehrsleitsysteme eine Verkehrsreduktion durch effizientere Gestaltung des vorhandenen Verkehrsaufkommens bewirken „könnten". Gemeint ist *Telematik*, eine Verbindung von Telekommunikation und Informatik, womit der Straßenverkehr problemlos gesteuert werden soll. Dagegen spricht aber die Erfahrung, daß eine effizientere Verkehrsgestaltung die Verkehrsteilnehmer eher dazu animiert, *mehr und längere Autofahrten zu unternehmen*. Telematik macht es möglich. Was dann Autofahrer an persönlichem Streß einsparen, bürden sie Natur- und Landschaft an Zusatzbelastung wieder auf. Das Verkehrsaufkommen wird dadurch nicht gemindert.

Telematik auf den Straßen zieht eher neuen Verkehr an. Die Ökologie hat das Nachsehen.

Telematik-Systeme können das Auto auf diese Weise zu einem *Vehikel großer Abhängigkeit* machen. Weil wir uns dann konfliktfreier fortbewegen können, legen wir auch immer größere Entfernungen zurück. So sind wir eher länger unterwegs als früher und unser subjektives Gefühl nimmt zu, wir stünden unter größerem Zeitdruck. Telematik als Zeitsparmaschine wird zur Illusion. Im gleichen Maße, wie sie Zeit sparen hilft, verführt sie zu immer weiteren Strecken. Die Folge: *Explosion des individuellen Aktionsradius*, so daß die scheinbar gewonnene Zeit wieder „zurückinvestiert wird in längere Entfernungen" (Sachs 1990, S. 217). Und die Mobilität wird eher ein „Krieg gegen die Zeit" (Bastian 1991, S. 517). Und alle Versuche zur Überlistung der Zeit tragen eigentlich nur zur Verlangsamung bei.

Wir müssen also ebenso realistisch wie selbstkritisch eingestehen, daß Telekommunikation zwar zur Entlastung der Umwelt beitragen „kann" – aber nur unter der Voraussetzung, daß auch der einzelne Konsument sein Verhalten ändert. Wenn die durch die neue Medienwelt möglichen Einsparungen von Fahrleistungen durch verstärkte Umweltbelastung im Freizeitbereich wieder ausgeglichen oder gar überkompensiert werden, bleibt am Ende kein „positiver Effekt im Sinne nachhaltiger Entwicklung übrig" (Gerd Tenzer/Deutsche Telekom).

Resümee: *Der mögliche Entlastungseffekt der neuen Medien für die Umwelt beginnt im Kopf.* Die Telekommunikation kann durch intelligente Verkehrs- und Parkleitsysteme die angespannte Verkehrssituation vorübergehend entlasten und den Verkehrsfluß gleichmäßiger verteilen, aber die Verkehrsprobleme nicht lösen. Der Verkehr wird dadurch verträglicher abgewickelt, aber nicht nachhaltig (bzw. zukunftsfähig) entwickelt. Verkehrsprobleme werden entschärft, aber nicht beseitigt.

7. Agenda 21: Was getan werden muß

Die von der Bundesregierung 1997 beschlossenen fünf *Leitsätze einer umweltschonenden Mobilität* (Umweltbundesamt 1998, S. 108) warten noch weitgehend auf ihre Verwirklichung:

1. *Verkehrsvermeidung*: Ziel ist die Vermeidung nicht notwendigen Verkehrs. Gleichzeitig soll eine Entkoppelung des Verkehrswachstums vom Wirtschaftswachstum durch Schaffung weniger transport- und beförderungsintensiver Strukturen in Wirtschaft und Städtebau erreicht werden.
2. *Verlagerung des Verkehrs auf umweltschonende Verkehrsmittel*: Ziel ist insbesondere die Erhöhung des Anteils der umweltfreundlichen Verkehrsträger Schiene und Wasserstraße sowie die Steigerung der Attraktivität des öffentlichen Personennah- und -fernverkehrs.
3. *Technische Optimierung der Verkehrsmittel und Kraftstoffe*: Ziel ist die Reduzierung des Energieverbrauchs und der Schadstoffemissionen des einzelnen Fahrzeugs, die weitere Durchsetzung schadstoffarmer Kraftstoffe, die Entwicklung neuer Antriebsarten sowie die Verbesserung der Wiederverwertungsmöglichkeiten von Altfahrzeugen.
4. *Verringerung der Flächeninanspruchnahme durch den Verkehrswegebau*: Ziel ist eine Minimierung der zusätzlichen Flächeninanspruchnahme und eine bessere Ausnutzung der vorhandenen Infrastruktur mit Unterstützung elektronischer Verkehrsleitsysteme.
5. *Information der Bürger* über umweltschonendes Fahrverhalten.

Die jährlichen Kosten der Umweltzerstörung in Deutschland betragen nach Berechnungen des Umweltbundsamtes mindestens 100 Milliarden DM, wovon gut die Hälfte der Luftverschmutzung zuzurechnen ist. Der Rest verteilt sich auf Lärm (38 Mrd. DM), Gewässerverschmutzung (18 Mrd. DM) und Bodenzerstörung (5 Mrd. DM). Umwelt"schutz"investitionen können daher auf Dauer ertragreicher als „produktive" Investitionen der gewerblichen Wirtschaft sein. *Die bisher verheimlichten Umwelt-Folgekosten* des technologischen Fortschritts geben Anlaß zur Beunruhigung, weil ihr Anteil am Bruttosozialprodukt seit etwa 1970 dramatisch gestiegen, also *viermal schneller als das übliche Bruttosozialprodukt gewachsen* ist. (vgl. Luhmann 1990). Daraus folgt: Eine *Erweiterung der Bruttosozialproduktberechnung* wird zwingend erforderlich.

Anfang der neunziger Jahre stellte das Statistische Bundesamt in Wiesbaden erstmals die Umweltsituation in Mark und Pfennig dar, d.h. ein Tatbestand wie „Droht der Nordsee der Tod?“ wurde monetarisiert als *Ökosozialprodukt* zusammengefaßt. Dies bedeutet: Die Berechnung des Bruttosozialprodukts wird um ökologische Komponenten erweitert. Damit ist es möglich, den Zustand zwischen wirtschaftlicher Tätigkeit und Umwelt vergleichbar darzustellen. Bisher tauchten die Auswirkungen wirtschaftlichen Handelns auf die Umwelt nicht als Kostenfaktor in der volkswirtschaftlichen Gesamtrechnung auf. Die *neue Ökobilanz* ermöglicht eine Art „Umweltverträglichkeitsprüfung“ für das Bruttosozialprodukt (vgl. Statistisches Bundesamt 1990).

Zu den für eine umweltökonomische Gesamtrechnung interessanten Daten gehören auch Angaben über Freizeit und Tourismus (neben Verkehr, Energieversorgung, Gesundheit, Nahrung u.a.). Umwelt, Natur und Landschaft sind für Freizeit- und Tourismusbelange ein knappes Gut, das nicht unbegrenzt zur Verfügung steht. Infolgedessen müssen in Zukunft in der Freizeit- und Tourismusindustrie die Folgen ökonomischen Handelns auf die Umwelt als Kostenfaktor stärker berücksichtigt werden. Eine Art *erweiterte Kosten-Nutzen-Rechnung* muß den Ressourcenverbrauch freizeittouristischer Projekte feststellen, die daraus entstehenden Veränderungen der Umweltsituation erfassen und die Kosten von Umweltbelastungen in Luft, Wasser und Boden errechnen. Auf diese Weise läßt sich ermitteln, welche zusätzlichen Investitionen die Freizeit- und Tourismusindustrie zur Umweltentlastung leisten kann und leisten muß.

So öko-logisch es auf den ersten Blick ist, das Bruttosozialprodukt ökologisch „umzurechnen“, so schwierig ist die *Bewertung der Werte* selbst: Denn was für den einen von hohem Wert ist, besitzt für den anderen nur geringe oder gar keine Bedeutung. Kann man die Liebe zur Natur in EURO messen? Wie stuft man den Wert natürlicher Ressourcen langfristig in welchen Preisen ein? Und wie kann man tatsächliche oder nur mögliche Umweltschäden objektiv bewerten? Eine pragmatische Formel kann lauten:

> Wertvoll ist das, was die überwiegende Mehrheit der Bevölkerung/Gesellschaft als wertvoll empfindet/einschätzt.

Auf diese Weise kann man zu einer eigenen freizeittouristischen Ökobilanz gelangen. *Die freizeittouristische Ökobilanz sollte aus sieben Bausteinen (Modulen) bestehen*:

1. Landschaftszerstörung (Nichtregenerierbare Ressourcen)
2. Landschaftszersiedelung (Flächeninanspruchnahme)
3. Landschaftsverschmutzung (Bodenbelastungen)
4. Wasserverschmutzung (Wasserbelastungen)
5. Luftverschmutzung (Luftbelastungen)
6. Pflanzengefährdung (Störfaktoren/Schutzmaßnahmen)
7. Tiergefährdung (Störfaktoren/Schutz des Lebensraumes).

Diese sieben Bausteine sind identisch mit den „sieben Umweltsünden" in Freizeit und Tourismus, die auch von der Mehrheit der Bevölkerung als problematisch und folgenschwer eingeschätzt werden (vgl. Kap. 4.2). Sollte sich die umweltökonomische Gesamtrechnung durchsetzen und realisieren lassen, wäre sie nicht nur ein Gewinn für die Umwelt, sondern auch für die langfristige Sicherung und Erhaltung der Freizeit- und Urlaubsqualität in der Zukunft.

Eine *freizeittouristische Umweltökonomie* informiert über die Inanspruchnahme von Umweltressourcen durch Belange von Freizeit und Tourismus:

- Das Wissen um die Beziehungen zwischen dem Verbrauch an Umweltressourcen und den aufgewendeten Leistungen zur Umweltverbesserung hilft, Konflikte zwischen ökonomischen und ökologischen Zielen schneller zu erkennen.
- Sie liefert für Politikansätze wichtige Informationen durch Entwicklung und Verwendung einheitlicher Bewertungskriterien, d.h. sie kann z.B. Maßstäbe setzen für die Erteilung von Umweltlizenzen oder Öko-Steuern.

Tourismus und nachhaltige Entwicklung
Ein Vierteljahrhundert im Rückblick

1975	„Stiller Tourismus"	Jost Krippendorf/CH („Die Landschaftsfresser")
1977	„Sanfter Tourismus"	Fred Baumgartner/CH („Neue Zürcher Zeitung")
1980	„Sanftes Reisen"	Robert Jungk/A („Geo")
1983	„Umwelt- und sozialverträglicher Tourismus"	Dieter Kramer/D („Der sanfte Tourismus")
1985	„Ökologische Buchführung", „Öko-Bilanz" „Umweltverträglichkeitsprüfung" „Ökozeichen" „Ökomarketing in der Freizeit- und Touristikindustrie"	Horst W. Opaschowski/D („Freizeit und Umwelt")
1991	„Ökologie von Freizeit und Tourismus" „Freizeittouristischer Öko-TÜV" „Umweltökonomie von Freizeit und Tourismus"	Horst W. Opaschowski/D („Ökologie von Freizeit und Tourismus")
1997	„Ökotourismus"	Yörn Kreib/Angela Ulbricht/D („Gratwanderung Ökotourismus")
1998	„Ökomanagement im Tourismus"	Angela Viegas/D („Ökomanagement im Tourismus")

Das 1985 vom Autor geforderte *Umweltmanagement („Ökologische Buchführung"/"Ökozeichen"/"Öko-Bilanz"/"Umweltverträglichkeitsprüfung"/„Ökomarketing"* – vgl. Opaschowski 1985, S. 46) ist gut ein Jahrzehnt später ein Stück Alltag und Normalität geworden. Beispielhaft sind hier die ökologischen Grundsätze des TUI-Konzerns zu nennen (vgl. Iwand 1998, S. VIf.):

Kriterien für Urlaubsgebiete
- Badegewässer- und Strandqualität
- Wasserversorgung und Wassersparmaßnahmen
- Abwasserentsorgung und -nutzung
- Abfallentsorgung und -vermeidung
- Energieversorgung und Energiesparmaßnahmen
- Verkehr, Luft, Lärm und Klima
- Landschaft und Bebauung
- Naturschutz, Artenschutz und Tierschutz
- Umwelt-Informationen und Umwelt-Angebote

Kriterien für Verkehrsträger
- Energieverbrauch
- Schadstoff- und Lärmemissionen
- Flächenverbrauch und -versiegelung
- Wartungstechnik; Geräte- und Streckenwartung
- Catering und Abfallmanagement
- Umweltinformationen für Kunden
- Umweltleitlinie und Umweltberichterstattung
- Umweltforschung und -entwicklung
- Umweltkooperation; integrierte Verkehrskonzepte
- Spezifische Daten: Gerätetyp, Triebwerk, Alter

Hotel-Kriterien
- Abwasserbehandlung
- Abfallvermeidung und -entsorgung
- Wasserversorgung und Wassersparmaßnahmen
- Energieversorgung und Energiesparmaßnahmen
- Umweltorientierte Betriebsführung des Hotels (hier spielen Ernährung, Sauberkeit und Hygiene eine besondere Rolle)
- Qualität der Badegewässer und des Strandes im Hotelbereich
- Lärmschutz im und am Hotel
- Grünanlagen des Hotels
- Baustoffe und Architektur
- Umweltaktivitäten und Umweltangebote des Hotels
- Standort und unmittelbare Umgebung des Hotels.

Was wie eine neue Umweltethik erscheint, ist nichts anderes als eine weitsichtige Zukunftsplanung: Die *Sicherung von Destinationen für Generationen.* Die TUI ist immerhin ein Konzern von europaweiter Bedeutung. Dazu gehören z.B.

- 9 Reiseveranstalterunternehmen in den Niederlanden, Deutschland, Schweiz, Belgien und Österreich
- 14 Zielgebietsagenturen
- 5 Hotelgesellschaften mit 130 Hotels und 66.000 Betten
- Vertriebsbeteiligungen mit insgesamt mehr als 700 Reisebüros in verschiedenen europäischen Ländern.

Und ein jährlicher Umsatz von rund neun Millionen Mark macht deutlich, daß sich Umweltschutz als ein wesentliches Ziel dieses Unternehmens auch rechnet. Der Gast zahlt für den Urlaub – und ein wirksames Umweltmanagement soll dafür Sorge tragen, daß nicht die Umwelt für den Urlaub des Gastes bezahlen muß.

Eine ökologische Bilanz
Nachteile und Vorteile touristischer Landschaftsnutzung

Nachteile	Vorteile
• Intensive Inanspruchnahme der natürlichen Grundlagen • Überprägung der Landschaft, z.B. durch überformte Siedlungen, Großbaukörper, Verhüttelung, Geländekorrekturen • Luft- und Gewässerbelastungen, Entsorgungsprobleme • Verkehrsbauten mit großem Flächenbedarf • Belastungen durch fließenden und ruhenden Straßenverkehr • Monotonisierung der Landschaft, z.B. durch Umgestaltung für Wintersportzwecke • Benützung von Risikoflächen erfordert Schutzbauten gegen Naturgefahren • Technische Erschließungseinrichtungen als Fremdkörper	• Wirtschaftliche Wertschöpfung, die auch Umweltschutz-, Landschafts- und Ortsbildpflegemanahmen dient • Beschleunigung von Flächen- und Entwicklungsplanungen • Förderung von Schutzzonen (Natur – Landschaft – Ruhe) • Kontrolle der Umweltverträglichkeit auch von nichttouristischen Anlagen (Industrie, Bergbau, Energiewirtschaft, Verkehr etc.) • Entwicklung einer Freizeit-Infrastruktur, die auch der heimischen Bevölkerung zugute kommt • Weiterbestand traditioneller (Kunst-) Handwerksformen • Konservierung von Grünland- und Freiflächen für die Erholungsnutzung, z.B. Natur-Parke, Erlebnis-Freizeit-Landschaften

Quelle: Institut für Tourismus und Umweltkultur, Linz 1995

Allzu lange sind die Steigerungen von Reiseintensität und Freizeitausgaben die einzigen Meßgrößen für den Erfolg freizeittouristischer Planungen und Investitionen gewesen. Mit der Einführung der freizeittouristischen Ökobilanz ist erstmals ein *qualitativer Maßstab* vorhanden, der nicht nur nach rein ökonomischen Gesichtspunkten des Wachstums ausgerichtet ist. *Der grenzenlose Wachstumsfetischismus in Freizeit und Tourismus wird infragegestellt*, nicht die qualitative Expansion des Freizeit- und Touristikbereichs. Natürlich erfährt dabei auch der Begriff Wachstum eine Bedeutungsveränderung: *Qualität statt Quantität* heißt das Gebot der Stunde. Man sollte den Tourismus in Zukunft nur noch maßvoll wachsen lassen: Die Seychellen haben z.B. einen touristischen Fünfjahresplan verabschiedet: Neue Hotels dürfen nur gebaut werden, wenn sie nicht mehr als 100 Betten haben.

Doch sollte niemand blauäugig annehmen, daß mit Ökomarketing oder qualitativem Wachstum alle ökologischen Probleme in Freizeit und Tourismus aus dem Wege geräumt seien. Wie in anderen Wirtschaftsbereichen gilt auch hier:

> Jedes wirtschaftliche Wachstum bedeutet mit naturgesetzlicher Notwendigkeit Umweltbelastung. Und bei jeder Form von Arbeit, die Materie und Energie verbraucht, um das erwünschte Produkt herzustellen, entstehen Abfallprodukte – und meist überproportional.

In der Chemieindustrie entstehen z.B. pro Tonne erwünschter Substanz mehrere Tonnen unerwünschte Nebenprodukte, die erst wieder „entsorgt" werden müssen. Dies gilt analog für touristische Produkte: Ob gewollt oder nicht – mit jedem neuen Hotel sind auch neue Umweltbelastungen verbunden. Und der derzeit vorherrschende gesellschaftliche Konsens über einen umweltverträglichen bzw. nachhaltigen Tourismus hält die Belastungen in einem erträglichen bzw. verträglichen Rahmen. Natur und Landschaft werden nach Möglichkeit geschont – bleiben aber nicht frei von Belastungen. Die Belastungen selbst sind aber moderat, regenerieren sich selbst oder sind reparabel. Ganz nüchtern muß man zur Kenntnis nehmen, *daß es einen belastungsfreien Tourismus in Wirklichkeit nicht geben kann.*

> Tourismus ist immer ein Störfaktor und verändert zwangsläufig Land(schaft) und Leute. Auch Reisen auf die sanfte Tour (WWF: „Natourismus") pflegt lediglich einen rücksichtsvollen Umgang mit der Natur, verringert Wasser-, Boden- und Luftverschmutzungen, vermindert Lärmbelastungen und spart Energie.

Mehr als bisher muß in Zukunft danach gefragt werden, *wie* Steigerungsraten zustandekommen und *welche Auswirkungen* Massenfreizeit und Massentourismus auf den Verbrauch von Natur und Landschaft haben. Die Relativierung der Meßgröße „Wachstum um jeden Preis" kann Freizeit- und Urlaubsqualität auf Dauer garantieren und die Glaubwürdigkeit und das Ansehen insgesamt erhöhen.

Wir sollten in Zukunft auch das *Verhältnis von Umwelt/Freizeit/Mobilität pragmatischer sehen* und positive Sichtweisen nicht von vornherein kritisieren oder verurteilen. Das bedeutet z.B. auch, sich von manchen liebgewordenen Vorurteilen zu trennen: „Groß z.B. ist ja nicht automatisch böse, sondern nur dort, wo etwa Natur unwiderbringlich zerstört und Energie verschleudert wird" (Romeiss-Stracke 1997, S. 70). Ähnliches gilt für die Einstellung zum Auto, zu Trendsportarten oder zum Tourismus.

Das freizeittouristische Ökomarketing setzt qualitative Grenzen und läßt sich nicht länger als Kosmetik verkaufen: Die Ökobilanz muß objektivierbar und kontrollierbar sein.

Lange Zeit galt der Begriff „Sanftes Reisen“ als Etiketten-Schwindel bzw. Mogel-Verpackung in der Tourismusbranche – auch als Alibi, um weiter grenzenlos reisen bzw. grenzenlos Reisen verkaufen zu können.

„Warnprofil“

WARN- UND CHANCENPROFIL DER GEMEINDE DIEMTIGEN/SCHWEIZ IM ZEITRAUM 1975 BIS 1995

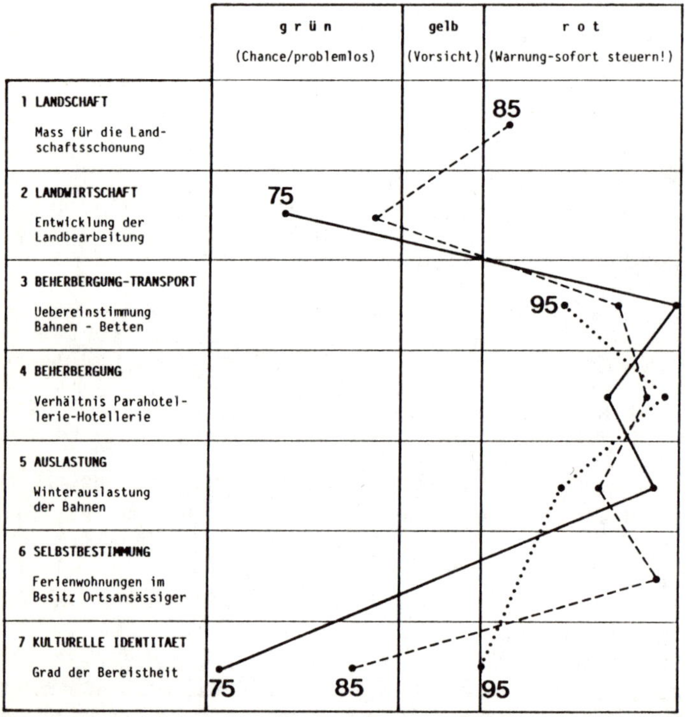

Quelle: Beat Seiler: Sanfter Tourismus in Zahlen (1989), S. 121

Ein Beispiel aus der Praxis liefert die vom Schweizerischen Amt für Fremdenverkehr des Kantons Bern und der Zentralstelle für regionale Wirtschaftsförderung herausgegebene Studie über eine „harmonisierte touristische Entwicklung" (Seiler 1989). Damit wird den politischen Entscheidungsträgern ein Instrumentarium an die Hand gegeben, das ihnen ohne großen Aufwand erlaubt, zu überprüfen, ob die touristische Entwicklung in einzelnen Gemeinden nicht nur wirtschaftlich ergiebig, sondern auch sozial- und umweltverträglich verläuft. Jeder Ort kann am Ende ein *Warn- und Chancenprofil* erstellen, das signalisiert, wohin die Entwicklung bei gleichbleibenden Voraussetzungen treibt – und wann und wie entsprechend gegengesteuert werden muß.

Am Beispiel der Gemeinde Diemtigen läßt sich etwa aufzeigen (vgl. Abbildung), welche Auswirkungen der hohe Ausflugstourismus auf den Ort hat. Es gibt einen deutlichen Kapazitätsüberhang bei den Betten (Pos. 3), was sich auch in der schlechten Auslastung (Pos. 5) und dem überdimensionierten Zweitwohnungsbestand (Pos. 6), der sich mehrheitlich im Besitz Auswärtiger befindet, widerspiegelt. *Im Hinblick auf die ökologische Belastung und die kulturelle Identität muß fast in allen Bereichen „sofort" gegengesteuert werden*, wenn nicht die Überschreitung der kritischen Grenze irreparable Folgen haben soll.

Man mag den Touristikern zum Vorwurf machen, daß sie den sanften Tourismus hart vermarkten und Natur und Landschaft zum bloßen Verkaufsargument degradieren. Andererseits: Umweltqualität muß und darf bekanntgemacht werden, damit nicht nur die Touristen, sondern vor allem auch die Einheimischen („Bereisten") daraus Nutzen ziehen können. Sanfter Tourismus kann im allgemeinen doch nicht Verzicht auf Tourismus heißen. Es ist vielmehr das Bemühen, touristische Interessen mit den Belangen des Umwelt- und Naturschutzes in Einklang zu bringen (vgl. Schemel 1988, S. 73).

Ein zukunftsweisendes Beispiel: In der schweizerischen Gemeinde Waltensburg in Graubünden, die nur 300 Einwohner zählt, wollten auswärtige Investoren eine Siedlung von 50 Ferienhäusern errichten. Die Bevölkerung lehnte das Großprojekt ab, bildete eine Genossenschaft und errichtete ein eigenes Hotel („Ucliva") im ortstypischen Baustil, das der landschaftlichen Umgebung angepaßt blieb und seither in gemeinsamer Verantwortung geführt wird.

Sanfte Schritte
Minimum Impact Code

„Wir laden Sie ein, mitzuhelfen, unsere Natur zu schützen und unser kulturelles Erbe zu erhalten. Wir bitten Sie herzlich, unsere Vorschläge zu beachten, die Ihnen gleichzeitig dabei helfen, Ihren Besuch in Nepal unvergeßlich zu machen.

- Bringen Sie Ihren eigenen Brennstoff (Gas, Benzin, Kerosin) mit und versorgen Sie damit auch Ihre Träger, Führer und Köche. In den Nationalparks des Himalaya ist das sogar Pflicht.

- Ziehen Sie solche Lodges und Trekkingbüros vor, die Kerosin benutzen! Dadurch unterstützen Sie deren Bemühungen, die Umwelt zu schützen.
- Verschwenden Sie kein kostbares Holz, nur weil Ihnen kalt wird. Ziehen Sie lieber noch einen Pullover an.
- Lagerfeuer und heiße Duschen sind absoluter Luxus, insbesondere wenn man weiß, daß die Einheimischen für ihre eigenen Bedürfnisse nur Zweige und getrockneten Kuh- und Yakdung verwenden. Bitte nehmen Sie dieses Angebot nur in Ausnahmefällen in Anspruch!
- Sprechen Sie die Verpflegung und Essenszeiten mit anderen Trekkern oder Trekkinggruppen ab, so daß Feuerstellen optimal genutzt werden können.
- Begrenzen Sie den Gebrauch von nicht abbaubaren Dingen und vernichten Sie allen Abfall richtig: verbrennen, vergraben oder wieder mitnehmen.

In Nepal gibt es viele seltene und bedrohte Tiere und Pflanzen. Bitte stören und beschädigen Sie sie nicht und nehmen Sie vor allem nichts mit!

Nepal ist hier, um Sie zu verändern; nicht jedoch, um von Ihnen verändert zu werden."

Annapurna Conservation Area Project King Mahendra Trust for Nature Conservation, Kathmandu (Übersetzung: Ludmilla Tüting)

In den 30er Jahren wurde in der Schweiz mit freiwilliger Unterstützung der beteiligten Unternehmen ein Gütezeichen von einer neutralen Instanz für alle Waren verliehen, die unter sozial einwandfreien Bedingungen im Hinblick auf Arbeitsplatzqualität, Sozialleistungen und Einkommenshöhe hergestellt wurden (vgl. Pestalozzi 1979). Gleichzeitig wurde die Bevölkerung in Informationskampagnen über die Bedeutung dieses Zeichens aufgeklärt.

Warum soll es nicht möglich sein, im Bereich der Freizeit- und Tourismusindustrie etwas Vergleichbares zu schaffen? Bereits in den achtziger Jahren forderte der Autor ein *Ökozeichen* (z.B. durch Umweltbundesamt, Stiftung Warentest) für alle Güter (z.B. Sport- und Freizeitanlagen) und Dienstleistungen (z.B. Reiseangebote), die ökologischen Mindestanforderungen entsprechen und sich zur „ökologischen Buchhaltung" verpflichten: In einer solchen Öko-Bilanz werden alle ökologischen Belastungen und Folgekosten erfaßt. So können bei der Planung und Konzeption neuer Freizeitangebote die möglichen ökologischen Auswirkungen registriert, gewichtet und bewertet und erforderlichenfalls auch auf ihre Einführung verzichtet werden, wenn die Produkte nicht rezyklierbar sind oder zu hohe ökologische Belastungen erwartet werden müssen. Die freiwillige Selbstbeschränkung und die *freiwillige Umweltverträglichkeitsprüfung*/UVP (in den USA unter dem Begriff „Environment Impact Assessment"/EIA bekannt) werden langfristig mehr Gewinn als Verzicht bedeuten. EIA bedeutet: Einschätzung der Umweltauswirkungen – nicht nur rein kausal („Was passiert, wenn..."), sondern auch instrumental: Ein Mittel der Entscheidungsvorbereitung aus ökologischer Sicht. EIA bzw. UVP bedeutet immer beides: Gutachten *und* Verfahren, Konfliktvermeidung *und* Konfliktgestaltung. Es gilt also, im Vorfeld von Konflikten zu versuchen, Unverträglichkeiten zu vermindern.

Die von der EU erlassene „Richtlinie zur Umweltverträglichkeitsprüfung bei bestimmten öffentlichen und privaten Projekten“ muß in Zukunft ein wichtiges Instrument bei der Vorbereitung fremdenverkehrspolitischer Entscheidungen werden. Die UVP-Richtlinie läßt sich auf Feriendörfer und Hotelkomplexe übertragen, weil diese Vorhaben in der Regel mit schwerwiegenden Eingriffen in Natur und Landschaft verbunden sind. Eine UVP-Pflichtigkeit gibt es aber bisher noch nicht.

Nach wie vor gilt: „Das neue *Ökomarketing der Freizeit- und Tourismusindustrie* müßte so konzipiert sein, daß es öffentlich gemacht wird und auch den umweltbewußten Freizeiter und Urlauber persönlich anspricht und positiv in seiner Haltung bestärkt. Die Freizeitindustrie ist auf Umweltqualität angewiesen, die aber nur durch ökologisches Engagement dauerhaft erreicht werden kann“ (Opaschowski 1985, S. 46). Das Ökozeichen als eine Art *freizeittouristischer Öko-TÜV* scheint bald Wirklichkeit zu werden. Der Internationale Verband der Reiseveranstalter (IFTO) will künftig ein *Gütesiegel für Umweltschutz und Sauberkeit* an Ferienregionen verleihen. Die IFTO, deren Mitglieder pro Jahr rund 40 Millionen Reisende aus 13 Ländern betreuen, will vor allem diejenigen Zielgebiete auszeichnen, die sich um Abfallbeseitigung und Sauberkeit bemühen und verdient machen. Die Auszeichnungen werden dann auch in den Reisekatalogen entsprechend gekennzeichnet. Gütesiegel und *Kriterienkataloge* werden künftig wirksame Instrumente zur praktischen Umsetzung und Durchsetzung sanften Reisens sein.

Auf gesamteuropäischer Ebene sind vergleichbare Initiativen in Gang gekommen. Seit 1987 gibt es in Feriengebieten das Ökozeichen: Die *„Blaue Europa-Flagge“*. Der Umweltwimpel weht und steigt im Kurs. Die „Stiftung für Umwelterziehung in Europa“ (F.E.E.E.) hat begonnen, Strandgemeinden und Bootshäfen für Sauberkeit und Umweltbewußtsein die „Blaue Flagge“ an den Fahnenmast zu hängen. Die Kampagne für die Blaue Europa-Flagge wird in Deutschland eigenverantwortlich durch die Deutsche Gesellschaft für Umwelterziehung e.V. (DGU) durchgeführt. Von Jahr zu Jahr werden die Bedingungen schärfer. Was im Vorjahr galt, reicht schon zwei, drei Jahre später nicht mehr aus.

Natürlich gibt die „Blaue Europa-Flagge“ keine absolute Garantie für unbedenkliche Urlaubsfreuden. Sie markiert vielmehr Ferienorte und Sportboothäfen, die vorbildlich mehr tun als andere. Ökologische, nicht unbedingt ästhetische Kriterien dominieren, denn in den Umweltkriterien sind Bausünden nicht enthalten. So ist es zu erklären, daß z.B. Benidorm mit der Blauen Europa-Flagge ausgezeichnet wurde, nicht aber Friedrichskoog. In der ökologischen Diskussion herrscht nach wie vor die Auffassung vor, daß es besser sei, die Urlaubsburgen konzentriert zu bauen, um andere Landstriche zu schonen.

Immer mehr haben prämiierte Orte damit begonnen, mit ihrer Auszeichnung zu werben. Ausflügler und Urlauber werden darauf aufmerksam und belohnen die Orte mit verstärkter Anwesenheit. Auch die *Touristikindustrie* hat die Sensibilisierung und Motorisierung für Fragen des Umweltschutzes zum Pflichtprogramm für die Aus- und Fortbildung von Mitarbeitern gemacht. So müssen beispielsweise bei der Touristik Union International

- die Mitarbeiter des Außendienstes die Umweltsituation in den verschiedenen Zielgebieten systematisch beobachten und der Zentrale regelmäßig *ökologische Zustandsberichte* liefern;
- die Programmangebote einer *Umweltverträglichkeitsprüfung* unterzogen werden. Dabei wird z.B. untersucht, ob Ausflüge und Sportangebote gegen die Prinzipien des Landschaftsschutzes, des Tierschutzes und des Artenschutzes verstoßen;
- die Kontakte zu kommunalen Behörden so verstärkt werden, daß *umweltfreundliche Entscheidungen und Veränderungen* in den einzelnen Feriengebieten erreicht und durchgesetzt werden;
- die *Informationen der Urlauber* über Fragen des Umweltschutzes erweitert und vertieft werden.

Beinahe wird Wirklichkeit, was der Verfasser als ironisches Zukunftsszenario 1983 ‚vorgezeichnet' hatte: *„Der Öko-Urlaub oder: Der grüne Plan.* Die schönsten Wochen des Jahres im grünen Land der Ökologie. Die neue Sehnsucht verlangt eine neue Marktstrategie: In den Chefetagen der Tourismusindustrie wird der ‚grüne Plan' geheim gehandelt ... Schon laufen die ersten Pilot-Projekte. Ausgebucht! Die Rechnung der grünen Marketingstrategen (hausintern als ‚touristische Kohlköpfe' belächelt) geht auf: Der Öko-Urlaub trägt reiche Früchte ..." (Opaschowski 1983, S. 118).

Um eine nachhaltige, d.h. umwelt- und sozialverträgliche Tourismusentwicklung zu erreichen, muß die Tourismusindustrie die folgenden zehn Maßnahmen (vgl. Viegas 1998 a, S. 23) in ihren *Prioritätenkatalog* aufnehmen:

1. Beschränkung von Müll auf ein Mindestmaß
2. Energiesparen und -management
3. Kontrolle von Frischwasserquellen
4. ontrolle von Abwässern
5. Gefahrstoffe
6. Transportmittel
7. Planung und Management der Landnutzung
8. Einbeziehung von Mitarbeitern, Kunden und Gemeinden in Umweltfragen
9. Konzept für die Nachhaltigkeit
10. Partnerschaften für die nachhaltige Entwicklung.

Urlaubsqualität und ökologische Qualität des Urlaubsangebots sind nicht mehr voneinander zu trennen.

Als gelungene Synthese für eine Gleichgewichtigkeit ökologischer und touristischer Ziele gilt die Einrichtung von Naturparken wie z.B. Hoher Vogelsberg, Lüneburger Heide, Harz und Altmühltal. Hierbei werden Besucherströme auf belastbare Bereiche gelenkt, damit empfindliche Teilbereiche der Naturlandschaft geschützt und ungestört bleiben. Der Landschaftsrahmenplan Naturpark Harz kann beispielhaft genannt werden, weil er versucht, die verschiedenen ökologischen und touristischen Ansprüche an die Landschaft zu ordnen und zu lenken. Im einzelnen werden unterschieden (vgl. Schemel 1988):

1. Siedlungsgebiete
2. Flächenintensive Erholungszonen
3. Wander- und Ruhezonen
4. Ökologische Vorrangszonen (keine Freizeitnutzung möglich).

Immer mehr Reisende werden in Zukunft *Urlaub mit Umweltqualität einfordern* oder ganz selbstverständlich voraussetzen. Sie werden gezielt nach umweltfreundlichen Urlaubsangeboten fragen und sich – vor Antritt der Reise – eingehend über die Umweltsituation vor Ort informieren (vom Kläranlagenanschluß bis zur Strandsauberkeit).

Das Ökomarketing soll in Zukunft eine ungesteuerte Tourismusentwicklung verhindern und notfalls auch *gravierende Fehlleistungen korrigieren bzw. abreißen.* In den Dünen von Playa del Ingles ist das bereits passiert: Das illegal errichtete Prachthotel „Las Dunas" wurde gesprengt und letzte Trümmer können als neo-touristische Attraktion am Rande der goldgelben Dünen besichtigt werden. Und im anatolischen Kappadokien eröffnete 1990 das erste *abfallfreie Hotel*: Alle Abwässer werden seither geklärt und zur Bewässerung verwendet, Obst und andere Lebensmittel kommen ohne Verpackung oder in wiederverwendbaren Transportbehältern ins Haus.

> Die neue Umweltökonomie von Freizeit und Tourismus muß vorbeugender Umweltschutz sein und nachträgliche Umweltreparaturen entbehrlich machen. Eine Freizeit- und Tourismusentwicklung ohne Öko-Bilanz ist eine nicht mehr bezahlbare Zukunftshypothek.

Dazu müssen die Mensch-Umwelt-Beziehungen neu geregelt, vielleicht sogar „gemanagt" werden – durch Ökologiemanagement, um einem *Paradigmenwechsel im Tourismus* (vgl. Schertler 1993, S. 15ff.) zum Durchbruch zu verhelfen. Gemeint ist ein Wandel

- von der Bedrohung Umweltschutz zur *Chance Ökologie*, der auch ökonomisch sinnvoll und ertragreich ist;
- von der Ökologie-Intervention zum *ökologieorientierten Lernen*, weil die neue Beziehungsqualität Mensch/Umwelt nur begrenzt „angeordnet" werden kann, vielmehr „selbst entdeckt" werden muß;
- von der Umwelt-Aktion zu *integrativen Umwelt-Konzepten*, die auf Langzeitwirkung angelegt sind und einen tiefgehenden Wandel in den Einstellungen bewirken können.

8. Vom Umweltdenken zur ökologischen Lebensweise

Jahrhundertelang traten die Menschen als Eroberer und Kolonisatoren der Biosphäre auf. Und mit der Entwicklung der Industriegesellschaften war immer auch die Ausbeutung der Natur verbunden. Die Begründer der modernen Naturwissenschaften wie Francis Bacon, René Descartes, Thomas Hobbes und Isaac Newton haben ein rational-analytisches Denken sanktioniert, das zutiefst antiökologisch ist: Rationalanalytisches Denken verläuft linear, was unseren Glauben an unbegrenztes wirtschaftliches und technologisches Wachstum erklärt. Ökologisches Denken aber basiert auf der Erkenntnis nichtlinearer Systeme, die sich in einem natürlich-dynamischen Gleichgewicht halten und aus Zyklen und kontinuierlichen Schwankungen beruhen: „Ökologisches Bewußtsein wird also nur entstehen, wenn wir unser rationales Wissen mit Intuition für das nichtlineare Wesen unserer Umwelt verbinden“ (Capra 1983).

Die *naturwissenschaftlich-technische Dominanz der bisherigen Umweltforschung* muß aufgegeben werden: Für die Zukunft erforderlich ist eine mehr praxisbezogene, interdisziplinäre Umweltforschung. Die allzu technikorientierte Sichtweise hat ökologische Probleme fast nur als „Störungen“ und „Überlastungen“ der natürlichen Umwelt verstanden. Entsprechend verkürzt sahen die Lösungsansätze aus, die sich auf die Entwicklung neuer Techniken („Sanfte Technologien“) konzentrierten und den direkten Handlungs- und Praxisbezug vernachlässigten. Das Ökoforum zur Umweltforschung, ein Netzwerk aus sieben Umweltforschungsinstituten in Deutschland, kritisiert daher zu Recht die vorhandenen *Strukturdefizite der ökologischen Forschungslandschaft* (vgl. Memorandum 1997, S. 90f.). Eine neue zukunftsfähige Umweltforschung muß ihr Augenmerk stärker richten auf

- Problemorientierung mit Gesellschaftsbezug
- Lösungsorientierung mit Akteursbezug
- Anwendungsorientierung mit Bezug zu neuen Methoden und Konzepten.

Müssen Bacon, Descartes, Hobbes und Newton neu bewertet und um ganzheitliche und nichtlineare Bezüge erweitert werden? Wie können wir wieder zu vernetztem Denken in Ökosystemen gelangen? Der Amerikaner G. Sessions (1981) unterscheidet zwischen *oberflächlichem Umweltdenken („shallow ecology“)* und *tieferem Ökologiebewußtsein („deep ecology“)*:

- Das oberflächliche Umweltdenken gibt sich schon mit marginalen Verbesserungen der natürlichen Umwelt zufrieden.
- Das tiefere Ökologiebewußtsein aber sorgt sich um tiefgereifende Veränderungen in den Einstellungen und Verhaltensweisen der Menschen selbst.

In Unfrieden mit der Natur leben und tieferes Umweltbewußtsein schließen sich gegenseitig aus.

Marginale Korrekturen reichen längst nicht mehr aus. Die Bewältigung der Umweltprobleme verlangt ein verändertes Verhalten und ein neues Denken. Wir müssen einsehen lernen, „daß hinter der Umweltkrise letztlich unsere eigene Krise und unsere Unfähigkeit steht, in rechter Weise Verantwortung zu übernehmen" – so heißt es in einer ökumenischen Erklärung der beiden Kirchen (Deutsche Bischofskonferenz/Rat der Evangelischen Kirche Deutschlands 1985). Aus der Sicht einer ökologisch orientierten Ethik wird ein *neuer Lebenstil gefordert, der verzichtbereiter ist*, wenn es um Freizeit- und Konsumgewohnheiten auf Kosten der natürlichen Umwelt geht und der anspruchsvoller ist im Hinblick auf den eigenen umweltbewußten Einfallsreichtum.

Weder Umgehungsstraßen noch Geschwindigkeitsbegrenzungen oder Verbote werden die Umweltprobleme lösen können, sondern nur der verantwortliche, der sanfte Umgang jedes einzelnen mit Natur und Umwelt und die Bereitschaft, auch Verzicht zu üben.

Der Schweizer Freizeit- und Tourismusforscher Müller warnt zu Recht davor, daß Sport, Freizeit und Tourismus der „natürlichen Umwelt und ihrem Anpassungsvermögen" in Zukunft zuviel zumuten könnten (Müller 1996, S. 118f.). *Kippeffekte* (z.B. Fischsterben, Mürgänge, Überschwemmungen) könnten die Folge sein – meist mit „time lag" verbunden: Die Natur reagiert mit *Zeitverzögerung* und die Folgen umweltschädlichen Handelns sind erst nach Jahren wirksam und spürbar – wie eine *ökologische Zeitbombe*: „Die Natur gibt immer Kredit, aber sie vergißt nie, Rechnung zu stellen" (Weiss 1984).

Alles braucht seine Zeit. Doch viel Zeit haben wir nicht mehr: „Weil sie ihre eigene Umwelt verpfuscht haben, beginnen die Angehörigen der Konsumgesellschaften mit Ungestüm, diejenige der anderen zu konsumieren" (Bugnicourt 1978, S. 52) – eine frühe kritische Stimme aus den siebziger Jahren. Es kann und darf nicht sein, daß wir unsere hausgemachten Umweltprobleme – über Freizeit- und Tourismuswege – in andere Länder exportieren.

Ob Flugreisen in die Ferne oder Kunstbeschneiung im eigenen Land, Autofahrten ins Grüne oder Extremsportarten in freier Natur – die durch Freizeit, Mobilität und Tourismus verursachten Konflikte im Umweltschutz nehmen zu.

Ein neues Konzept zur Lösung von Umweltproblemen ist in Zukunft erforderlich: die Umweltmediation. Darunter ist ein Verhandlungsverfahren zu verstehen, in dem Konfliktgegner und -parteien mit Hilfe eines neutralen Dritten (eines „Mediators") versuchen, eine für alle Beteiligten trag- und zukunftsfähige Regelung zu finden.

In den USA wird dieses Vorgehen schon seit einem Vierteljahrhundert erfolgreich praktiziert. Eine solche *Umweltmediation für Freizeit, Mobilität und Tourismus* müßte institutionell verankert und personell durch Experten von Wissenschaft, Wirtschaft und Politik besetzt werden.

- Die Rolle des neutralen Mediators unterscheidet sich vom *Schlichter* dadurch, daß er die Beteiligten selbst zu einer Lösung kommen läßt.
- Und im Unterschied zum *Runden Tisch* beinhaltet die Mediation eine größere Verbindlichkeit und Ergebnisorientierung. Mediation dient in erster Linie dem *Finden pragmatischer Lösungen* (Fietkau 1997, S. 157).

Die Wende zur umweltverträglichen Freizeit kommt nicht von selbst. Und die Freizeit mit Einsicht (in Abwandlung der Aktion „Tourismus mit Einsicht") bedarf vor allem der „Akzeptanz der Akteure" (ABN 1989). In Zukunft werden wir auf eine umweltsensible Ethik nicht verzichten können. Damit ist eine umweltbewußte Freizeitethik gemeint, deren Handlungsmaxime das verantwortliche Handeln gegenüber der natürlichen Umwelt ist und die das Freizeitverhalten so wirksam zu motivieren und steuern vermag, daß die „Hauptziele des Natur- und Umweltschutzes in individuelle Ziele der Freizeitbürger übersetzt werden können" (Lüthke 1989, S. 34). Gemeint ist eine *Ökologie im Freizeitalltag*, d.h. das ökologische Anliegen muß in den alltäglichen Lebensstil der Menschen integriert werden. (Äußerungen von Jugendlichen: „Ich lebe bewußter auf die Umwelt hin" – „Mein Freizeitverhalten ist bewußter geworden"). Umweltbewußtsein und Umweltverantwortung müssen zu einer Sache von uns allen werden.

Wir müssen nicht nur unsere Anschauungsweise, sondern auch unsere Lebensweise verändern.

„Wir" – das ist in erster Linie die Bevölkerung in den Industrieländern, die ihren Lebensstil ändern muß. Der aufwendige Lebensstil des im Norden der Erde lebenden reichen Fünftel der Weltbevölkerung muß freiwillig begrenzt werden. Die übermäßige Kauflust und der sich ständig steigernde Freizeitkonsum mit entsprechendem *Ressourcen- und Energieverbrauch* kann zur größten Bedrohung von Natur und Umwelt werden. Jenseits der Wohlstandsgrenze leben Millionen von Menschen unter dem Existenzminimum, während die konsumierenden Klassen in den industrialisierten Ländern ihr Selbstwertgefühl mit ihren Konsummöglichkeiten verwechseln. „Wir" müssen also unsere eingefahrenen Lebensgewohnheiten in Zukunft verändern.

Die Zukunft hat längst begonnen: Bis zum Jahre 2002 wird etwa jeder dritte Passagier im Inlandslinienluftverkehr *zur Bahn abwandern.* Bis dahin werden auch die meisten Inlandsflugstrecken von Bremen, Hannover, Düsseldorf, Köln/Bonn, Nürnberg und Stuttgart nach Frankfurt von der Einstellung bedroht sein (vgl. Ungefug 1998). Der Umstieg vom Flug zum Zug wird nur eine erster Schritt auf dem Wege zu einem veränderten Mobilitätsverhalten sein.

UND DA HABEN WIR GEMERKT, DASS WENIGER AUCH MEHR SEIN KANN....
HOTEL
BANK
HOTEL
RESTAURANT

9. Prinzipien für die Mobilität von morgen

Wir müssen mehr von der Natur lernen und mit dem Kreislaufdenken ernstmachen (vgl. Succow 1998, S. 277f.). Dies bedeutet:

- Die seit 60 Millionen Jahren existierende biologische Lebewelt unter allen Umständen *fest-halten.*
- Was noch an nicht veränderter Natur („Restnatur“) auf der Erde übriggeblieben ist, *er-halten.*
- Mit der Natur, in die wir uns nutzend einbringen, *haus-halten.*

Wir brauchen eine *neue Umweltmoral* als Basis für eine wirksame Umweltpolitik. Eine Umweltmoral, die intrinsisch motiviert ist, so daß die Menschen von sich aus daran interessiert sind, die Natur zu bewahren, „auch wenn sie dafür von außen nicht belohnt oder bei Unterlassung nicht bestraft werden“ (Frey/Kircher 1998, S. 14). Die Frage ist natürlich nur, ob wir auch bereit sind, sozusagen ‚aus innerer Verpflichtung‘‘ zu handeln bzw. das eigene Verhalten zu ändern.

Nachhaltige Entwicklung darf nicht nur ein utopisches Leitbild bleiben. Auf dem *Weg zur Nachhaltigkeit* müssen wir folgende Regeln (vgl. Maier 1998, S. 53) beachten:

- *Die Abbauregel*
  Es darf nur die Menge an regenerativen Ressourcen abgebaut werden, die wieder nachwächst.

- *Die Substitutionsregel*
  Die Nutzung von nicht-regenerativen Quellen muß in gleichem Umfang durch regenerative ersetzt werden.

- *Die Assimilationsregel*
  Es darf nur die Menge von Schadstoffen an Natur und Landschaft (Öko-Systeme) abgegeben werden, die diese auch verarbeiten können.

- *Die Erhaltungsregel*
  Die Qualität der Öko-Systeme muß gewahrt und erhalten werden.

Diese vier Nachhaltigkeitsregeln gilt es durchzusetzen – auch wenn die bequemen *American-way-of-life-Gewohnheiten* in Freizeit und Tourismus die größte Umweltbarriere für die Zukunft sein werden.

- Nachhaltig heißt *ökonomisch*: Die Zinsen nutzen, ohne das Kapital anzutasten.
- Nachhaltig heißt *ökologisch*: Nur so viele natürliche Ressourcen nutzen, wie gleichzeitig auch wieder nachwachsen können.
- Nachhaltig heißt *sozial*: Die Bedürfnisse der heutigen Generation befriedigen, ohne die Bedürfnisse künftiger Generationen zu beeinträchtigen.

Unbestritten ist die Idee der Nachhaltigkeit mit einem nicht unbeträchtlichen Utopiegehalt versehen: Einer Utopie muß man immer auf der Spur bleiben und sich ihr anzunähern versuchen, damit sie eine konkrete, eine reale Utopie bleibt.

Wir müssen unser Leben auf humanökologischen Grundsätzen aufbauen und die Ökologie als Leitwert für unser Handeln anerkennen. Wir brauchen ein *ökologisches Lebensweisenkonzept*, das sich an aktiv handelnde und selbstverantwortliche Menschen richtet, die ihre Lebens- und Freizeitgewohnheiten im Interesse der Umwelterhaltung ändern. Ökologiebewußtsein muß ebenso rational wie emotional verankert sein und „zur guten Gewohnheit" im eigenen Freizeitverhalten werden. Lebensgewohnheiten und Lebensbedingungen gehören zusammen. Sie müssen auch zusammen verändert werden.

Und ein zukunftsfähiger Verkehr („sustainable traffic") muß keine Utopie bleiben, wenn die folgenden vier *Prinzipien für die Mobilität von morgen* (vgl. Gleich 1998, S. 235) berücksichtigt werden:

1. Jeder Verkehr soll mit dem Fortbewegungsmittel bewältigt werden, das *ökologisch und ökonomisch* am effizientesten arbeitet.
2. Um das Gesamtsystem Verkehr ökologisch zu verbessern, müssen seine Träger – Fluglinien, Eisenbahnen, Automobilhersteller, Kommunen und Länder – in einem *Mobilitätsverbund* eng zusammenarbeiten.
3. Notwendig ist eine *Effizienzrevolution*, wie sie der Bericht „Faktor vier" an den Club of Rome beschreibt: Verkehr mit drastisch vermindertem Einsatz an Energie bewältigen. Die Ressourcen und das Klima schonen stellt die beste Lebensqualitätsgarantie für kommende Generationen dar.
4. Der Club of Rome fordert darüber hinaus eine *Lebensstiländerung:* Neue Lebensstile, die den Zwang zur Mobilität reduzieren. Nach dieser Vorstellung sollen die Menschen seltener reisen – dafür aber bewußter und lustvoller.

Virtuelle Zukunftsszenarien für eine umweltverträgliche Mobilität im 21. Jahrhundert, die uns Telekommunikation statt Automobilität sowie Datenhighway statt Autobahn prognostizieren, werden die Rechnung ohne die menschliche Psychologie machen: Denn virtuelle Mobilität kann Ortswechsel und Fortbewegung nur ergänzen, nie ersetzen. Auch in Zukunft gilt: Wer sich nicht bewegt, wird auch nichts bewegen. Und alles, was die Menschen bewegt, ist Mobilität – nicht nur räumliche, auch geistige und soziale Bewegung und Beweglichkeit. Mobilität von morgen ist und bleibt bewegtes Leben.

Literaturverzeichnis

ABN/Arbeitsgemeinschaft beruflicher und ehrenamtlicher Naturschutz e.V. (Hrsg.): Freizeit und Umwelt im Konflikt, Bonn 1989

ADAC (Hrsg.): Freizeit 2000. Eine Studie, München 1980

ADAC (Hrsg.): Tourismus und Landschaftserhaltung. Eine Planungshilfe, München 1988

ADAC (Hrsg.): Mehr Wissen – mehr handeln. Bausteine für eine umweltverträgliche Tourismusentwicklung, München 1991

ADAC (Hrsg.): Verkehr in Fremdenverkehrsgemeinden, München 1993

ADAC (Hrsg.): Mobilität. Untersuchungen und Antworten des ADAC, München 1988

Aktuell. Das Lexikon der Gegenwart: Artikel „Naherholungsgebiete", Dortmund 1984, S. 441-442

Alex, R.: Der reine Bahnsinn. In: auto-motor-sport Nr. 2 (1993), S. 104-106

Altner, G.: Umweltethische Aspekte von Umweltberatung. In: G. Michelsen (Hrsg.): Umweltberatung, Bonn 1997, S. 16-19

Altner, G. (Hrsg., u.a.): Jahrbuch Ökologie 1999, München 1998

Arbeitsgruppe Ökotourismus (Hrsg.): Ökotourismus als Instrument des Naturschutzes? Möglichkeiten zur Erhöhung der Attraktivität von Naturschutzvorhaben, München-Köln-London 1995

Arbeitskreis Tourismus und Entwicklung (Hrsg.): Palmaria. Eine Unterrichtseinheit zum Tourismus in der Dritten Welt, Basel 1985

AWA ,96/Allensbacher Markt- und Werbeträger-Analysen. Hrsg v. Institut für Demoskopie Allensbach, Allensbach 1996

Bätzing, W.: Die Alpen zwischen Verstädterung und Verödung. In: G. Altner (Hrsg., u.a.): Jahrbuch Ökologie, München 1996, S. 156-166

Bahadur, S.: Der Mount Everest wird zur höchstgelegenen Müllkippe der Erde. In: Frankfurter Rundschau vom 11. Juli 1984

Bajak, P.: Markt für Freizeitmobilität. Zwischen Erlebnis und Reglementierung. In: W. Meinig (Hrsg.): Auto – Motive 95, Bamberg-München 1995, S. 9-26

Baltes, J.: Umweltbewußtsein bleibt im Urlaub zu Hause. In: Fremdenverkehrswirtschaft International 11 (1996), S. 18-20

Bastian, I./K. Bonhoeffer (Hrsg.): Thema: Mobilität. Stuttgart 1990

Bastian. I./H. Theml: Unsere wahnsinnige Liebe zum Automobil, Weinheim 1990

Bastian, I.: Mobilität: Der Krieg gegen die Zeit. In: UNIVERSITAS 6 (1991), S. 517-525

Bastian, T./H. Theml: Unsere wahnsinnige Liebe zum Auto: Thema Verkehr, Basel 1990

B.A.T Freizeit-Forschungsinstitut (Hrsg.): Freizeit und Umwelt. Der Konflikt zwischen Freizeitverhalten und Umweltbelastung, Hamburg 1985

B.A.T Freizeit-Forschungsinstitut/TUI (Hrsg.): Umwelt und Tourismus. Eine Dokumentation des touristik report, Hamburg 1985

B.A.T Freizeit-Forschungsinstitut (Hrsg.): Freizeit im Grünen. Wie attraktiv die Parks unserer Städte sind und welchen Freizeitwert sie haben, Hamburg 1986

B.A.T Freizeit-Forschungsinstitut (Hrsg.): Zu Hause und auf Reisen, Hamburg 1986
B.A.T Freizeit-Forschungsinstitut (Hrsg.): Was Reiseziele bieten müssen, Hamburg 1987
B.A.T Freizeit-Forschungsinstitut (Hrsg.): Traumziele und Urlaubsträume, Hamburg 1988
B.A.T Freizeit-Forschungsinstitut (Hrsg.): Wohin die Deutschen reisen und wie zufrieden sie damit sind, Hamburg 1989
B.A.T Freizeit-Forschungsinstitut: „Auf und davon – ganz weit weg." Urlaubsträume der Deutschen (Presseinformation), Hamburg 17. Februar 1989
B.A.T Freizeit-Forschungsinstitut (Hrsg.): Trendwende im Urlaubsverhalten? Die Grenzen grenzenlosen Reisens, Hamburg 1990
B.A.T Freizeit-Forschungsinstitut (Hrsg.): Eine erste gesamtdeutsche Urlaubsbilanz, Hamburg 1991
B.A.T Freizeit-Forschungsinstitut (Hrsg.): Erlebnismobilität. In: Dass.: Herausforderung Freizeit. Perspektiven für die 90er Jahre, Hamburg 1990, S. 31-33
B.A.T Freizeit-Forschungsinstitut (Hrsg.): Trendziele und Trendsetter im Tourismus der 90er Jahre, Hamburg 1992
B.A.T Freizeit-Forschungsinstitut (Hrsg.): Freizeit und Lebensqualität, Hamburg 1993
B.A.T Freizeit-Forschungsinstitut (Hrsg.): Auto und Freizeit. Ergebnisse einer einjährigen Befragung von 500 Saab-Testfahrern, Hamburg 1993
B.A.T Freizeit-Forschungsinstitut (Hrsg.): Tourismus im neuen Europa. Wie und wohin Europäer reisen, Hamburg 1993
B.A.T Freizeit-Forschungsinstitut (Hrsg.): Tourismus und Lebensqualität, Hamburg 1994
B.A.T Freizeit-Forschungsinstitut (Hrsg.): Tourismus mit Zukunft, Hamburg 1995
B.A.T Freizeit-Forschungsinstitut (Hrsg.): Tourismus und Ökonomie, Hamburg 1996
B.A.T Freizeit-Forschungsinstitut (Hrsg.): Events im Tourismus, Hamburg 1997
B.A.T Freizeit-Forschungsinstitut (Hrsg.): Umwelt, Mobilität und Tourismus, Hamburg 1998
Bauer, H.H. (u.a.): Die Anwendung der means end-Theorie für die Produkt- und Werbegestaltung im Bereich des internationalen Personenfernverkehrs. Ergebnisse einer empirischen Studie zur interkulturellen Werteforschung. In: Tourismus Journal 2 (1998), S. 169-187
Becker, C./A. Steinecke (Hrsg.): Kulturtourismus in Europa. Wachstum ohne Grenzen?, Trier 1993
Becker, Chr. (u.a.): Tourismus und nachhaltige Entwicklung. Grundlagen und praktische Ansätze für den mitteleuropäischen Raum, Darmstadt 1996
Becker, S./K.W. Herberg: Untersuchung von Motiven für die Geschwindigkeitswahl unter besonderer Berücksichtigung des Konkurrenzaspektes (TÜV Rheinland/Institut für Verkehrssicherheit), 1990
Behrendt, S./R. Kreibich (Hrsg.): Die Mobilität von morgen. Umwelt- und Verkehrsentlastung in den Städten, Weinheim-Basel 1994
Beratende Kommission für Fremdenverkehr des Bundesrates (Hrsg.): Das Schweizerische Tourismuskonzept, Bern 1979
Berger, H.J. (u.a.): Macht und Ohnmacht auf der Autobahn. Dimensionen des Erlebens beim Autofahren, 1973
Berger, R./H.-G. Servatius: Die Zukunft des Autos hat erst begonnen. Ökologisches Umsteuern als Chance, München-Zürich 1994
Bernecker, P.: Meßbarkeit von Eignung, Nutzung, Belastbarkeit und Kapazität touristischer Räume, Wien 1975
Billinger, H. (u.a.): Flächenhafte Verkehrsberuhigung. In: Informationen zur Raumentwicklung 8/9 (1983)
Bliersbach, G.: Gibt es ein Leben nach dem Auto? Von der Schwierigkeit des Verzichts. In: psychologie heute 11 (1992), S. 27-33
Bliersbach, G.: Oft vergessen: psychologische Momente des Autofahrens. In: Ökologische Briefe Nr. 42 vom 14. Oktober 1992

Bliersbach, G.: Zur Psychopathologie des Autofahrens. Das Automobil und die Schwierigkeit des Verzichts: In Politische Ökologie, Jg. 10, Nr. 29/30 (Dez. 1992-März 1993), S. 83-86

Boers, H. (u.a.): Die Erde als Ferienort: Eine Einführung in Tourismus und Umwelt, Darmstadt 1995

Böttcher, I. (u.a.): Umweltschutz und Verbraucher (Schriftenreihe der Akademie Sankelmark, Neue Folge 51), Sankelmark 1982

Braunschweig, H.: Auf hoher See gibt es keine Müllabfuhr. In: Frankfurter Allgemeine Zeitung Nr. 101 vom 2. Mai 1985

Bugnicourt, J.: Tourismus überschwemmt Entwicklungsländer und hinterläßt neue Probleme. In: Studienkreis für Tourismus (Hrsg.): Tourismus – Entwicklung oder Gefährdung, Starnberg 1978, S. 45-57

Bundesamt für Naturschutz (Hrsg.): Biodiversität und Tourismus, Heidelberg 1997

BUND Landesverband NW (Hrsg.): freizeit fatal. Über den Umgang mit der Natur in unserer freien Zeit, Köln 1988

Bundesforschungsanstalt für Landeskunde und Raumordnung (Hrsg.): Überlastete Fremdenverkehrsgebiete (Heft 11 der Information für Raumentwicklung), Bonn 1975

Bundesministerium des Inneren (Hrsg.): Abschlußbericht der Projektgruppe „Aktionsprogramm Ökologie“, Bonn 1983

Bundesministerium für Umwelt, Naturschutz und Reaktorsicherheit (Hrsg.): Was Sie schon immer über Auto und Umwelt wissen wollten, 4. Aufl., Stuttgart-Berlin-Köln-Mainz 1987

Bundesministerium für Verkehr (Hrsg.): Verkehr in Zahlen 1982, Bonn-Bad Godesberg 1982

Bundesministerium für Verkehr (Hrsg.): Verkehr in Zahlen 1992, Berlin 1992

Bundestagsfraktion Bündnis 90/Die Grünen: Ferntourismus – grenzenlos? Dokumentation, Bonn 1997

Bundesumweltministerium (Hrsg.): Umweltbewußtsein in Deutschland. Ergebnisse einer repräsentativen Bevölkerungsumfrage 1996, Berlin 1996

Bundesumweltministerium (Hrsg.): Nachhaltige Entwicklung in Deutschland. Entwurf eines umweltpolitischen Schwerpunktprogramms, Bonn 1998

Bündnis 90/Die Grünen (Hrsg.): Ferntourismus – grenzenlos? Seltener, länger, intensiver, Bonn 1997

Burwitz, H. (u.a., Hrsg.): Leben ohne Auto. Perspektiven für eine menschliche Stadt, Reinbek 1992

BWA/Bundesministerium für wirtschaftliche Angelegenheiten (Hrsg.): Tourismus mit Zukunft, Wien 1994

Callenbach, E.: Ökotopia. Notizen und Reportagen von William Weston aus dem Jahre 1999, Berlin 1978

Capra, F.: Wendezeit. Bausteine für ein neues Weltbild, Bern/München/Wien 1983

Cerwenka, P.: Der motorisierte Nomade – ein Auslaufmodell? In: Verkehrsforum Seefeld: Mobilität ohne Grenzen. Hrsg. v. Tourismusverband Seefeld, Seefeld 1995, S. 7-22

CIPRA (Internationale Alpenschutzkommission): Sanfter Tourismus – Schlagwort oder Chance für den Alpenraum, Chur 1984

Cladera, D.J.: Gedanken über eine kritische und konstruktive Durchsicht touristischer Verfahrensweisen und deren Einfluß auf Raum und Welt. In: Studienkreis für Tourismus (Hrsg.): Tourismus und Umwelt, Starnberg 1987, S. 45-53

Design Center Stuttgart (Hrsg.): Verkehr gestalten. Ein Experten- und Projektforum, Stuttgart 1994

Deutsche Bischofskonferenz/Rat der Evangelischen Kirche Deutschlands (Hrsg.): Verantwortung wahrnehmen für die Schöpfung, Bonn 1985

DFP/Deutsches Fremdenverkehrspräsidium (Hrsg.): Deutscher Tourismusbericht, Bonn-Frankfurt/M. 1994
DFV/Deutscher Fremdenverkehrsverband (Hrsg.): Jahresbericht 1996, Bonn 1996
DFV/Deutscher Fremdenverkehrsverband (Hrsg.): Urlaub und Reisen in Deutschland – natürlich umweltfreundlich. Dokumentation des Bundeswettbewerbs Umweltfreundliche Fremdenverkehrsorte in Deutschland, Bonn 1997
DGF/Deutsche Gesellschaft für Freizeit (Hrsg.): Natur und Erholung. Probleme – Grundsätze – Forderungen, Düsseldorf 1983
DGF/Deutsche Gesellschaft für Freizeit (Hrsg.): Biotope für Menschen gesucht, Düsseldorf 1985
Diekmann, H.: Das Auto als Traumsymbol. In: Analytische Psychologie 7 (1976), S. 20-35
Diekmann, A./P. Preisendörfer: Persönliches Umweltverhalten. Diskrepanzen zwischen Anspruch und Wirklichkeit. In: Kölner Zeitschrift für Soziologie und Sozialpsychologie 44/2 (1992), S. 226-251
Dierkes, M./H.-J. Fietkau: Umweltbewußtsein – Umweltverhalten, Mainz 1988
Dietker, J./S. Holzinger: Verhaltensänderungen im Ferienverkehr? Was Touristen vom Auto losbringen könnte. In: U. Fuhrer (Hrsg.): Wohnen mit dem Auto, Zürich 1993, S. 113-123
Draeger, W.: Langsamer, ruhiger, sicherer. In: Verkehr und Umwelt, 1 (1987), S. 14-21
Dreyer, A./A. Krüger (Hrsg.): Sporttourismus. Management- und Marketing-Handbuch, München-Wien 1995
Dreyer, A. (Hrsg.): Kulturtourismus, München-Wien 1996
DSB/Deutscher Sportbund (Hrsg.): Umweltpolitische Grundsätze, Frankfurt/M. 1984
DSV/Deutscher Ski-Verband (Hrsg.): Natur erleben – Natur bewahren. Pädagogische Fachbroschüre zur Gestaltung schulischer Skiwochen in den Alpen (DSV-Umweltreihe, Bd. III), Weilheim 1991
Duderstadt, H.: „Und wie denken Sie darüber?" Typen der Umweltwahrnehmung und -einschätzung. In: Neue Sammlung 25 (1985), S. 563-568
DWIF/Deutsches Wirtschaftswissenschaftliches Institut für Fremdenverkehr an der Universität München (Hrsg.): Die qualitative und quantitative Bedeutung des Fremdenverkehrs für Hamburg, München 1992
DWIF/Deutsches Wirtschaftswissenschaftliches Institut für Fremdenverkehr an der Universität München (Hrsg.): Tagesreisen der Deutschen, München 1995
Egger, M.: Wald und Tourismus. Wechselwirkungen, Perspektiven, Strategien, Bern 1989
Eisner, M. (u.a.): Freizeit und Freizeitmobilität in der modernen Gesellschaft. In: U. Fuhrer (Hrsg.): Wohnen unf Gestaltung automobiler Freizeit, Zürich 1993, S. 33-52
Enquête-Kommission „Schutz der Erdatmosphäre" des 12. Deutschen Bundestages (Hrsg.): Mobilität und Klima. Wege zu einer klimaverträglichen Verkehrspolitik, Bonn 1994
Euler, C. (Hrsg.): „Eingeborene" – ausgebucht. Ökologische Zerstörung durch Tourismus, Giessen 1989
Europäische Raumordnungsministerkonferenz (Hrsg.): Beiträge zur Abklärung der Belastung und Belastbarkeit im Alpenraum, Bern/Wien 1978
Fahr, P.: Das automanische Heimweh: Thesen zum Autozeitalter. In: U. Fuhrer (Hrsg.): Wohnen mit dem Auto, Zürich 1993, S. 13-30
Feldmann, O. (Hrsg.): Tourismus – Chance für den Standort Deutschland, Baden-Baden 1997
Fiala, E.: Was nach dem Auto kommt, Freienbach/CH 1994
Fettner, F.: Natur, inszeniert oder pur? In: Hotel & Touristik 11 (1998), S. 40-41
Fietkau, H.-J.: Mediation. In: G. Michelsen (Hrsg.): Umweltberatung, Bonn 1997, S. 156-163

FIF/Forschungsinstitut für Freizeit und Tourismus (Hrsg.): Kultur-Events im Tourismus: Nische oder Strategische Erfolgsposition? Bern 1996
Flade, A.: Mobilitätsverhalten. Bedingungen und Veränderungsmöglichkeiten aus umweltpsychologischer Sicht, Weinheim 1994
Frank, D.: Die Blaue Zone. Das BMW-City-Konzept für München. In: Behrendt, S./R. Kreibich (Hrsg.): Die Mobilität von morgen, Weinheim-Basel 1994, S. 75-100
Fremdenverkehrswirtschaft International: Schwerpunkt „Tourismus und Umweltschutz“, Hamburg 26.2.1985
Fremdenverkehrswirtschaft International: Zum Thema Umwelt 5 (1997), S. 84-98
Frey, B.S./M. Kucher: Umweltmoral oder Umweltökonomie. In: G. Altner (Hrsg., u.a.): Jahrbuch Ökologie 1999, München 1998, S. 11-21
Freyer, W.: Tourismus-Marketing, München-Wien 1997
Freyer, W.: Tourismus und Wissenschaft. In: O. Feldmann (Hrsg.): Tourismus – Chance für den Standort Deutschland, Baden-Baden 1997, S. 218-237
Friedrichsen, G.: Surfen auf dem Gletschersee? In: Frankfurter Allgemeine Zeitung vom 9. Oktober 1984
Fuhrer, U.: Wohnen mit dem Auto – Ursachen und Gestaltung automobiler Freizeit, Zürich 1993
Fuhrer, U. (u.a.): Automobile Freizeit. Ursachen und Auswege aus der Sicht der Wohnpsychologie. In: Ders. (Hrsg.): Wohnen mit dem Auto, Zürich 1993, S. 77-93
Gabathuler, J.: Entwicklung und Ökonomik der Schlittenseilbahnen, Skilifts und Sesselbahnen, Bern 1947
Garbrecht, D.: Gehen – Plädoyer für das Leben in der Stadt, Weinheim/Basel 1981
Garbrecht, D.: Die Motorisierung wird weiter zunehmen. In: der gemeinderat 4 (1982). S. 20-21
Gemeindebund, Österreichischer (Hrsg.): Tourismus, Landschaft, Umwelt, 2. Aufl., Wien 1995
Georgii, B. (u.a., Hrsg.): Skilanglauf und Wildtiere (Band 1 der Schriftenreihe ökologisch orientierter Tourismus), Alpirsbach 1984, S. 32-44
Gertschen, R.: Bedeutung von Kultur-Events für den Tourismus der Stadt Bern. In: FIF (Hrsg.): Kultur-Events im Tourismus, Bern 1996, S. 10-11
Giesinger, Th./J. Schahn: Schlußfolgerungen. Möglichkeiten, Chancen und Grenzen psychologischer Ansätze bei der Lösung von Umweltproblemen. In: J. Schahn/Th. Giesinger (Hrsg.): Psychologie für den Umweltschutz, Weinheim 1993, S. 211-219
Global Nature Fund (Hrsg.): Living Lakes – Lebendige Seen, Radolfzell 1998
Göbel, N.: Integriertes umweltorientiertes Gesamtverkehrskonzept in Freiburg/Br. In: R. S. Behrendt/R. Kreibich (Hrsg.): Die Mobilität von morgen, Weinheim-Basel 1994, S. 101-109
Gorz, A.: Ökologie und Politik. Beiträge zur Wachstumskrise, Reinbek b. Hamburg 1977
Gorz, A.: Ökologie und Freiheit. Beiträge zur Wachstumskrise 2, Reinbek b. Hamburg 1980
Gottardi, G.: Die Gesetzmäßigkeiten des Wochenendverkehrs als Modellproblem. In: ARAND (1980), S. 99-126
Graßl, H./H. Vieser: Des Menschen gefährlichstes Experiment: Dürre, Flut und Stürme. In: bild der wissenschaft 11 (1988), S. 61-72
Graßl, H./R. Klingholz: Wir Klimamacher, Frankfurt/M. 1990
Greenpeace (Hrsg.): Klimaschädlichkeit des Luftverkehrs, Hamburg 1996
Gruhl, H.: Ein Planet wird geplündert (fischer alternativ), Frankfurt/M. 1982
Gruner + Jahr/Brigitte: KommunikationsAnalyse 5, Hamburg 1992
Guggenberger, B.: Unterwegs im Nirgendwo. Raumordnung bestimmte die Vergangenheit, in Zukunft gilt die Zeitordnung. In: DIE ZEIT Nr. 46 vom 11. November 1994, S. 93-94

Hall, M.: Ökotourismus im Südpazifik. Ökologische Aspekte, kulturelle Bedenken. In: Geographische Rundschau 11 (1994), S. 641-646
Hamele, H.: „Wer die Umweltprobleme nicht ernst nimmt, ist selber eines". In: BUND (Hrsg.): freizeit fatal, Köln 1988, S. 151-156
Harrer, B.: Skitourismus in Deutschland. Bestandsaufnahme, Entwicklungstendenzen, Zukunftsperspektiven. In: DWIF/Deutsches Wirtschaftswissenschaftliches Institut für Fremdenverkehr an der Universität München (Hrsg.): Jahrbuch für Fremdenverkehr 39 (1996), S. 34-57
Hartenstein, W. (u.a.): Lebenssituation, Einstellung und Verhalten älterer Autofahrer und Autofahrerinnen (Schriftenreihe Unfall- und Sicherheitsforschung Straßenverkehr, H. 79), Bonn 1990
Hartmann, D.: Zur Psychologie des Landschaftserlebens im Tourismus, Starnberg: Studienkreis für Tourismus 1982
Hasslacher, P.: Sanfter Tourismus Virgental, Innsbruck 1984
Hauser, B.: Noch immer nicht gerettet. Die Erschließung des Bodenseegebiets gefährdet weiterhin Landschaft und Wasser. In: Frankfurter Allgemeine Zeitung vom 18. August 1984
Heidenreich, E.: Der Freizeitmensch. In: BUND (Hrsg.): freizeit fatal, Köln 1988, S. 251-252
Heinze, G.W./H.K. Heinrich: Freizeit und Mobilität. Neue Lösungen im Freizeitverkehr, Hannover 1997
Hilgers, M.: Auto-Mobil oder das Selbst im Straßenverkehr. In: Universitas 6 (1991), S. 541-556
Hilgers, M.: Total abgefahren. Psychoanalyse des Autofahrens, Freiburg/Basel/Wien 1992
Hilgers, M.: Psychologie und Freizeitverhalten im Verkehr. Stellungnahme für die Enquête-Kommission „Schutz der Erdatmosphäre" (Kommissionsdrucksache 12/18-c), Bonn 26. April 1993
Hilgers, M.: Psychische Widerstände gegen eine verkehrspolitische Wende. Bedingungen für die Akzeptanz neuer Verkehrskonzepte. In: UNIVERSITAS Nr. 11 (1994), S. 1055-1065
Hoff, E.H.: Kontrolle und Moral. In: F. Frei/I. Udris (Hrsg.): Das Bild der Arbeit, Stuttgart 1990, S. 91-106
Hohmeyer, O.: Soziale Kosten des Energieverbrauchs, 2. Aufl., Berlin 1989
Holzapfel, H.: Spuren der (auto-)mobilen Gesellschaft im Raum. In: Tourismusverband Seefeld (Hrsg.): Verkehrsforum Seefeld – Mobilität ohne Grenzen? Seefeld 1995, S. 211-224
Hopf, R. (u.a.): Die voraussichtliche Entwicklung des Personenverkehrs in der Bundesrepublik Deutschland bis 2000. In: Wochenbericht Nr. 34 des Deutschen Instituts für Wirtschaftsforschung (1980), S. 355-366
Houghton, R.A./G.M. Woodwell: Globale Veränderung des Klimas. In: Spektrum der Wissenschaft 6 (1989), S. 106-114
Huber, J.: Die verlorene Unschuld der Ökologie, Frankfurt/M. 1982
IfD/Institut für Demoskopie Allensbach (Hrsg.): Allensbacher Berichte Nr. 12, Allensbach 1996
IITF/Institut für Integrativen Tourismus und Freizeitforschung (Hrsg.): Wieviel Sport erträgt die Umwelt?, Wien 1996
Infratest/Stern (Hrsg.): Dialoge. Der Bürger als Partner, Hamburg 1983
Institut für Landes- und Stadtentwicklungsforschung des Landes Nordrhein-Westfalen (Hrsg.): Handlungsfeld Freizeit. Ausschnitte aus der freizeitpolitischen Problemlandschaft, Dortmund 1983
Institut für Landes- und Stadtentwicklungsforschung des Landes Nordrhein-Westfalen (Hrsg.): Wohnumfeldbezogenes Freizeitverhalten im zentralen Verdichtungsraum Nordrhein-Westfalen, Dortmund 1983

Institut für Tourismus und Umweltkultur Linz: Tourismus. Landschaft. Umwelt, Wien 1995
IPOS/Institut für praxisorientierte Sozialforschung (Hrsg.): Meinungen zum Umweltschutz, Mannheim April 1984
Iwand, M.: Statement zum Umweltschutz. In: Fremdenverkehrswirtschaft International 5 (1997), S. 90-91
Iwand, W.: Destinationen für Generationen. Nachhaltige Umsetzung der Agenda 21. In: Politische Ökologie/Tourismus special/Ökologisches Reisen (1998 a), S. IV-VIII
Iwand, W.: Schützen durch Nützen. Kann der Tourismus die Natur durch InWertsetzung retten? In: Politische Ökologie/Tourismus Special/Ökologisches Reisen (1998 b), S. IX-XVI
Jungblut, M.: Umweltschutz. Der eigene Dreck. In: DIE ZEIT vom 21. September 1984, S. 34
Jungk, R.: Wieviel Touristen pro Hektar Strand? In: GEO Nr. 10 (1980), S. 154-156
Kaiser, F.G. (u.a.): Mobilität und emotionale Bedeutung des Autos. Ein Extremgruppenvergleich zwischen Viel- und Wenigfahrern. In: A Flade (Hrsg.): Mobilitätsverhalten, Weinheim 1994, S. 113-130
Kennedy, M. (Hrsg.): Öko-Stadt. Mit der Natur die Stadt planen, 2 Bände, Frankfurt/M. 1984
Kessel, H./W. Tischler: Umweltbewußtsein. Ökologische Wertvorstellungen in westlichen Industrienationen, Berlin 1984
Korneck, D./H. Sukopp: Rote Liste der in der Bundesrepublik Deutschland ausgestorbenen, verschollenen und gefährdeten Farne und Blütenpflanzen, Bonn 1988
Krämer-Badoni, Th.: Ökologische Krise und städtische Mobilität. Zur Bedeutung individuellen Verhaltens in einer nachmodernen Gesellschaft (Stellungnahme für die Enquête-Kommission „Schutz der Erdatmosphäre"), Kommissionsdrucksache 12/18-d, Bonn 27. April 1993
Krämer-Badoni, Th.: Das Leben ohne Auto: Fragmente einer postmodernen Kultur. In: Behrendt, S./R. Kreibich (Hrsg.): Die Mobilität von morgen, Weinheim-Basel 1994, S. 283-302
Kramer, C.: Umweltbewußtsein in Europa – ähnliche Probleme, unterschiedliches Verhalten. In: ZUMA/Zentrum für Umfragen, Methoden und Analysen (Hrsg.): ISI 20, Ausg. 20/ Juli 1998, S. 10-14
Kramer, D.: Der sanfte Tourismus. Umwelt- und sozialverträglicher Tourismus in den Alpen, Wien 1983
Kreib, Y./A. Ulbrich (Hrsg.): Gratwanderung Ökotourismus. Strategien gegen den touristischen Ausverkauf von Kultur und Natur, Giessen 1997
Kreibich, R.: Innerstädtische Mobilität und Lebensqualität. In: S. Behrendt/R. Kreibich (Hrsg.): Die Mobilität von morgen, Weinheim-Basel 1994, S. 13-40
Krippendorf, J.: Fehlentwicklungen im Schweizer Tourismus. Vervielfältigtes Manuskript des Schweizerischen Fremdenverkehrsverbandes, Bern 1982
Krippendorf, J.: Die Landschaftsfresser. Tourismus und Erholungslandschaft – Verderben oder Segen?, Bern/Stuttgart 1975
Krippendorf, J.: Die Freizeitmenschen. Für ein neues Verständnis von Freizeit und Reisen, Zürich/Schwäbisch Hall 1984
Krippendorf, J. (Hrsg.): Alpsegen, Alptraum. Für eine Tourismus-Entwicklung im Einklang mit Mensch und Natur, Bern 1986
Krippendorf/Kramer/Krebs (Hrsg.): Arbeitsgesellschaft im Umbruch – Konsequenzen für Freizeit und Reisen, Bern 1984
Kuhm, K.: Das eilige Jahrhundert. Einblicke in die automobile Gesellschaft, Hamburg 1995
Kutscher, J.: Verkehr(te)-Welt. Erlebens- und Verhaltensweisen in der automobilen Gesellschaft. In: A. Flade (Hrsg.): Mobilitätsverhalten, Weinheim 1994, S. 269-276

Langeheine, R./J. Lehmann: Ein neuer Blick auf die soziale Rolle des Umweltbewußtseins. In: Zeitschrift für Soziologie 15 (1986), S. 378-384
Lankenau, K.: Methoden der empirischen Sozialforschung. In: B. Schäfers (Hrsg.): Grundbegriffe der Soziologie, 3. Aufl., Opladen 1992, S. 180-194
Lappe, L. (u.a.): Das Umweltbewußtsein von Jugendlichen, München 1998
Laßberg, D. von: Urlaubsreisen und Umwelt. Hrsg. v. Studienkreis für Tourismus und Entwicklung e.V., Ammerland 1997
Lauterwasser, E.: Sport und Umweltschutz – ein Gegensatz? In: DSV SKISCHULE Nr. 1 (1989), S. 25-32
Leipert Chr.: Die heimlichen Kosten des Fortschritts. Wie Umweltzerstörung das Wirtschaftswachstum fördert, Frankfurt/M. 1989
Ludwig, K. (Hrsg., u.a.): Der neue Tourismus. Rücksicht auf Land und Leute, München 1990
Lübbe, H.: Umwelt und Wertewandel. In: H. Schaufler (Hrsg.): Umwelt und Verkehr, München-Landsberg a. Lech 1997, S. 31-39
Lüdtke, H.: Jugendliche in organisierter Freizeit, Weinheim-Basel 1972
Lüthke, H.: Kollektive Nebenfolgen modernen Freizeitverhaltens als umweltethische Herausforderung. In: ABN (Hrsg.): Freizeit und Umwelt im Konflikt, Bonn 1989
Luhmann, H.-J.: Kosten der Umweltzerstörung. In: Das Parlament Nr. 4-5/19.-26. Januar 1990, S. 15
Lukschanderl, L.: Rettet die Alpen. Europas Dachgarten in Bedrängnis, Wien 1983
Lutz, R. (Hrsg.): Sanfte Alternativen. Ein Ökolog-Buch, Weinhein/Basel 1981
Lutz, R. (Hrsg.): Bewußtseins (R)evolution. Ökolog-Buch 2, Weinheim/Basel 1983
Mäder, U.: Sanfter Tourismus: Alibi oder Chance? Zürich 1985
Maier, H.: Wege zur Nachhaltigkeit: Ein regionales Netzwerk. In: G. Altner (Hrsg., u.a.): Jahrbuch Ökologie 1999, S. 48-62
Mangold, K.: Mobilitätsmanagement – Konkrete Beiträge der Industrie zur Sicherung der Zukunft. In: H. Schaufler (Hrsg.): Umwelt und Verkehr, München-Landsberg a. Lech 1997, S. 71-79
Markstein, B.: Artenschutz im Hinterhof. In: Garten und Landschaft 97/1 (1986), S. 39-41
Marplan/Stern (Hrsg.): Lebensziele. Poteniale und Trends alternativen Verhaltens, Hamburg 1981
Marsh, P./P. Collett: Der Auto-Mensch. Zur Psychologie eines Kulturphänomens, Olten 1991
Maxeiner, D.: Der Ausstieg aus der Autogesellschaft kommt. In: DER SPIEGEL Nr. 30 (1993), S. 92-94
Meier, R.: Freizeit – Verkehr – Planung. In: U. Fuhrer (Hrsg.): Wohnen mit dem Auto, Zürich 1993, S. 99-112
Meinig, W./Chr. Rennert: Ältere Menschen als Autofahrer. Psychologische Befunde und Konsequenzen, München 1995
Memorandum des Ökoforums zur Umweltforschung. In: Politische Ökologie 15/52 (1997), S. 90-91
Merkel, A.: „Nachhaltiger Tourismus“. Herausforderung und Zukunftschance. In: O. Feldmann (Hrsg.): Tourismus – Chance für den Standort Deutschland, Baden-Baden 1997, S. 178-186
Metron Verkehrsplanung und Ingenieurbüro AG Müller & Romann (Hrsg.): Determinanten der Mobilität autofreier Haushalte (Zwischenebericht NFP 41), Brugg/Zürich Dezember 1997
Michelsen, G. (Hrsg.): Der Fischer Öko-Almanach. Daten, Fakten, Trends der Umweltdiskussion, Frankfurt/M. 1984
Michelsen, G.: Umweltberatung. Grundlagen und Praxis, Bonn 1997
Mieczkowski, Z.: Environmental issues of tourism and recreation, Lanham 1995

Milliet, E.W.: Die schweizerische Landschaft als Grundlage der Fremdenindustrie. In: Zeitschrift für Schweizerische Statistik und Volkswirtschaft 59 (1923), S. 3-30
Minko, G./G. Witter: Häuser mit grünem Pelz, Frankfurt/M. 1983
Mollnhauer, J.: Golfplatzanlagen und ihre Auswirkungen auf die Umwelt. In: BUND (Hrsg.): freizeit fatal, Köln 1988, S. 201-207
Müller, H.: Tourismus im ökologischen Spannungsfeld. In: G. Fischer/Chr. Laesser (Hrsg.): Theorie und Praxis der Tourismus- und Verkehrswirtschaft im Wertewandel, Bern-Stuttgart-Wien 1996, S. 117-128
Müller, H.-R.: Mobilität als Lebenselixier. In: U. Fuhrer (Hrsg.): Wohnen mit dem Auto, Zürich 1993, S. 53-64
Münchener Forum e.V. (Hrsg.): Grüne Hinterhöfe. Stadt-Landschaft 2, München 1980
Nahrstedt, W.: Die Kulturreise. In: A. Dreyer (Hrsg.): Kulturtourismus, München-Wien 1996, S. 5-23
Niekisch, M.: Ökotourismus – die neue Zauberformel? In: Y. Kreib/A. Ulbrich (Hrsg.): Gratwanderung Ökotourismus, Giessen 1997, S. 14-29
Nohl, W./U. Richter: Umweltverträgliche Freizeit, freizeitverträgliche Umwelt. Ansätze für eine umweltorientierte Freizeitpolitik im Rahmen der Stadtentwicklungspolitik (ILS Schriften Nr. 16/ Institut für Landes- und Stadtentwicklungsforschung des Landes Nordrhein-Westfalen), Dortmund 1988
Opaschowski, H.W.: Jugendauslandsreisen. Geschichtliche, soziale und pädagogische Aspekte, Neuwied-Berlin 1970
Opaschowski, H.W.: Freie Zeit ist Bürgerrecht. In: aus politik und zeitgeschichte, Bonn 5. Oktober 1974, S. 18-38
Opaschowski, H.W.: Wohin die Reise geht ... Unterwegs zur Zukunft des Tourismus. In: Ders.: Arbeit. Freizeit. Lebenssinn, Leverkusen 1983, S. 114-127
Opaschowski, H.W.: Freizeit und Umwelt. Der Konflikt zwischen Freizeitverhalten und Umweltbelastung. Ansätze für Veränderungen in der Zukunft (Bd. 6 der B.A.T Schriftenreihe zur Freizeitforschung), Hamburg 1985
Opaschowski, H.W.: Immer auf Achse. Einstellungen und Widersprüche der Freizeitgesellschaft. In: MERIAN (Themenheft 100 Jahre Automobil), Hamburg 1986, S. 86-93
Opaschowski, H.W.: Umweltsünden in der Freizeit. In: UMWELT Bd. 20, Nr. 7/8 (1990), S. 403-404
Opaschowski, H.W.: Abschied vom unkontrollierten Massentourismus. In: der landkreis, 8/9 (1990), S. 378-380
Opaschowski, H.W.: Ökologie von Freizeit und Tourismus (Bd. 4 der Freizeit- und Tourismusstudien), Opladen 1991
Opaschowski, H.W.: Auto-mobil in die Zukunft. In: AUTO ZEITUNG Nr. 9 v. 12. April 1991, S. 41-43
Opaschowski, H.W.: Die ökologische Revolution findet nicht statt. Die Umweltdiskussion aus der Sicht der Freizeit- und Tourismusforschung. In: Jahrbuch der Werbung 1993, Düsseldorf/Wien/New York/Moskau 1993, S. 82-85
Opaschowski, H.W.: Umweltfahrplan für die Freizeit. In: J. Schahn/Th. Giesinger (Hrsg.): Psychologie für den Umweltschutz, Weinheim 1993, S. 173-187
Opaschowski, H.W.: Freizeitökonomie. Marketing von Erlebniswelten, Opladen 1993
Opaschowski, H.W.: Die freizeitmobile Gesellschaft. Ursachen, Folgen und Folgerungen. In: Österreichische Zeitschrift für Elektrizitätswirtschaft/ÖZE 46/9 (Sept. 1993), S. 484-489
Opaschowski, H.W.: Schöne Ferien in schöner Natur? In: Wir und unsere Umwelt. Hrsg. v. Bundesumweltministerium, Heft 2 (1995), S. 3
Opaschowski, H.W.: Trends und Perspektiven des Mobilitäts- und Freizeitverhaltens. In: Verkehrsforum Seefeld. Mobilität ohne Grenzen? Hrsg. v. Tourismusverband Seefeld, Seefeld 1995, S. 63-91

Opaschowski, H.W.: Freizeitökonomie – Marketing von Erlebniswelten, 2. Aufl., Opladen 1995
Opaschowski, H.W.: Tourismus. Eine systematische Einführung – Analysen und Prognosen, 2. Aufl., Opladen 1996
Opaschowski, H.W.: Mit neuen Medien zu neuen Umweltbelastungen. In: Jahrbuch Ökologie 1997, München 1996, S. 200-208
Opaschowski, H.W.: Urlaubs- und Freizeitverhalten. In: G. Michelsen (Hrsg.): Umweltberatung. Grundlagen und Praxis, Bonn 1997, S. 540-547
Opaschowski, H.W.: Die Urlaubswelt 2010. In: Ders.: Deutschland 2010. Wie wir morgen leben – Voraussagen der Wissenschaft zur Zukunft unserer Gesellschaft, Ostfildern 1997, S. 124-147
Opaschowski, H.W.: Zukunftsfaktor Tourismus. Eine tourismuspolitische Analyse aus der Sicht der Forschung. In: O. Feldmann (Hrsg.): Tourismus – Chance für den Standort Deutschland, Baden-Baden 1997, S. 238-247
Opaschowski, H.W.: Die Lust an der Mobilität. In: Abfallter (Juni 1998), S. 16-21
Paschke, S./I. Pfafferott: Meinungen und Einstellungen deutscher Autofahrer/innen im europäischen Vergleich. Deutscher Ergebnisbericht zur internationalen SARTRE-Studie, Bonn 1994
Pestalozzi, H.A.: Nach uns die Zukunft, München 1979
Petermann, Th.: Folgen des Tourismus, Band 1: Gesellschaftliche, ökologische und technische Dimensionen (Studien des Büros für Technikfolgen-Abschätzung beim Deutschen Bundestag), Berlin 1998
Petersen, M.: Autos teilen. Das Car-Sharing-Projekt STATTAUTO. In: S. Behrendt/R. Kreibich (Hrsg.): Die Mobilität von morgen, Weinheim-Basel 1994, S. 241-252
Petersen, R./K.O. Schallaböck: Mobilität für morgen. Chancen einer zukunftsfähigen Verkehrspolitik, Berlin 1995
Pötzl, N.F.: Die Ruhe vor dem Sturm. In: Abfallter (Juni 1998), S. 4-9
Politische Ökologie (Themenheft „Stadtverquer. Ansätze für eine umweltverträgliche Mobilität im Ballungsraum"), Jg. 10, H. 29/30 (1993)
Popcorn, F.: Der Popcorn-Report. Trends für die Zukunft („The Popcorn Report", 1991), München 1992
Praschl, M./R. Risser: Gute Vorsätze und Realität: Die Diskrepanz zwischen Wissen und Handeln am Beispiel Verkehrsmittelwahl. In: A. Flade (Hrsg.): Mobilitätsverhalten, Weinheim 1994, S. 209-224
Preisendörfer, P./A. Franzen: Der schöne Schein des Umweltbewußtseins. In: A. Diekmann/C. Jaeger (Hrsg.): Umweltsoziologie. Sonderheft 36 der Kölner Zeitschrift für Soziologie und Sozialpsychologie (1996), S. 219-244
Reimer, H.: Müllplanet Erde, Hamburg 1971
Reutter, O./U. Reutter: Autofreies Leben in der Stadt – Autofreie Stadtquartiere im Bestand, Dortmund 1996
Reutter, U./H. Freudenau: Vergleich des autofreien Lebens in der Schweiz und in Deutschland. In: Monatsbericht des Forschungsbereichs Verkehr. Hrsg. v. ILS/Institut für Landes- und Stadtentwicklungsforschung des Landes Nordrhein-Westfalen 2/1998, S. 1-12
Revaz, M.: Skisport und Umwelt (Interview): In: Deutscher Sportbund (Hrsg.): Informationsdienst „Sport schützt Umwelt" Nr. 51 (Dez. 1998), S. 5-7
Riedel, W.: Probleme gesamträumlicher Wirkungen von Freizeitaktivitäten. In: ABN (Hrsg.): Freizeit und Umwelt im Konflikt, Bonn 1989, S. 63-79
Robertson, J.: Die lebenswerte Alternative. Wegweiser für eine andere Zukunft, Frankfurt/M. 1979
Romeiss-Stracke, F.: Immer öfter – immer weiter? Perspektiven des Tourismus nach 2000. In: H. Schaufler (Hrsg.): Umwelt und Verkehr, München-Landsberg a. Lech 1997, S. 63-70

Rönneper, H.: Freizeit in der Landschaft. In: Animation 5 (1981), S. 142-144
Rosenstiel, L. von/P. Neumann: Einsatz von werbepsychologischen Erkenntnissen zur Förderung des Umwelthandelns. In: G. Michelsen (Hrsg.): Umweltberatung, Bonn 1997, S. 73-384
Roy, L./Chr. Morawa: Zum Konzept eines umweltverträglichen Tourismus. In: Jahrbuch Ökologie 1997. Hrsg. v. G. Altner (u.a.), München 1996, S. 176-187
Sachs, W.: Die Liebe zum Automobil. Ein Rückblick in die Geschichte unserer Wünsche, Reinbek b. Hamburg 1990
Saibold, H.: Eckpunkte zur internationalen Tourismuspolitik. In: Ferntourismus – grenzenlos? Hrsg. v.d. Bundesfraktion Bündnis 90/Die Grünen, Bonn 1997
Schäl, W.: Starnberger See hat Trinkwasserqualität. In: Süddeutsche Zeitung vom 22./23. September 1984, S. 23
Schahn, J.: Die Kluft zwischen Einstellung und Verhalten beim individuellen Umweltschutz. In: J. Schahn/Th. Giesinger (Hrsg.): Psychologie für den Umweltschutz, Weinheim 1993, S. 29-49
Schahn, J./Th. Giesinger (Hrsg.): Psychologie für den Umweltschutz, Weinheim 1993
Scharpf, H.: Freizeitsport in der ökologischen Krise: In: ABN 1989, S. 120-130
Schaufler, H.: Erlebniswelt „Mobilität" – Verkehr gestalten! In: Design Center Stuttgart (Hrsg.): Verkehr gestalten! Stuttgart 1994, S. 20-23
Schaufler, H. (Hrsg.): Umwelt und Verkehr. Beiträge für eine nachhaltige Politik, München-Landsberg a. Lech 1997
Schemel, H.-J.: Landschaftserhaltung durch Tourismus? Plädoyer für eine offensive Erhaltungsstrategie. In: Garten und Landschaft 11 (1984), S. 44-47
Schemel, H.-J.: Die Umweltverträglichkeitsprüfung von Freizeitanlagen. In: BUND (Hrsg.): freizeit fatal, Köln 1988, S. 232-235
Schemel, H.-J.: Tourismus und Landschaftserhaltung. Hrsg. v. ADAC, München 1988
Scherrer, Chr.: Tourismus und selbstbestimmte Entwicklung – Ein Widerspruch. Das Fallbeispiel Tanzania, Berlin 1988
Schertler, W.: Konzeptionelle Grundlagen für ökologieorientiertes Management im Tourismus. In: K. Wöhler/W. Schertler (Hrsg.): Touristisches Umweltmanagement, Limburgerhof 1993, S. 9-34
Schirawski, N.: Deutschland für drei Mark. In: Frankfurter Rundschau Nr. 54 v. 4. März 1995, S. M 7
Schmitz, B.B.: Mobiltätsmotive: Warum ist der Mensch mobil? In: A. Flade (Hrsg.): Mobilitätsverhalten, Weinheim 1994, S. 103-112
Schreiber, R.L.: Tourismus und Sport an den Grenzen des Wachstums? In B. Georgii (u.a.): Skilanglauf und Wildtiere (Band 1 der Schriftenreihe ökologisch orientierter Tourismus), Alpirsbach 1984, S. 6-9
Schulze, G.: Die Erlebnisgesellschaft. Kultursoziologie der Gegenwart, Frankfurt/M. 1993
Schumm, A.: Touristen als Partner. In: natur (September 1998), S. 23
Schupp, J./G. Wagner: Die Entwicklung der Umweltsorgen seit 1984 und ihre individuellen Determinanten. In: Dies. (Hrsg.): Umwelt und empirische Sozial- und Wirtschaftsforschung, Berlin 1998, S. 167-186
Schuster, F.: Starker Rückgang der Umweltbesorgnis in Ostdeutschland. In: ISI Nr. 8/Juli 1992 (Hrsg. v. Zentrum für Umfragen, Methoden und Analysen/ZUMA)
Seiler, B.: Sanfter Tourismus in Zahlen. Kennziffern einer harmonisierten touristischen Entwicklung. Bern 1989
Sessions, G.: Shallow and Deep Ecology: A Review of the Philosophical Literature. In: B. Schultz/D. Hughes (Hrsg.): Ecological Consciousness, Lanham 1981
Shell Szenarien des Pkw-Bestandes bis zum Jahr 2010. Hrsg von der Dt. Shell AG, Hamburg 1991

Siegrist, D.: Extremtrends im Naturtourismus. Eine kulturwissenschaftliche Annäherung an den Risikonatursport. In: Tourismus Journal 2 (1998), S. 237-252
SOCIALDATA (W. Brög/M. Schädler): Kommunikation und Mobilitätsverhalten. Verhalten beginnt im Kopf. In: Design Center Stuttgart (Hrsg.): Verkehr gestalten!, Stuttgart 1994, S. 48-55
Spada, H.: Umweltbewußtsein: Einstellung und Verhalten. In: L. Kruse (Hrsg., u.a.): Ökologische Psychologie, Weinheim 1990, S. 623-631
Spörli, S.: Seele auf Rädern. Psychologie auf der Straße, Olten 1972
Spöttl, M.: Die Blumen des Bösen: Tatort Alpen. In: C. Euler (Hrsg.): „Eingeborene" – ausgebucht, Giessen 1989, S. 71-80
Stadtverquer. Ansätze für eine umweltverträgliche Mobilität im Ballungsraum. In: Politische Ökologie, Jg. 10, H. 29/30 (Dez. 1992)
Statistisches Bundesamt/Egon Hölder (Hrsg.): Im Zug der Zeit, Stuttgart 1989
Statistisches Bundesamt (Hrsg.): Umweltökonomische Gesamtrechnung. Ein Beitrag der amtlichen Statistik. Wiesbaden 1990
Steger, U.: Zukunftsstrategien der Automobilindustrie. In: Behrendt, S./R. Kreibich (Hrsg.): Die Mobilität von morgen, Weinheim-Basel 1994, S. 141-159
Steinecke, A. (Hrsg.): Tourismus und nachhaltige Entwicklung. Strategien und Lösungsansätze, Trier 1995
Stettler, J.: Sport und Verkehr. Sportmotiviertes Verkehrsverhalten der Schweizer Bevölkerung (Berner Studien zu Freizeit und Tourismus, Bd. 36), Bern 1997
StfTuE/Studienkreis für Tourismus und Entwicklung e.V. (Hrsg.): Urlaubsreisen und Umwelt. Eine Untersuchung über die Ansprechbarkeit der Bundesbürger auf Natur- und Umweltaspekte in Zusammenhang mit Urlaubsreisen (Bearb. v. D.v. Laßberg), Ammerland 1997
Stommel, H. u. E.: 1816. Das Jahr ohne Sommer. In: Spektrum der Wissenschaft 1 (1983)
Strasdas, W.: Auswirkungen neuer Freizeittrends auf die Umwelt. Entwicklung des Freizeitmarkts und die Rolle technologischer Innovationen, Aachen 1994
Stromberger, P.: Wochenendausflüge der Hamburger. Ergebnisse einer Befragung im Rahmen des Mikrozensus 1982, Hamburg: Verein Naherholung im Umland Hamburg e.V. 1985
Studienkreis für Tourismus (Hrsg.): Tourismus und Umwelt, Starnberg 1987
Succow, M.: Erhalten und Haushalten. Zur Zukunftssicherung der Natur für die menschliche Gesellschaft. In: G. Altner (Hrsg., u.a.): Jahrbuch Ökologie 1999, S. 225-239
TAB/Büro für Technikfolgen-Abschätzung beim Deutschen Bundestag (Hrsg.): TA-Projekt „Entwicklung und Folgen des Tourismus" (Bearb.: Th. Petermann u.a.). Bericht zum Abschluß der Phase I, Bonn 1997
Tempel, K.G.: Interview „Tourismus in den Dienst der Natur stellen". In: Fremdenverkehrswirtschaft International 5 (1997), S. 86
Topp, H.H.: Tempolimits innerorts. In: Verkehrsunfall und Fahrzeugtechnik 6 (1984)
Tourismusverband Seefeld (Hrsg.): Verkehrsforum Seefeld – Mobilität ohne Grenzen?, Seefeld 1995
Tschurtschenthaler, P.: Umwelt und Destination Management in alpinen Tourismusregionen. In: TOURISMUS JOURNAL 3/4 (Dez. 1997), S. 535-562
Tully, C.J.: Auto und Umwelt – Was sagen Jugendliche dazu? In: DJI BULLETIN, Heft 45 (Okt. 1998), S. 3
Umweltbundesamt (Hrsg.): Daten zur Umwelt 1988/89, Berlin 1989
Umweltbundesamt (Hrsg.): Was Sie schon immer über Auto und Umwelt wissen wollten, 5. Aufl., Stuttgart-Berlin-Köln 1996
Umweltbundesamt (Hrsg.): In die Zukunft reisen? (Umweltbundesamt ZAD), Berlin 1997
Ungefug, H.-G.: 2. Luftverkehrsanalyse, Berlin 1998
Utz-Stillhard, G./P.P. Talkenberger: Urlaub und Umwelt, Idstein 1994

Vester, F.: Neuland des Denkens, Stuttgart 1980
Vester, F.: Ausfahrt Zukunft: Strategien für den Verkehr von morgen, München 1990
Vester, F.: Crashtest Mobilität. Die Zukunft des Verkehrs. Fakten – Strategien – Lösungen, München 1995
Viegas, A.: Ökomanagement im Tourismus, München-Wien 1998 a
Viegas, A.: Ökodestinationen, München 1998 b
Vorlaufer, K.: Tourismus in Entwicklungsländern. Möglichkeiten und Grenzen einer nachhaltigen Entwicklung durch Fremdenverkehr, Darmstadt 1996
Weber, F.: Die gerettete Landschaft. Wie ein einzelner der Zerstörung Einhalt gebieten kann, München 1979
Weidenbach, Th.: Ohne Touristen läuft für Tiere nichts. In: natur (September 1998), S. 20-24
Weiss, H.: Die friedliche Zerstörung der Landschaft und Ansätze zu ihrer Rettung in der Schweiz, Zürich 1984
Wissmann, M.: Interview „Eine Wende einleiten". In: DER SPIEGEL Nr. 29 (1993), S. 38-40
Wöhler, K.: Naturerlebnisgebiete – Rettung der Naturerfahrung? (Materialien zur angewandten Tourismusforschung 25/Neue Folge), Lüneburg 1997
Wöhler, K./W. Schertler (Hrsg.): Touristisches Umweltmanagement, Limburgerhof 1993
Woike, M.: Freizeitaktivitäten in Naturschutzgebieten. In: ABN (Hrsg.): Freizeit und Umwelt im Konflikt, Bonn 1989, S. 107-119
Wolf, K./P. Jurczek: Geographie der Freizeit und des Tourismus, Stuttgart 1986
Zimmermann, P.: Kommunikation und Mobilitätsverhalten. In: Design Center Stuttgart (Hrsg.): Verkehr gestalten, Stuttgart 1994, S. 31-34
Zuckerman, M.: Sensation seeking: Beyond the optimal level of arousal, Hillsdale/NJ 1979
Zuckerman, M./S. Eysenck/H.J. Eysenck: Sensation seeking in England and America: Cross-cultural age and sex comparisons. In: Journal of Consulting and Clinical Psychology, Vol. 46, H. 1 (1978), S. 139-149